哲学思维与领导能力提升

ZHEXUE SIWEI YU LINGDAO NENGLI TISHENG

贾英健 等 著

人民出版社

目　录

导论 掌握马克思主义哲学思维是领导干部的看家本领

党的十八大以来，习近平总书记先后多次讲到"看家本领"。早在 2013 年 3 月的中央党校建校 80 周年庆祝大会上，习近平总书记就指出，学习马克思主义理论是做好一切工作的看家本领；在同年 8 月的全国宣传思想工作会议上，习近平强调把系统掌握马克思主义基本理论作为看家本领。在十八届中央政治局第 11、20 次集体学习时，习近平总书记再次讲到，把马克思主义哲学作为看家本领。他指出："党的各级领导干部特别是高级干部，要原原本本学习和研读经典著作，努力把马克思主义哲学作为自己的看家本领。"① 他还强调指出："我们党要团结带领人民协调推进全面建成小康社会、全面深化改革、全面依法治国、全面从严治党，实现'两个一百年'奋斗目标、实现中华民族伟大复兴的中国梦，必须不断接受马克思主义哲学智慧的滋养，更加自觉地坚持和运用辩证唯物主义世界观和方法论，增强辩证思维、战略思维能力，努力提高解决我国改革发展基本问题的本领。"② 从习近平总书记这些重要论述可以看出，把马克思主义哲学作为领导干部的看家本领，这既是习近平总书记的一贯思想，又在实践中不断地升华着对看家本领的认识。

---

① 《习近平关于全面建成小康社会论述摘编》，中央文献出版社 2016 年版，第 192 页。

② 《习近平关于全面建成小康社会论述摘编》，中央文献出版社 2016 年版，第 192 页。

一、马克思主义哲学何以成为领导干部的看家本领

这里首先要回答的问题便是，何谓"家"？换言之，我们能够看的"家"究竟是什么？显然，就"家"而言，从大的方面来看，指的是国家；从小的方面来看，也指的是一个省、一个市、一个县、一个乡镇、一个单位、一个部门。对于领导干部而言，国家、省、市、县、乡镇、单位、部门，又都是通过工作的开展体现出来的，并表现为自己所从事的事业，并最终从属于党和国家的事业。这种事业，概括起来，从党和国家的角度来看，是确保执政党执政的合法性和有效性，国家的繁荣，人民生活的幸福安康，而这又取决于能否看住和看好党和国家事业的持续健康发展；从省、市、县、乡镇、单位、部门的角度来看，则是为政一方，确保社会安定，人民安居乐业，能否看好管好自己的一方责任田，忠实地履行看家的责任。换言之，各级领导干部只有把自己的"家"看住了，看好了，才能通过自己的贡献，看住、看好党和国家这个"家"。

对于领导干部而言，到底什么才是其"看家"的本领呢？显然，新时代对现代领导干部的本领要求不是单一的，而是多方面、多样性的。但即便是这样，也有一点是不可或缺的、共同的根本性的本领，这就是能够系统学习马克思主义基本理论，努力掌握马克思主义哲学的立场观点方法，提高运用其分析问题和解决问题的能力和水平，推进党和国家各项事业和工作的不断向前发展。正是在这种意义上，习近平总书记才提出，各级领导干部要努力掌握好马克思主义哲学这一看家本领。

把马克思主义哲学作为各级领导干部的看家本领，是由马克思主义哲学的本性所决定的。在古希腊，哲学通常被人们理解为"爱智慧"，是一种智慧之学。但是，究竟如何回答哲学是什么？哲学史上许多思想家都试图给予回答，可以说对该问题的回答仁者见仁、智者见智。尽管如此，在哲学是世界观和方法论的理解上还是达成了共识。显然，马克思主义哲学也是在世界观和方法论的意义上来把握哲学本质的。首先，马克思主义哲学作为一种世

界观，把揭示自然、社会和人类思维发展的一般规律作为自己的使命，力图通过对规律的科学揭示，一方面，准确地把握历史发展的大趋势，另一方面，在提高各级领导干部做好各项工作的原则性、预见性和创造性上有所作为。其次，马克思主义哲学作为一种科学的世界观和方法论，它能够给予人的不仅仅是思想，更重要的是一种思维，一种与传统经验思维不同的崭新思维，而这种思维又是建立在马克思主义的唯物辩证法基础之上的。从这个意义上说，唯物辩证法既能够成为各级领导干部走向科学之门的一把钥匙，也能够为领导干部运用好马克思主义的唯物辩证法，厚实领导干部做好自己的各项工作所需要的战略思维、辩证思维、系统思维、创新思维、底线思维等根基。再次，马克思主义哲学作为一种世界观，不仅为各级领导干部提供着重要的哲学思维，也为其树立正确的人生观价值观提供着价值坐标和明确方向。常言道，一个没有人生的哲学必将是空洞的、无意义的，同样，一个没有哲学的人生也将是短视的、没有明确方向性的。就当前而言，在不少领导干部身上，存在着哲学思维不够的问题，在工作中常常表现为工作没有明确思路，看问题眼界狭隘，缺乏解决问题的智谋等等，说到底，就是不具有领导干部所具有的哲学思维这一看家本领，当然也就无法成就自己完美的人生。这客观上要求，各级领导干部要不断地用马克思主义哲学的智慧涵养人生，走向人生观和价值观的哲学自觉。

把马克思主义哲学作为领导干部的看家本领也是我党的一个传家宝。习近平指出："我们党自成立起，就高度重视在思想上建党，其中很重要的一条，就是坚持用马克思主义哲学教育和武装全党。学哲学用哲学，是我们党的一个好传统。"① 在中国共产党的历史上，在各级领导干部中学哲学用哲学有着光荣的传统。早在中国共产党成立初期，作为我党重要的创始人，李大钊、陈独秀等就通过创办刊物、成立书社等方式，在中国大力宣传马克思

---

① 《习近平同志在中央政治局第十一次集体学习会上的讲话》，《人民日报》2013 年 12 月 3 日。

主义哲学，正是通过他们的卓越工作，为中国共产党的诞生提供了思想前提和思想基础。1921 年 1 月，毛泽东在给蔡和森的信中就明确提出"唯物史观是吾党哲学的根据"。① 在土地革命时期，以毛泽东同志为代表的中国共产党人，在领导人民进行新民主主义的革命斗争中，坚持用马克思主义哲学研究中国革命的实际，探索在一个经济文化落后的中国走向新民主主义革命胜利的道路，不仅写下了《星星之火可以燎原》、《中国革命战争的战略问题》等哲学著作，而且以这些哲学思想为指导，成功地开拓出了一条适合中国国情的农村包围城市、武装夺取政权的革命道路。在延安时期，毛泽东同志不仅号召共产党人要学哲学，掌握马克思主义的辩证法，而且还亲自到抗大讲辩证法唯物论，他写下的《矛盾论》、《实践论》，不仅成为闪烁着马克思主义哲学光辉的重要文献，而且也对当时在延安的思想整风运动的开展，发挥了重要作用，促成了党内思想空前统一的局面的形成。一大批党的领导干部正是在这一过程中，自觉养成了用马克思主义哲学作为自己的看家本领的生活习惯。新中国成立以后，毛泽东在 1955 年《中国共产党全国代表会议上的讲话》中再次强调指出："马克思主义有几门学问：马克思主义哲学，马克思主义的经济学，马克思主义的社会主义——阶级斗争学说，但基础的东西是马克思主义哲学。这个东西没有学通，我们就没有共同的语言，没有共同的方法，扯了许多皮，还扯不清楚。有了辩证唯物论的思想，就省得许多事，也少犯许多错误。"② 在这之后，我们党继续坚持思想建党，坚持用马克思主义世界观方法论为指导，在全党深入开展学习马克思主义哲学、学习毛泽东著作的运动，不仅大大促进了毛泽东思想在全党的广泛普及，而且巩固了毛泽东思想在全党的指导思想地位。在党的十一届三中全会前后，面对"文化大革命"结束后我们国家面临的严峻现实，我们党坚持用马克思主义哲学为指导，通过发动真理标准的大讨论，不仅冲破了"两个凡是"的

---

① 《毛泽东书信选集》，中央文献出版社 2003 年版，第 11 页。

② 《毛泽东文集》第六卷，人民出版社 1999 年版，第 396 页。

思想禁锢，而且也实现了全党在思想路线上的高度统一，为中国的改革开放发挥了哲学的思想先导作用。对于掌握马克思主义哲学的看家本领，早在 1981 年，邓小平同志就一针见血地指出："现在我们的干部中很多人不懂哲学，很需要从思想方法、工作方法上提高一步。"① 陈云同志提示我们的领导干部，学习马克思主义哲学，终身受益。李瑞环也多次强调学哲学用哲学的重要性，他强调指出："人们要提高自己认识世界和改造世界的能力，就必须学习哲学。""哲学是明白学、智慧学，学懂了哲学，脑子就灵，眼睛就亮，办法就多；不管什么时候、干什么工作都会给你方向、给你思路、给你办法。不学哲学，天赋再好也不能算明白人。"② 纵观我党的历史，我们不难看到，在不同的历史时期，我们党始终把马克思主义哲学视为看家本领，不仅实现了马克思主义哲学在当代的创新发展，而且也使马克思主义哲学成为我们取得各项事业不断前进的制胜法宝。

马克思主义哲学是解决当前我国存在的矛盾、挑战和短板等日益众多的问题的一把金钥匙。习近平总书记指出，新时代我们要"进行具有许多新的历史特点的伟大斗争"③。很显然，习近平总书记所讲的伟大斗争，不是指传统的政治斗争，而是指人的一种精神状态。在今天，人究竟需要有一种什么样的精神状态？这取决于对"历史特点"的理解。就历史特点而言，习近平总书记指的既有对新征程的思考，也有对国情和社会思想出现新变化的应对，还有对各种挑战的回应。概括起来就是，在今天，面对复杂的国际国内形势，全面深化改革的任务十分艰巨和繁重，社会领域出现了许多新的变化，社会主义现代化强国目标的新征程已经开启，党的建设还面临着"四大考验"的长期性、复杂性和"四种危险"的尖锐性、严峻性的诸多挑战。面对这些问题，我们能否敢于直面面对，敢于担当，积极有为，事关重大。由此可见，能否进行好具有许多新的历史特点的伟大斗争，是各级领导干部在

① 《邓小平文选》第二卷，人民出版社 1994 年版，第 303 页。
② 李瑞环：《学哲学用哲学》，中国人民大学出版社 2005 年版，第 2 页。
③ 《习近平谈治国理政》第二卷，外文出版社 2017 年版，第 415 页。

当前必须直面的考验。这就要求各级党员领导干部，一定要提高用马克思主义哲学思维增强自身能力和水平的本领。恩格斯说过："一个民族要想站在科学的最高峰，就一刻也不能没有理论思维。"① 习近平也指出："我们党在中国这样一个有着十三亿人口的大国执政，面对着十分复杂的国内外环境，肩负着繁重的执政使命，如果缺乏理论思维的有力支撑，是难以战胜各种风险和困难的，也是难以不断前进的。"② 因此，"要学习掌握唯物辩证法的根本方法，不断增强辩证思维能力，提高驾驭复杂局面、处理复杂问题的本领"③。进一步说，各级领导干部要自觉地养成一种运用马克思主义哲学去指导我们做好各项工作的高度自觉，拿起马克思主义哲学这一思想武器，让"看家本领"助力"两个一百年"的奋斗目标和中华民族伟大复兴的中国梦的早日实现。在进行具有许多新的历史特点的伟大斗争中，我们用对形势的准确判断，对政治定力的始终操守，对困难、问题、矛盾、挑战等的攻坚克难，为新时代的伟大斗争增色添彩。

马克思主义哲学能够为党员领导干部锻造金刚不坏之身、提高应对各种诱惑和考验的能力提供重要的精神支撑。马克思主义哲学并不是书斋里的理论，而是一种以改变世界为理论旨趣的科学的世界观，这种科学的世界观，不仅立足于对现实资本主义的深刻批判，而且对无产阶级未来理想社会发展的趋势和图景进行了科学预测和制度设计。它就如同黑夜里的一盏明灯，不仅为人类的解放事业指明了前进方向，而且从诞生那一刻起，就为无数的马克思主义者所认同，也成为马克思主义者孜孜不倦的精神品格和不懈追求。从这个意义上说，对马克思主义的信仰，不仅铸成了无产阶级政党先进性的独特品格，而且在实践中也不断在直面各种诱惑和挑战中，彰显出马克思主义哲学的无限威力。但是，应该看到，在新时代，面对世情、国情、党情的深刻变化，在一些党员领导干部身上也出现了一些理想信念的缺失，腐化堕

---

① 《马克思恩格斯文集》第 9 卷，人民出版社 2009 年版，第 437 页。

② 《习近平关于全面建成小康社会论述摘编》，中央文献出版社 2016 年版，第 192 页。

③ 《习近平同志在中央政治局第二十次集体学习时的讲话》，《人民日报》2015 年 1 月 24 日。

落的现象屡屡发生等问题。但根本的问题还是表现为世界观方法论上的问题，一些党员领导干部放弃了对马克思主义的信仰，这从反面告诉我们，要想在充满各种诱惑的社会中，牢牢站稳立场，理想信念不出问题，就必须不断提高马克思主义哲学的理论修养，自觉地练好马克思主义哲学这一看家本领，避免出现"看家本领"的恐慌问题。

二、马克思主义哲学为领导干部提供了哪些看家本领

马克思主义的哲学智慧包括哪些内容呢？或者说，各级领导干部应该具备马克思主义哲学的哪些方面的看家本领呢？在我们看来，这种看家本领就是源于马克思主义世界观所要求的科学的方法论。

第一，善于从辩证唯物主义唯物论的立场出发，牢固树立求实思维，提高立足于客观实际进行科学决策的能力和本领。任何决策，任何政策、计划和办法的提出和制定，都不能仅凭主观想象，也不能仅凭自己的一时冲动和心血来潮，而应该坚持一切从实际出发这一马克思主义世界观所要求的方法论基础之上。离开了对实际的精准把握，脱离开实际的特殊"土壤"，就无法做到科学决策，制定出正确的路线方针和政策。对于中国而言，我们所要建设的是中国特色社会主义，究竟如何建设？显然离不开对中国实际的准确把握。习近平总书记指出："当代中国最大的客观实际是什么？就是我国仍处于并将长期处于社会主义初级阶段。这是我们认识当下、规划未来、制定政策、推进事业的客观基点，不能脱离这个基点，否则就会犯错误，甚至犯颠覆性的错误。……坚持一切从实际出发，既要看到社会主义初级阶段基本国情没有变，也要看到我国经济社会发展每个阶段呈现出来的新特点。"① 建设中国特色社会主义，一方面要紧紧从"初级阶段"这一基本国情出发，解决中国问题，探求中国方案。另一方面，还必须充分发挥辩证唯物主义关于

① 习近平：《辩证唯物主义是中国共产党人的世界观和方法论》，《求是》2019 年第 1 期。

意识能动作用的原理，不等不靠，主动适应中国社会主义事业发展出现的新情况新问题新特点新挑战，积极作为，敢于担当，积极开创中国特色社会主义现代化强国建设的新局面。

第二，善于从事物矛盾运动的基本观点出发，牢固树立矛盾思维，以问题为引领，不断提高化解各种矛盾的能力和本领。各级领导干部在实际工作中，要面对大量的错综复杂的矛盾，有矛盾就会有差异、对立和冲突，不同的矛盾也表现出区别于其他矛盾的特点，正是事物之间这种矛盾及其存在，才不断地推动着事物由低级向高级向前发展。从这个意义上说，矛盾是事物发展的内在动力。同样，矛盾的呈现和发展也不是平衡的，因此，对矛盾的把握也就会有主要和次要之分，轻和重之别，缓和急之异。这就需要人们善于在各种矛盾中发现对那些居于首要和决定地位，影响和制约着其他矛盾解决的主要矛盾，认真地研究和辨析矛盾，找到解决矛盾的办法。这种矛盾分析的思维和方法体现了马克思主义矛盾观的根本要求，是领导干部必须具备的看家本领。矛盾的思维和方法，说到底就是问题导向的思维和方法，问题即是矛盾的呈现形式。从某种意义上说，问题引领着矛盾的解决，体现着矛盾解决的方向。所以，用矛盾的观点去分析问题，关键的问题是不断增强问题意识，以问题意识为中心和引领，在积极回应问题中，不断提高化解各种矛盾和风险的能力和水平。"我们强调增强问题意识、坚持问题导向，就是承认矛盾的普遍性、客观性，就是要善于把认识和化解矛盾作为打开工作局面的突破口。我们党领导人民干革命、搞建设、抓改革，从来都是为了解决中国的现实问题。对待矛盾的正确态度，应该是直面矛盾，并运用矛盾相辅相成的特性，在解决矛盾的过程中推动事物发展。"① 为此，各级领导干部要善于要敢于直面问题，既不能回避，也不能躲避，更不能无视，要以问题为突破口，在多种矛盾关系中发现和找到主要矛盾和矛盾的主要方面，为解

---

① 《习近平同志在中央政治局第二十次集体学习时的讲话》，《人民日报》2015 年 1 月 24 日。

决矛盾找到一条正确的办法。

第三，善于从唯物辩证法的根本方法出发，牢固树立辩证思维，不断提高领导干部驾驭全局的能力与本领。马克思主义哲学是唯物辩证的科学。它着眼于事物的联系和发展，揭示了事物发展变化的内在矛盾规律，找到了解决事物发展实质和核心的钥匙。从马克思主义辩证法的这一要求出发，不仅要求人们树立辩证思维，而且学会用联系的发展的全面的矛盾的观点，善于在对立中把握统一，在统一中把握对立，把握好"重点论"与"两点论"的辩证关系，找到解决事物发展的内在矛盾和动力，切实做好协调矛盾各方的工作，进而实现人的辩证思维能力的不断提高。习近平总书记在谈到辩证思维的时候，强调指出："辩证思维能力就是承认矛盾、分析矛盾、解决矛盾，善于抓住关键、找准重点、洞察事物发展规律的能力。"[1] 他还指出："我们的事业越是向纵深发展，就越要不断增强辩证思维能力。当前，我国社会各种利益关系十分复杂，这就要求我们善于处理局部和全局、当前和长远、重点和非重点的关系，在权衡利弊中趋利避害、作出最为有利的战略抉择"[2]，"不断增强辩证思维能力，提高驾驭复杂局面、处理复杂问题的本领"[3]，不断增强工作的原则性、系统性、预见性、创造性。"要反对形而上学的思想方法，看形势做工作不能盲人摸象、坐井观天、揠苗助长、削足适履、画蛇添足。要加强调查研究，坚持发展地而不是静止地、全面地而不是片面地、系统地而不是零散地、普遍联系地而不是单一孤立地观察事物，准确把握客观实际，真正掌握规律，妥善处理各种重大关系。"[4]"在任何工作中，我们既要讲两点论，又要讲重点论，没有主次，不加区别，眉毛胡子一把抓，是做不好工作的。"[5] 为此，他提出凡事都要从坏处着想，做到有备无患，努力

---

① 《习近平在中央政治局第二十次集体学习时的讲话》，《人民日报》2015 年 1 月 24 日。

② 《习近平关于协调推进"四个全面"战略布局论述摘编》，中央文献出版社 2015 年版，第 87 页。

③ 《习近平在中央政治局第二十次集体学习时的讲话》，《人民日报》2015 年 1 月 24 日。

④ 《习近平在中央政治局第二十次集体学习时的讲话》，《人民日报》2015 年 1 月 24 日。

⑤ 《习近平在中央政治局第二十次集体学习时的讲话》，《人民日报》2015 年 1 月 24 日。

争取最好的结果的底线思维。他还提出了从系统思维的高度把握中国的改革开放，不仅要注重各项改革之间的耦合性，也要密切把握各项改革之间的关联性和互动性，形成上下联动、左右互动、立体复动的强大的改革合力，实现各项事业的整体推进和重点突破。

第四，善于从认识和实践的辩证关系出发，牢固树立实践思维，不断实现在新的实践基础上提高理论创新的能力和本领。马克思主义哲学将实践的观点看作是马克思主义认识论的首要的和基本的观点，不仅强调了实践在认识中的基础地位，而且也揭示了人的认识的辩证运动过程。马克思主义这一原理客观上要求人们善于在理论与实践的辩证关系中，自觉地站在实践的立场上，善于运用实践思维，从不断变化着的实践出发进行理论创新，不断实现理论发展的新飞跃。脱离了实践的理论，不仅会失去自己的生命力，而且也会使其成为一种僵死的教条。反过来讲，离开了理论指导的实践，就不仅使其陷入盲目的境地，而且也会带来实践上的挫折和失败。正是从这一认识出发，我们党历来十分重视从主观与客观、知与行、理论与实践的统一中把握人类认识的基本规律，不仅将实践思维贯穿于工作的贯彻落实中，而且也善于发挥源于实践思维得来的理论对实践的变革和引领作用，让理论回归实践，让理论在实践中不断检验，让理论不断在实践中焕发出真理的光芒。

第五，善于从历史唯物主义社会基本矛盾的原理出发，坚持问题导向的改革思维，勇于提高自我革命的能力和本领。历史唯物主义立足于物质生产这一社会生活的基础把握人类社会，致力于在社会基本矛盾的运动中认识人类社会的产生与发展，不仅把社会发展的根本动因归之于生产力，而且也从社会基本矛盾的运动中发现了人类社会基本矛盾解决的改革的方法和途径，为我们正确地把握和认识新时代中国迈向社会主义现代化强国过程中遇到的矛盾和问题，提供了正确的改革方法论和改革思维。"当前，国内外环境都在发生极为广泛而深刻的变化，我国发展面临一系列突出矛盾和挑战，前进道路上还有不少困难和问题。比如：发展中不平衡、不协调、不可持续问题依然突出，科技创新能力不强，产业结构不合理，发展方式依然粗放，城乡区域发展差距和居民收入分配差距依然较大，社会矛盾明显增多，教育、就业、社会保障、医疗、住房、生态环境、食品药品安全、安全生产、社会治安、执法司法等关系群众切身利益的问题较多，部分群众生活困难，形式主义、官僚主义、享乐主义和奢靡之风问题突出，一些领域消极腐败现象易发多发，反腐败斗争形势依然严峻，等等"①，所有上述问题，尽管表现形式多种多样，但都不过是社会基本矛盾的集中体现，或者说，从深层次上看，是由社会基本矛盾所决定的。这也就决定了，解决这些矛盾和问题，关键在于深化改革。只要有矛盾，改革就不能停步，正因为如此、改革只有进行时、没有完成时。改革必须坚持社会主义的发展方向，无论是改什么、怎么改，都不能偏离社会主义方向，只能围绕着改革那些不能够适应社会生产力和经济基础发展要求的生产关系和上层建筑来进行，实现对中国特色社会主义制度的自我完善和自我发展，并最终实现社会生产力的解放和发展。习近平总书记指出："在全面深化改革中，我们要坚持发展仍是解决我国所有问题的关键这个重大战略判断，使市场在资源配置中起决定性作用和更好发挥政府作用，推动我国社会生产力不断向前发展。我们讲不要简单以国内生产总值增长率论英雄，要看全面工作水平，就是说要按照生产力发展规律去发展，而不要违背规律蛮干。我们要正确运用生产力标准，推动实现物的不断丰富和人的全面发展的统一。"②

第六，善于从历史唯物主义的人民群众创造历史的观点出发，坚持人本思维，切实提高围绕以人民为中心推进各项事业发展的能力和本领。历史唯物主义从实践出发思考社会历史发展规律，实际上就是坚持人本的观点。马克思主义的人本观点内在要求我们，要树立人本思维，秉承把人当作主体的理念，一切依靠人；把人作为做好全部工作的目的，一切为了人；把人作为

---

① 《习近平谈治国理政》第一卷，外文出版社2018年版，第71—72页。

② 《习近平关于协调推进"四个全面"战略布局论述摘编》，中央文献出版社2015年版，第75页。

评价我们一切工作的根本尺度，一切尊重人。习近平总书记指出，人民是历史的创造者。要坚持"把实现好、维护好、发展好最广大人民根本利益作为推进改革的出发点和落脚点，让发展成果更多更公平惠及全体人民，唯有如此改革才能大有作为。"① 这就要求各级领导干部，一方面要坚持公平正义，平等待人。在面对多种利益群体的时候，立足于公心，对每一个利益群体和阶层的诉求公平对待，不仅使他们能够享有参与机会上的均等，而且也使他们能够实现在权利和人格上的平等和尊重。另一方面，各级领导干部要善于在人的能动与受动、主体性与客观性、个人与社会的关系中，通过解放和开发人，解决发展的活力问题。此外，各级领导干部要努力在工作中积极推进不同群体在机会、分配和结果等方面的公正的落实，真正做到各尽其能、各得其所、和谐相处，解决好发展中的和谐问题。

领导干部掌握马克思主义哲学智慧这一看家本领，并不仅仅限于上面所说的六个方面，它涉及的内容还包括：一是如何从马克思主义的系统论出发，解决好运用系统思维提高协同发展的能力和本领；二是如何从马克思主义的历史观出发，立足于运用历史思维提高自己把握大势的能力和本领；三是从马克思主义的过程发展观出发，着眼于运用创新思维，不断增强引领发展的能力和本领；四是如何从马克思主义的法律和制度出发，综合运用法治思维和制度思维，推进依法执政和社会治理的能力和本领；五是如何从马克思主义的生态价值观出发，牢固树立生态意识和生态思维，在不断优化生态环境中展现绿色发展的能力和本领；六是如何从马克思主义人的本质观出发，坚持按照主体思维的要求塑造人，养成健全的主体人格和主体素质的能力和本领；七是如何从马克思主义的人、社会、自然等的多元共存观出发，以致力于实现多元共生的和谐思维、开放思维和价值思维为导引，诉诸于合作共赢、融合发展、共享发展等多种能力和本领的全面提升；八是如何从马

---

① 《习近平关于协调推进"四个全面"战略布局论述摘编》，中央文献出版社2015年版，第77页。

克思主义的文化观出发，善于从文化方法论的角度进行思维，在弘扬和传承中华优秀传统文化中升华文化自信的能力和本领；等等。

三、领导干部如何掌握运用马克思主义哲学智慧的看家本领

领导干部如何掌握马克思主义哲学智慧这一不可或缺的"看家本领"呢？概括起来，主要有以下几个方面：

第一，学好哲学，夯实"看家本领"的基本功。恩格斯指出："一个民族想要站在科学的高峰，就一刻也不能没有理论思维。"[①] 对于一个领导干部而言，在每天的工作中，经常要面对众多的矛盾和问题，要想解决这些矛盾和问题，做好自己的工作，并取得事业的成功，离开了理论思维是寸步难行的。但是，理论思维并不是自然而然地形成的，也不是说提高就能提高的。作为人们的一种天赋的能力，它本身也有一个不断发展和锻炼的过程，而"为了进行这种培养，除了学习以往的哲学，直到现在还没有别的办法"[②]。对于领导干部而言，学习之所以重要，在于它是理论、智慧、经验、能力等等之源，并决定着一个领导干部领导水平的高低、工作方法的得失、能力素质的优劣。早在 1955 年，毛泽东《在中国共产党全国代表会议上的讲话》中就"劝同志们要学哲学"[③]，在学习中激发对哲学的兴趣，逐渐养成学哲学的习惯。这里说的学哲学并不是不加区分地盲目地学，而要着眼于学习马克思主义哲学，原因在于，与其他各种哲学相比，马克思主义哲学是一种科学的世界观和方法论，它对于人类历史发展所作出的解释、洞察、想象和预见，都不断地焕发出真理的光芒和生命力。马克思主义的哲学智慧都蕴含于大量的经典著作之中，因此，学习马克思主义哲学就需要塌下身子，静下心来，老老实实、原原本本地、系统而全面地学习原著。恩格斯早就指出，要

---

① 《马克思恩格斯文集》第 9 卷，人民出版社 2009 年版，第 437 页。
② 《马克思恩格斯选集》第 3 卷，人民出版社 2012 年版，第 873 页。
③ 《毛泽东文集》第六卷，人民出版社 1999 年版，第 396 页。

根据原著来研究马克思主义这个理论，"而不要根据第二手的材料来进行研究"①。"对于那些希望真正理解它的人来说，最重要的却正好是原著本身。"②只有将原著精读弄通了，才能够打牢领导干部马克思主义哲学的基本功，获得安身立命的哲学之本和"看家本领"。党的十九大报告，在谈到全面增强领导干部执政本领时，将增强学习本领放在全党要增强的八大本领之首。在纪念马克思诞辰200周年大会上，习近平总书记在讲话中也特别强调，共产党人要把读马克思主义经典、悟马克思主义原理当作一种生活习惯、当作一种精神追求，用经典涵养正气、淬炼思想、升华境界、指导实践。

第二，崇尚哲学，让"看家本领"转识为智。对于哲学而言，学与信二者是不可分割的。如果对一种哲学没有信仰的话，那它一定不会有对其的学习。反之，学习的东西，一定又是建立在信仰基础之上的。正因为如此，对马克思主义哲学的学习，一定离不开信仰。李瑞环指出："学哲学首先要信哲学。我认为这是一个立场问题、感情问题、信仰问题，也就是为什么学的问题。共产党人信仰马克思主义，是理性的选择。信仰不是迷信，迷信是不好的，包括对马克思主义和马克思主义哲学我们都不要迷信，但是却可以信可以迷。对马克思主义哲学，只有信了才能迷，只有迷了才能钻，只有钻了才能懂，只有懂了才能用，只有用了，在用中尝到甜头，才会更加信、更加迷、更加钻。这里关键的是个'信'字。"③客观地说，这些年，在领导干部中存在着对马克思主义哲学兴趣不浓、热情不高、浅尝辄止等问题，不少领导干部不仅不知哲学是什么，而且对马克思主义哲学的经典著作知之甚少，表现在工作中经常出现本领恐慌等问题。实践证明，领导干部如果缺乏马克思主义哲学智慧的滋养，就不能适应当前形势发展的需要，更不能表现出分析和处理问题的高超的领导能力和水平。解决这些问题，根本的是要把对马克思主义哲学的信仰树立起来，不仅确立起对马克思主义的立场、观点

---

① 《马克思恩格斯选集》第4卷，人民出版社2012年版，第606页。

② 《马克思恩格斯选集》第2卷，人民出版社2012年版，第656页。

③ 李瑞环：《学哲学用哲学》，中国人民大学出版社2005年版，第17页。

和方法的思想自觉，而且也当作领导干部的一种重要的哲学思维活动和思维方式。这就需要在对马克思主义哲学的理解中，一方面，要精通马克思主义的哲学知识，另一方面，也要熟知马克思主义哲学的唯物论、辩证法、认识论、历史观等基本原理；在此基础上，发现和找到这些基本原理中蕴含的方法论诉求，并进一步提升为一种哲学思维方式。这样，在学习中掌握的马克思主义哲学知识，就再也不是一堆僵死的教条的东西，而真正转化为领导干部在面临错综复杂的各种困难和矛盾的时候，表现出的一种思维上的高超智慧，以及驾驭全局的化解各种矛盾和问题的本领。

第三，用好哲学，让"看家本领"见之于行动。对于马克思主义哲学的学习固然重要，但学习并不是目的，目的在于运用。"运用"并非易事，正如黑格尔所指出的，真理不是铸就的货币，可以现成地拿过来就用的。马克思也指出："理论在一个国家实现的程度，总是取决于理论满足这个国家的需要的程度。"① 可以看出，运用就是与实际相结合，发挥对实践的指导作用。任何一种理论，即便是正确的，如果不能够用来指导行动，也没有任何意义。对于领导干部个人而言，运用就在于在对理论的把握与自己的思想和工作实际的结合中，求得思想政治水平和理论思维水平的不断提高，并通过人的精神境界的不断丰富和完善，推进各项工作的顺利开展。那么，究竟如何发挥"看家本领"的作用呢？首先，在工作中善于站在辩证唯物主义世界观的高度去思考问题、分析问题、解决问题，着眼于从实际出发，尊重客观规律，致力于解决实际问题。其次，善于用马克思主义的人生观为指导，去思考人生目的、人生态度、人生价值，尤其是在面对人生困难与挫折的时候，如何正确地对待人生中遇到的各种困难和挫折，用积极乐观向上的态度直面人生，在积极作为中焕发出人生精彩。再次，善于用马克思主义的价值观思考人自身、人与人、人与社会之间的各种关系，确立集体主义的价值观导向，在追求群体生存共同体本位的基础上，构建和谐的社会关系。最后，要善于将马

---

① 《马克思恩格斯选集》第 1 卷，人民出版社 2012 年版，第 11 页。

克思主义哲学世界观提升到方法论的层次上观察分析问题，在处理各种复杂关系和矛盾中不断提高自己的能力和水平。毛泽东同志指出："世界本来是发展的物质世界，这是世界观；拿了这样的世界观转过来去看世界，去研究世界上的问题，……这就是方法论，此外并没有别的什么单独的方法论。"① 这表明，只掌握马克思主义哲学观点是不够的，需要将这些观点再进一步上升到方法的高度，让思想走进现实、关照现实、让现实发生变化。只有这样，才能在不断解决现实矛盾和问题中，让"看家本领"转化为真正的工作神奇。

第四，以马克思主义哲学的创新发展，激发"看家本领"活力。马克思主义哲学作为一种科学的世界观和方法论，它始终围绕着人民这一中心，把追求人民的翻身解放和当家作主视为自己的初心和历史使命，不仅具有鲜明的人民性、实践性和社会历史性，而且也在实践的不断发展变化中，发挥其对实践的指导作用，并在这一过程中，实现自身认识的不断深化和理论创新。但是，马克思主义哲学的创新，应该坚持正确的方法论，这就是不能因为讲创新而简单地理解为"推倒重来"、"另起炉灶"，更不能借口哲学创新，让马克思主义哲学创新走到邪路上去，或者回到老路上去；而应该着眼于巩固和增强马克思主义哲学的国家哲学的地位和权威，围绕着当代中国实践的发展和今天自然科学已取得的重大成就，尤其是网络信息技术在今天的发展给马克思主义哲学提出的崭新课题，一方面进行科学的提炼和概括，另一方面也要在不断直面当今时代出现的新视野、新方法、新观点、新技术等新的问题域，不断地激活马克思主义哲学在当代的创新因子，推进马克思主义哲学的当代创新。马克思主义哲学创新的当代发展，又会不断地激发"看家本领"在新的实践中不断发挥新的生命活力。

---

① 《毛泽东著作专题摘编》（上卷），中央文献出版社 2003 年版，第 30 页。

第一章 求实思维与科学决策能力

对于一个领导干部来说，其工作总是离不开科学决策。但是，任何决策都不能仅仅凭借着一时的热情，更不能想当然，而必须将决策建立在从客观实际出发这一求实思维基础之上；这体现了马克思主义唯物论的基本要求，也是以习近平同志为核心的党中央反复强调的思维方法。习近平总书记指出，实事求是不仅是马克思主义的精髓，而且也"是我们党的基本思想方法、工作方法、领导方法"①，在推进全面深化改革的进程中，各级领导干部既要注意"处理好解放思想与实事求是的关系"②，也要切实做到"谋事要实、创业要实、做人要实"③。这在客观上要求各级领导干部在自己的实际工作中，善于提高运用求实思维进行科学决策的能力水平。

第一节 求实思维的唯物论基础

马克思主义哲学作为一种科学，是在对旧唯物主义和唯心主义进行辩证地批判的基础上产生的。唯物论作为马克思主义新世界观的一项重要理论成

---

① 《习近平谈治国理政》第一卷，外文出版社 2018 年版，第 25 页。

② 中共中央文献研究室：《习近平关于全面深化改革论述摘编》，中央文献出版社 2014 年版，第 47 页。

③ 中共中央文献研究室：《习近平关于从严治党论述摘编》，中央文献出版社 2016 年版，第 158 页。

果，构成全部哲学的科学性的基础和前提，规定着求实思维的方向、内容和要求。

一、唯物论的基本观点

马克思主义哲学是一种立足于唯物论基础之上的科学。唯物论是伴随着与唯心主义的斗争产生和发展起来的。与唯心论相比，唯物论总是围绕着物质、存在在先，精神和思维在后，前者决定后者来展开的。在唯物论看来，世界上的万事万物不仅组成了整个世界，而且它独立于人的意识、精神和观念之外，并统一于物质。但是，马克思主义哲学之前的旧唯物论，尽管在世界的物质性问题上提出了很多重要思想，但是，由于历史的、阶级的和科学的等方面的原因，它们在对世界的物质本质的认识上，存在着巨大的局限性而不能使其发展成为一种科学。只有马克思主义哲学才第一次将对世界本原的认识提升到科学的境界。恩格斯在谈到物质概念的时候指出："物、物质无非是各种物的总和，而这个概念就是从这一总和中抽象出来的。"他进一步指出，我们用"物质"这种简称"把感官可感知的许多不同的事物依照其共同的属性概括起来，因此，只有研究单个的物……才能认识物质。"① 列宁进一步指出了哲学的物质概念所反映的各种具体物质形态的"共同属性"，就是它的"客观实在性"。这种客观实在性，就是不以人的意志为转移的客观规律性。

既然世界的本原是物质，物质的唯一特性是"客观实在性"。那么，在如何认识物质与意识的关系问题上，坚持唯物主义基本原则，就应该立足于意识对物质的依赖性把握意识。意识对物质的这种依赖性表明，它不能游离于物质世界之外而存在，任何意识都不过是被意识到了的物质存在，并伴随着自然界和人类社会的长期发展而不断发展。这一方面表明意识在其起源上

---

① 《马克思恩格斯全集》，人民出版社 2009 年版，第 500—501 页。

依赖于物质世界，另一方面也表现在意识在其本质上又是对客观物质世界的主观反映上，表现在意识对于物质世界能动的反作用上。但应该看到，即便是承认意识的能动作用，也丝毫不能夸大这种能动作用。要把这种意识的能动作用，放在对物质世界客观规律的尊重这一前提和基础之上。正确地把握规律，正确地认识规律，按照客观规律办事。

二、唯物论的核心要义

唯物论的内容远不止上面这些，无论唯物论的观点有多少，核心的要义不外乎有两个：一是客观存在决定社会意识；二是主观愿望必须符合客观实际。[①]

一方面，就客观存在决定主观意识而言，它首先表现为客观存在构成人的思想、观念的来源。人的思想和观念，无论看起来有多么抽象，多么"主观"，都无法否定，它是从属于物质世界的、第二性的，其内容来源于物质世界，是人的大脑对来自于外部现实世界对人的感觉器官的作用，进行理性思维的基础上形成的有效的知识和思想。离开了物质世界，精神现象也就成为无本之木、无水之源。既然物质世界、客观现实决定人的思想、观念，那么，思想、观念不仅来源于物质世界、客观现实，而且也会伴随着物质世界、客观现实的不同和变化而表现出不同，发生不同的变化。

另一方面，人作为一个有意识、有思维、有目的的能动的存在物，它不仅能够正确地反映、认识世界，而且还能够通过对世界的改造，满足自己的需要，实现自己的目的。但是，这并不意味着人就完全可以"随心所欲"，"异想天开"。实际上，人的主观愿望和活动目的，在多大程度上能够实现，完全取决于与客观实际相符合的程度，取决于对客观事物的规律正确反映的

---

① 参见韩庆祥等：《哲学思维方式与领导工作方法》，中共中央党校出版社 2014 年版，第 29 页。

程度。在实际生活和工作中，我们经常会发现，尽管人都想让自己的思想、愿望和意图符合实际，但由于存在着诸多条件的限制，往往是"愿与事违"，甚至"好心办坏事"。

从马克思主义唯物论的上述观点出发，要求人们，尤其是领导干部要善于将唯物论的基本观点在实际工作中变成一种重要的思维方式，而这样的思维方式是一种立足于客观实际出发的"求实思维"。

第二节　求实思维的方法论内涵和基本要求

前面，我们在"求实思维的唯物论基础"中，不仅论述了唯物论的基本观点，而且对马克思主义哲学唯物论的核心观点进行了分析和阐释。马克思主义唯物论的这些观点，在方法论上的一个重要要求就是，在分析、解决和处理任何问题的时候都应该贯彻这一思想，并内化为一种做好工作的思维方式。立足于唯物论的基本观点，我们不难看出，对于领导干部而言，坚持马克思主义的唯物论，就需要各级领导干部在实际工作中，善于将这种观点转化为做好工作的方法论要求，自觉地按照唯物论的立场来去分析和解决问题，确立一种崇尚实际、一切从实际出发的思维方式，即求实思维。

一、求实思维的方法论内涵

作为一种思维方式，求实思维强调的是要将一切从实际出发作为思考问题的切入点。既然一切从实际出发，那么，从实际出发强调的便是唯实、求实，追求的便是效益、实效和问题的解决。这不仅要求在实际工作中，不能够凭想当然，也不能够仅凭自己的好恶，更不能凭自己的一时热情来谋事，而应该着眼于对事物本来面目的认识和把握，避免在思考和处理问题过程中的"假、大、空"，真正做到"不唯书"、"不唯上"，"只唯实"。

求实思维是基于与唯心主义相对立的一种思维，这种思维反对任何不切实际的观点和做法，着眼于解决实际问题这一目的要求，务求实效。从这个意义上说，求实思维尊崇的是思维的客观性，其本质直通实事求是。"实事求是"在其本意上指的是"修学好古，实事求是"，意思是说，要想求得真理的认识，必须要求实证。毛泽东同志对古人这一智慧进行了正确发挥，他指出："'实事'就是客观存在着的一切事物，'是'就是客观事物的内部联系，即规律性，'求'就是我们去研究。我们要从国内外、省内外、县内外、区内外的实际情况出发，从其中引出其固有的而不是臆造的规律性，即找出周围事变的内部联系，作为我们行动的向导。而要这样做，就须不凭主观想象，不凭一时的热情，不凭死的书本，而凭客观存在的事实，详细地占有资料，在马克思列宁主义一般原理的指导下，从这些材料中引出正确的结论……这种态度，就是党性的表现，就是理论与实际统一的马克思列宁主义的作风。"[①] 可见，实事求是是指，人们要善于把对客观事物的认识作为探求规律、发现规律、揭示规律的出发点。

就人们对事物认识的出发点而言，通常表现为两个方面：一是脱离实际的主观主义的思维方式，这种思维方式要么局限于从书本到书本、从概念到概念去思考客观事物；要么仅仅凭借自己的主观意愿、带着先入为主的个人偏见来看待事物。对于这种主观主义的思维方式，恩格斯进行过严厉批判，他指出："人们决心在理解现实世界（自然界和历史）时按照它本身在每一个不以先入为主的唯心主义怪想来对待它的人面前所呈现的那样来理解；他们决心毫不怜惜地抛弃一切同事实（从事实本身的联系而不是从幻想的联系来把握的事实）不相符合的唯心主义怪想。除此以外，唯物主义并没有别的意义。"[②] 恩格斯的这句话，说的是理解世界，一定不能总想着异想天开，标新立异，更不能戴着有色眼镜，而要立足于客观世界的本来面目，正确地反

---

① 《毛泽东选集》第三卷，人民出版社 1991 年版，第 801 页。
② 《马克思恩格斯选集》第 4 卷，人民出版社 2012 年版，第 249 页。

映世界的客观实际，做到主观与客观相符合。如果不能达到这一要求，宁愿舍弃它也在所不惜。毛泽东也在《反对本本主义》、《改造我们的学习》等著作中，对这种主观主义的思维方式的本质和危害进行了集中揭露，他指出："其中许多人是做研究工作的，但是他们对于研究今天的中国和昨天的中国一概无兴趣，只把兴趣放在脱离实际的空洞的'理论'研究上。许多人是做实际工作的，他们也不注意客观情况的研究，往往单凭热情，把感想当政策。这两种人都凭主观，忽视客观实际事物的存在。"① 二是立足于客观实际，按照客观事物的本来面目客观地看待事物的唯物主义思维方式。这种思维方式就是马克思主义的实事求是的思维方式。早在 2012 年 5 月 16 日，习近平总书记就在中央党校春季学期第二批入学学员开学典礼上作了《坚持实事求是的思想路线》的专题报告，要求领导干部"在学习和工作中，要注意深刻理解实事求是的科学含义和精神实质，正确掌握实事求是这个马克思主义的精髓和灵魂，始终按实事求是的要求办事"②。他还指出："我们党是靠实事求是起家和兴旺发展起来的。……什么时候坚持实事求是，党和人民事业就能够不断取得胜利；反之，离开了实事求是，党和人民事业就会受到损失甚至严重挫折。"③ 习近平总书记还对现实中在实事求是方面存在的一些不令人满意的地方进行了深刻剖析，他指出："一些党员和干部在坚持实事求是的思想路线方面还存在一些必须引起注意的问题。比如，有的常年坐在办公室，很少下基层，很少接触群众，对下情若明若暗，接'地气'不够；有的一切从本本出发，唯上、唯书、不唯实；有的故步自封、因循守旧，思想和工作落后于客观形势的要求；有的不按客观规律办事，急功近利，急于求成以致蛮干、瞎干；有的为了迎合或满足某种需要，说假话、大话、空话，甚至弄虚作假；有的怕担风险，明哲保身，明知是错的，却听之任之，不批评制止；有的不喜欢听真话、实话，不愿意修正错误、择善而从。凡此种

---

① 《毛泽东选集》第三卷，人民出版社 1991 年版，第 799—800 页。

② 习近平：《坚持实事求是的思想路线》，《学习时报》2012 年 5 月 28 日。

③ 习近平：《坚持实事求是的思想路线》，《学习时报》2012 年 5 月 28 日。

种，都违背了实事求是的要求，虽然不是主流，但如果不重视、不警惕、不纠正，其消极影响和后果不可低估。"①

当前，伴随着世情、国情、党情的深刻变化，我们面临着复杂多变的国内外形势。中国特色社会主义已经进入新时代，新时代意味着我们今天站在了一个新的历史发展起点上。我国社会的主要矛盾也发生了新的变化，即由过去的人民日益增长的物质文化生活需要与社会生产落后之间的矛盾，向人民对于美好生活的期望与不平衡不充分之间的矛盾的历史性转化。所有这些新的判断都是我们坚持了一切从实际出发，实事求是的党的思想路线的结果，也必将对我们党带领人民在新的伟大历史征程中进行许多新的历史特点的伟大斗争，实现"两个一百年"的奋斗目标和中华民族伟大复兴的中国梦，发挥着引领作用。

二、求实思维的方法论要求

既然求实思维强调的是从实际出发进行思维，那么，坚持一切从实际出发，实事求是就成为求实思维的方法论要求。

这首先取决于对客观实际的理解。马克思主义唯物论认为，"实际"作为一种客观存在，它具有现实性，但是现实与现存是不同的，因此，当我们说一种现实或实际的时候，并不意味着"实际"就完全等同于现存。只有那些带有必然性的合乎事物发展规律的实际，才是唯物论所讲的实际。那么，这种实际究竟具有哪些方法论上的要求呢？

一是"实际"是一个不断变化着的概念。马克思主义唯物论认为，世界上不存在绝对不变的事物，一切事物都处于永恒的运动、变化和发展之中的。从这一理解出发，我们不难看出，马克思主义唯物论所理解的客观实际也是可变的，这就要求我们在把握客观实际的时候，就需要立足于客观实

---

① 习近平：《坚持实事求是的思想路线》，《学习时报》2012 年 5 月 28 日。

际的变化来把握实际，不能对实际的变化充耳不闻，视而不见。"客观实际"作为一种不断变化的现实，它是常变常新的，而我们的思维也要根据这种实际的不断变化，善于在对不断变化的实际的把握中，正确地反映这种变化，并根据实际的这种变化作出正确的判断。

二是"实际"不仅是一种变化的存在，而且也总是表现为人们所面对的条件。条件不同，就决定了人们的认识不同、选择不同，结果不同，因此，从实际出发，就要敢于面对现实的各种条件。从某种意义上说，条件意味着想问题做事情的一种遵循，不能离开条件而盲目自大，也不能无视条件乱作为，更不能在条件面前无所事事、不敢作为。对于一个国家和政党的发展而言也是一样，既要讲条件，又不能拘泥于条件。要善于尊重条件，利用条件，又要善于按照条件的规律和要求，发挥条件的积极作用。

三是"实际"还是一种不附带任何主观成分的真实和客观。既然是实际，那么这种实际就是一种实在，是不以人的意志为转移的，无论是我们喜欢还是不喜欢，愿意还是不愿意，认识还是没认识，它都一如既往地存在着。这就决定了我们思考问题、解决问题，就不能脱离开这一实际，更不能随意扭曲实际、夸大实际、无视实际，而应该不折不扣地了解实际、分析实际、把握实际，体现实际的要求。

四是"实际"对于人的认识的这种首要地位，决定了实际总是按照自己固有的规律在不断地自我发展。简单地说，规律是事物运动变化和发展中所固有的、内在的、本质的、必然的联系和趋势，它不仅是客观的，也是不以人的主观意志为转移的，并且发挥着对人及其活动的影响作用。因此，从实际出发，也就客观上要求按照客观规律办事。在党的十八届中央政治局第二次集体学习时，习近平总书记明确指出："改革开放是前无古人的崭新事业，必须坚持正确的方法论，在不断实践探索中推进。摸着石头过河，是富有中国特色、符合中国国情的改革方法。摸着石头过河就是摸规律。实行改革开放，发展社会主义市场经济，我们的老祖宗没有讲过，其他社会主义国家也没有干过，只能通过实践、认识、再实践、再认识的反复过程，从实践中获得真知。"① 在这里，习近平总书记把"摸着石头过河"提升到"摸规律"的高度来认识，在他看来，摸着石头过河并不是瞎摸，它是一种实践中的探索，而这种探索，就是着眼于把握规律，揭示规律，求得对事物真理的认识。能否真正做到按客观规律办事，事关各项工作成败的大局。

总之，从客观实际出发就是从对事物存在起着影响和决定作用的时间、空间、条件出发，要善于在时间、空间和条件的不同的具体实际中，按照求实思维的要求，正确地揭示不同事物的不同规律。

第三节　求实思维的方法论运用

将求实思维的方法论要求运用于实际工作中，就需要人们坚持用实事求是的基本要求指导工作，全面开创各项工作的新局面。在这方面，习近平总书记作出了一系列重要的新论述，为我们在新的历史发展阶段，按照实事求是思想路线的要求做好工作进一步明确了方向。

一、准确把握好"实事"和"实情"

如前所述，"实事"讲的是客观存在的事物，但是，"实事"所蕴含的丰富内涵，却远不是这两个字所表述的那样简单。这就需要我们完整准确地把握好"实事"。"实事"并不是一个单一的、具体的、简单的概念，而是一个复杂的系统图景。它既包括现象与本质、原因与结果、形式与内容、偶然与

① 《习近平关于协调推进"四个全面"战略布局论述摘编》，中央文献出版社 2015 年版，第 54 页。

必然、可能与现实，也包括局部与整体、主流与支流、单一与多样、直接与间接等。因此，准确把握"实事"，就不能靠单打一，也不能靠做表面文章，更不能教条化，而要坚持唯物辩证法联系的观点，找到"实事"复杂关系中的那些能够影响和决定着事物发展的前进方向的主要矛盾和矛盾的主要方面。对于中国而言，最大的实情便是国情。对此，习近平总书记指出："我们了解实际，掌握实情，最重要的是要清醒认识和准确把握我国社会主义初级阶段的基本国情……我们了解实际，掌握实情，最重要的是要清醒认识和准确把握我国社会主义初级阶段的基本国情。"①"实事"不仅是复杂的，而且也是不断变化着的客观"实情"。"实情"的这种可变性，要求人们在观察处理问题时，必须坚持发展的观点，立足于不断发展变化的实际，直面新问题、新情况、新矛盾、新挑战，用与时俱进的全新思维来处理新问题、新情况、新矛盾、新挑战。正如习近平总书记所指出的："全党面临的一个重要课题，就是如何正确认识和妥善处理我国发展起来以后不断出现的新情况新问题。"② 在这方面，任何超越现实、超越阶段而急于求成的倾向都要努力避免，任何落后于实际、无视深刻变化着的客观事实而因循守旧、故步自封的观念和做法都要坚决纠正。③

二、要善于做到"求是"

运用求实思维，准确地把握"实事"固然是重要，但是这还不足以解决问题，问题的关键在于能否做到"求是"。"求是"即研究事物的规律，发现规律，但是，探求和发现规律谈何容易。很多情况下，人们由于经常被事物的假象所迷惑而浅尝辄止，也有很多情况下，因为主客观条件的限制而影响对事物规律的认知，这就要求人们在探求规律的过程中，要有一

①　习近平：《坚持实事求是的思想路线》，《学习时报》2012 年 5 月 28 日。
②　《习近平谈治国理政》第二卷，外文出版社 2017 年版，第 43 页。
③　参见《习近平谈治国理政》第一卷，外文出版社 2018 年版，第 26 页。

种不懈怠，不怕失误和挫折，不畏困难的勇气和毅力。离开了这些，也就无法揭示事物发展的规律，用这样的认识指导实践，必然会在实际工作中处处碰壁，无法达到实践的目的。就当代中国而言，"求是"，最根本的既不是脱离开中国共产党执政和中国社会主义建设的双重实际另搞一套，也不是游离于人类文明发展大道之外闭关自守和孤芳自赏，而要在探索和认识共产党执政规律、社会主义建设规律和人类发展规律这"三大规律"方面狠下功夫、深化认识。在这方面，习近平新时代中国特色社会主义思想的提出，不仅标志着马克思主义中国化最新成果的形成，而且也意味着我国在对共产党执政规律、社会主义建设规律和人类发展规律三大规律的认识上实现了深化和开拓。具体说来表现为：一是深化了对共产党执政规律的认识，不仅深刻地认识到了执政的一般规律，而且认识到了共产党执政的普遍规律。"党和人民事业发展到什么阶段，党的建设就要推进到什么阶段。这是加强党的建设必须把握的基本规律。"[①] 二是深化了对社会主义规律的认识，对社会主义建设的经济规律、政治规律、文化规律、社会规律、生态文明规律都进行了深刻阐述。三是深化了对人类社会发展规律的认识，对影响人类发展的客观规律进行了具体而深刻的分析。如人类只有遵循自然规律才能有效防止在开发利用自然上走弯路，人类对大自然的伤害最终会伤及人类自身，这是无法抗拒的规律。纵观近代以来的历史，建立公正合理的国际秩序是人类孜孜以求的目标，更是不以人的意志为转移的客观趋势。

三、务必做到求真务实，开拓创新

如前所述，对客观实际的把握也好，对规律的探索也好，虽然重要，但并不是仅仅把对实际和规律的把握作为目的，而最终目的是要做到务求实

---

① 《习近平谈治国理政》第二卷，外文出版社 2017 年版，第 43 页。

效，在工作中创出佳绩，用实绩说话。对此，习近平总书记有过许多精辟论述。他指出："真抓才能攻坚克难，实干才能梦想成真"①，"要有'功成不必在我'的精神"，"真正做到对历史和人民负责"②。为此，党的十九大报告要求各级领导干部增强"狠抓落实本领，坚持说实话、谋实事、出实招、求实效，把雷厉风行和久久为功有机结合起来，勇于攻坚克难，以钉钉子精神做实做细做好各项工作"③。应该看到，抓落实固然需要建立在人对变化了的"实情"的把握基础之上，建立在对客观规律的尊重和正确反映基础之上，但是，这也离不开人的主观能动性的发挥。这就要求领导干部既要解放思想，又要实事求是，坚持解放思想和实事求是二者之间的辩证统一。党的十八大以来，以习近平同志为核心的党中央，坚持用解放思想和实事求是的辩证统一去把握中国进入新时代出现的新问题新矛盾，在不断推进实践的基础上进行理论创新，不仅提出了引领当代中国发展的新发展理念，而且也确立了"以人民为中心"的价值导向，在"五位一体"总体布局和"四个全面"的战略布局中运筹帷幄，致力于供给侧结构性改革，积极推进"一带一路"建设，提出构建人类命运共同体的战略构想，形成了党中央治国理政的新理念新思想新战略。

第四节　提高运用求实思维科学决策的能力

求实思维不仅是一种从客观实际出发的思维方式，也是领导干部在实际工作中的一种重要方法，这种重要方法又通过领导者的科学决策体现出来。

---

① 《习近平谈治国理政》第一卷，外文出版社 2018 年版，第 48 页。

② 《习近平谈治国理政》第一卷，外文出版社 2018 年版，第 400 页。

③ 习近平：《决胜全面建成小康社会　夺取新时代中国特色社会主义伟大胜利——在中国共产党第十九次全国代表大会上的报告》，人民出版社 2017 年版，第 69 页。

一、领导干部科学决策能力及其要求

任何一种领导活动都通常表现为决策的制定和实施过程。所谓决策，指的是在领导活动中，为了解决问题尤其是重大现实问题，通过采用一系列的方法和技术手段，在诸多方案的比较中选择最优方案，并在实施中加以完善和修正，以实现预期目标的活动过程。① 从某种意义上说，领导决策是领导者的一项重要工作，这项工作既要面对多种方案，又要面对多种因素的影响，这就需要领导者在工作中善于运用哲学的求实思维，对来自各方面的方案和影响因素加以甄别和辨析，从大量的复杂现象中找到能够揭示问题实质的方法和途径，制定出符合实际的正确决策。

一个决策活动通常是由决策者、决策目标、决策备选方案、决策情势、决策后果等要素所组成的。任何一项决策，一方面，不能仅仅从主观愿望出发，也不能仅仅从本本出发，而必须一切从客观实际出发，按照事物规律的本来面目进行决策。另一方面，任何一项决策并不是一经作出就可以万事大吉。相反，必须确保决策的切实可行性。为此，就必须聚焦那些可能影响决策的各种主客观因素，对其出现的各种变化，以及这种变化对领导决策究竟带来哪些影响，进行全面系统的论证，在对其可能性的程度进行分析的基础上，才能制定出科学的决策。换言之，只有从客观实际出发作出的决策，才能保证其科学性。

领导干部在进行决策的过程中，不仅要善于把握决策对象的实际，立足于决策对象的客观性进行决策，而且要善于把握决策环境的实际，做到一切以时间、空间、条件为转移，关注人民群众的利益，倾听人民群众的呼声，瞄准人民群众的心理、心态进行决策。还要善于把握决策主体的实际，既从组织发展的角度协调好人财物等方面的情况，也从主体个人的角度发挥好时

---

① 参见韩庆祥等：《哲学思维方式与领导工作方法》，中共中央党校出版社 2014 年版，第 41 页。

间、精力、素质和能力等问题。

二、面对两种实际善做结合文章

领导干部从实际出发进行决策，也涉及领导干部在自己实际具体工作中，如何更好地体现求实思维这一具体的工作方法。在我们看来，关键是要面对两种实际，一个是对"上情"的熟知。能够对上面的大政方针政策了如指掌，所做的任何决策都要符合这一宏观的、全局的政策要求，只有这样，才能避免和减少工作中的盲目性。另一个是对"下情"掌握。能够立足于自己工作所处的能够体现自己特殊性的实际，找准自己的优势，摸清自己的劣势和短板，熟知自己工作在同行业、同部门、同系统中所处的地位，现有工作发展水平和发展阶段，哪些方面的事情能做，哪些方面的事情不能做，都能做到心中有数。这样，才能够使自己的工作既不是停留在表面上的泛泛而为，也不是没有明确目的的乱作为，而是更好地体现工作的针对性和实效性。

在对"上情"和"下情"分别进行熟知和摸透的基础上，还要善于做"结合"的文章。"上情"如果不能与"下情"结合，这种一般性的号召和工作的要求，就很难真正地落地，无法推进各方面的工作。同样，如果在工作中，"下情"无法体现"上情"的要求，就会使各方面的工作因为失去明确的方向性和目的性而陷于盲目。在这样一个问题上，我们既不能无视自己的客观实际而教条主义地对待"上情"，也不能借口自己工作的特殊性而我行我素，偏离正确的轨道和方向。因此，按照求实思维的方法论要求，就需要各级领导干部在工作中把吃透"上情"和摸透"下情"很好地结合起来，在这一过程中，不仅有助于提升自己的求实思维，而且能够大大提高其领导决策的本领。

或许有人会说，既然求实思维讲的是从客观的实际出发，那只要强调了工作中存在的看似"实际"的一些现象是不是就可以了。显然不是这个意思，这里所说的"实际"，正如前面所言，一定是建立在对"实际"的客观规律进行正确把握和揭示这一基础之上的。从这个意义上说，着眼于对客观规律这一"实际"的把握，就不能使我们的思维仅仅停留在现象层面、具体的问题方面，而应该提升到"规律性思维"的高度。在这个方面，习近平总书记就做得非常好。他在领导人民进行新时代中国特色社会主义伟大事业的新征程中，善于从规律的高度把握世界发展的大势和国情，不仅揭示了共产党执政的规律、社会主义现代化建设的规律，而且也揭示了世界发展的一般规律，形成了对人类社会历史三大规律的科学认识，将我们对马克思主义的认识提升到一个崭新的境界，形成了21世纪最具有活力的马克思主义中国化最新成果。对于领导干部来说，思考和处理任何问题，都必须要有这种对实际的规律性的把握。只有这样，才能使我们不断地在工作中增强我们进行科学领导决策的本领和水平。

话又说回来，究竟如何做才能够达到对"上情"和"下情"的把握和熟知呢？显然，对于"上情"而言，所谓吃透就是对上级的指示精神、各种决议文件等一般号召和精神实质，能够内化于心，融会贯通。要做到这一点，主要途径便是学习和思考，确保对上级的一般号召能够把握到位，不折不扣，在对精神实质的精准理解上下工夫。与"上情"相比，对"下情"的吃透则是更根本、更关键的。对"下情"的吃透，并非能够一日之功，它需要做很多具体的工作，其中很重要的就是要进行大量的调查研究。

三、注重调查研究

调查研究不是仅仅局限于"调查研究"的这一形式，而是着眼于对客观实际的深入而全面的了解。对此，毛泽东同志早在1930年就对这一工作方法给予了肯定，他指出，"没有调查，没有发言权"①。第二年，他又做了进一步的补充，他指出："我们的口号是：一、不做调查没有发言权。二、不

_____

① 《毛泽东选集》第一卷，人民出版社1991年版，第109页。

做正确的调查同样没有发言权。"①邓小平同志也十分重视调查研究工作，强调调查研究方法的重要性。他指出："所谓实事求是，就是要承认千差万别、大同小异。大同就是大的方针政策，小异是重要问题。大同要调查，小异也要调查。过去大同不做调查吃了大亏，小异不做调查同样吃了亏。中央机关有相当多的干部，搞文字工作的时间要少一点，拿出一些时间到各个战线、各个方面去做调查研究。"②习近平总书记在新的历史条件下，也十分重视领导干部的调查研究工作，他经常鼓励领导干部要多到基层和第一线进行调查研究。他不只一次地强调指出："调查研究是谋事之基、成事之道。没有调查，就没有发言权，更没有决策权。"③中央八项规定的第一条就是关于改进调查研究的内容。党的十九大后，中央政治局首次全体会议就对全党改进调查研究进行部署。调查研究，是对客观实际情况的调查了解和分析研究，目的是把事情的真相和全貌调查清楚，把问题的本质和规律把握准确，把解决问题的思路和对策研究透彻。④习近平总书记之所以如此强调调查研究的重要性，是因为在他看来，"研究、思考、确定全面深化改革的思路和重大举措，刻舟求剑不行，闭门造车不行，异想天开更不行，必须进行全面深入的调查研究"⑤。他还指出："要坚持一切从实际出发，按照客观规律办事……不能拍脑袋、瞎指挥、乱决策，杜绝短期行为、拔苗助长。"⑥"正确的决策，绝对不是一个人或者一堆人，不作调查研究，坐在房子里苦思冥想就能产生的，它要在人民群众改革发展的实际中才能产生。"⑦只有走到人民中间，通

---

① 《毛泽东文集》第一卷，人民出版社 1993 年版，第 267 页。

② 《邓小平文集（一九四九——一九七四年）》下卷，人民出版社 2014 年版，第 79 页。

③ 《习近平关于全面建成小康社会论述摘编》，中央文献出版社 2016 年版，第 191 页。

④ 参见习近平：《谈谈调查研究》，《学习时报》2011 年 11 月 21 日。

⑤ 《习近平关于全面建成小康社会论述摘编》，中央文献出版社 2016 年版，第 191 页。

⑥ 中共中央文献研究室编：《习近平关于全面深化改革论述摘编》，中央文献出版社 2014 年版，第 48 页。

⑦ 习近平：《干在实处 走在前列——推进浙江新发展的思考与实践》，中共中央党校出版社 2016 年版，第 535 页。

过车间码头、田间地头的实地调研，善于同对实情明了的人展开沟通和讨论，才能使决策避免出现背离实际的错误。在这个意义上，习近平总书记将调查研究比喻为"十月怀胎"，把决策比喻为"一朝分娩"。他明确指出，决策是其一项重要工作。决策的好坏，取决于对事实的把握程度，这样一个事实，它不是靠主观推测和想象得来的，而是建立在大量的调研对事实精准把握的基础上的。"调查研究的过程就是科学决策的过程，千万省略不得、马虎不得。"①

何为调查研究？在习近平总书记看来，对于调查研究来说，"调查"和"研究"一个都不能少，它们一个是基础，一个是重点，缺一不可，相得益彰。调查并不是无目的地到处去看，调查的过程实际上也是发现问题的过程。但是，调查也不是先入为主地凭借自己的好恶、兴趣来进行的，它是通过运用科学的和可操作性的方法，去获得对于事物真相和全貌的过程。这就清楚地告诉人们，对于调查所获得的材料，既要"真"也要"全"。"真"意味着所掌握的材料不是凭主观想象推出来的或者附加到材料上面的，也不是停留在貌似"真"的表象的片面性的、零碎的、表层的认识基础上的。"全"首先表现在范围之全。既要有本部门的，也要有相关部门的；既要有同行业局部的，也要有本行业全局的；既要有本地的，也要有外地的；既要有国内的，也要有国际的；既要有城市的，也要有农村的；既要有先进地方的材料，也要有困难地方的材料；等等。要"特别是要多到群众意见多的地方去，多到工作做得差的地方去"②。习近平总书记指出："当县委书记一定要跑遍所有的村，当市委书记一定要跑遍所有的乡镇，当省委书记一定要跑遍所有的县市区。"③其次，"全"也表现主题之全。政治、经济、文化、民生、生态、党建、国防和外交等方面，大凡涉及党和国家发展、人民利益等

---

① 习近平：《干在实处　走在前列——推进浙江新发展的思考与实践》，中共中央党校出版社 2016 年版，第 535 页。

② 习近平：《在党的十九届一中全会上的讲话》，《求是》2018 年第 1 期。

③ 《习近平谈治国理政》第二卷，外文出版社 2017 年版，第 144—145 页。

诸多问题，无一不在全之列。再次，"全"还表现在内容之全。无论就什么问题进行调查，都应该着眼于多听、细听、真听、全听，无论是好的还是坏的，美的还是丑的，积极的还是消极的，正确的还是错误的，喜欢的还是不喜欢的，一概兼收并蓄，把来自各方面的材料和信息广泛占有。只有占有的材料丰富了、完善了、全面了，才能为准确决策提供扎实的前提和基础。但是，无论调查多么重要，无论你获得的材料多么"全"和"真"，多么丰富，都不能代替研究。而需要在此基础上，进一步展开对"真"和"全"的材料进一步的理论提升，揭示出其内在的本质、规律和联系。正如习近平总书记指出的，"调查结束后一定要进行深入细致的思考，进行一番交换、比较、反复的工作，把零散的认识系统化，把粗浅的认识深刻化，直至找到事物的本质规律，找到解决问题的正确办法"①。在分析领导干部开展调查研究的实际情况后，习近平总书记指出，"有调查不够的问题，也有研究不够的问题，而后一个问题可能更突出。"②

四、在提高决策能力上下功夫

如何提高各级领导干部的调查研究或者决策能力？其方法和路径都不是单方面的，而是复合的。为此，领导干部要回到本真的调查研究中去。这种本真，说的是让调查研究助力领导决策的针对性和可操作性，而不能是装门面，不是"伪调研"、"浅调研"、"选调研"、"秀调研"、"媚调研"，更不能陷入"被调研"角色中不能自拔。所有上述种种问题，不仅暴露出调查研究不够，以及调研作风不实等问题，而且对党的路线方针和政策的贯彻执行起到了严重的阻碍作用，更为重要的是，它还不断地促成了脱离实际的文山会海之风泛滥。解决上述问题，就要求领导干部能够走进基层，真正能够做到

---

① 习近平：《谈谈调查研究》，《学习时报》2011 年 11 月 21 日。

② 习近平：《谈谈调查研究》，《学习时报》2011 年 11 月 21 日。

沉下心来，钻进问题之中，才有可能获得真实可靠的基层情况。

在回归本真的调查研究的基础上，科学运用调查研究的方法。传统的调查研究方法，实践证明是行之有效的，如走访调查、蹲点调查、实地考察等就要坚持用。那些不能够适应已经变化了的实际的方法，就应该及时作出改变，同时还应该适应新形势新情况新问题，做到与时俱进，"善于运用科学的调查方法，综合运用经济学、社会学、信息论、系统论、控制论等多学科理论"①。"要适应新形势新情况特别是当今社会信息网络化的特点，进一步拓展调研渠道、丰富调研手段、创新调研方式，学习、掌握和运用现代科学技术的调研方法，如问卷调查、统计调查、抽样调查、专家调查、网络调查等，并逐步把现代信息技术引入调研领域，提高调研的效率和科学性。"②

要想不断地提升领导干部的科学决策能力，还必须将调查研究纳入制度化的轨道中去。一是在作出任何决策之前，都要坚持调研为先的调研论证制度，并将调查研究贯穿到领导干部决策的全方面全过程之中。"该通过什么调研程序决策的事项，就要严格执行相关调研程序，不能嫌麻烦、图省事。对本地区、本部门事关改革发展稳定全局的问题，应坚持做到不调研不决策、先调研后决策。提交讨论的重要决策方案，应该是经过深入调查研究形成的，有的要有不同决策方案作比较。特别是涉及群众切身利益的重要政策措施出台，要采取听证会、论证会等形式，广泛听取群众意见。要在建立、完善落实重大项目、重大决策风险评估机制上取得实质性进展，使我们的各项工作真正赢得群众的理解和支持，从源头上预防矛盾纠纷的发生。"③ 二是要把领导干部基层调研作为一项工作制度安排，确保领导干部"拿出一定时间深入基层，特别是主要负责人要亲自主持重大课题的调研，拿出对工作全

---

①　习近平：《干在实处　走在前列——推进浙江新发展的思考与实践》，中共中央党校出版社 2016 年版，第 537 页。

②　本书课题组：《把规矩立起来》，中共中央党校出版社 2016 年版，第 169 页。

③　习近平：《谈谈调查研究》，《学习时报》2011 年 11 月 21 日。

局有重要指导作用的调研报告"①。三是通过领导干部联系点制度建设，让领导干部的调查研究不仅实现对基层的"身入"，也实现对基层的"心到"，要使领导干部"到联系点调查研究，要真心实意地交朋友、拉家常，通过面对面交流，直接了解基层干部群众的所想、所急、所盼。同时，还可有选择地开展蹲点调研……要注意选择问题多、困难大、矛盾集中，与本职工作密切相关的农村、社区、企业等基层单位，开展蹲点调研，倾听群众心声，找准问题的症结所在"②，以点带面，推动工作。

---

①　习近平：《谈谈调查研究》，《学习时报》2011 年 11 月 21 日。

②　习近平：《谈谈调查研究》，《学习时报》2011 年 11 月 21 日。

第二章　辩证思维与矛盾化解能力

　　辩证思维是指人们自觉运用辩证唯物主义基本原理和方法分析问题、解决问题的科学思维方式，是马克思主义哲学的根本方法。习近平总书记多次强调："要学习掌握唯物辩证法的根本方法，不断增强辩证思维能力，提高驾驭复杂局面、处理复杂问题的本领"①，"我们的事业越是向纵深发展，就越要不断增强辩证思维能力"②。当前，我国各种社会利益关系十分复杂，有些深层次的矛盾牵动面广、耦合性强，面对复杂形势和繁重任务，领导干部既要对我国社会发展中的各种矛盾做到心中有数，又要优先解决党和国家事业发展中的主要矛盾和矛盾的主要方面。因而，学习和掌握辩证思维、驾驭和正确处理各种复杂的矛盾关系，就成了各级领导干部的一项基本功。

第一节　辩证思维的生存论基础

　　辩证思维是人类最古老的思维方式之一，是人类思维的核心。恩格斯指出："人们远在知道什么是辩证法以前，就已经辩证地思考了。"③一般来说，

---

　　① 中共中央宣传部编：《习近平总书记系列重要讲话精神（2016 年版）》，学习出版社、人民出版社 2016 年版，第 280 页。

　　② 习近平：《习近平关于全面建成小康社会论述摘编》，中央文献出版社 2016 年版，第 195 页。

　　③ 《马克思恩格斯文集》第 9 卷，人民出版社 2009 年版，第 150 页。

人类进行思维和提出理论问题是基于人们面临的生存困惑和解疑释惑的需要，如果人们不想解答问题也不会提出问题。

众所周知，哲学起源于惊讶和疑问，这种惊讶和疑问指向外部世界和人们自身的变化、差异和发展。辩证思维标志着人们开始自觉地思索、表述自然界的生灭变化，并试图寻找驾驭这种生灭变化的可能性，探寻规律，以应对未来的生产、生活。人类开始走上思维之旅，当然，一开始的辩证思维是粗糙的、直观的，具有很强的猜测性。人们思索万事万物存在、生灭变化背后的根据是什么，变化是如何产生的，变化的规则是什么，变化是谁来推动的。逐渐地，人们发现变化不是杂乱无章的、无序的，发展不是没有方向而是有一定趋势的，把握变化背后不变的规律是有意义的。

古希腊的哲学家都是天生的自发的辩证论者，"一旦人们知道经验观察可以发现规律，并能做出正确的预测时，他们眼里的世界就不再是受外部力量支配、变化无迹可寻的现象；人们开始有了变化的观念，有了秩序和原因的观念，并且认识到，秩序和原因就在运动变化的事物中"①。变化、差异是早期人们直观到的最朴素的真理。古希腊最早的哲学家泰勒斯基于万物都由水中产生，又复归于水的观察，把水作为世界的本原。被称为"辩证法的奠基人之一"的赫拉克利特则认为火象征能动性、创造性和活力，万物由火产生又复归于火。赫拉克利特以发现事物的对立面而自豪，他认为，一切都由对立而产生，一切都是通过斗争和必然性而产生。近代唯心主义辩证法大师黑格尔则认为，是绝对精神推动了自然界、人类社会和人类思维的变化和发展，使它们之间具有了内在联系和规律性，矛盾是一切运动和生命的根源，某物只因为自身具有矛盾，它才会运动，才具有动力和活力。

中国古代哲学中有丰富的辩证法思想。早在公元前 11 世纪，古人们在同自然作斗争的丰富经验的基础上，就提出阴阳学说，用相互对立的阴阳二

---

① 赵敦华：《西方哲学简史》，北京大学出版社 2001 年版，第 3 页。

气的交互作用来说明天地万物的产生和变化。《易经》提出，一阴一阳之谓道，阴阳"刚柔相推以生变化"。老子《道德经》则有丰富的相互对立和对立面相互转化的辩证法思想，"有无相生，难易相成，长短相形，高下相倾，音声相和，前后相随"。在对立面相互关系的探讨中，中国古人留下了"柔弱胜刚强"，"祸兮福所倚，福兮祸所伏"，以及"物极必反"这些传颂千古的辩证箴言。《孙子兵法》更堪称是将辩证法运用于军事的杰作。

马克思恩格斯创立了唯物主义辩证法，科学地揭示了自然界、人类社会和人的思维领域的辩证规律。尤其是马克思将实践作为人的"本源性"的存在方式和活动方式，确立人的感性实践活动在能动地改造自然界、创造人类历史、不断提高认识和思维能力的过程中起着决定性作用。[1] 所以，辩证法就不再是外在于人的、被动遵守的必然性逻辑，而是显现于人们的现实生存和生产实践活动中的主体性逻辑。自然界由于人的活动的参与而成为"人化自然"，人类历史无非是人的实践活动的结果，自然界和历史统一于人们相互协作的劳动中。正是因为自然界、人类社会等领域的变化和发展是人的活动创造和推动的，辩证思维才有了最坚实的生存论基础，于是探寻人的活动中变化和发展的规律成为辩证思维的核心内容，而辩证思维本身也尊重这一事实和过程。

第二节　辩证思维的基本内容

马克思恩格斯继承和发展了黑格尔的辩证法，创立唯物辩证法。辩证思维是马克思主义唯物辩证法在人们思维中的运用，是客观辩证法在思维中的反映。普遍联系和永恒发展是唯物辩证法的总特征，也是辩证思维的基本观

---

[1]　参见贺来:《辩证法的生存论基础——马克思辩证法的当代阐释》，中国人民大学出版社 2004 年版，第 134 页。

点，它要求我们在认识和处理问题时，必须以联系的和发展的眼光看问题，防止以孤立的和静止的形而上学观点来看问题。对立统一规律、质量互变规律和否定之否定规律是辩证思维的基本规律。

列宁曾说，辩证法是最全面的关于发展的学说，这一概括最为切近辩证法的本质特征。我们看到，普遍联系的观点实际上是揭示了事物发展的条件性，质量互变规律表现了事物发展的形式和内容，否定之否定规律则指明了事物发展的总趋势、道路及发展的阶段性，而矛盾律真正揭示了事物发展的源泉和根本动力。诸如现象与本质、原因与结果、必然与偶然、可能与现实、整体与部分等范畴，实际上是事物发展过程中的不同方面表现出来的具体的联系。

毛泽东在《矛盾论》中对唯物辩证法和辩证思维作了更为精彩的归纳："和形而上学的宇宙观相反，唯物辩证法的宇宙观主张从事物的内部、从一事物对他事物的关系去研究事物的发展，即把事物的发展看做是事物内部的必然的自己的运动，而每一事物的运动都和它的周围其他事物互相联系着和互相影响着。事物发展的根本原因，不是在事物的外部而是在事物的内部，在于事物内部的矛盾性。"①

习近平总书记在治国理政的实践中特别注重运用辩证思维，其治国理政思想有着高度清醒的哲学自觉，并对辩证思维作了最新的诠释，成为我们学习辩证法和辩证思维的重要遵循。而且，他对辩证思维原理的阐释结合了我们党和国家事业发展的现实问题，为我们学习辩证思维提供了崭新的历史语境。

习近平总书记对领导干部要学习掌握唯物辩证法的根本方法、增强辩证思维能力，反对形而上学的思想方法提出了明确要求。"我们的事业越是向纵深发展，就越要不断增强辩证思维能力。当前，我国社会各种利益关系十分复杂，这就要求我们善于处理局部和全局、当前和长远、重点和非重点的

---

① 《毛泽东选集》第一卷，人民出版社 1991 年版，第 301 页。

关系，在权衡利弊中趋利避害、作出最为有利的战略抉择。"①"要反对形而上学的思想方法，看形势做工作不能盲人摸象、坐井观天、揠苗助长、削足适履、画蛇添足。要加强调查研究，坚持发展地而不是静止地、全面地而不是片面地、系统地而不是零散地、普遍联系地而不是单一孤立地观察事物，准确把握客观实际，真正掌握规律，妥善处理各种重大关系。"②

分而言之，辩证思维经常运用的唯物辩证法的基本原理主要包括以下五个方面。

一、积极面对和化解前进中遇到的矛盾

习近平总书记指出："辩证思维能力，就是承认矛盾、分析矛盾、解决矛盾，善于抓住关键、找准重点、洞察事物发展规律的能力。"③

首先，辩证思维要求我们在认识和分析问题时必须"承认矛盾、分析矛盾、解决矛盾"，即坚持唯物辩证法的"两点论"。马克思主义唯物辩证法承认世间万物都处在一个普遍联系和不断发展的矛盾统一体中，那么我们在认识世界和改造世界的过程中，就必须首先承认矛盾，正视矛盾的客观存在，然后对矛盾进行客观分析，揭示矛盾的内在规律性，进而找出解决矛盾的方法和途径。

其次，辩证思维要求我们在承认矛盾和分析矛盾的基础上必须"抓住关键、找准重点、洞察事物发展规律"，即坚持唯物辩证法的"重点论"。马克思主义唯物辩证法告诉我们，只认识到矛盾、正视矛盾还不是目的，坚持"两点论"是为了从"两点"中抓住关键、找出重点。只有善于从"两点"

---

① 习近平：《习近平关于全面建成小康社会论述摘编》，中央文献出版社 2016 年版，第 195—196 页。

② 习近平：《在中共中央政治局第二十次集体学习时的讲话》，《人民日报》2015 年 1 月 25 日。

③ 中共中央宣传部编：《习近平总书记系列重要讲话精神（2016 年版）》，学习出版社、人民出版社 2016 年版，第 287 页。

中把握"重点",才能分清事务的轻重缓急,洞察事物的发展规律,找出解决问题的基本路径。

最后,辩证思维还要求我们必须坚持"两点论"与"重点论"的辩证统一。这就是说,我们认识任何事物都要从两点论出发,坚持用矛盾分析的方法来认识和分析问题,坚持一分为二地看问题,学会说好"两句话"。同时,在任何工作中,我们既要讲两点论,又要讲重点论,没有主次,不加区别,眉毛胡子一把抓,是做不好工作的。

二、科学把握事物之间的联系

习近平总书记指出,中国所有的问题都是相互联系的,不能孤立地看。他强调,"以人为本"的改革将综合经济、政治、社会和生态环境,同时要加强"党的建设"。

唯物辩证法认为,世界是普遍联系的,联系既是多样的又是客观的,把握事物之间的规律性联系对我们而言极为重要。美国著名汽车推销员乔·吉拉德连续 12 年荣登吉尼斯纪录大全世界销售第一的宝座,他所保持的世界汽车销售纪录——连续 12 年平均每天销售 6 辆车,至今无人能破。在他看来,每位顾客背后都有潜在的 250 个人的关系网,让每位顾客感到满意自然会影响到其背后的人的消费理念。

联系不仅仅指人和人之间的认识、熟悉,更主要指事物之间和事物内部各要素之间的相互影响、相互作用的关系。生物化学群落学家发现,并不是只有人类才懂得爱和恨,在自然界中,植物亦有"爱"和"恨"。科学家们经过大量的实践证明:洋葱和胡萝卜是好朋友,他们发出的气味可相互驱逐害虫;大豆喜欢和蓖麻相处,蓖麻发出的气味使危害大豆的金龟子望而生畏;玉米和豌豆间作,二者生长健壮,互相得益;葡萄园里种上紫罗兰,彼此能够"友好共存",结出的葡萄香味浓又甜。

在信息化、全球化的今天,世界已经成为地球村,国内外各种矛盾相互交织，新问题层出不穷，如果孤立、静止、片面地看问题，一定会寸步难行。谋发展、定战略、做决策都要具有开放的胸怀和宽广的世界眼光，在科学把握本地区、本部门、本单位与世界的联系、与其他地区的联系中谋划发展，在深刻理解各个行业、各种要素间联系的基础上制定产业发展战略。

三、坚持用发展的眼光看问题

习近平总书记指出："认识世界发展大势，跟上时代潮流，是一个极为重要并且常做常新的课题。中国要发展，必须顺应世界发展潮流。要树立世界眼光、把握时代脉搏，要把当今世界的风云变幻看准、看清、看透，从林林总总的表象中发现本质，尤其要认清长远趋势。"[1] 所谓的"大势"，就是对事物发展的必然性和趋势的认识与把握。

唯物辩证法认为，事物之间的相互影响、相互作用必定导致事物的运动、变化、发展，前进的、上升的、进步的变化就称为发展。发展是新事物的产生，旧事物的灭亡。在辩证思维看来，发展是有方向性的，每一次发展都是一次提高，这要求我们要不遗余力投身于发展中。在人类社会中，发展具有诸多的形式，"否定"、"扬弃"、"换思路"、"调结构"、"综合"、"关注细节"等都可以带来事物的进步和发展。

在当今世界深刻复杂变化、中国同世界的联系和互动空前紧密的情况下，我们更要密切关注国际形势发展变化，把握世界大势，统筹好国内国际两个大局，在时代前进潮流中把握主动、赢得发展。

四、坚持质量互变的"转化论"

在习近平总书记的讲话中，经常用到这样一些格言和警句："小洞不补，

---

① 《习近平谈治国理政》第二卷，外文出版社 2017 年版，第 442 页。

大洞吃苦"，"针尖大的窟窿能透过斗大的风"，"蠹众而木折，隙大而墙坏"，"堤溃蚁穴，气泄针芒"，"巴豆虽小坏肠胃，酒杯不深淹死人"。这些形象的语言生动地反映出"小事小节是一面镜子，能够反映人品，反映作风。小事小节中有党性，有原则，有人格"①，这些论述体现了万事严中取、"一处弛则百处懈"的深刻道理。

唯物辩证法认为，量的积累一定会引起质的变化，产生质变后，新的量变又将开始。量变与质变的相互交替是事物发展的具体形态。因此，对于工作和成就，我们要注重量的积累；而对于隐患和危险，要学会防微杜渐；如果事物需要保持自己的稳定性，要注意适度原则；同时，应当注意到结构的变化也会引起质的变化，古代田忌赛马的例子就是通过结构调整反败为胜的经典案例。

我们的事业越前进、越发展，新情况、新问题就会越多，面临的风险和挑战就会越多，面对的不可预料的事情也会越多。我们必须清醒地认识到，改革是由问题倒逼而产生，又在不断解决问题中而深化。对改革进程中已经出现和可能出现的问题，困难要一个一个克服，问题要一个一个解决，既敢于出招又善于应招，做到"蹄疾而步稳"。一静一动，静要有定力，动要有秩序，关键是要把握好这两者之间的度。

五、勇于创新的辩证否定观

习近平总书记提出，随着时代的变迁，社会的发展，技术条件的变化等，有些做法过去有效，现在未必有效；有些过去不合时宜，现在却势在必行；有些过去不可逾越，现在则需要突破；等等。这就要求我们因时而变、有所突破、向前发展。

---

① 习近平：《干在实处 走在前列——推进浙江新发展的思考与实践》，中共中央党校出版社 2016 年版，第 440 页。

　　唯物辩证法的否定之否定规律回答了事物发展过程是什么的问题。任何一个事物的内部都包含着相反的两个方面或趋势：一是维持事物自身存在的方面，二是促使自身转变为他物的方面。维持自身存在的方面称之为"肯定"，促使自己灭亡的方面称之为"否定"，勇于否定是突破常规旧习，实现发展的关键。事物的发展要经过肯定、否定、否定之否定三个阶段，这就意味着事物的发展过程不是直线的，而是螺旋式上升的。

　　我们应该认识到，事物通过自我否定、自己否定自己，实现自我运动、自我发展是辩证否定的真谛。所以，生活从不眷顾因循守旧、满足现状者，从不等待不思进取、坐享其成者，而是将更多机遇留给善于和勇于创新的人们。更多的时候，我们要保持锐意创新的勇气、敢为人先的锐气、蓬勃向上的朝气，破除迷信、超越陈规，转变思维习惯、突破思维定势，强化问题导向，不断推进理念创新、思路创新、制度创新和方式创新，不断研究新情况、解决新问题、创造新经验、开创新局面。

第三节　辩证思维的基本方式和方法论要求

　　唯物辩证法转化为具体的思维方式和方法论要求，即是要用全面的、联系的和发展的眼光分析问题、解决问题，在工作中要学会谋长远、谋全局、谋根本，要抓主要、有原则、有突破。辩证思维的方式包括以下几方面内容。

一、问题意识和问题导向

　　矛盾的普遍性原理要求我们必须客观地承认矛盾、对待矛盾、分析矛盾，习近平总书记将其概括为问题意识和问题导向。"问题是事物矛盾的表现形式，我们强调增强问题意识、坚持问题导向，就是承认矛盾的普遍性、客观性，就是要善于把认识和化解矛盾作为打开工作局面的突破口。我们党领导人民干革命、搞建设、抓改革，从来都是为了解决中国的现实问题。对待矛盾的正确态度，应该是直面矛盾，并运用矛盾相辅相成的特性，在解决矛盾的过程中推动事物发展。"①他提出，搞改革"要有强烈的问题意识，以重大问题为导向，抓住关键问题进一步研究思考，着力推动解决我国发展面临的一系列突出矛盾和问题"②。

习近平总书记多次谈到，我们强调不能简单以国内生产总值增长率论英雄，他提出加快转变经济发展方式、调整经济结构，提出化解产能过剩，提出加强生态文明建设，等等，都是针对一些牵动面广、耦合性强的深层次矛盾的。面对复杂形势和繁重任务，首先要有全局观，对各种矛盾做到心中有数，同时又要优先解决主要矛盾和矛盾的主要方面，以此带动其他矛盾的解决。我们提出要协调推进全面建成小康社会、全面深化改革、全面依法治国、全面从严治党，这是当前党和国家事业发展中必须解决好的主要矛盾。

领导干部要始终具有问题意识，坚持问题导向。首先，要多想问题，主动寻找问题。强烈的问题意识反映的是一种高度的责任感，面对日益复杂的国际国内形势，新情况、新问题接踵而来，如果采取回避问题甚至是视而不见的态度，工作就会陷入被动。只有主动作为，积极地想问题，更重要的是发现问题后想深想透，才能做到"见事早"，并及时找到解决问题的办法，做到见之于未萌、防之于未发。其次，要多思考问题。发现问题、解决问题的过程也是不断地思考问题的过程。思考就是要透过现象把握事物的本质，根据结果寻找问题产生的原因，通过偶然的现象发现必然的联系，既看到成绩又要想到困难，既看到机遇又要看到挑战，学深悟透才能作出科学正确的决策，提高解决问题的质量。最后，问题意识核心是要善于解决问题。领导

---

① 习近平：《坚持运用辩证唯物主义世界观方法论提高解决我国改革发展基本问题本领》，《人民日报》2015年1月25日。

② 习近平：《关于〈中共中央关于全面深化改革若干重要问题的决定〉的说明》，《人民日报》2013年11月16日。

干部既需要成事的真本领，也需要担事的宽肩膀；既要敢于成事，也要善于成事，将勇气和谋略完美地结合起来。在工作中，既不要怕担责任、担风险、影响个人前途，也要善作善为，巧妙地应对各种风险和挑战，善于解决发展中的问题。

二、精准思维

矛盾具有普遍性，同时又是特殊的，我们必须坚持具体问题具体分析，由此必须精准思维。精准思维是一种非常务实的思维方式，它强调具体和准确，要求动作精准到位、在一个个具体的点上解决问题，排斥大而化之、笼而统之地抓工作。现实矛盾都是由一系列具体问题累积起来的，化解矛盾、推进工作必须养成精准思维，从一个个具体问题入手，积小胜为大胜。没有解决问题的具体办法，只会"高屋建瓴"地提原则性的要求和空洞的口号，不仅什么问题也不能解决，而且还败坏了实事求是、求真务实的优良党风。

习近平总书记指出："要从细节处着手，养成习惯。如果对工作、对事业仅仅满足于一般化、满足于过得去，大呼隆抓，眉毛胡子一把抓，那么问题就会被掩盖。"[①] 当前，干部群众特别是基层群众反映的作风问题都很具体，不能以原则应对具体，要一一回应，具体解决。"抓细，就是要对干部群众特别是基层群众反映的作风问题一一回应、具体解决。"[②]

我们国家的精准扶贫就是针对不同贫困区域环境、不同贫困农户状况，运用科学有效程序对扶贫对象实施精确识别、精确帮扶、精确管理的治贫方式。我们在具体工作中建立起贫困户的信息网络系统，将扶贫对象的基本资料、动态情况录入系统，实施动态管理。对贫困农户实行一户一本台账、一个脱贫计划、一套帮扶措施，确保扶到最需要扶持的群众、扶到群众最需要

---

① 习近平：《习近平关于党风廉政建设和反腐败斗争论述摘编》，中国方正出版社 2015 年版，第 85 页。

② 《习近平指导兰考县委常委班子专题民主生活会》，《人民日报》2014 年 5 月 11 日。

扶持的地方。年终根据扶贫对象发展实际，对扶贫对象进行调整，使稳定脱贫的村与户及时退出，使应该扶持的扶贫对象及时纳入，从而实现扶贫对象有进有出，扶贫信息真实、可靠、管用。精准是确保完成脱贫攻坚任务、全面建成小康社会的重要保证。

领导干部应培养和运用精准思维。首先，要注重抓落实。中央的路线方针政策只有落到实处才能发挥顶层设计的重要作用，落实是精准的首要要求。所以，我们定决策、做方案都必须以能落实、能落地为原则，否则政策就永远停留在文件和口号的层次上。其次，要有实操意识。提建议、下任务、做决策要以可操作性为第一要求，从实际情况出发、从可行性出发，切忌大而化之地提要求、讲空话和空洞的口号，要对关键点上的动作要求作出精细化的安排，防止落实走样，对问题处理的流程要作出详细的规定和部署。再次，要有强烈的到位意识。标准和规定一旦作出，就要保证执行的精准，不能以差不多、下不为例、特殊情况为借口降低执行标准，造成制度和规则的虚置、流于形式、不到位，一再降低工作的标准。最后，要做好调查研究。办法措施的精准程度、针对性取决于我们对实际情况的了解程度。缺乏对实际情况的了解，闭门造车，不可能提出精细化的方案，只有对事情发展的每一个环节都了如指掌，提出的对策才可能精准有效。

三、逆向思维

矛盾是事物的对立统一，因此在认识的过程中对一方面的认识可以借助于相反的方面得以完成，这是矛盾思维的一种特殊思维方式——逆向思维。当大家都朝着一个固定的思维方向思考问题时，而你却朝着相反的方向思索，这样的思维方式就叫逆向思维。人们习惯于沿着事物发展的正方向去思考问题并寻求解决办法。其实，对于某些问题，尤其是一些特殊问题，从结论往回推，倒过来思考，反过去想或许会使问题更为清楚。

古代"司马光砸缸"的故事就是逆向思维的经典范例。当人落水时，人们尽快将人从水中救出是常态的思维，而在危急时刻司马光砸坏水缸，使水离开人而使人得救即是逆向思维的运用。邓小平同志充分运用逆向思维，完善了大家对什么是社会主义、怎样建设社会主义的认识。他说，"贫穷不是社会主义"，"发展太慢也不是社会主义"，社会主义"搞平均主义不行"，社会主义"不是两极分化"，"计划经济不等于社会主义"，"没有民主就没有社会主义"等等，深化了我们对社会主义的本质的认识。

　　领导干部要尝试使用逆向思维，不要受一般的、常态化的思维模式的束缚。首先，要敢于"唱唱反调"。做一件事，当我们从正面找不到解决问题的突破口时，我们可以想想是否可以从反面来找到解决的办法。譬如苏俄十月革命走的是城市武装暴动的路子，而中国的城市却是反革命武装力量最强大的地方，毛泽东同志由此开辟了农村包围城市的革命道路，并逐步取得成功。其次，要习惯于"听听反调"。很多领导干部习惯于"一言堂"，听不进反对意见和不同的声音，结果往往出现"懒政"、"暴力管理"等。如果领导在台上讲话，下属在下面看手机，领导首先应当想到的不应当是禁止部下带手机，而是这个会有没有开的必要，是不是自己的讲话有问题等，不能一味地按照自己的想法一厢情愿，甚至是孤注一掷地行事。最后，领导干部要善于"弹弹反调"。工作的日常化往往引发职业倦怠，很难带来工作的突破与创新，我们在适当的时机一反常态，引入新机制、推行新举措、实施新方案，改变日常的惰性和习惯做法，会给工作带来新的动力和激励。

四、联想思维

　　事物具有普遍联系的特征，因此不同事物或事件之间或者接近，或者相似，或者相关，或者具有可对比性。我们通过对某人或某事的思考而引起相关思考，能够抓住某一个现象然后透过其现象触类旁通，把与其相关的其他因素串联起来，即称之联想思维。人们常说的"由此及彼"、"由表及里"、"举一反三"等就是联想思维的体现。我们要学会发现事物的联系，特别是规律性的联系，透过现象看本质，学会联想。

联想思维最典型的例子就是牛顿从苹果落地发现万有引力定律。从最常见的自然现象开始，发散开来进行思维，得到新发现、新思维、新发明、新理论是联想思维的最大优势。地沟油的检测曾经是世界性难题，科学家们尝试了很多方法都没有找到快速有效的检测方法。山西"80后"民警任飞则在一次偶然的机会发现了地沟油与辣椒碱之间的联系。有着9年毒物分析经历的任飞一次在火锅店聚餐时，看着满锅翻滚的红油，脑洞大开：从食用油里检出调味品成分，不就能确定它是地沟油吗？而辣椒碱在高温下依然稳定，即使微量也可测得，此后，经过上千次试验，他终于攻克了地沟油检测这一国际性难题。人类文明之所以经常有飞跃式发展和突破性进展，与联想思维的运用密切相关。

领导干部要在工作中大胆使用联想思维。联想思维是一种具有创造性、开创性和独创性的思维方式，是一种超常规的思维，领导行为同样是具有创造性和艺术性的行为。运用联想思维会将令人觉得意外的事物联系起来，从而产生奇特的设想。在具体工作中，我们要大胆想象，学会在平淡中见惊奇，以推动工作的创造性发展。但是，联想思维不是漫无边际、毫无目的的想象，将不同事物加以联系的仍然是具有规律性和客观性的联系。领导行为中使用联想思维也一定要以尊重客观事实、符合客观规律为前提，大胆假设，更需要小心求证，思维的结果最终要接受实践的检验。

五、适度思维

事物的发展是质和量的统一，事物的稳定性需要保持质和量的一定限度。只有在一定的范围内，事物才能保持它自身的存在，超过了特定的范围，就会向对立面转化。这就要求在实践中坚持适度原则，使事物的变化保持在适当的量的范围内，既防止"过"，又要防止"不及"，这就是适度思维的基本要求。

传统儒家倡导"中和"的思想，"中"即为不夸张、不过分的原则。《中庸》有云："致中和，天地位焉，万物育焉。"意思是如果能达到"中和"的境界，天地就能各在其位，万物便能健康成长。在中国传统文化观中，懂得恰当持中的适度原则、不偏不倚，便掌握了通行天下的根本大法和根本大道。习近平总书记治国理政思想中，处处渗透着适度思维的原则。早在宁德工作时，他就提出现在讲综合发展，就是要提倡适度规模经营，注重生态保护。在谈到党的自身组织建设时，习近平总书记提出，要着力把各方面先进分子和优秀人才更多吸收到我们党内，努力建设一支规模适度、结构合理、素质优良、纪律严明、作用突出的党员队伍，夯实党执政的组织基础。2015 年 4 月 21 日，习近平总书记在巴基斯坦议会的演讲中说道，中国人在两千多年前就认识到"国虽大，好战必亡"的道理。他以一种高度自省的自觉意识，向世界宣示中国爱好和平、反对战争的大国形象，即使国家再强大，即使正值家大业大、兵强马壮之时，如果喜欢征战逐利，也必然走向灭亡。在特别强调速度和突飞猛进的今天，保持适度思维是一种极为理性的思维方式。

领导干部在日常工作中要特别注意坚持适度思维。首先，领导干部要注意原则性与灵活性的适度结合。领导者在工作中要有鲜明的原则性，在大是大非问题上不能有丝毫的含糊，必须坚持党性、坚定立场、坚持原则。同时，又要讲究工作的灵活性，要根据本地、本单位的实际情况创造性、创新性地用活用足政策，宽严相济，这是工作永葆活力的根本保证。其次，要注意刚与柔的适度结合。刚柔相济是一种高超的领导艺术，领导者要在原则上坚定、决策上果断、行动上坚决，表现出"刚"的一面；又要在策略上灵活、作风上民主、情感上真挚，表现出"柔"的一面。从而，既提高领导者的形象和威信，也提升团队的凝聚力和战斗力。最后，要注意冷处理和热处理的适度结合。领导过程中，要对情况不明、是非不清、矛盾激化在即的问题暂时冷却降温，避免事态扩大，为进一步解决问题争取最有利的局面；而对于事实清楚、已经产生激烈矛盾和冲突的情况，要果断采取措施及时处理，控制事态的扩大，避免造成更大的危害。一个高明的领导者，应该做到心中有数，把握好分寸、掌握好火候、冷热有度。

除了上述五种思维外，还包括底线思维。作为事物发生质变的度的临界点，底线是不可逾越的警戒线，一旦突破底线，就意味着事情会发生质变从而出现坏的结果，变得不可接受。底线思维意味着要树立问题意识、危机意识、效果意识和边界意识，遇事从容应对，牢牢掌握主动权。底线思维要求对危机和风险等负面因素进行管控，而不是降低标准、无所作为。从坏处准备，才能筑牢防线，解除后顾之忧，因为底线失守意味着满盘皆输。守住底线，把危险和危机控制在可以掌控的范围内，其目标在于推动矛盾向其对立面转化，达到最好的结果。这说明，底线思维蕴含着积极有为的态度，要求人们积极寻求合适的方法，推动目标尽快实现。关于底线思维，我们会在第八章专题讨论。

第四节　辩证思维的方法论运用

在习近平总书记治国理政的实践中，处处闪烁着辩证思维的光芒，为辩证思维的方法论运用树立了很好的典范。下面举两个例子以示说明。

一、"四个全面"战略布局蕴含的辩证思维

党的十八大以来，以习近平同志为核心的党中央作出了一系列重要部署，其中十分重要的就是"四个全面"战略布局。"四个全面"战略布局充分体现了马克思主义唯物辩证法的全局视野和战略眼光。

首先，它体现了辩证思维的全局观，即全面的、联系的观点。"四个

全面"战略布局是中国特色社会主义发展中更加注重整体性、系统性、协同性的必然选择。在"四个全面"中,全面建成小康社会是奋斗目标,全面深化改革是发展的动力,全面依法治国是法治保障,全面从严治党是根本保证,四个"全面"的结合形成了一个有机联系的系统,使社会的目标机制、动力机制、协调机制相得益彰、相辅相成、相互支撑、内在统一,从而为实现"两个一百年"奋斗目标和中华民族伟大复兴的中国梦提供了可操作的蓝图。同时,"四个全面"不仅是为完成 2020 年全面建成小康社会作出的规划,也对应到本世纪中叶建成富强、民主、文明、和谐、美丽的现代化国家的全面战略部署。因此,它不仅包括生活富足的物质要求,更包括政治清明、社会和谐、生态美丽、风尚文明等社会诸多指标的全面实现。

其次,"四个全面"处处体现了辩证思维的重点论和两点论的统一,既分清轻重缓急、突出工作重点、明确主攻方向,又统筹兼顾,统一推进治国理政的系统工程。正如习近平总书记所说:"既要注重总体谋划,又要注重牵住'牛鼻子'。"[1] 在"四个全面"中,全面建成小康社会是所有工作的重中之重,也是目前需要率先完成的任务,其他工作都要以此为中心。但是,全面建成小康社会又不是一个孤立的指标和任务,需要其他方面的工作加以配合才能完成,如果没有全面深化改革,在全面实现小康的最后一步上就可能出现波折;如果没有全面从严治党,全面建成小康社会的政治保障就会出现问题;如果没有全面推进依法治国,全面小康社会建成的法治环境就是缺失的。所以,"四个全面"既抓住了重点,找准了关键,又全方位地推动中国经济社会全面发展。

最后,"四个全面"体现了强烈的问题意识和忧患意识。习近平总书记指出:"四个全面的战略布局是从我国发展现实需要中得出来的,从人民群众的热切期待中得出来的,是为推动解决我们面临的突出矛盾和问题提出来

---

[1] 《习近平谈治国理政》第二卷,外文出版社 2017 年版,第 23 页。

的。"①"四个全面"不回避问题，不掩盖矛盾，针对的都是我们党和国家事业发展中亟待解决的、具有紧迫性的现实问题，明确了党和国家事业发展的战略方向、重点领域和主攻目标，是坚持和发展中国特色社会主义道路、理论、制度的战略抓手。全面建成小康社会有明确的责任状和任务表，各项工作都有严格的过程考核和落实；全面深化改革面对的都是改革进入深水区后的"险滩"和"硬骨头"，需要刀刃向内和壮士断腕的勇气和魄力；全面依法治国要恪守法律底线，向丑恶现象亮剑，为经济社会的健康发展和公平正义保驾护航；全面从严治党更是向管党治党中的宽松软"说不"，积极应对"四大考验"，化解"四大风险"，永葆党的纯洁性。

二、运用辩证思维深刻理解我国社会主要矛盾的变化

习近平总书记在党的十九大报告中指出："中国特色社会主义进入新时代，我国社会主要矛盾已经转化为人民日益增长的美好生活需要和不平衡不充分的发展之间的矛盾。"② 正确认识和把握这个新的重大政治论断，对于深刻理解我国发展的历史阶段性，贯彻落实党中央在新的时代条件下治国理政的一系列重大战略部署具有重要意义。

辩证思维要求在认识和活动中准确把握事物的主要矛盾。要成功推进党和国家的各项事业，就必须准确定位我国社会的主要矛盾。把握主要矛盾既是一个朴素的哲学道理，也是对我们党的历史经验教训的总结。对社会主要矛盾的断定，实际上是对社会最根本问题的把握，而只有把握根本问题，才能确立根本任务和一定历史时期的工作重点。因此，社会主要矛盾把握错了，党的一系列路线方针政策就会走偏，国家的工作重心就会出问题。坚持从我国社会实际出发，准确地、敏锐地把握住社会主要矛盾，并围绕主要矛

---

① 《习近平谈治国理政》第二卷，外文出版社 2017 年版，第 24 页。

② 习近平：《决胜全面建成小康社会　夺取新时代中国特色社会主义伟大胜利——在中国共产党第十九次全国代表大会上的报告》，人民出版社 2017 年版，第 11 页。

盾部署党和国家工作的全局，是我们党在中国革命、建设和改革时期总结出来的一条成功经验。

今天，我们对社会主要矛盾的新表述是符合我国现阶段发展和变化了的具体国情和实际的，我们必须统一思想认识，认清变化发展了的实际。改革开放40多年来，我国稳定解决了十几亿人的温饱问题，总体上实现小康，不久将全面建成小康社会，人民美好生活需要日益广泛，不仅对物质文化生活提出了更高要求，而且在民主、法治、公平、正义、安全、环境等方面的要求日益增长。同时，我国社会生产力水平总体上显著提高，社会生产能力在很多方面进入世界前列，生产的落后性已经根本改观。当前突出的问题是发展的不平衡和不充分，这已经成为满足人民日益增长的美好生活需要的主要制约因素。发展不平衡，主要指各区域各方面发展不够平衡，制约了全国发展水平提升。发展不充分，主要指一些地方、一些领域、一些方面还有发展不足的问题，发展的任务仍然很重。

社会主要矛盾的新变化，给党和国家的工作提出了很多新要求，我们必须按照新的时代要求转变工作思路、调整工作方法。根据变化了的实际确定工作任务是辩证思维的重要要求。党的十九大报告关于我国社会主要矛盾的新表述，必须落实到各个领域、各个方面、各项工作中去。首先，必须认识到，经济发展依然是我们工作的重中之重。当前，社会主要矛盾的变化并没有改变我们对于我国处于社会主义初级阶段的断定，只要我们仍然处于社会主义初级阶段，我们的生产力水平、科技实力就仍还处于比较低的层次上，我们就始终不能放松经济发展，必须坚持以经济建设为中心不动摇。其次，我们要关注人民群众需要的客观变化，紧扣广大人民群众的期待和愿望，转变经济发展方式，完善社会发展衡量指标，转变传统的单一追求 GDP 的政绩观。在继续推动发展的基础上，着力解决好发展不平衡不充分问题，大力提升发展质量和效益，更好满足人民在经济、政治、文化、社会、生态等方面日益增长的需要，更好推动人的全面发展、社会全面进步。

第五节　提高领导干部矛盾化解的能力水平

学习和掌握唯物辩证法，不断提升辩证思维能力，最终是为了积极面对和化解前进中遇到的矛盾，并着力化解经济社会发展中的矛盾和问题。

我国正处在新的历史交汇期，一方面，社会新问题、新矛盾错综复杂、层出不求；另一方面，改革开放 40 多年来累积的社会矛盾进入凸显期。同时，人民群众对于社会矛盾的态度则进入敏感期，要求矛盾和问题得到及时、有效、妥善的解决是人民群众的最大期待，而得不到及时解决的问题往往成为社会安定的隐患。这就要求领导干部必须高度重视对矛盾的解决，不断提高矛盾化解能力。

一、矛盾的解决要以社会条件为基础

矛盾不是凭空产生的，总是与特定的社会条件相关，相应地，矛盾的解决也必须在一定的社会条件基础上。以经济和社会发展为例，改革开放以来，解放和发展生产力成为各项工作的重中之重。相应地，我们做了大量的制度安排和政策上的支持，以经济建设为中心，优先发展经济，坚持效率优先，鼓励一部分人先富起来。有理由认为，发展成为时代的主题，而经济发展成为发展的主题。在这个过程中，我们解决了很多过去想解决而没有解决的难题，譬如温饱问题、社会活力问题、效率问题，等等。但是，也不可避免地出现了大量的新问题，其中，很多是人们不愿意看到的，譬如人们所感受到的不和谐集中表现为社会公平感的缺失，既包括城乡差距、收入差距、社会保障及医疗制度问题，也包括起点公平、机会公平、分配公平问题等，人们更加关注食品安全和生态环境的质量，更加重视政治文明和社会风尚，更加重视社会法治的清明和公正，等等。应当承认，这些问题的产生正是由于改革的不断深化，人民群众在社会进步中的获得感不断增强，因而产生的

社会需求更为多元化，对生活品质的追求更加高端化。我们绝不能将所有的社会问题、矛盾和冲突的产生归咎于经济发展，更不能为了解决问题、矛盾和冲突而限制经济发展。没有经济的充分发展，我们就失去了解决社会问题的现实基础，以牺牲生产力发展、效率为代价来换取社会稳定、公平的做法显然是不可取的。我们应坚持以提高经济发展质量和效益为中心，通过高质量的发展解决新矛盾、新问题，平衡经济发展单头突进、片面追求效率带来的负面影响。

二、找到合适的矛盾化解机制

唯物辩证法认为，矛盾的解决方式大致有：矛盾双方同归于尽，或者矛盾的一方吃掉另一方，又或者矛盾双方长期共存并逐渐融合为一个新事物。前两种矛盾解决方式具有鲜明的破坏性，以斗争为主要形式。后一种矛盾解决方式则是主张用"和"的方式化解矛盾，其主要方法是："促进公平正义；寻求矛盾双方的共同点和结合点；注重维护矛盾双方的共同利益和根本利益；具有共生理念，学会换位思考；以情感人，以柔克刚；具有包容意识和包容心。"[1] 在现代政治秩序下，民主和法治彰显了有效地调节社会关系、构建和谐有序社会的制度优势。领导干部在日常工作中，要充分发挥民主和法治的社会效用，一方面，建立民意诉求和表达机制，给人们提供自由的活动空间，让人们去做实现自身利益的事情，自己主宰自己的命运，在实践活动中提高人们关切自身利益及自己解决自己问题的能力。民主的要义在于提供一种制度环境，使得现实社会中的每个人都有权利平等地参与对话、协商和讨论，并将这种对话模式确立为一种长期有效的制度机制稳定下来，提供一种渠道使人们可以表达自己的见解，宣称自己的利益，提出自己的建议和主张，即使是与别人相左的观点也能得到理解和尊重。另一方面，用法治确

---

① 韩庆祥等：《哲学思维方式与领导工作方法》，中共中央党校出版社 2014 年版，第 88 页。

保社会的有序性，约束公权力。没有法律就没有自由，个人对法律的遵守可以有效地约束个人行为，防止对他人权利的侵害和践踏，从而可以保证社会的有序性和规范性。在法治制度下，领导者不会有希望自己一个人说了算以及为私人谋利的条件和机会，政府、政府的工作人员也必须严格接受法治的限制，没有任何特殊的个体和组织凌驾于法律之上。因而，在法治框架下解决的问题和社会矛盾将得到最大的社会共识。

三、学会尊重群众、依靠群众的智慧化解矛盾

社会矛盾根源于利益的冲突，从一定意义上说，领导干部化解矛盾、解决问题就是回应人民群众的直接关切，尤其是人民群众对自身利益的关切。领导干部在处理与人民相关的问题时，要学会换位思考，充分尊重人民群众的正当利益要求，维护好人民群众的切身利益；要正确引导人民群众对利益的合理诉求，不过高引导预期，也不要压低人民群众的正常诉求。在领导工作中，可以尝试用群众身边人化解群众中的矛盾，建立相应的基层矛盾调节机制，让最熟悉群众的人解决群众的问题。目前，我国很多社区通过设立楼长、义务调解员、网格长组织人民调解志愿队伍，为化解矛盾，将矛盾化解在萌芽状态发挥了重要作用。在解决一些棘手问题时，可以主动向群众请教解决的办法，了解群众的心声，学习群众在实践第一线积累的经验，摒弃盲从领导轻视群众、只听上级指令忽视基层实际的观念和做法，善于用群众的智慧解决群众中的问题。

第三章　实践思维与责任担当能力

实践思维是有着明确指向性的思维形式，它立足于现实问题的分析和解决，着眼于从"做"和"行动"的角度思考问题、解决问题，从而指导人们的社会实践。习近平总书记在纪念马克思诞辰 200 周年大会上的讲话中指出："马克思主义是实践的理论，指引着人民改造世界的行动。"[①]"马克思主义不是书斋里的学问，而是为了改变人民历史命运而创立的，是在人民求解放的实践中形成的，也是在人民求解放的实践中丰富和发展的，为人民认识世界、改造世界提供了强大精神力量。"[②] 中国改革开放 40 多年来取得的伟大成就，靠的就是求真务实、真抓实干、埋头苦干；进入新时代，实现"两个一百年"奋斗目标和中华民族的伟大复兴，更加需要我们的领导干部涵养实践思维，敢于担当、善于担当、善作善为。

第一节　实践思维的世界观基础

实践思维的确立是近代哲学思维方式的伟大变革，它基于马克思创立的以实践为本体和核心的哲学理论。在被恩格斯誉为"包含着新世界观的天才萌芽的第一个文件"《关于费尔巴哈的提纲》中，马克思宣布了一种新的哲

---

① 习近平：《在纪念马克思诞辰 200 周年大会上的讲话》，人民出版社 2018 年版，第 9 页。
② 习近平：《在纪念马克思诞辰 200 周年大会上的讲话》，人民出版社 2018 年版，第 9 页。

学——实践唯物主义的"诞生"。

在《提纲》伊始，马克思就提出："从前的一切唯物主义（包括费尔巴哈的唯物主义）的主要缺点是：对对象、现实、感性，只是从客体的或直观的形式去理解，而不是把它们当作感性的人的活动，当作实践去理解，不是从主体方面去理解。因此，和唯物主义相反，能动的方面却被唯心主义抽象地发展了，当然，唯心主义是不知道现实的、感性的活动本身的。费尔巴哈想要研究跟思想客体确实不同的感性客体：但是他没有把人的活动本身理解为对象性的活动。因此，他在《基督教的本质》中仅仅把理论的活动看作是真正人的活动，而对于实践则只是从它的卑污的犹太人的表现形式去理解和确定。因此，他不了解'革命的'、'实践批判的'活动的意义。"① 在马克思之前的哲学家要么否定实践、贬低实践，尤其是生产实践活动；要么把实践归结为精神创造理论的活动，始终没有以科学的态度对待实践。马克思主义哲学把实践理解为作为主体的人能动地改造客观世界的对象性活动，从而还原了实践活动的本来面目，即实践是沟通人与自然、人与社会、人与自身关系的中介，自然与社会、历史与现实统一于实践，实践因此具有了世界观意义。

实践的世界观意义首先体现在，实践是人的存在方式。"正是这种实践活动不断地创造着人类生存和发展的根本条件，实践因此成为人的生命之根，立命之本。"② 马克思提出，实践的世俗形式——劳动是人的生命活动，人只有通过生产劳动才能从动物界跃升出来，维持肉体生存，不断产生生命。动物也有生产行为，但是动物的活动只是本能的、消极地适应自然的行为，它的活动不会超过种的限度，只能生产它自身。而人的生产活动是全面的，人能够超越本能的限制，不必固守在需要的直接支配下才能从事生产，并且"人懂得按照任何一个种的尺度来进行生产，

---

① 《马克思恩格斯文集》第 1 卷，人民出版社 2009 年版，第 499 页。

② 李秀林等主编：《辩证唯物主义和历史唯物主义原理》，中国人民大学出版社 2004 年版，第 67 页。

并且懂得处处都把固有的尺度运用于对象"①，改造自然界，创造对象世界是人类的独特本性。同时，在自由的、有意识的生产实践中，人们相互之间结成一定的生产关系，进而发生一定的社会关系和政治关系，使人的本质在现实性上呈现为社会关系的总和，人们就使自己以社会存在物的形式"在场"。

其次，实践的世界观意义体现在，"实践创造出一个与自在世界既对立又统一的人类世界"②。马克思曾经说过："被抽象地理解的、自为的、被确定为与人分隔开来的自然界，对人来说也是无。"③人们以实践为中介与自然界进行物质能量与信息的交换，其独特性在于人按照自己的需要和目的把本质力量对象化到自然物中去，从而使"自在之物"发生改变，转化为"为我之物"。而成为我们活动对象的东西，越来越多的是"由于社会发展、由于工业和商业交往"④才进入我们的视野，人类活动的"印记"几乎无所不在。更为重要的是，人的实践活动具有创造性，人们生产出按自然界本身的规律和演化不可能产生的事物，譬如，工业就是人的本质力量的公开展示。所以，马克思才如此评价实践活动的世界观意义，"这种活动、这种连续不断地感性劳动和创造、这种生产，正是整个现存的感性世界的基础，它哪怕只中断一年，费尔巴哈就会看到，不仅在自然界将发生巨大的变化，而且整个人类世界以及他自己的直观能力，甚至他本身的存在也很快没有了"⑤。

再次，实践的世界观意义体现在，实践、人的活动是意识、精神、观念产生的根源。马克思指出，人类大脑的发育是实践劳动的结果，同样，作为意识物质基础的语言也是由于人们的生产活动而形成的。人的意识和思想观念不是凭空产生的，意识的产生和意识的内容都来源于人们的现实生活过程

---

① 《马克思恩格斯文集》第 1 卷，人民出版社 2009 年版，第 163 页。

② 李秀林等主编：《辩证唯物主义和历史唯物主义原理》，中国人民大学出版社 2004 年版，第 89 页。

③ 《马克思恩格斯文集》第 1 卷，人民出版社 2009 年版，第 220 页。

④ 《马克思恩格斯文集》第 1 卷，人民出版社 2009 年版，第 528 页。

⑤ 《马克思恩格斯文集》第 1 卷，人民出版社 2009 年版，第 529 页。

和实际从事的活动。马克思说："忧心忡忡的、贫穷的人对最美丽的景色都没有什么感觉；经营矿物的商人只看到矿物的商业价值，而看不到矿物的美和独特性；他没有矿物学的感觉。"① 不仅人的五官感觉，而且包括精神感觉和实践感觉（意志、爱）等等的形成，"人的本质的对象化都是必要的"②。因此，马克思反对对理论进行理论的批判，他指出："理论的对立本身的解决，只有通过实践方式，只有借助于人的实践力量，才是可能的。"③ 一切意识形态都是现实生活过程的反射和反响，而意识形态的奥秘都可以在物质生产和物质交往中得到确证。

最后，实践的世界观意义还体现在，人类社会和历史是通过人的劳动而诞生和延续的。马克思说，人类第一个历史活动是生产满足吃喝住穿需要的资料的活动，而且人们不断产生出新的需要，从而引发更为高级的生产行为和组织形式。"个人的一定活动方式，是他们表现自己生命的一定方式、他们的一定生活方式。""他们是什么样的，这同他们的生产是相一致的——既和他们生产什么一致，又和他们怎样生产一致。"④ 人们的劳动能力即为生产力，劳动组织形式则为生产关系，生产力与生产关系的矛盾运动是推动人类社会发展的根本动力，也是人类社会发展的一般规律。从实践、"粗糙的物质生产"、人的感性活动出发，阐明思想、观念、上层建筑等产生和发展的奥秘是唯物史观的真谛，也是对实践世界观意义的最好证明。

综上所述，马克思主义哲学以人的实践活动为根本点、立足点和落脚点，以之来反观自然界、人本身、人类社会和人的思维，从而建构了一种新的世界观，实现了哲学世界观的"革命"，也由此产生了一种全新的哲学思维方式——实践思维，引导人们积极地、自觉地、能动地、创造性地"改变世界"。

---

① 《马克思恩格斯文集》第 1 卷，人民出版社 2009 年版，第 191—192 页。
② 《马克思恩格斯文集》第 1 卷，人民出版社 2009 年版，第 192 页。
③ 《马克思恩格斯文集》第 1 卷，人民出版社 2009 年版，第 192 页。
④ 《马克思恩格斯文集》第 1 卷，人民出版社 2009 年版，第 520 页。

第二节　实践思维的方法论内涵

实践思维的方法论内涵与实践的本质规定相一致。按照马克思主义对实践活动的本质规定，"实践既包括人们能动地认识自然与认识社会的认识活动，这是人类实践活动中作为准备性的一大基本形式；更包括人们能动地改造自然与改造社会这两大改造活动，这分别是人类实践活动中具有变革性的两大基本形式；还包括人们认识自己和改造自己的内在活动，这则是人类实践活动中的内在形式"①。因此，马克思主义哲学将思维融入实践中，使实践与思维相结合，为人们认识世界、改造客观世界和主观世界提供了方法论指导。

一、在实践中获得认识、发展理论、检验真理

马克思主义哲学认为，实践是认识的基础和来源，是认识发展的动力，是检验真理正确与否的根本标准。在实践活动基础上主体与客体的交互作用是认识得以产生、发展和不断修正的现实机制，马克思主义哲学认识论的实践思维模式从根本上超越了哲学史上的唯心主义先验论、不可知论和旧唯物主义的直观反映论，将认识能动的反映客观世界和创造客观世界的功能统一起来。

首先，实践是认识的现实基础，要从实践中寻找认识发生的必然性根据。毛泽东同志在《实践论》中对认识的实践基础作了精彩的阐述："马克思主义者认为人类的生产活动是最基本的实践活动，是决定其他一切活动的东西。人的认识，主要地依赖于物质的生产活动，逐渐地了解自然现象、自然的性质、自然的规律、人和自然的关系；而且经过生产活动，也在各种不同程度上逐渐地认识了人和人的一定的相互关系。一切这些知识，离开生产

---

① 贺祥林：《马克思开创的实践思维方式论纲》，《马克思主义研究》2009 年第 8 期。

活动是不能得到的。在没有阶级的社会中，每个人以社会一员的资格，同其他社会成员协力，结成一定的生产关系，从事生产活动，以解决人类物质生活问题。在各种阶级社会中，各阶级的社会成员，则又以各种不同的方式，结成一定的生产关系，从事生产活动，以解决人类物质生活问题。这是人的认识发展的基本来源。"①

与动物消极地适应自然不同，人类的实践活动不仅对自然有所改变，而且有所创造。这就要求人们在活动之初就制订明确的目的和计划，有对活动结果的预料；人们为了改造对象世界，也必须深入地认识和把握对象的属性、本质和规律；在活动过程中，人们要随时调整活动方案和思路以确保实践的顺利进行；在活动结束后，人们还往往要对自己的行为加以总结、反省，归纳出经验性的、规律性的认识以更好地指导以后的实践。显然，单凭感觉的、直观的、表面的、个别的认识不能满足人们实践活动的需要。

其次，实践是认识的来源，要从实践中获得认识，提高认识能力。恩格斯指出："人的思维的最本质的和最切近的基础，正是人所引起的自然界的变化，而不仅仅是自然界本身；人在怎样的程度上学会改变自然界，人的智力就在怎样的程度上发展起来。"② 真正的劳动是从制造工具开始的，人类制造工具、使用工具改造对象世界的实践活动使手、发音器官，尤其是大脑获得了高度发展。在实践活动中，形成了专属于人的认识能力、认识结构、思维模式和社会信息传递方式。譬如，只有人才具有思维这样的高级认识活动，人们可以从感觉、现象的认识上升到理性、本质和规律性的认识，并可以预见和推测事物的发展。这种能力不可能自然产生，而只能是人的实践活动强化和重塑自然进化的结果。语言的产生也是如此。所以，一方面，人们在长期的劳动中培养了能够完成越来越复杂动作的能力，不断提出并达到越来越高的目的和蓝图；另一方面，劳动在思维的指导下，经过一代又一代人

---

① 《毛泽东选集》第一卷，人民出版社 1991 年版，第 282—283 页。
② 《马克思恩格斯选集》第 3 卷，人民出版社 2012 年版，第 922 页。

认识能力的提高，变得更加完善、更加高级和更加多方面化。

同时，实践活动不断拓展认识的内容和认识对象的范围，并进一步确定了认识的高级形式。"社会实践的继续，使人们在实践中引起感觉和印象的东西反复了多次，于是在人们的脑子里生起了一个认识过程中的突变（即飞跃），产生了概念。概念这种东西已经不是事物的现象，不是事物的各个片面，不是它们的外部联系，而是抓住了事物的本质，事物的全体，事物的内部联系了。概念同感觉，不但是数量上的差别，而且有了性质上的差别。循此继进，使用判断和推理的方法，就可产生出合乎论理的结论来。"① 而且，人们还必须基于这种认识，塑造和建构符合主体需要的理想模型，从对象"本来如此"的实际状态中推导出"应当如此"的未来状态，这种创造性的、超前性的认识活动和结果才是认识所应有的价值和意义。

再次，实践是认识发展的动力，要在实践中丰富和发展理论。实践是主观见之于客观的活动，主观即意味着人以观念的方式把握对象世界，实践的能动性和创造性不断地对认识提出更高的要求。马克思主义认为，认识的发展是从感性直观到理性思维、从理性思维到实践的、又从实践中获得新的认识的不断循环往复的过程。认识发展的每一个阶段，都是在实践的推动下完成的。认识发展的第一阶段，正如毛泽东所说："理性的东西所以靠得住，正是由于它来源于感性，否则理性的东西就成了无源之水，无本之木，而只是主观自生的靠不住的东西了。从认识过程的秩序说来，感觉经验是第一的东西，我们强调社会实践在认识过程中的意义，就在于只有社会实践才能使人的认识开始发生，开始从客观外界得到感觉经验。"②

由感性上升到理性，获得本质性和规律性的认识并不是认识运动的完成，还需要把规律性的认识用于指导改造世界的实践中去，"应用这种思想、理论、计划或方案于该同一客观过程的实践，如果能够实现预想的目的，即

---

① 《毛泽东选集》第一卷，人民出版社 1991 年版，第 285 页。
② 《毛泽东选集》第一卷，人民出版社 1991 年版，第 290 页。

将预定的思想、理论、计划、方案在同一过程的实践中变为事实，或者大体上变为事实，那末，对于这一具体认识过程的认识运动算是完成了"①。即使如此，由于主客观条件的限制，原定的计划和方案也难免会出现这样那样的问题，这就需要根据实践活动的真实需要不断地调整方案，纠正错误，使认识和理论更加完善。随着实践活动的推移和发展，认识活动也应当跟着向前推移和发展，尤其是对于领导干部而言，更应当如此。"依社会运动来说，真正的革命的指导者，不但在于当自己的思想、理论、计划、方案有错误时须得善于改正，如同上面已经说到的，而且在于当某一客观过程已经从某一阶段向另一阶段推移转变的时候，须得善于使自己和参加革命的一切人员在主观认识上也跟着推移转变，即是要使新的革命任务和新的工作方案的提出，适合新的情况的变化。"②

最后，实践是检验真理的根本标准，要在实践中检验真理、修正错误。实践作为主观见之于客观的活动，"能使不具有直接现实性的理论变为直接的现实，从而直接检验出理论是否与客观现实相符合以及符合的程度"③。毛泽东提出："理论的东西之是否符合于客观真理性这个问题，在前面说的由感性到理性之认识运动中是没有完全解决的，也不能完全解决的。要完全解决这个问题，只有把理性的认识再回到社会实践中去，应用理论与实践，看它是否能够达到预想的目的。许多自然科学的理论之所以被称为真理，不但在于自然科学家们创立这些学说的时候，而且在于为尔后的科学实践所证实的时候。"④ 社会科学的理论也是如此，马克思主义之所以称为真理，也是在被革命和斗争的实践所证实的时候。更为重要的是，真理是有限度的，它只在一定的范围内和一定的历史发展阶段上有效，不是放之四海而皆准的，许

---

① 《毛泽东选集》第一卷，人民出版社 1991 年版，第 291 页。

② 《毛泽东选集》第一卷，人民出版社 1991 年版，第 294 页。

③ 李秀林等主编：《辩证唯物主义和历史唯物主义原理》，中国人民大学出版社 2004 年版，第 300 页。

④ 《毛泽东选集》第一卷，人民出版社 1991 年版，第 292—293 页。

多理论的真理性都具有不完全性，甚至包含着错误的认识。这就要求在实践活动中根据时间、地点的变换，根据实际情况和需要加以调整，修正错误，从而使理论符合变化的实际。从这个意义上说，马克思主义之所以永葆真理性，正是在于它是一个开放的理论体系，能够随着实践的变化不断地深化、发展和创新，从而不断开创出理论的新境界。

二、通过实践推动社会进步和发展

马克思在《关于费尔巴哈的提纲》中宣布："全部社会生活在本质上是实践的。"① 从人的实践活动出发，在人的物质生产活动中，马克思找到解开历史之谜的钥匙，即社会历史无非是人通过人的劳动而诞生的过程，由此科学地揭示了社会历史发展的进程和一般规律，创立了唯物主义历史观。社会历史规律在本质上就是人的实践活动的规律，唯物史观领域的实践思维为我们认识社会、改造社会提供了方法论依据。

首先，唯物史观认为"生产力是社会发展的最高标准或根本标准"②，大力发展生产力始终是人们推动社会进步和发展的最主要"抓手"。人是有需要的社会存在物，满足需要是一切行为的内驱力，也是社会发展最原初的动力和发生学动力。为了满足自身的需要，人必须进行劳动，通过变革自然、发展生产来解决。在创造社会财富的实践过程中，人们劳动的能力形成了现实的生产力。马克思主义哲学认为，生产力不仅直接决定着人们物质需要满足的情况，也是社会结构诸要素中在归根结底的意义上起决定作用的力量，制约着包括思想观念在内的整个社会生活，因而是社会发展的根本动力。

在生产力的诸要素中，劳动者是最活跃、最主要的要素，任何劳动都是人的劳动。正如马克思所说："自然界没有制造出任何机器，没有制造出机

---

① 《马克思恩格斯文集》第 1 卷，人民出版社 2009 年版，第 501 页。

② 李秀林等主编：《辩证唯物主义和历史唯物主义原理》，中国人民大学出版社 2004 年版，第 201 页。

车、铁路、电报、走锭纺纱机等等。它们是人类劳动的产物，是变成了人类意志驾驭自然的器官或人类在自然界活动的自然物质。它们是人类的手创造出来的人类头脑的器官；是物化的知识力量。"① 所以，劳动者不仅要有一定的体力，更要有一定的知识和智力。而且，随着生产力水平的高度发展和科学技术的突飞猛进，知识、智力、技能所占的比重日益增加，这就凸显了教育事业的极端重要性。教育是一个社会文明程度、现代化发展的重要指标，从一定意义上可以说，教育所培养的劳动者的素质和能力决定着生产力水平的高低，从而影响着社会发展的进程。因此，发展教育事业，包括职业技能教育和国民系列教育，才真正是一个国家的"百年大计"、"千年大计"。在当代，科学技术作为第一生产力对社会发展的作用日益显著。马克思曾说，"科学是一种生产力"，科学是"历史的有力杠杆"，"最高意义上的革命力量"以及"生产力中也包括科学"。② 科学技术作为知识武装着劳动者的头脑，科学转化为技术提升着劳动工具的水平、扩大劳动对象的范围，劳动产品的科技含量越来越高，科学技术对社会发展的贡献率在很多发达国家已超过 80%。科学技术也变革着人们的生产方式、生活方式和思维方式，高铁出行、5G 网络、物联网、大数据、云计算、移动支付等等重构了人们的生活范围和生活节奏，带来了全新的生活理念，使社会发展出现了质的跃迁。近年来，我国提出《中国制造 2025》，全面向高科技产业进军，争夺高科技产业发展的制高点。对此，我们受到的挑战和封堵越是严峻，就越是证明了高科技产业在未来国际竞争中的重要意义，我们走科教兴国、发展高科技的信心和决心就更不能动摇。

其次，生产力和生产关系、经济基础和上层建筑的矛盾运动和相互作用推动社会向前发展，要不断调整生产关系和上层建筑以适应生产力、经济基础的变化。人们的实践活动是在一定的生产关系、社会关系中进行的，人与

---

① 《马克思恩格斯选集》第 2 卷，人民出版社 2012 年版，第 784—785 页。

② 李秀林等主编：《辩证唯物主义和历史唯物主义原理》，中国人民大学出版社 2004 年版，第 103 页。

人的关系是生产的组织形式。但是，人们在生产中的地位是不同的，与生产资料的关系也是不同的，自然分得社会财富的方式和多寡也是不同的。于是，阶级产生了，国家出现了，用以调整和巩固人与人之间的关系，适应生产力发展的要求。在人类历史上对于阶级冲突和斗争的解决方式无非两种：革命与改革。马克思曾将革命称作历史的"火车头"，以此比喻革命对社会发展的推动作用。当旧的生产关系阻碍生产力的发展，而统治者和旧的上层建筑为维护自己的既得利益反对进行变革时，就必须通过革命的手段摧毁社会发展的障碍。革命不是消极的、破坏性的、否定性的力量，无产阶级革命是为了从根本上消除阶级对抗，消灭革命，促进人的解放和社会的全面发展。

改革是以和平与发展为主题的当代社会发展的直接动力。改革是在不改变社会制度的前提下，对生产关系与生产力、上层建筑与经济基础不相适应的方面和环节进行变革。生产力是不断变化发展的，生产关系也应当发生相应的改变。况且，完美的社会制度和国家形态是根本不存在的，恩格斯指出："所谓'社会主义社会'不是一种一成不变的东西，而应当和任何其他社会制度一样，把它看成是经常变化和改革的社会。"① 我国的改革就是在坚持社会主义基本制度基础上，对束缚生产力发展的经济体制和政治体制进行变革，使生产关系适应生产力的发展，使上层建筑适应经济基础的发展。改革在解放生产力的意义上被誉为中国的"第二次革命"，中国的崛起和发展是改革的"红利"。目前，全面深化改革成为我们党和国家事业发展中的重大任务，面对改革进入"深水区"、难度不断加大，需要我们不断增强改革的决心和勇气，尤其是敢于刀刃向内、壮士断腕实现"自我革命"。

最后，唯物史观认为人民群众是历史的创造者，要毫不动摇地坚持发展依靠人民、发展为了人民、发展成果由人民共享的社会发展理念。唯物史观认为，历史是人的实践活动的结果，人类社会最基本的实践活动是生产活

---

① 《马克思恩格斯选集》第 4 卷，人民出版社 2012 年版，第 601 页。

动，人民群众是生产活动的承担者。人民群众既是社会物质财富的创造者，也是社会精神财富的创造者。而且，人民群众在创造社会财富的同时也创造着社会关系，并提出改造社会关系的要求，人民群众的革命实践和改革尝试是推动社会变革和发展的决定性力量。找到了历史的真正主体，就找到了推动社会发展的依靠力量。中国共产党从成立之日起就确立工农大众为自己的阶级基础，无论在革命、建设，还是改革时期，始终植根于人民，依靠人民，从人民群众中汲取经验和智慧。从"兵民是胜利之本"的思想，到人民群众无私地支持革命、投身社会主义建设的热情，再到冒死尝试"包产到户"的勇气和首创精神，都为我们坚持始终依靠人民谋发展提供了理论和事实的支撑。

人民群众的利益至上，一切以人民群众的利益为核心是共产党领导的无产阶级运动的本质特征。因此，在工作中我们要积极顺应人民群众对美好生活的向往，不断增进人民福祉、提高人民生活水平和质量、促进人的全面发展，把实现好、维护好、发展好最广大人民根本利益作为发展的目的和归宿，切实让人民群众得到实实在在的利益。共同富裕是确保我们的事业坚持社会主义方向的重要原则。习近平总书记多次强调，"让发展成果更多更公平惠及全体人民，不断促进人的全面发展，朝着实现全体人民共同富裕不断迈进"[1]，"保证全体人民在共建共享发展中有更多获得感"[2]。由人民群众共享发展成果，是对人民群众劳动价值的最大尊重，是对增进人民群众福祉的最好承诺，也是由人民群众来检验我们党执政水平和执政成效的最客观标准。

三、在改造客观世界的同时加强主观世界的改造

主观世界虽然是意识和观念的世界，但主观世界的改造绝不是脱离客观

---

① 习近平：《在纪念马克思诞辰 200 周年大会上的讲话》，人民出版社 2018 年版，第 21 页。

② 习近平：《决胜全面建成小康社会　夺取新时代中国特色社会主义伟大胜利——在中国共产党第十九次全国代表大会上的报告》，人民出版社 2017 年版，第 23 页。

世界的纯粹精神的活动，主观世界的改造和客观世界的改造统一于人们的实践活动中。而且，从根本上说，作为知、情、意统一体的主观世界的改造最终服从于、服务于改造客观世界的活动。毛泽东同志在《实践论》中指出："无产阶级和革命人民改造世界的斗争，包括实现下述任务：改造客观世界，也改造自己的主观世界——改造自己的认识能力，改造主观世界同客观世界的关系。"①习近平总书记也多次强调改造主观世界的重要性，他指出：我们党一再强调，领导干部要在改造客观世界的同时改造主观世界，要在推进事业发展的同时加强党性修养。领导干部要通过加强读书学习，增强改造主观世界的意识和能力，牢固树立马克思主义世界观、人生观、价值观和正确的权力观、地位观、利益观，切实解决好理想信念、思想作风、道德情操、清正廉洁等问题，不断增进与人民群众的感情，始终保持共产党人的本色。

首先，人们改造客观世界的活动不断对主观的知识储备提出更高要求。共产党人只有加强学习，才能应对新形势、新挑战，解决"本领恐慌"的问题。习近平总书记警示全党同志："当今时代，知识更新周期大大缩短，各种新知识、新情况、新事物层出不穷。有人研究过，18 世纪以前，知识更新速度为 90 年左右翻一番；20 世纪 90 年代以来，知识更新加速到 3 至 5 年翻一番。近 50 年来，人类社会创造的知识比过去 3000 年的总和还要多。"②因此，领导干部如果不加强读书学习，知识就会老化，思想就会僵化，能力就会退化，就难以做好领导工作，就会贻误党和人民的事业。必须通过不断学习，加强知识武装，以适应领导改革开放和社会主义现代化建设的艰巨任务。

习近平总书记给全党提出了学习的任务表：第一，首先要认真学习马克思主义理论，这是我们做好一切工作的看家本领，也是领导干部必须普遍掌

---

① 《毛泽东选集》第一卷，人民出版社 1991 年版，第 296 页。
② 《习近平谈治国理政》第一卷，外文出版社 2018 年版，第 403 页。

握的工作制胜的看家本领。掌握科学的世界观和方法论，不断增强工作的原则性、系统性、预见性、创造性。第二，学习党的路线方针政策和国家法律法规，这是领导干部开展工作要做的基本准备，也是很重要的政治素养。不掌握这些，就很可能会在工作中出这样那样的毛病。第三，领导干部要学习历史，要落实在提高历史文化素养上，落实在提高领导工作水平上。最重要的是要具有历史意识和文化自觉，即想问题、做决策要有历史眼光，能够从以往的历史中汲取经验和智慧，自觉按照历史规律和历史发展的辩证法办事。第四，中国优秀传统文化，领导干部也要学习，以学益智，以学修身。中国传统文化博大精深，学习和掌握其中的各种思想精华，对树立正确的世界观、人生观、价值观很有益处。第五，领导干部要坚持干什么学什么、缺什么补什么的原则，有针对性地学习掌握做好领导工作、履行岗位职责必备的各种知识，多读与本职工作相关的新理论、新知识、新技能、新规则的书，努力使自己真正成为行家里手、内行领导。第六，还要注意学习正确认识客观事物、做好领导工作所必须具有的辩证思维、战略思维、全局思维、创新思维等方面的知识和经验。①

其次，要在改造客观世界的过程中树立远大理想、坚定政治信念。马克思主义经典作家认为，社会主义运动是伟大的事业，是人民对美好生活的追求，支撑这份事业的是这样一种信念：通过实际地改造现实社会谋求社会解放、人的解放和人的自由而全面发展，最终实现共产主义。习近平总书记多次指出："对马克思主义的信仰，对社会主义和共产主义的信念，是共产党人的政治灵魂，是共产党人经受住各种考验的精神支柱。只有理想信念坚定的人，才能始终不渝、百折不挠，不论风吹雨打，不怕千难万险，坚定不移为实现既定目标而奋斗。"②唯物主义历史观既是世界观和方法论，也是重要

---

① 参见习近平：《在中央党校建校 80 周年庆祝大会暨 2013 年春季学期开学典礼上的讲话》，《人民日报》2013 年 3 月 3 日。

② 习近平：《在纪念朱德同志诞辰 130 周年座谈会上的讲话》，人民出版社 2016 年版，第 6—7 页。

的人生观和价值观。只有牢牢掌握历史唯物主义才能认清事物的本质和规律，把握社会发展的主流、趋势、道路和前途，识别纷繁复杂的世情、党情、国情，应对新情况、新问题，不至于在发展的过程中迷失道路。习近平总书记还指出："一些人认为共产主义是可望而不可即的，甚至认为是望都望不到、看都看不见的，是虚无缥缈的。这就涉及是唯物史观还是唯心史观的世界观问题。我们一些同志之所以理想渺茫、信仰动摇，根本的就是历史唯物主义观点不牢固。"① 对党员、干部来说，理想信念的滑坡是最严重的病变，"总开关"没拧紧，不能正确处理理想和现实的关系，缺乏正确的是非观、义利观、权力观、事业观，各种出轨越界、跑冒滴漏就在所难免了。

再次，要在改造客观世界的过程中锤炼忧国忧党忧民、一心为民的价值情怀。如何对待人民群众是唯物史观与唯心史观最根本的分野。习近平总书记指出："对人民，要爱得真挚、爱得彻底、爱得持久，就要深深懂得人民是历史创造者的道理。"②"一个政党，一个政权，其前途和命运最终取决于人心向背。如果我们脱离群众、失去人民拥护和支持，最终也会走向失败。"③ 我们之所以能够取得事业的成功，靠的是始终保持同人民群众的血肉联系、代表最广大人民根本利益。习近平总书记用"三个不能"表明共产党人的心迹，也为广大党员干部提出了明确要求，即"我们必须把人民利益放在第一位，任何时候任何情况下，与人民群众同呼吸共命运的立场不能变，全心全意为人民服务的宗旨不能忘，坚信群众是真正英雄的历史唯物主义观点不能丢"④。将爱民为民的赤子情怀融入治国理政的实践中，是广大领导干部应有的人生境界和品格，也是我们的伟大事业永葆青春的重要保证。

---

① 《十八大以来重要文献选编》（上），中央文献出版社 2014 年版，第 116 页。
② 《习近平谈治国理政》第二卷，外文出版社 2017 年版，第 318 页。
③ 《习近平谈治国理政》第一卷，外文出版社 2018 年版，第 15—16 页。
④ 《习近平谈治国理政》第二卷，外文出版社 2017 年版，第 295 页。

第三节　实践思维的方法论要求

实践思维是马克思主义哲学实现的哲学思维方式的变革，从此，哲学从纯粹抽象思维领域超脱出来，开始关注现实，从实践的角度看待人与自然、人与社会、人与自身的关系，对人们的现实生活和实践提出了更高的方法论要求。

一、实践思维的批判性要求

实践思维具有反思性和批判性，它的立脚点建立在对现实世界的批判和改造上。实践思维的批判性要求来自于人们实践活动的否定性特征，实践活动的否定性表征为对自身原初状态的不满、改变、重构和超越。动物的生存活动受制于本能和自然条件的限制，只是消极地、被动地接受自然界的"馈赠"。同动物一样，人也是受动的存在，上一代人留下的自然环境和社会条件构成每个个体生存的既定前提。但是，人更是一种能动性的存在，不满足于当下，寻求更好生活的自觉意识和目的不断激励着人们冲破自然条件的制约，打破和否定既定前提的否定和束缚，确立个体的主动性、能动性和超越性。能动性贯穿并植根于实践活动中，能动和超越就是一种否定，它表达对现实的不满和对更美好未来的憧憬、追求，反思性和批判性恰恰是能动性和超越性的否定形式。因此，实践思维要求对现存的一切进行无情批判，但是这种批判要在旧世界中发现新世界，不是一味地否定和消灭，而是有所肯定和生成不仅仅是解构，更是建构。

中国共产党坚持批评与自我批评的作风体现了实践思维的批判性要求。通过批评与自我批评查摆问题的目的在于解决问题，对别人和自己的缺点、错误进行剖析和揭露，明确是非，修正错误，用正确的认识指导行动。习近平曾经指出，批评和自我批评是一剂良药，是对同志、对自己的真正爱护。

开展批评和自我批评需要勇气和党性，不能把我们防身治病的武器给丢掉了。一个运转良好的政党要有自我净化能力，要不断增强免疫力、不断自我提高的能力。直面问题，敢于担当是共产党人的品格。共产党人对自己的缺点错误，要敢于正视、主动改正；对别人的缺点错误，要敢于指出、帮助改进；对同志的提醒批评，要闻过则喜、虚心接受；自我批评要一日三省，相互批评要随时随地，不要等小毛病发展成大问题再提。为人情所困、为利益所惑，怕结怨树敌、怕引火烧身，说到底还是私心杂念作怪，缺乏党性和担当的表现。

二、实践思维的创新性要求

实践思维的创新性要求来源于实践活动的创造性和生成性。人类不仅是"是其所是"的动物性存在，也是"是其所能是"的实然意义的存在，更是"是其所应是"的应然意义的存在，这两次跃升的实现是人们实践活动创造性的最高成就。在实践活动中，人们把自身的需要以目的、意图、计划和方案等的观念形式投注到对客观对象的改造中，这个过程不仅在量上实现了极大的突破，在质上也产生了与自然规律的推动不同的事物，即出现了"人造物"、"人化自然"。人类历史更是以加速度的方式远离人的初始状态，社会结构和社会组织日益复杂，甚至"日新月异"也不能描述世界变化的真实速度。因此，实践思维要求革故鼎新的创新和创造精神，反对观望、僵化与停滞，在"干"中探索、总结和完善，符合条件就要大胆创造性地去干。

习近平总书记指出："中国共产党之所以能够完成近代以来各种政治力量不可能完成的艰巨任务，就在于始终把马克思主义这一科学理论作为自己的行动指南，并坚持在实践中不断丰富和发展马克思主义。"[①] 领导干部

---

① 习近平：《在庆祝中国共产党成立 95 周年大会上的讲话》，人民出版社 2016 年版，第 8 页。

在事业发展中贯彻实践思维的创新性要求，就要保持锐意创新的勇气、敢为人先的锐气、蓬勃向上的朝气，表现在：敢于冒险，突破旧的思维方式，敢闯敢试，敢于把不可能变为可能；敢争第一，勇立潮头，敢于做别人没做过的事，善开风气之先；接纳新事物、追赶新事物、扶持新事物，对新事物保持敏锐，灵活地思考和处理各种问题。同时，实践思维以发现问题、解决问题为导向，习近平总书记提出，问题是创新的起点，也是创新的动力源。这就要求领导干部保持强烈的问题意识，以重大问题为导向，抓住关键问题进一步研究思考，着力推动解决我国发展面临的一系列突出矛盾和问题。

三、实践思维的真理性要求

对于从事认识和实践活动的人来说，主观认识符合客观实际、主体活动符合客观规律是实践思维的真理性要求。真理性问题直接关系到实践活动的成败。人们的认识活动是不断地超越主观偏见、经验的狭隘性、客观对象的有限性，由相对真理逐渐趋近绝对真理的过程，求真是人们永恒的精神追求。社会发展规律、科学的定律、学说和原理同客观事物及其发展规律高度符合或一致，能够更有效地引导人们的实践获得成功。譬如，科学技术是人们在认识世界、追求真理过程中产生的文明形式，它对于满足人们生产生活的需要提供了更多的便利。人们改造世界的活动也包含着真理性要求，一方面，人们的主体活动受到客观规律的制约，在客观规律支配下取得实践的成功本身就是对真理的践行，谬误和偏见只能把人们的行为引向歧途；另一方面，实践活动的成功拓展和深化着人们对真理的认识，激励和强化人们对真理的认同。

习近平总书记曾说："认识真理，掌握真理，信仰真理，捍卫真理，是坚定理想信念的精神前提。中国共产党人的理想信念，建立在马克思主义科学真理的基础之上，建立在马克思主义揭示的人类社会发展规律的基础之上，建立在为最广大人民谋利益的崇高价值的基础之上。我们坚定，是因为我们追求的是真理。我们坚定，是因为我们遵循的是规律。我们坚定，是因为我们代表的是最广大人民的根本利益。"① 因此，在实践行动中坚持主观与客观相符合的真理性原则是对党员领导干部的最基本要求。我们党要求领导干部要按照实际情况决定工作方针，不提不切实际的口号，不提超越阶段的目标，不做不切实际的事情，讲实话、讲真理、出实招、办实事、求实效，坚持实事求是的作风。讲老实话、办老实事、做老实人是党员干部的道德底线和政治品格。同时，作为领导干部，既要坚持自己讲真话、敢于讲真话，也要鼓励和允许别人讲真话，这是我们党保持良好政治生态的重要保证。

四、实践思维的价值性要求

人们为了满足自身的需要去改造世界，这是实践思维价值性的本然意义。人与自然的关系、人与人的关系，包括人与自身的关系，都存在着满足与被满足的价值维度。当主体的各种需要（物质的、精神的、情感的）得到满足，我们就说这是善的或好的，对我们有利的、有帮助的。惩恶扬善、向上向善是人类社会的正面价值，因而，追求善也是人们独有的精神品格和崇高境界。在阶级社会，更多的是考虑统治者、少数人需要的满足，广大人民群众的利益被践踏和掠夺。马克思主义经典作家立足于人民大众的立场，以实现每个人自由而全面的发展为政治蓝图，将没有阶级、没有剥削、没有压迫、没有贫困、大家一律平等、幸福美好的共产主义社会作为最高的价值目标。自马克思主义确立以来，无数仁人志士，尤其是共产党人为实现这个目标抛头颅、洒热血，以个人的牺牲换得整个世界的光明，既捍卫了共产主义的真理性，也在不断兑现社会主义善的承诺，从

---

① 《习近平谈治国理政》第二卷，外文出版社 2017 年版，第 50 页。

而谱就了人间之大美。

习近平总书记上任伊始就提出，人民对美好生活的向往就是我们的奋斗目标。他多次强调，我们要坚定不移地走共同富裕道路，努力使全体人民学有所教、劳有所得、病有所医、老有所养、住有所居，做到发展为了人民、发展依靠人民、发展成果由人民共享，把人民为中心的价值理念落实在经济社会发展的各个环节上。习近平总书记提出，我们必须坚持以人民为中心的发展思想，把增进人民福祉、促进人的全面发展、朝着共同富裕方向稳步前进作为经济发展的出发点和落脚点。全面建成小康社会，一个不能少；共同富裕路上，一个不能掉队成为中国共产党人最庄严的承诺和价值追求。这就要求我们的领导干部站稳群众立场、回应群众心声、满足人民需要，树立权为民所赋、权为民所用、权为民所谋的政绩观，践行共产党人的承诺，用实际行动回报人民，让人民有更多的幸福感、满足感、获得感。

第四节　实践思维的方法论运用

恩格斯曾经说过，德国的工人运动是德国古典哲学的继承者。马克思主义哲学以改造世界为理论指向，实践思维得到了最彻底的运用。共产党人从建党之日起，就始终不渝地在马克思主义理论的指导下进行社会主义运动的伟大实践，坚持真理、修正错误，投身实际、不尚空谈，不断地创造社会主义理论和实践的新境界。

一、党的思想路线是实践思维的正确运用

党的思想路线也叫认识路线，是中国共产党认识问题、分析问题、处理问题所遵循的最根本的指导原则和思想基础。中国共产党在长期的革命实践中，确立了一条马克思主义的思想路线，即一切从实际出发，理论联系实

际，实事求是，在实践中检验真理和发展真理。

在土地革命时期，毛泽东同志提出"没有调查就没有发言权"①，指出中国共产党人要从斗争中创造新的局面。他先后写作《反对本本主义》、《实践论》、《矛盾论》等著作，批判党内一直存在的主观主义、教条主义、本本主义等错误思想，整顿党风、学风、文风，引导全党在思想和认识上统一到正确道路上来，使全党掌握了马克思主义普遍原理同中国革命具体实践相结合的根本思想原则和方法。新中国成立后，中国革命和建设走上了独立探索发展道路的阶段，确立了社会主义基本制度，并取得巨大成就。但是，从1958年开始的"左"的和"极左"的错误偏离了正确的思想路线，不顾我国社会发展的实际、主观地研判社会主要矛盾，造成了无可挽回的损失。"文化大革命"结束后，邓小平同志提出要完整地准确地学习和运用毛泽东思想，尤其是要领会实事求是的理论精髓。关于真理标准问题的大讨论重新恢复了实践在马克思主义理论中的核心地位，阐明了检验真理的标准只能是社会实践，是千百万人民的革命实践，理论与实践的统一是马克思主义的最基本原则。党的十一届三中全会确立的解放思想、实事求是的思想路线，是真理标准问题大讨论的重大成果。在这条思想路线指引下，我们党果断停止"以阶级斗争为纲"路线，作出把工作重点转移到经济建设上来，集中力量发展社会生产力的伟大决策，开启了改革开放的历史航程，实现了伟大的历史转折。

随着中国特色社会主义事业的推进，我们党又赋予了思想路线新的时代内涵，把与时俱进、求真务实的要求添加进去。党的十八届六中全会通过了《关于新形势下党内政治生活的若干准则》，《准则》指出："全党必须把坚持党的思想路线贯穿于执行党的基本路线全过程，坚持解放思想、实事求是、与时俱进、求真务实，坚持理论联系实际，一切从实际出发，在实践中检验真理和发展真理，既反对各种否定马克思主义的错误倾向，又

---

① 《毛泽东选集》第三卷，人民出版社1991年版，第802页。

破除对马克思主义的教条式理解。"① 可以肯定地说，改革开放以来，我们作出的一系列新论断，提出的新举措，推行的新做法都是贯彻执行党的正确思想路线的结果。譬如，党在社会主义初级阶段的基本路线就是对党的思想路线的正确运用。《准则》指出，党在社会主义初级阶段的基本路线是党和国家的生命线、人民的幸福线，也是党内政治生活正常开展的根本保证。必须全面贯彻执行党的基本路线，把以经济建设为中心同坚持四项基本原则、坚持改革开放这两个基本点统一于中国特色社会主义伟大实践，任何时候都不能有丝毫偏离和动摇。习近平总书记特别强调："我们在实践中要始终坚持'一个中心、两个基本点'不动摇，既不偏离'一个中心'，也不偏废'两个基本点'，把践行中国特色社会主义共同理想和坚定共产主义远大理想统一起来，坚决抵制抛弃社会主义的各种错误主张，自觉纠正超越阶段的错误观念和政策措施。"② 党的思想路线和认识路线始终是我们事业取得成功的保证。

进入新时代，贯彻执行党的思想路线给领导干部提出了更高的要求。2014 年 3 月 9 日，习近平总书记在第十二届全国人民代表大会第二次会议安徽代表团参加审议时，作出"既严以修身、严以用权、严以律己，又谋事要实、创业要实、做人要实"③ 的重要论述，对党员干部提出了"三严三实"的要求。严实相成，严以责实，在贯彻党的思想路线上把严和实结合起来，解决思想作风上严和实不够，失之于宽、失之于软、失之于虚的问题。尤其是形式主义和官僚主义作风严重，表现在弄虚作假，不务实效，脱离群众，脱离实际，不负责任；调查研究走马观花、忙于"摆拍"；等等。只有真正做到"三严三实"，出实策、鼓实劲、办实事，不图虚名，不务虚功，善始善终、善作善成，才能将党的思想路线落到实处。

---

① 《关于新形势下党内政治生活的若干准则》，《人民日报》2016 年 11 月 2 日。

② 《习近平谈治国理政》第一卷，外文出版社 2018 年版，第 11 页。

③ 《习近平谈治国理政》第二卷，外文出版社 2018 年版，第 381 页。

二、"撸起袖子加油干"的实践智慧

"劳动创造历史"是唯物史观的根本观点，物质生产活动是历史得以生成的前提，人类社会一刻也不能离开生产。习近平总书记以通俗的语言将唯物史观的实践智慧表述出来，诸如"撸起袖子加油干"、"社会主义是干出来的，新时代也是干出来的"、"天上不会掉馅饼，努力奋斗才能梦想成真"、"空谈误国、实干兴邦"等等，把人们干事创业的热情激发和调动了出来。

什么是实干？习近平总书记明确地指出，实干就是脚踏实地劳动。1990年3月，习近平总书记在《摆脱贫困》中就明确了什么是实干，"我们需要的是立足于实际又胸怀长远目标的实干，而不需要不甘寂寞、好高骛远的空想；我们需要的是一步一个脚印的实干精神，而不需要新官上任只烧三把火希图侥幸成功的投机心理；我们需要的是锲而不舍的韧劲，而不需要'三天打鱼，两天晒网'的散漫。"① 实干是赢得未来的关键。

为什么要实干？习近平总书记指出，发展中国特色社会主义是一项长期而艰巨的历史任务，实现中华民族伟大复兴的中国梦任重而道远，而且面临着前所未有的困难和挑战。面对浩浩荡荡的时代潮流，面对人民群众过上更好生活的殷切期待，我们不能有丝毫自满，不能有丝毫懈怠，必须再接再厉、一往无前，需要我们每一个人继续付出辛勤劳动和艰苦努力。习近平总书记代表党中央郑重承诺："在中国特色社会主义道路上实现中华民族伟大复兴，是无比壮丽的崇高事业，需要一代又一代中国共产党人带领人民接续奋斗。今天，历史的接力棒传到了我们手里。……我们十八届中央委员会一定要不负重托，忠于党、忠于祖国、忠于人民，以自己的最大智慧、力量、心血，做出无愧于历史、无愧于时代、无愧于人民的业绩。"②

在决胜全面建成小康社会和实现中华民族伟大复兴的艰巨任务中，各级

---

① 习近平：《摆脱贫困》，福建人民出版社1992年版，第44页。
② 习近平：《全面贯彻落实党的十八大精神要突出抓好六个方面工作》，《求是》2013年第1期。

领导干部起着"领头雁"的作用，必须真抓实干，切实起到领导和带头作用。对此，习近平总书记提出了三个方面的要求：第一，谋事要实。要从实际出发谋划事业和工作，使点子、政策、方案符合实际情况、符合客观规律、符合科学精神，不好高骛远，不脱离实际。各级领导干部应下决心减少应酬，保持健康的工作方式和生活方式，多学习充电、消化政策，多下基层调查研究、掌握第一手情况，多系统思考和解决存在的突出问题，自觉远离那些庸俗的东西。实践是不断发展的，我们的认识和工作也要与时俱进，看准了的要及时调整和完善，但不要换一届领导就兜底翻，更不要为了显示所谓政绩去另搞一套，不要空洞的新口号满天飞。而且，在全面深化改革进程中，遇到关系复杂、难以权衡的利益问题，要认真想一想群众实际情况究竟怎样？群众到底在期待什么？群众利益如何保障？群众对我们的改革是否满意？

第二，创业要实。要脚踏实地、真抓实干，敢于担当责任，勇于直面矛盾，善于解决问题，努力创造经得起实践、人民、历史检验的实绩。习近平总书记要求，领导干部要树立正确政绩观，多做打基础、利长远的事，不搞脱离实际的盲目攀比，不搞劳民伤财的"形象工程"、"政绩工程"，求真务实，真抓实干，勇于担当，真正做到对历史和人民负责。各级领导干部要带头发扬劳模精神，出实策、鼓实劲、办实事，不图虚名，不务虚功，坚决反对干部群众反映强烈的形式主义、官僚主义、享乐主义和奢靡之风，以身作则带领群众把各项工作落到实处。

第三，做人要实。要对党、对组织、对人民、对同志忠诚老实，做老实人、说老实话、干老实事，襟怀坦白，公道正派。习近平总书记提出，各级领导干部要堂堂正正、光明磊落，敢于担当责任，勇于直面矛盾，善于解决问题，不搞"假大空"。领导干部要把深入改进作风与加强党性修养结合起来，自觉讲诚信、懂规矩、守纪律，襟怀坦白、言行一致，心存敬畏、手握戒尺，对党忠诚老实，对群众忠诚老实，做到台上台下一种表现，任何时候、任何情况下都不越界、越轨。要有"功成不必在我"的精神，一张好的蓝图，只要是科学的、切合实际的、符合人民愿望的，大家就要一茬一茬接着干，干出来的都是实绩。并且，领导干部要有钉钉子的精神，要一锤一锤接着敲，直到把钉子钉实钉牢，钉牢一颗再钉下一颗，不断钉下去，必然大有成效。

"撸起袖子加油干"既是一种实践智慧，又是一种积极向上的精神状态，梦在前方，路在脚下。自胜者强，自强者胜。实现我们的发展目标，需要大家锲而不舍、驰而不息地奋斗。

第五节　做有责任敢担当的实干家

习近平总书记强调，"改革推进到今天，比认识更重要的是决心，比方法更关键的是担当"①。有多大的担当才能干多大的事业，尽多大的责任才会有多大的成就。敢于担当是一种政治信念，是一种发展能力，更是一种领导责任，领导干部要有时不我待的责任意识、舍我其谁的担当精神，把社会主义事业抓实，做好，干成。各级领导干部要激发干的决心和实的担当，发挥好"关键少数"的关键作用，以实际行动做有责任敢担当的实干家。

一、着力增强"四个定力"

习近平总书记曾多次反复要求领导干部特别是高级领导干部要增强政治定力、纪律定力、道德定力、抵腐定力。定力是控制自己欲望和行为的能力，是一个人的意志、品质和境界的集中体现，是领导干部的"定盘星"。当前，国情世情党情发生了深刻变化，面对各种价值观的冲击，领导干部必须保持清醒头脑、坚定共产党员的理想信念，立场坚定、旗帜鲜明，方能行稳致远。

---

① 中共中央宣传部编：《习近平总书记系列重要讲话读本（2016 年版）》，学习出版社、人民出版社 2016 年版，第 82 页。

政治定力是领导干部的最基本政治要求，是统领人的思想和行动的"总开关"。政治定力体现在政治上的清醒、政治上的自信和政治上判断准确，任何时候都不能出现信念动摇、方向迷茫和自我懈怠。习近平经常叮嘱领导干部要有政治定力，"作为党的干部，不论在什么地方、在哪个岗位上工作，都要增强党性立场和政治意识，经得起风浪考验，不能在政治方向上走岔了、走偏了。要严守政治纪律，在政治方向、政治立场、政治言论、政治行为方面守好规矩，自觉坚持党的领导，自觉同党中央保持高度一致，自觉维护党中央权威。党中央提倡的坚决响应，党中央决定的坚决照办，党中央禁止的坚决杜绝"①。纪律定力是要求领导干部要严守党的纪律，心有所畏、言有所戒、行有所止。人不以规矩则废，当不以规矩则乱，讲规矩、守纪律是领导干部"定盘星"。自觉把纪律和规矩挺在前面，以准则和条例为行动指南，做到"五个必须"，遵守党的"六项纪律"，杜绝"七个有之"，工作上恪守"公心为上、用权为民、用权为公"，生活中心存敬畏、手握戒尺，不放纵、不越轨、不逾矩。道德定力是指具有崇高的人格追求和道德涵养。领导干部具备道德定力，要讲操守，自觉践行社会主义核心价值观、共产党人价值观，体现共产党人的高风亮节；要有修养，知廉耻、明善恶，培养积极健康的生活方式，追求积极向上的理想目标，选择正确的个人爱好，把"讲道德、有品行"内化于心、外化于行，贯彻到思想、作风和工作的方方面面。领导干部要练就抵腐定力。腐败对领导干部的杀伤力最大，领导干部要秉持清正廉洁之心，练就抵腐定力。要不忘初心，牢记共产党员的使命，秉持"当官就不要发财，发财就不要当官"的信念，清清白白做人、干干净净做事、堂堂正正为官。要提高警惕，增强风险意识，牢记权力就是双刃剑，从小节防起、从小事做起、过好金钱关、美色关、名利关。要时刻始终清醒，摆正个人位置，自我净化，自觉接受各种监督。

---

① 《习近平谈治国理政》第二卷，外文出版社 2017 年版，第 143 页。

二、要加强领导能力的全面提升

毛泽东同志讲过，领导工作千头万绪，只有两件大事，一是出主意，二是用干部。出主意就是决策力，用干部就是影响力，所以领导力由两个要素构成，即决策力与影响力。领导干部的重要职责在于把方向、抓大事、谋全局，因此，领导能力要注重提高战略思维、创新思维、辩证思维、法治思维和底线思维能力。具体来说，应在实际工作中做到以下几点：拓宽视野，善于谋划；与时俱进、勇于创新；加强学习、提升素质；灵活应对，激发活力。关于领导能力提升，落脚点仍在于具体的实践工作中，这就要求领导干部在工作中要敢说、敢干、敢闯，要具有战略意识和创新思维，结合自身的工作经验基础上勇于创新，不断开创工作的新局面。

三、注重培养领导魅力

领导魅力是指领导干部的个人道德情操、人格魅力、指挥才能等非权力因素和资历、职位、级别等权力因素所带来的对公众产生的强烈而有影响的感召力、吸引力和凝聚力。领导魅力是领导干部素质能力的构成元素和品格操守的集中体现。领导魅力是润滑剂，能够使整个组织和谐而有序；是黏合剂，能让群众心悦诚服地团结在一起；又是助推剂，能够激发集体的积极进取精神。领导干部是领导群众干事情，领导魅力的高低将深刻影响着群众的实践力的发挥，为此领导干部要重视领导魅力，尤其是人格魅力的提升。要重视提升人格魅力。习近平同志指出："人格魅力是领导干部人品、气质、能力的综合反映，也是党的干部所应具备的公正无私、以身作则、言行一致优良品质的外在表现。"① 领导干部要德才兼备，但要以德为先，德是第一位的，也是魅力之源。人格魅力的培养是一个长期持续的过程，是久经考验锤

---

① 习近平：《之江新语》，浙江人民出版社 2007 年版，第 114 页。

炼的结果，具体到每一位领导干部，应在光明磊落、爱民亲民、敦厚宽仁、廉洁自律、敢于担当等德性标准为标准，省身克己，善行善为。

四、要有敢为人先的胆识与魄力

领导的核心地位决定了其决策起着至关重要的作用，一个正确的决策可能会影响所辖领域和人民的长久幸福。例如毛泽东同志制定"农村包围城市"的路线拯救了中国革命，习近平总书记作出的"一带一路"战略开创了地区新型合作的新模式。当前，我国正处于全面深化改革的关键时期，这是一个新情况、新矛盾、新问题、新经验、新事物层出不穷的时代，这就要求必须在不断的学习与实践中磨炼自己具有前瞻性的战略眼光、以及敢为人先的魄力。习近平指出："我们要以勇于自我革命的气魄、坚忍不拔的毅力推进改革，敢于向积存多年的顽瘴痼疾开刀，敢于触及深层次利益关系和矛盾，坚决冲破思想观念束缚，坚决破除利益固化藩篱，坚决清除妨碍社会生产力发展的体制机制障碍。"[1]

习近平总书记提出的"敢为人先的胆识、敢闯敢试的魄力"，具体表现为领导干部"有干劲"、"有决心"、"有本领"。当前，领导干部身上的一个显著特点"有干劲"、"有决心"但"缺本领"。正如习近平总书记所总结的，当前很多同志有做好工作的真诚愿望，也有干劲，但缺乏新形势下做好工作的本领，面对新情况新问题，由于不懂规律、不懂门道、缺乏知识、缺乏本领，还是习惯于用老思路老套路来应对，蛮干盲干，结果是虽然做了工作，有时做得还很辛苦，但不是不对路子，就是事与愿违，甚至搞出一些南辕北辙的事情来。

领导干部培养胆识与魄力，要善于学习。习近平总书记要求领导干部要结合工作需要来学习，不断提高自己的知识化、专业化水平；要丰富知识储

---

[1] 《习近平谈治国理政》第二卷，外文出版社 2017 年版，第 39 页。

备，完善知识结构，打牢履职尽责的知识基础。领导干部要胜任工作，必须下大气力完善知识结构、增长实践才干，既要多学一些政治、经济、社会方面的知识，也要多学一点国际、战略、心理等方面的知识；既要把握宏观形势，又要熟悉微观变化。领导干部培养胆识与魄力，要解放思想。解放思想是认识问题的前提，是解决问题的钥匙。领导干部缺乏胆识与魄力的关键在于思想境界不高、思想僵化、因循守旧，思想跟不上时代，造成工作缺乏开拓性、不敢闯、不敢试。解放思想必须树立问题意识、坚持问题导向，坚决杜绝守成观念、畏难情绪、懒惰思想、老大意识和粗放思维。领导干部培养胆识与魄力，要敢想敢干。领导干部必须以"咬定青山不放松"、"敢教日月换新天"的决心和担当，不折不扣地贯彻落实好各项战略部署。在此，关键是党和政府要树立正确的导向、营造干事有为的空间，解除后顾之忧。具体而言，一是要营造敢想敢干的空间，倡导敢想敢干精神，激发干事创业的活力。二要构建"容错机制"，给予领导干部一定的"试错权"，解除领导干部的束缚。三要推动制度设计的完善，堵住为官不为的漏洞，对那些胆子太大、贪心太重、不负责任的个别人员，要加强用制度规范、管制和约束。

第四章　战略思维与驾驭全局能力

中国共产党是极为重视"战略"意识的政党。自改革开放以来，历次党的全国代表大会报告使用的"战略"概念一次比一次多，而且每次都提出新的战略，作出新的战略布局。党的十九大报告就是一部为新时代中国特色社会主义建设作出前瞻性、系统性和全局性的战略规划书，在报告中使用的"战略"一词多达42次，提出了"四个全面"的战略布局，确立了新的战略谋划，如：创新驱动发展战略、乡村振兴战略、区域协调发展战略、可持续发展战略、军民融合发展战略，等等。自党的十八大以来，习近平总书记更是在不同场合反复强调领导干部要有战略思维，要胸怀大局、把握大势、着眼大事；要有"登泰山而小天下"的气度，有"功成不必在我"的胸襟，对大局了然于胸、对大势洞幽烛微、对大事铁画银钩，才能因势而谋、应势而动、顺势而为。

以习近平同志为核心的党中央为什么高度重视领导干部的战略思维？这是因为战略思维极端重要。关于战略思维的重要性，集中体现为三个方面：第一，战略问题是一个政党、一个国家的根本性问题。习近平总书记在纪念邓小平同志诞辰110周年座谈会上明确指出："战略问题是一个政党、一个国家的根本性问题。战略上判断得准确，战略上谋划得科学，战略上赢得主动，党和人民事业就大有希望。"① 第二，当前，我们正处于一个大变革、大发展、大融合的时代，战略环境越来越复杂、战略风险越来越大：涉及的范围越来

---

① 《习近平谈治国理政》第二卷，外文出版社2017年版，第10页。

越大，因素越来越多，资源的流动性越来越强，竞争越来越激烈，风险越来越大，亟须上升到战略思维的层面上把握大局。第三，战略思维是领导干部的核心能力，是衡量领导干部素质高低的重要标志。领导干部是各级党委政府的负责人、组织者和指挥员，其领导能力高低、其对所辖领域的重大问题作出的决策与谋划水平高低，将会直接影响着当地各个领域的发展快慢。

党和国家的发展、新时代的必然要求和领导干部的使命担当均要求领导干部要具有战略思维，具有驾驭全局的能力。可以说，具有战略思维能力的人不一定是领导干部，但领导干部必须具备较高的战略思维能力，具有较高的驾驭全局能力。因此，领导干部要努力学习和实践，掌握科学知识和科学方法，确立正确的价值观念，培养高尚的道德情感，练就卓越的胆识和坚强的意志，不断提高总揽全局、驾驭全局的本领。

第一节　战略思维的辩证法基础

战略思维是领导干部必备的一种素质和能力，是领导干部都会自觉使用的一种思维形式，但并不是每位领导干部都会正确使用的一种能力。因为战略思维不是一种简单的思维形式，而是一种高级的思维形式，是融合了系统思维、辩证思维、底线思维等思维方式，并包含战略目标、战略布局、战略重点、战略预测、战略调整等一系列事关全局的战略环节。领导干部如果没有对战略思维形成系统的认识，没有进行过反复地对战略思维的方法论的训练，就很难准确作出战略谋划，制定出行之有效的战略方针，也很难成为一名对全局工作有很好驾驭能力的人。

一、战略与战略思维的概念

"战略"（strategos）最早是一个军事方面的概念，即"军事战略"，其本意是关于战争的谋划，后演变为军事术语，后来随着其使用领域逐渐扩展到政治、经济、文化系统等领域，其内涵也不断地丰富、发展与演变。关于战略及战略思维，首先可以通过考察战略概念的演变史来理解其特定内涵。

　　人类对于"战略"一词的使用大致经历了三个重要的发展阶段。第一阶段，"战略"概念的提出。"战略"一词最早出现在公元前 5 世纪前后的希腊，意思为"将兵术"或"将道"。人类历史上，第一本专门论述战略思想的著作是 3 世纪末晋代司马彪（265—306 年）的《战略》，现已失传。实际研究军事对策和军事方略的著作比《战略》成书早得多，在春秋战国时期我国就出现了大量阐述驾驭战争艺术的著作，比如孙膑的《孙膑兵法》、孙武的《孙子兵法》等。"战略"一词的内容比较宽泛，既包含战略，也包含战术；既有军事对策，也有政治方略，但主要是指决胜战争的战术。第二阶段，近代社会以来开始把战略与战术严格区分开来。真正把战略与战术区分开来的是德国近代著名的军事理论家克劳塞维茨，他在《战争论》中提出：战术是在战斗中使用军队的学问，战略是为了战争目的运用战斗的学问。关于战略与战术的区分，普鲁士军事理论家比洛提出"视界—火炮"之说最为经典："战略是关于在视界和大炮射程之外进行军事行动的科学，而战术是关于上述范围内军事行动的科学"。具体来说，战略为视界之外的，带有全局性或决定全局结果的谋划；战术则是视界以内，指导一场局部战斗的策略。战略与战术的区分，深刻反映了人们开始对战争综合因素的考虑和战争结果的全面衡量。第三阶段，进入现代社会战略概念适用范围的扩展，即由军事学领域扩展到政治、经济、文化等社会整个领域。1929 年利德·哈特在其《历史上的决定性战争》一书中，深刻阐述了一个新概念"大战略"，即协调和指导国家的全部力量以达到战争胜利的政治目的，也就是国家政策所确定的重大目标。美国通常把大战略称为国家战略，并认为它是发展和使用国家的政治、经济、文化和科技力量，以及实现国家目标的一种艺术和科学。可以说，"大战略"一词作为超越了原有战略概念的现代战略概念，将国家的军事、政治、经济战略囊括于一体，并对这些战略给予实际指导。

从"战略"概念的演变可以得出，战略实际上就是对关乎战争胜败的全局的、根本性的重大问题作出的谋划。战术、战略和大战略之间的高低之分恰恰是围绕其涉及范围宽窄而界定的：战术是战略在较低阶段中的运用，战略是大战略在较低阶段中的运用，用形象的说法，战术、战略和大战略关系与几何学中的点、线、面的关系极为类似。今天，我们讨论的战略，其内涵显然不仅仅限于军事领域，而是指大战略，即国家战略，是事关国家发展的全局的、长远的、根本性的重大问题的谋划。在此，战略思维可以概括为"是指战略主体运用战略概念对具有全局性、长远性、根本性的重大战略问题进行分析、判断和推理的思维方式，是衡量人们特别是领导干部认识能力、认识水平和认识成果的综合体现"①。

二、战略思维的要素及结构

战略思维是思维主体运用各种思维方式对具有全局性、长远性、根本性的重大战略问题进行分析、判断和推理的过程。战略思维的过程，可以从共时性和历时性两个角度来分析。

从历时性角度分析，即对一个完整的战略思维的运动过程做纵向分析时，一个完整的逻辑思维至少要包含三个最基本的要素或环节：（1）思维主体对战略问题的思考和谋划；（2）形成战略思维的产品，如战略目标、战略方针、战略计划等等；（3）战略计划的实施、反馈和战略调整。这三个要素之间的逻辑关系为：战略思维产生思维产品，指导和服务于战略实践。当然，一个完整的战略思维过程包含的要素很多，而且在其内部之间又是相互穿插的。比如，思维主体进行战略问题思考和谋划时还蕴含着对战略所涉及的事物或对象现实状况和未来发展趋势的战略预测，在形成战略的产品这一过程中，实际上又分为内在相互独立的战略目标、方针和计划三个要素，等

---

① 王建铨：《马克思主义战略思维理论研究》，北京出版社 2008 年版，第 9 页。

等。其实，任何其中的任何一个思维的要素中也包含着另外两个要素，它们之间构成了一个系统的战略思维过程。战略思维是包含大量系统思维的成分的，即当人们研究一个战略问题时，需要用系统思想来研究，从系统的观点出发，着重研究各个要素之间相互联系、相互作用、相互制约的关系，综合地、精确地思考对象，以寻求达到最佳处理问题的目的。可以说，战略思维的各个要素不是孤立存在的，而是处于广泛的、普遍的联系的有机系统之中，其内部各要素之间的联系也是不断地运动、变化和发展的。这便要求人们在进行战略思维时，面对纷繁复杂的各个要素构成的系统整体时能够游刃有余地抓住关键，正确进行战略谋划。

从共时性的层面来分析，也就是对战略思维做横向分析，可以得出战略思维的基本结构。学术领域较为著名的观点为三维结构说，即时间维度上的预见性结构、空间维度上的整体性结构、实践维度上的效用性结构。更为通俗一点的是"四维"结构说，即战略思维的高度、深度、广度和跨度。在此，我们使用四维结构来分析。

第一，战略思维的高度，即从战略全局的高度思考重大现实问题，提出致力于实现全局决策发展的新策略、新方案、新途径。战略作为谋略和方法提出的目的就是帮助人们克敌制胜，实现特定的目标。也就是说，战略思维的立足点是效用，是通过一定的谋略和方法达到一定的效果。谋略、谋划或筹划，都包含对目标的考量，包含对目标和手段效用关系的考量。这个考量能力的高低就来自于领导干部战略思维时所站的高度，应站在全局之上俯视目标与手段，并在二者之间谋划有效的新策略、新方案和新途径。第二，战略思维的深度，即要深入发展过程的整个环节，同时运用辩证唯物主义基本原理客观把握事物发展的基本规律，找出影响全局发展的主要矛盾和其他重大矛盾，确定战略布局、主攻方向和工作的着力点。第三，战略思维的广度。战略总是立足于全局的，否则，战略就不称为战略。当然，这一战略全面绝不是孤立的全局、空泛的全局，而是应当与局部始终保持特定关联的全局。第四，战略思维的跨度。战略是立足于现在而面向未来的，要具有前瞻性。人们制定战略时经常说的分析形势，就是从时间纬度筹划好发展的各个阶段，分析所处的现状和环境，预测未来的走向。这也是古人所说的"审时度势"的意思。

三、战略思维的辩证法基础

战略思维是辩证地、系统地、创造性地思考、规划全局性问题的思维活动过程。因此，战略思维的根本属性是全局性，这是领导干部准确把握战略思维实质的关键。所谓全局，也叫大局，与局部相对，是事物诸要素相互联系、相互作用的发展全过程。战略思维的目的，就是通过把握全局、驾驭全局，追求全局的整体利益。战略思维的全局性意味着对于影响事物发展诸要素的全面把握或者整体把握。领导干部要正确理解"全面把握"，就要避免两种错误倾向：第一种错误倾向，是强调全局忽略局部。"一着不慎，全盘皆输"，指的就是战略思维时忽略局部造成的错误。战略思维强调全局性，重视全局，但也不能忽略局部，尤其是对全局起到关键性作用的重点。所谓重点，就是牵一发而动全身的，对全局具有决定性作用的重大问题。突出重点，就是把注意力放在对于全局有决定意义的局部上，把有限的资源分配投入到解决重大问题上。第二种错误倾向，是把"全面把握"简单化，认为谋划事情就是简单地"大而全"，如说话要讲大话，办事要面面俱到。这种全面固然重要，但这是一种非常肤浅的认识。事物的全局性固然指的是由各个部分与阶段构成，但其内部之间是有机联系的系统整体。对事物的全面把握就是要把对影响事物诸多要素的把握上升到规律性认识，要把握全局之各个部门、各个阶段之间的内在逻辑关系。只有通过对事物各个要素的全面认识，并由此把握相互之间的内在联系，方可称为全局性认识与把握。诚如毛泽东所言："战略问题是研究战争全局的规律性的东西，只要有战争，就有战争全局。世界可以是战争的全局，一国可以是战争的全局，一个独立的游击区一个大的独立作战方面，也可以是战争的全局凡属带有要照顾各方面和各阶段的性质的，都是战争的全局。"① 从这点出发，战略思维是关于人类社会实践活动的一种全局性思维。

战略主体对具有长远性、根本性属性的全局战略问题进行的谋划不是一种简单的逻辑思维，而是一种更为高级的综合思维方式。众所周知，思维是人用大脑进行逻辑推导的属性、能力和过程。就人的认识能力而言，其形式是以逻辑思维（借助概念、判断和推理进行的思维形式）为主体、具有形象思维、直觉思维、顿悟思维等其他多种形式。但无论何种形式，都是借助于语言对客观事物的状态及其性质进行概括和逻辑推导过程。当人类用这种特有的理性认识能力从全局考虑谋划实现全局目标的规划，如战争、社会经济发展的计划和策略时，便是战略思维。但是，战略思维不同于一般的逻辑思维，其最大区别在于二者思考的对象不同。一般逻辑思维通常是对诸如事物性质及其状态作出的真假判断，但战略思维则强调思维主体（领导干部）对全局进行的把握与分析。以战争为例，它要求对诸如战争的过程、要素、宣传和目的更各种要素进行综合系统地考量与筹划，就这一思维对象和方式而言，战略思维便是运用唯物辩证法对战略问题作出的具体思考，其唯物辩证法基础集中表现在以下三个方面：

第一，战略思维的全局性、层次性是以唯物辩证法坚持全面观点为前提。唯物辩证法是关于世界状况为何的总观点与总看法，其中最基本的观点是世界上的一切事物都是相互联系、相互依赖、相互制约的统一整体。唯物辩证法的世界观的思维方式要求用全面的、联系的观点看世界；要正确处理整体与部分的关系，即整体由部分组成，是部分的有机统一、集合，没有整体就无所谓部分，即部分脱离整体或整体分解时，其部分就改变其性质或形态而成为他物。唯物辩证法的这种全面、整体的思维方式运用到战略思维方面便是全局观。战略思维始终关注战略对象的全局，丢掉这一核心理论，战略也就失去了灵魂。这就要求领导干部要始终坚持全局观，

① 《毛泽东选集》第一卷，人民出版社 1991 年版，第 175 页。

要全面地看问题，不能只见树木不见森林、"盲人摸象"。要从时间维度上搞清楚战略对象的过去、现在与未来的状态与发展趋势；要从空间维度上弄清全局与部分的关系及其内在的发展规律；要从实践维度上弄清楚战略进程中具体策略之间内在逻辑递进关系。以习近平同志为核心的党中央提出的"四个全面"战略布局为例，领导干部要从全局的角度认识到"四个全面"之间并不是简单的并列、平行关系，而是相互之间构成的一个有机联系、环环相扣的整体。四个"全面"相辅相成、相得益彰，构成中国特色社会主义新篇章的行动纲领。

第二，战略思维的综合属性正是以唯物辩证法坚持普遍联系的观点为核心。战略思维谋划的重大问题历来都不是单一性的问题，而是由多个要素环环相扣、紧密相连的综合性问题。对战略问题谋划的一个重要要求就是找到这些要素、各个局部问题内部之间的关联性以及关联的条件性。战略思维的这一属性恰恰是唯物辩证法关于事物之间的相互联系观点的具体要求。辩证唯物主义基本原理告诉我们，世界上的万事万物都是普遍联系的，而且这种联系具有普遍性、客观性和多样性。普遍联系的观点，实际上就是统筹兼顾的思维方法，这就要求我们在实际工作和生活中，一定要用联系的而不是孤立的、片面的观点来认识和处理问题，要多方面、多角度地分析认识事物，要见微知著、举一反三。比如，城市建设规划方面，不能只看到某一区域规划的经济效益和对城市面貌的改进，要看到这一规划对当地生态人文环境存在的影响，还要看到城市新规划对固有规模、建筑、定位等的影响。在城市道路建设过程中，出现今天水务局挖马路下管道、明天热力公司挖、后天电力局挖等现象。这都是各部门之间互不通气、各自为政的表现，不但会造成巨大的资源浪费，更会激起民愤。

第三，战略思维的长远性、动态性则是以唯物辩证法坚持发展的观点为指导。唯物辩证法不仅是关于世界普遍联系的科学，而且是关于世界永恒发展的学问。普遍联系的事物之间相互影响、相互作用导致事物的运动、变化、发展，这也揭示出世界运动的整体趋势和方向性范畴。用唯物辩证法的发展观点指导战略思维要求：第一，战略思维要关注长远性，不仅要关注当前，更要面向未来。全局性的重大问题往往不是在短期内就能解决的，而需要经历一个较长的时期才能解决，而且全局性的重大问题不仅影响当前，更会影响未来。因此，战略思维是一种从长远打算的思维，不仅考虑当前，更要考虑未来。第二，战略思维的动态性。战略思维要求对影响全局的重大问题的谋划，虽然强调战略总体决策、总体部署的稳定性，但这种稳定性是相对的而不是绝对的。实际上，在战略策略方面围绕战略目标需要是不断调整的，它是一个强调动态的思维方式。

总之，战略思维不单是一般的思维形式，而是一种高级的抽象的思维形式，是以唯物辩证法为基础，综合了实践思维、辩证思维、系统思维、底线思维等多种思维方式，对诸如战争、社会发展等问题进行的全局判断、综合推理的过程。战略思维的这种综合谋划，不单是形式逻辑作出的事件属性、命题真假和综合推论的判断，更是对战略问题作出的全局性、长远性、层次性和动态性的辩证思维。

第二节　战略思维的方法论要求

战略思维作为一种高级的思维形式，其运用是通过上述一系列的战略思维活动，如战略预测、战略谋划、战略策略展现出来的。可以形象地比喻说，战略思维是人的灵魂，而战略预测、战略谋划、战略策略等则是人的身体。对于战略思维的上述阐释只是为人们（包括领导干部）提供了一种分析重大问题的有效工具。如何在战略预测、战略谋划、战略策略过程中，坚持用战略思维的基本特征要求来分析研判，同样是领导干部需要认真分析掌握的基本知识。具体来说，领导干部不单要认知战略思维，还要掌握战略思维在战略谋划过程中一些具体的方法论要求。可以说，某一项战略从早期的预测到最后的实施，至少可以分解为五个比较重要的环节或过程，即战略预测、战略定位、战略方针、战略策略和战略调整。在这五个基本的要素中，战略方针是灵魂，战略目标是核心，战略预测、战略对策、战略调整是手段。战略思维贯穿每个环节，都将战略思维的全局性、长远性和动态性等特征展现到各个环节中，成为各个战略研判的基本依据。领导干部要掌握战略思维，就需要十分重视战略思维的方法论要求，熟悉战略思维在战略体系中的具体使用。可以形象地说，战略思维的方法论要求是领导干部正确使用战略思维的最基础的"使用手册"。

一、战略预测的方法论要求

战略预测是在对战略所涉及的事物或对象现实状况和未来发展趋势的科学把握基础上，对战略目标、战略任务及战略手段的可行性及实施效果的预测。战略是立足一定历史条件而指向未来所作出的谋划，用来指导未来一定历史时期实践。战略预测作为战略谋划的前导，是提出战略目标、战略任务、战略措施的基础和前提。战略预测正确与否将直接决定着整个战略谋划的成败。比如，诺基亚集团因没有科学预见智能手机向触屏方向发展的这一大方向，仍然致力于功能机和按键式智能手机研发，直接导致了这个世界级电信制造企业的破产。战略预测对于战略决策极为重要。古人所讲的"预则立，不预则废"，毛泽东所讲的："没有预见就没有领导，没有领导就没有胜利。因此，可以说没有预见就没有一切"[1]，都精妙地强调了战略预见的重要性，对于领导者提高战略思维能力而言也有着特殊的意义。

战略预测的基本思路是在预见领域寻求尽可能多的确定性，通过把握确定性对有关事态的变化趋势作出预见。因此，领导干部进行战略预测，应高度重视以下三个方面。

第一，准确把握战略思维对象的发展规律。战略预测的实质就是把握事

---

① 《毛泽东文集》第三卷，人民出版社1996年版，第396页。

件发展的整体趋势，而把握趋势是以把握其发展规律为前提的。这就要求领导干部要强化对经济、社会、文化和社会建设的规律性认识，进一步把握其发展规律，并以此作为战略预见的根本依据。当前，我们正是基于中国特色社会主义经济发展规律的认识，对我国经济发展作出了"新常态"的战略判断，提出把适应新常态、把握新常态、引领新常态作为贯穿发展全局和全过程的前提，制定了供给侧结构性改革的方略。可以说，经过这几年的发展，我们现阶段经济发展取得的成绩是十分显著的。

第二，掌握科学预测的方法，提高科学预见的确定性。科学的预测方法是认识规律、实现有效预见的重要保障。领导干部要熟练掌握几种最基本的预见方法：分析方法（把对象分解成许多简单的组成部分分别进行研究的方法，即通过调查研究，找出事物的内在矛盾，并对矛盾的各个方面进行深入研究）、概率评估法（对各种可能性之下导致的结果进行预测）、复杂方法（系统确定性与不确定性的关系的复杂研究），来提高自身的科学预见能力。领导干部需灵活掌握并运用这些方法，从而能够帮助自身进一步提高战略预见能力。

第三，重视风险评估。风险评估是当前领导干部常用的一种战略预见方式。当前我国已进入经济发展高风险期，社会的不确定性和不可预测性事件日益增多，领导干部缺乏应对此类风险的经验，所以，领导干部越来越重视风险评估。领导干部首先要具有风险意识，防患于未然。其次要掌握风险评估的基本方法，如风险源诊断、风险度分析等。此外，还要掌握风险的战略管理，建立预警系统。

二、战略定位的方法论要求

战略定位是根据战略主体所处的内外环境和各种条件确立的战略目标，是战略意图的集中体现，也是制订战略计划、确定战略执行样式的重要依据。领导干部在分析重大问题和进行战略决策时，要善于通过战略定位来设定问题解决的基本原则、路径和方法。

领导干部在进行战略定位时需要掌握"一个中心、两个出发点"的基本方法。"一个中心"指的是战略定位要始终以全局为中心。在战略定位中，整体相对于部分、全局相对于局部始终处于优先地位，也更为重要。领导干部在以统筹全局为中心来定位时，要始终从全局、从整体统筹发展布局；也要善于把整体与部分有机结合起来，防止碎片化，要构建统一体系，形成清晰定位。就像弹钢琴，整个基调要清楚，要把握好，同时每一个局部、单个音符怎么体现出来，怎么协调，也需要把握好，只有这样才能弹奏出悦耳的音乐。"两个出发点"指的是战略定位时要注重可行性和差异性。可行性是一个合理的战略目标最基本的要求。具有可行性的战略定位至少要符合三个方面的标准：合目的性，即战略目标一定要与人民群众的根本利益相吻合，以满足人民群众美好生活需要为宗旨；合规律性，指目标要符合当前经济社会发展规律，切记回避规律或试图改变规律；合实际性，指确定的目标必须符合实际情况，把战略主体的现状搞清楚。差异性指的是突出构成整体的部分之间的特点、优势和劣势，并对其差异化对待，优化结构、实现协同发展，实现 1+1>2 的效果。

三、战略方针的方法论要求

战略方针是根据战略目的制定的指导战略规划的制定和实施的基本思路与观念，是确定战略目标、战略对策和战略规划的重要依据，也是组织战略策略的指导思想。战略方针是整个战略决策中的总纲，处于统帅地位，包括战略规划的其他战略要素都要服从于它。战略方针具有纲领性、稳定性和统一性的特征。所以，一旦确立战略方针，就不能轻易地放弃或更改，除非是环境条件、社会条件发生了变化。比如，在抗日战争时期，毛泽东同志依照中日双方基本情况的分析提出了"持久战"的战略方针，为处于弱势的中国如何打赢抗日战争的胜利指明了正确的方向。在改革开放初期，邓小平同志就我国社会主义建设提出了"两手抓、两手都要硬"的方针，有效地指导了我们社会主义物质文明和精神文明的建设。在新时代，习近平总书记为实现"两个一百年"奋斗目标和中华民族伟大复兴，提出了"四个全面"的战略布局，为我们实现既定目标、保证长远发展奠定了具有战略意义的坚实基础。

制定战略方针是一个回顾过去、立足现实、面向未来而进行的科学谋划过程。具体而言，战略方针的制定可以分为三步：首先，总结过去，综合考察在以往的发展中战略主体的成败得失，并深究其原因。其次，观察现状，通过纵向和横向的对比，准确定位战略主体的发展现状，并全面客观地分析其优势与劣势，对自身具有客观定位。最后，展望未来，预测未来战略形势的发展趋势。立足于客观定位，根据战略目标，结合以往历史经验，对战略方针的确定进行科学的研判。

四、战略策略的方法论要求

战略策略是保证战略方针贯彻和战略目标如期实现而采取的一系列重要措施、手段和技巧。战略措施的最大特征在于其目的性、实践性和操作性，它要求战略策略要根据战略环境的不同情况，采取有针对性、卓有成效的对策，以实现战略目标。具体到一个科学的战略策略的制定，需要注意三个层面：第一，目标与策略的效用性，即战略对策是针对战略目标、战略方针的完成而确定的，具有十分明确的目的性。第二，策略之间的协调性。战略策略往往不是单一的，而是层次性的，如可以分为高、中、低等不同层面，为保障战略对策之间的有效性要求诸多的战略对策必须协同作战，所有的对策要指向总的目标，对策内部之间有连贯性、互补性，以谋求最大效果；否则只会互相掣肘、互相抵消，不利于战略目标、战略对策、战略方针的实现。第三，策略选择的灵活性。战略策略不同于战略方针，它是可变的，是根据其效用随时发生变更的。当战略策略失去了它的时效性的时候，要及时选取新的战略策略来替换它。当随着社会发展谋划出更为有效的策略的时候，要积极采纳以更有效地实现战略目标。

具体到战略对策的使用，领导干部要注意避免两种错误倾向：第一种，战略上勤快而战术上懒惰——我们把这个叫作"眼高而手低"；第二种，战术上勤快而战略上懒惰——我们通常形容为"优秀而无用"。前一种类型是擅长"纸上谈兵"类型的"场面人"，讲道理头头是道，一接触实际却束手无策，主政一方文件政策出了一大摞，就是不见发展有起色。后一种类型虽然其职业操守正、干劲足，但才能缺失，不善于弹钢琴，事无巨细、事必躬亲，不敢放手、不愿放权，最后成为"无头苍蝇"。这两类情况都是缺乏全局意识、不懂战略谋划的表现，领导干部应该在工作中避免此类现象。

五、战略调整的方法论要求

战略调整是在战略执行过程中常见的一种行为。所谓战略调整就是在战略执行过程中，对过去确立并实施的战略方向或路线作出改变。战略通常具有稳定性，为什么要调整呢？其原因有三个方面：第一，战略思维形成的战略目标、方针、策略是带有主观性的，它最后都要通过战略策略才能判断其是否有效。第二，战略执行过程环境发生了重要变化，比如国际形势发生巨大变化，社会、经济、技术发生变革等。第三，战略主体自身的要素发生了巨大变化。如果战略主体自身发生重大变化，或者战略环境发生重大变革，又或者事物发生重要的变化，战略主体都要根据实际情况（信息反馈）及时修改战略目标和计划，切勿"任性而为"。比如，阿里巴巴集团是一个极为重视战略调整的公司。阿里巴巴集团自成立之前的 2002 年就开始谋划战略，随后每年都会召开战略会来确定企业发展走向问题。比如，2007 年阿里巴巴第一次提出了未来十年的战略：打造一个开放、协同、繁荣的电子商务生态系统。时隔十年，2017 年 1 月，阿里巴巴集团又确立了第二个十年战略：

"五新"（新零售、新金融、新制造、新技术和新能源）战略。该集团正是多年来始终重视战略谋划，并根据网络技术发展的趋势适时调整其自身发展战略，才成就了其商业帝国。

第三节　提高战略思维能力的途径与要求

战略思维作为一种高级的思维形式，对其的掌握离不开认知、掌握、训练和使用，而对其掌握程度的高低决定了领导干部的驾驭全局能力。比如，领导干部事必躬亲，不可谓不敬业、不努力，有的部门每年都制定和出台各种新文件、新管理办法、新规章制度等，但具体效果并不好，甚至得不到下属和公众的认可，为什么？这实际上就是事务主义思想在作祟，表面看是尽职尽责，实际背后揭示出领导干部在统领全局能力上的短板。何为领导？毛泽东同志曾形象地指出，"当桅杆顶刚刚露出的时候，就能看出这是要发展成为大量的普遍的东西，并能掌握住它，这才叫领导。"[①] 领导者的职责是什么？毛泽东同志同样简明扼要地提炼出：出主意、用干部两件事。对各级领导干部而言，首要的、最重要的职责就在于指明方向、给出战略，并指导人们通过战略实现目标。作为领导干部，必须掌握战略思维能力，善于把解决具体问题与解决深层次问题结合起来，善于把局部利益放在全局利益中去把握，善于把眼前需要与长远谋划统一起来，善于把国内形势与国际环境结合起来，辩证地、系统地和创造性地作出战略谋划。

一、掌握战略思维，夯实战略思维的理论功底

战略思维是运用辩证、系统、底线、创新等思维方式进行综合性思维的

---

① 《毛泽东文集》第三卷，人民出版社 1996 年版，第 394—395 页。

一种高级的思维形式，不但要求掌握辩证思维方式，还要有全面的科学文化知识结构和丰富的战略谋划经验为支撑，灵活运用战略思维。作为领导干部，要以深厚的马克思主义理论为基础，要以优秀传统文化的经典案例和精要论述为借鉴，要以马克思主义中国化的最新成果，即习近平新时代中国特色特色社会主义思想为指导。

（一）要以马克思主义理论为基础

马克思主义是科学的理论，它创造性地揭示了世界的本质和人类社会发展的发展规律，阐明了现象与本质、一般与特殊、整体与局部、主要与次要等的辩证关系，揭示了人类特有的思维方式，是领导干部的"必修课"，是领导干部的看家本领。这不单是因为中国共产党是用马克思主义武装起来的政党，是马克思主义的忠诚信奉者和坚定实践者的政治性质所决定的，更为根本的是用辩证唯物主义和历史唯物主义基本原理对事物发展进行辩证分析、整体把握的最为科学的理论，它是领导干部提高分析、判断能力、正确分析和解决问题的科学的方法论基础。具体来说，领导干部通过学习马克思主义理论可以从两个方面获得哲学思维能力的提升。第一方面，通过学习马克思主义理论，系统掌握马克思主义基本原理，能够确立共产党人正确的世界观、人生观和价值观，自觉坚持用马克思主义立场、观点、方法站在全局和长远的立场上看大局、谋大事；另一方面，领导干部通过学习马克思主义理论特别是马克思主义哲学，可以提高自身观察问题、分析问题、解决问题等的能力。恩格斯指出："理论思维无非是才能方面的一种生来就有的素质。这种才能需要发展和培养，而为了进行这种培养，除了学习以往的哲学，直到现在还没有别的办法。"[①] 新时代我们党在治国理政方面面临着诸多新问题、新挑战，我们所开创的中国特色社会主义道路也是崭新的，这里面没有现成的"经验"可循，各级领导干部只有不断增强战略思维能力，掌握分析、

---

① 《马克思恩格斯选集》第3卷，人民出版社2012年版，第873页。

解决问题的科学方法，夯实治国理政的本领，紧紧抓住"能力"这一关键，方能面对纷繁复杂的形势"以不变应万变"。所以，习近平总书记要求，各级领导干部要"努力把马克思主义哲学作为自己的看家本领，坚定理想信念，坚持正确政治方向，提高战略思维能力、综合决策能力、驾驭全局能力，团结带领人民不断书写改革开放历史新篇章"。①

（二）要积极吸收中华优秀传统文化的成功经验和马克思主义中国化的理论成果

战略智慧是中华优秀传统文化的精髓要义之一。领导干部培养和提升战略思维能力，除了学习马克思主义理论，另一个重要途径便是从传统文化、从马克思主义中国化的理论成果中汲取智慧。《礼记·中庸》中的"凡事预则立，不预则废"，王安石的"善为天下计者，必建长久之策，兴大来之功"，司马光的"当志其大，舍其细，先其急，后其缓"，陈澹然"不谋万世者，不足谋一时；不谋全局者，不足谋一域"，邓小平同志的"一国两制"、"姓资姓社"、"三个有利于"等等都属于典型的战略思维、全局思维。陈寿的《隆中对》、《战国策·齐策》中的《冯远客孟尝君》等等都是经典的战略谋划案例。毛泽东同志的《中国社会各阶级分析》、《星星之火可以燎原》、《论十大关系》、《关于正确处理人民内部矛盾的问题》等都包含解决特定问题的伟大战略决策和战略思想。积极吸收中华传统文化和马克思主义中国化的理论成果，对于开拓领导干部的思维空间，提升领导干部的战略思维能力有极大帮助。

（三）要始终坚持以习近平新时代中国特色社会主义思想为指导

习近平新时代中国特色社会主义思想是以习近平同志为核心的党中央运用马克思主义立场观点方法，立足于新时代的高度和广阔的理论视野，深刻洞察和把握当前国内外形势，运用战略思维谋划全局，对新时代坚持

---

① 《习近平关于全面建成小康社会论述摘编》，中央文献出版社2016年版，第192页。

和发展什么样的中国特色社会主义、怎样坚持和发展中国特色社会主义等重大问题作出的明确回答，它从战略高度审时度势提出了一系列富有创新的"新思想"、"新观点"、"新目标"、"新方略"，并为未来新的三十年战略安排标定出具体"路线图"。可以说，习近平新时代中国特色社会主义思想用"八个明确"、"十四个坚持"，从世界观和方法论的高度系统全面地回答了中国特色社会主义进入新时代后要干什么、怎么干、怎么干得更好的问题，构成习近平新时代中国特色社会主义思想的方略体系，是新时代最好的战略思维范例。深入学习习近平新时代中国特色社会主义思想不单要了解掌握精神实质，并将其转化为自身战略思考和战略决策的行动指南，转化为指导中国特色社会主义各项事业建设科学发展的强大思想武器；同时还要领会掌握习近平总书记高瞻远瞩、统揽全局、英明决策的战略智慧，提升战略思维能力。

二、勇于战略研判，提高战略思维能力

战略思维作为一种全局性谋划的高级思维方式，并不是看几本战略思维的教科书，听几堂战略课就能切实提高的。战略思维能力的提高首先要来自于我们对于战略思维特征及其规律的认识与把握，这是基本前提；更为重要的是来自于实际工作中熟练的实践与训练，在反复的战略布局中提高战略思维能力，在战略决策中提高战略眼光。具体到领导干部应注意从以下几方面提升战略思维能力。

（一）善于从政治方向上进行立场性研判

战略的最深处是政治。习近平强调："战略问题是一个政党、一个国家的根本性问题"[①]，就是突出了战略问题体现着党和国家的政治方略，关

---

① 《习近平谈治国理政》第二卷，外文出版社 2017 年版，第 10 页。

系着党和国家政治稳定大局。各级领导干部对战略问题的思考研判，首先要始终站稳坚定的政治立场，保持清醒的政治头脑，把握正确的政治方向。就领导干部而言，党和国家重大路线方针政策的学习领会、重要决策部署的贯彻落实以及所辖范围内的重大行政决策，都首先需要从政治上进行考量，坚持要把"讲政治"放在首位，牢固树立政治意识。具体来说，领导干部要把各项工作放到党和国家事业发展全局中去思考、去定位、去谋划，要坚决做到在思想上政治上行动上同以习近平同志为核心的党中央保持高度一致，与上级精神保持高度一致，坚决把上级决策部署落到实处。

（二）善于从形势走向上进行全局性研判

战略思维作为一种全局性的高级思维方式，其核心在于对战略发展进行宏观把握、综合统筹，以求全局之利和全局之效。在现实中，某些领导干部缺乏对全局与局部的辩证认识，错认为总揽全局的战略决策是上级、是领导的事，与基层无关。其实，全局与局部从来都是辩证统一的，领导干部越是处于局部，越需要具有全局意识，只有把局部问题放在整体中加以思考，才能明确自身职责的价值与意义，才能把注意力的重心放在那些对全局来说最重要、最有决定意义的事情上来。就领导干部的具体实践而言，就需要统筹内外两个大局，始终秉持发展的理念，系统地、全面地、准确地掌握形势，并以此作为制定战略决策的前提。具体来说，领导干部要掌握从全局高度把握形势的能力，需要做到"三个结合"：大小结合，既要从大看小，从全局高度把握全局与局部、局部与局部之间的关系，又要以小见大，善于捕捉一些带有倾向性、本质性的小问题；远近结合，既要看到当前的态势，又要坚持用长远的、发展的眼光对待未来发展的趋势；正负结合，既要看到有利的形势又要看到不利的因素，既要看到掌握的优势又要看到欠缺的劣势。

（三）善于从目标指向上进行前瞻性研判

毛泽东曾指出："没有预见就没有领导"①，指的就是领导不仅要关注现在，更要关注未来，要搞清楚"朝哪个方向走"、"达到什么目标"。领导干部应掌握"前瞻式"思维习惯，要善用于发展的眼光看待事物，善于把握事物的发展趋势；掌握"跨越式"思维方法，把当前阶段与未来阶段统筹起来思考，既要坚持脚踏实地，也要在适当时候选准重点方向求新求变求突破。具体来说，领导干部要学会从目标指向上对战略问题进行前瞻性研判，必须坚持用科学发展观武装头脑、指导实践，对带有全局性的计划和策略，对决定全局和长远的重大事情，进行正确筹划和实施，着力把本地区、本部门"该干什么"、"能干什么"、"想达到什么"等最基本的问题搞清楚、论证透，战略决策才能有依据，落实起来才有效果。

三、重视战略布局，善于构建战略执行蓝图

战略布局是指为实现战略目标而根据形势并结合自身的实际情况作出全面系统的布置，从而实现既定环境和既定条件下的最佳布局。比如，为推动我国社会主义现代化建设和实现"两个一百年"战略目标，以习近平同志为核心的党中央从坚持和发展中国特色社会主义全局出发，立足我国发展实际，坚持问题导向，提出了"四个全面"战略布局，其中，"四个全面"战略布局是相互支撑、相互促进的有机系统，每个系统中又包括若干小系统。"四个全面"战略布局是领导干部深入学习、掌握并制定战略布局的最佳范例。

（一）把全局作为考虑和解决问题的出发点和落脚点

不谋全局者不足谋一域，讲全局、懂全局、谋全局是领导干部进行战略

---

① 《毛泽东文集》第三卷，人民出版社1996年版，第394页。

布局的基础和前提。毛泽东说：指挥全局的人，最要紧的，是把自己的注意力摆在照顾全局上面。想问题、办事情、做工作都应正确认识全局与局部之间的关系，搞清楚局部对全局、个体对整体的依赖关系，搞清楚以局部需要服从全局需要的道理。具体到领导干部的战略布局，首先是把握全局，对工作一定要有全局的谋划，不可陷入事务主义。所谓事务主义，就是对工作缺少全局的谋划，整天忙于具体的工作，不分轻重缓急。其次，判断是非应该以全局利益作为根本标准，不可因小失大，要有所为有所不为，有所进有所退。这里的"可为"、"可进"最终都要以全局的战略目标为判断依据，正如邓小平说："有些事从局部看可行，从大局看不可行；有些事从局部看不可行，从大局看可行。归根到底要顾全大局。"① 再次，事关全局的问题必须旗帜鲜明、不可随波逐流。全局利益是根本利益，丢掉了全局就是丢掉了根本，因此，在事关全局的问题上，一定要立场坚定、旗帜鲜明；而不能模棱两可、摇摆不定。

（二）必须紧紧抓住全局工作的主要矛盾和中心任务

事物之间是相互联系的。面对错综复杂的局面，最能考验领导干部的就是对全局的驾驭、对主要矛盾的把握。可以说，一旦抓住了主要矛盾，就抓住了关键；一旦解决了主要矛盾，局面则会立刻改观。比如，在辽沈战役中，毛泽东同志通观全局，抓住攻打锦州这个关键环节，切断东北之敌撤向关内的唯一陆上通道，打破了蒋介石"撤退东北，巩固华北，确保华中"的幻想。在"文化大革命"结束后，中国处在百废待兴、百业待举之中，面临的事情千头万绪，矛盾堆积如山，关键抓什么呢？邓小平同志抓住思想路线的拨乱反正，这就抓住了"牵一发动全身"的关键环节，从而有力地推动了全面工作。党的十九大报告中关于当前社会主要矛盾转变的重大政治论断，对于把握我国发展的阶段性特征，更好解决我国发展中出现的问题，制定党

---

① 《邓小平文选》第二卷，人民出版社 1994 年版，第 82 页。

和国家大政方针、长远战略都提供了重要依据。善于抓住不同范围、不同时间的主要矛盾、中心任务、关键环节，这是一项总揽全局的领导艺术，是领导干部掌握战略思维的核心要领。

（三）要重视整体与局部、局部与局部之间内在统一的有机联系

全局指事物的整体及其发展的全过程，局部指组成事物整体的各个部分、方面以及发展的各个阶段。全局由各个局部组成，毛泽东同志说，"全局性的东西，不能脱离局部而独立"①。正确处理全局和局部的关系，必须树立全局的观点，识大体，顾大局，同时又要注意局部对全局的作用，要充分发挥局部的积极性，把全局和局部协调起来。要立足整体，统筹全局，选取总体上的最优化方案。

四、保持战略定力，提高战略执行力

战略定力，是指在错综复杂形势下为实现战略意图和战略目标所具有的战略自信、意志和毅力。当前中国进入新时代，面对的战略问题更加严峻复杂，同时各种思潮和观点不断涌现，领导干部如果没有足够的战略定力，就容易出现战略上摇摆不定，错失发展机遇，甚至造成无法挽回的错误。因此，领导干部一定要始终保持自信、坚定和从容，要保持战略定力。

保持战略定力，首先要在道路、方向、立场等重大原则问题上坚定不移。要高举中国特色社会主义伟大旗帜，牢固树立"四个自信"，坚持跟党走、听党话，在重大原则问题上咬定青山不放松，绝不能犯颠覆性错误。

其次，要有对国内外大势的尖锐洞察和敏锐判断。习近平总书记叮嘱领导干部要抓住战略机遇期，因势而谋、应势而动、顺势而为，善于观大势、谋大事。对此，我们必须深刻领会，认清大势，把握大局，努力做到站位

---

① 《毛泽东选集》第一卷，人民出版社1991年版，第175页。

高、想得深、看得远。当前，我们面临着错综复杂的国内外环境，利益多元思想多样，新的矛盾和问题层出不穷。要从纷繁复杂的事物表象中把准改革脉搏，在众说纷纭中开出改革良方，就必须保持清醒的洞察力和判断力，按照中央的战略部署，蹄疾而步稳地推进各项改革。

最后，要发扬"钉钉子"的精神，保持韧性、善作善成。习近平总书记强调，"正确的战略需要正确的战术来落实和执行，落实才能出成绩，执行才能见成效。做任何一项工作，我们不能浅尝辄止、虎头蛇尾，而要真抓实干，善作善成。抓而不成，不如不抓"①。发扬"钉钉子"精神一是做事要稳，要保持力度，一步一个脚印去推进各项工作，不能操之过急。发扬"钉钉子"精神，关键在于找好发力点，作为各级领导干部，必须具备贯彻落实中央各项决策的坚定执行力和决策力。二是要抓住主要矛盾和矛盾的主要方面，分清轻重缓急，突出工作重点，抓住关键环节，不能眉毛胡子一把抓，事多人杂。这就需要无论是为政一方的领导，还是在基层工作的普通干部都要切实履行自己的职责，认认真真、踏踏实实学习如何"钉钉子"，更要学会如何"钉钉子"。三是要有持之以恒的态度。领导干部要有"功成不必在我"的精神境界和"功成必定有我"的历史担当，保持历史耐心，发扬"钉钉子"精神，一张蓝图绘到底，一茬接着一茬干，干出实绩。

---

① 习近平：《之江新语》，浙江人民出版社 2007 年版，第 88 页。

第五章　系统思维与协同发展能力

　　系统思维是领导干部在实践中必须坚持和运用的一种重要的综合思维方法。习近平总书记指出，要注重改革的系统性、整体性、协同性，要坚持系统地而不是零散地、普遍联系地而不是单一孤立地观察事物，准确把握客观实际，真正掌握规律，妥善处理各种重大关系，提高解决我国改革发展过程中基本问题的本领。他在不同场合多次强调，改革开放是个系统工程，必须坚持全面改革，在各项改革协同配合中推进。2013年9月在中共中央召开的党外人士座谈会上，习近平总书记指出："全面深化改革是一项复杂的系统工程，需要加强顶层设计和整体谋划，加强各项改革关联性、系统性、可行性研究"，①"要坚持整体推进，加强不同时期、不同方面改革配套和衔接，注重改革措施整体效果，防止畸重畸轻、单兵突进、顾此失彼"②。在党的十九大上，习近平总书记再次指出："改革全面发力、多点突破、纵深推进，着力增强改革系统性、整体性、协同性，压茬拓展改革广度和深度，推出一千五百多项改革举措，重要领域和关键环节改革取得突破性进展，主要领域改革主体框架基本确立。"③习近平总书记反复强调改革开放是复杂的系统工程，这就要求各级领导干部在推进改革开放的伟大新征程中要有大局观和协调意识，要用系统的方法思考和研究问题。简单讲，就是要有系统思维。

---

① 《习近平关于全面深化改革论述摘编》，中央文献出版社2014年版，第38页。

② 《习近平关于全面深化改革论述摘编》，中央文献出版社2014年版，第44页。

③ 习近平：《决胜全面建成小康社会　夺取新时代中国特色社会主义伟大胜利——在中国共产党第十九次全国代表大会上的报告》，人民出版社2017年版，第3—4页。

第一节　系统与系统思维

要想促进各级领导干部的系统思维，提升领导干部的协同发展能力，就需要首先把握系统思维的基本内涵。而系统思维内涵的正确把握，又是建立在对系统的正确理解和把握基础之上。

一、系统与系统思维的基本内涵

系统并不仅仅是一些事物的简单集合，而是一个由一组相互连接的要素构成的能够实现某个功能目标的整体。任何一个系统都包含三种构成要件：要素或元素；相互作用或连接规则；功能或目标。比如，一支足球队是一个系统，它包括教练、球员、领队、场地、足球等要素，这些要素之间需要通过比赛规则、教练指导、球员管理等一系列的规则进行相互链接和相互作用。这个足球队还有其功能或目标，比如娱乐、赢球、健身、赚钱等等。系统具有鲜明的整体性、关联性、层次性等特征。系统既有外在的整体性，也有内在的机制来保持其整体性。系统要素并不一定是有形的事物，一些无形的事物也可以是系统要素。对于一个系统来说，要素、内在连接规则或相互作用和功能目标是必不可少的。但相对来说，改变要素对系统影响最小，只要不触动系统的内在链接和总目标，即使是替换掉所有的要素，系统也会保持不变，或者只是缓慢的发生变化；改变系统的内在链接，会让系统发生显著变化；目标的变化，却会极大地改变一个系统。因此，系统中最不明显的部分，往往才是系统中最关键的决定因素。

系统思维就是把认识对象作为一个系统来考察，从要素和要素、要素和系统、系统和环境的相互联系和相互作用中，综合地整体地考察认识对象的一种思维形式。也就是说，系统思维就是运用系统概念和系统科学理论来认识对象、整理思想、提出问题解决方案的思维方式。"系统"概念最初诞生于自然科学领域，系统思维最初也主要应用于现代科学技术实践，特别是现代科学理论"系统论"的出现，彻底改变了世界的科学图景和当代科学家的思维方式，使原来强调的实体思维方式逐渐凸显为当今的系统思维方式。随着系统思维的普适性被充分认识，系统思维越来越被广泛地应用到社会领域，而且在社会管理、社会组织、社会协调、领导决策等诸多方面发挥着越来越大的作用。

非系统的传统思维本质上还是以还原论为基础的。所谓还原论，就是相信客观世界是既定的，它是由所谓"宇宙之砖"的基本层次构成，把研究对象还原到那个基本层次，搞清楚最小组分即"宇宙之砖"的性质，一切高层次的问题就全部解决了。非系统的传统思维把事物当作尽可能彼此孤立的部分的总和，它习惯上把被研究对象从环境中独立出来，然后将其分成若干部分，通过对部分的深入研究，把复杂对象的行为定义为各部分特性的简单相加，也就是采用"简单分解，简单相加"的办法。按照这种思维方法，在处理问题时，先把研究对象从环境中独立出来，再分解成若干无关联的部分，单独对其进行深入、细致的研究，最后把研究的结果汇总，总结出研究对象的总体特性。这种以还原论为指导思想、以还原方法为手段、以局部为基点的研究问题的方法是片面的，有时甚至是错误的。其原因就在于它忽视了整体与环境的关系，忽视了各组成部分之间的联系，忽视了部分与整体的差别，缺乏综合、缺乏系统。

二、系统思维的特征

系统思维，最显著的就是把对象作为系统考察，从整体、部分和环境相互作用解释对象的整体性质和运动规律，强调从全局整体出发，从系统与要素、要素与要素以及系统与环境的相互联系、相互作用、关系结构中去把握事物、思考分析问题，从而处理好整体与部分、结构与功能的关系。具体来说，系统思维具有以下五方面的显著特征。

（一）整体性特征

整体性是系统思维的最基本特征，也是系统思维的基本出发点，它为人们从整体上研究客观认识对象提供了有效思维方法。这种思维方式要求人们始终把研究对象作为一个整体来认识，认为世界上事物和过程都不是其组成部分机械的、僵化的或杂乱的偶然堆积，而是一个存在于环境之中的、由多种要素构成的有机体。各组成部分孤立的特征的总和并不能反映整体的特征，既定环境下各组成要素间的相互联系、相互依赖、相互制约和相互作用才能最终反映出整体的性质与规律。换句话说，系统思维方式的整体性特征，其最根本认识在于承认事物的非加合性。这种对事物的认识和理解方式，突破了传统还原分析方法的局限性，摆脱了那种用局部决定整体的线性因果决定论的束缚，反对把系统整体简单归结为系统要素部分孤立特征的总和，反对把整体看成由部分机械相加的固有思维方式。这使人们思考问题的视角和认识事物的方式发生了重大变化。

当然，整体性是采用整体论和还原论相结合的方法实现的。因为不还原，就不能了解细部结构；没有整体性，则对事物的认识只能是零碎的，"只见树木，不见森林"或"只见森林，不见树木"都是片面的。整体是由部分构成的，是相对于部分而存在的。一个整体相对于另一个更大的整体，则是部分，若干相互关联的部分就构成了整体。对一个特定的整体而言，既要对"整体"进行描述，又要对其组成部分及关联进行"局部"描述，将整体放在更大的整体中作为部分研究其地位与作用、与其他部分的相互作用与影响，再综合本整体各组成部分及其关联的描述，才能建立该特定整体的描述。

（二）综合性特征

系统思维的关键是综合，综合是系统思维的基本过程，也是出发点和归宿。综合是相对分析而言的。近代早期的思维方式主要是以分析为特征的。当时科学本身发展在客观上需要把整体分解成部分加以精确地研究。然而由于事物本身是其组成部分相互联系的整体，科学的发展本身又要求揭示不同物质运动变化发展的共同属性和规律，这就需要采用综合的方法。综合方法就是把系统整体的各组成部分、各部分的联系、整体中要素的结构安排和性能、系统整体的发展与演化等因素联系起来加以考察，从而找出事物共同性和规律性的方法。

系统思维的综合性，就是综合与分析同步进行来把握系统客体的思维原则，综合既是思考问题的出发点，也是思考的归宿。特别对于分析思考复杂事物而言，思维必须始终以综合为出发点和前提，对系统的要素及其相互联系、相互作用，对系统的结构、层次、功能等进行综合分析考察；系统思维发展的过程，就是综合分析深入逻辑演进的过程；综合思维过程的终结，也就达到了对系统整体的全面把握。系统思维的综合性是现代社会发展的高度综合化和整体化趋势而产生出来的，也是适应和反映现代科学需要产生出来的。这种综合性，与古代把直观的、思辨的玄想和猜测掺杂在一起的自发性的综合完全不同，它是在继承近代还原分析思维基础上改造和深化了的综合。它把综合和分析贯穿于思维过程的始终，使综合与分析还原在同一思维过程中同步进行，使分析与综合统一起来。因此，这种综合性需将系统分析与系统综合相结合、将局部描述与整体描述相结合。采用在系统的整体观指导下进行还原、分解与分析，建立局部描述，综合局部描述，整合对部分的认识，建立系统的整体描述，获得对整体的认识即可实现综合性。

（三）结构性特征

系统的诸要素之间相互作用和相互联系必定要形成一定的结合方式，这种结合方式就是系统结构。任何系统要有一定的结构。系统思维的一个重要特征就是认识到事物的结构性及其规律。在认识事物时，要对系统构成要素的结构安排、系统结构内在的相互关系、系统结构与系统功能之间关系进行充分认识理解，这是深入理解和认识把握系统客体所必需的。在一定要素条件下，功能往往是系统结构的外部表现，而结构则是系统功能的内部表征，系统结构往往是与系统功能紧密相连的。也就是说，系统的结构决定系统的功能。在一定要素的条件下，有什么样的结构往往就有什么样的功能。因此，要建立起系统结构化的观点，在考察事物时，必须在头脑中把思维指向的重点放在事物的系统结构上，强调从系统的结构角度去认识系统整体功能，要想获得最佳系统功能，就从系统最优的结构中去寻找。在具体实践活动中，也要紧紧抓住系统结构这一中间环节，在要素不变的情况下，努力优化结构，实现最佳系统功能。在追求优化结构时，必须找出对整个系统起控制作用的中心要素，作为结构的支撑点，再考察中心要素与其他要素的联系，形成系统的优化结构。比如，苏联制造的米格-25型飞机，按构成它的部件来说并不是世界上最先进的，但由于结构优化，其功能在当时是世界第一流的。再比如，我们目前进行的经济、政治、文化等各种体制改革，就是在现有条件下进行的诸多方面的体制结构改革，通过体制结构的优化来提高整体的水平能力。

（四）动态性特征

系统的动态是绝对的，稳定是相对的。任何系统都处于动态平衡过程之中，也都有自己的生成、发展和灭亡的过程。系统与时间维度密切相关联，并且会随时间不断地发生变化。一方面，系统内部诸要素的结构及其分部位置不是一成不变的、固定的，而是会随时间不断发生变化的；另一方面，系统总是与周围环境进行物质、能量、信息的交换活动，都具有开放的性质，这样才能实现自身的生存发展。

系统思维就是要呈现出与客观事物一致的系统动态性，要求人们正确认识和对待系统的动态变化。首先，要认识到系统的历时性原则，把复杂系统当作一个或多个过程来看，认识到系统的现实状态与以往状态之间的生成演化关系。其次，要认识到系统演化的复杂性和非线性特征，系统演化的可能方向是多元的，要把事物的发展放在多种方向、多种可能、多种方法和多种途径的选择上，而不要把希望寄托于单一可能性上。头脑中必须破除单一线性、机械决定论的影响，树立非线性的动态思维方法。再次，还要认识到系统的动态开放原则，一个系统的发展潜能往往跟其开放性是正相关的，一个社会系统总是对于自然环境开放，与自然环境进行物质、能量和信息交换，同时也对其他社会系统开放，一个社会系统离开其他社会系统，也将无法生存发展。

（五）协调性特征

系统要素在系统生存和发展过程中必须要进行协调与合作，才能推动事物整体系统共同前进、整体加强和共同发展。换句话说，系统本身内在地存在着一种协调。协调是普遍的，一切系统都内在地包含着协调。事物通过相对的特殊系统的协调表现出协调的普遍性。事物内部要素与要素、结构与功能、要素与系统、系统与环境之间协调的状况反映着事物的协调程度。因此，人们坚持运用系统思维就应该用协调观点和方法去考察和理解一切事物系统。

在一定程度上说，系统发展的过程也就是协调的过程。因为协调与系统的有序度、系统的稳定性有着内在的一致性。协调对系统的存在和发展极为重要，系统协调是系统从无序到有序演进的过程，是系统保持相对稳定的内在机制。因此，从宏观层面来看，人类应该自觉协调其生存系统和自身发展的相关系统。人类社会是一个充满多种复杂矛盾的巨系统。要建立为人类所需要的充满协调性的新系统，要积极改进、调整系统中失调的要素和层次，使其成为整体协调的动态平衡系统。通过系统协调性思维，依据各个具体矛盾的不同性质和特点，努力协调、化解各种矛盾和不平衡，这是解决矛盾、健康推进社会建设事业的有效方法。

第二节　唯物辩证法是系统思维生成的哲学基础

系统思维与唯物辩证法之间有着千丝万缕的密切联系。系统的思维方法是系统地研究和处理有关事物对象的整体的、联系的一般科学思维方法论。

整体性、综合性、联系性、协调性、动态性等原则，是系统思维方法的最重要的原则，它要求人们从系统整体出发，从整体与部分、部分与部分的相互联系和相互作用中综合地考察把握对象。唯物辩证法认为，世界不是僵化机械的、一成不变的事物的集合体，而是过程的集合体，它强调发展的、联系的、运动的观点，是强调把这些自然过程结合为一个有机整体的科学思维方法论。因此我们可以明显看出，唯物辩证法的思想天然地包含着系统联系的整体思想，系统思维与辩证法、辩证思维在本质上是一致的，唯物辩证法是系统思维生成的重要的哲学方法论基础，系统思维是对唯物辩证法的有力证实。同时，仅仅承认这一点还很不够，还须看到，系统论进一步丰富和深化了唯物辩证法。

一、系统思维是唯物辩证法的固有之义，是对唯物辩证法的有力证实

唯物辩证法是马克思主义的世界观和方法论，是我们认识世界和改造世界的思维方式和理论基础。19世纪中叶，马克思和恩格斯概括总结了哲学与科学的发展，研究了人类历史的实践与社会的发展规律，形成了引导无产阶级和广大人民求真理、求解放的科学理论武器。马克思主义认为，唯物主义也是一个历史范畴。正如恩格斯曾经明确表示的，随着自然科学划时代的发现，唯物主义也必然要改变它的形式。随着20世纪科学革命的发展，科学向着超微观、超宏观、复杂性科学领域纵深发展。相对论、量子论、基因论与信息论不仅革命性地揭示了人类许多尚未了解的新奇现象，而且更为清楚和深刻地展示了事物内在的联系。客观世界不同领域的历史性联系和系统性联系已经成为一个不争的事实，系统的物质观也就透过种种复杂的现象而清楚地展现出来。在系统的物质观确立的基础上，系统思维的方法论也在辩证唯物主义方法论基础上逐步确立并发挥巨大作用。

唯物辩证法的普遍联系与系统论的整体性、层次性、开放性是相似的，

系统要素的内部联系与唯物辩证法的事物内部诸矛盾、诸矛盾方面的联系以及内因和外因的联系在基本原理上也是一致的。唯物辩证法的世界普遍联系规律强调，世界上不存在孤立的事物，任何事物都处在联系之中；联系是事物本身固有的，不以人的意志为转移的；联系具有不同的形式，是多种多样的。而系统论思维强调，系统内部要素与要素之间、系统自身与其外部环境之间存在广泛的相关性。系统论的思想证实了唯物辩证法的普遍联系，证实了唯物辩证法的质量互变规律，也证实了矛盾不平衡原理等一系列基本观点。唯物辩证法和系统论思维的历史使命都是取代机械论、形而上学，实际上是在更高的层次上的"向辩证法复归"。系统方法概括了科学发展的新成果，给唯物辩证法原理以新的论证和证实，为辩证法的丰富和发展提供了思想资料。系统论正在与日俱增地为唯物辩证法提供极其丰富的检验材料，证明自然界说到底是辩证地而不是形而上学地发生的。系统论也正在为唯物辩证法提供一系列新的范畴和新的规律，它们不断证实唯物辩证法的真理性。从某种意义上说，辩证唯物主义与系统思想都是站在科学的立场上，对客观事物内部普遍存在的有机的、生动的、能动的联系形式和方式的认识。因此，系统论的创始人贝塔朗菲曾十分明确地指出，二者虽然起源不同，但是一般系统论的原理与辩证唯物主义相类似则是显而易见的。①

　　系统论是我们在唯物辩证法基础上生成的一种重要的科学理论和科学方法。但是，系统论并没有把无限多样和永恒发展的世界联系全部包括，唯物辩证法和系统论并不属于同一层次的科学方法论，两者之间是一般和特殊的关系。唯物辩证法是马克思主义哲学世界观方法论的核心组成部分，它揭示了物质世界的存在方式和发展规律，是关于物质世界普遍联系和永恒发展的科学。系统论把不论是自然的、物理的或生物的、社会的研究对象都作为系统来看待，它是关于物质世界系统联系和系统发展的科学。系统论着重从系统、要素、环境三者之间的辩证关系中来研究事物中共同具有的规律。因

---

① 参见［美］贝塔朗菲：《一般系统论》，清华大学出版社 1987 年版，第 10 页。

而，系统论具有鲜明的哲学方法论意义。由于系统论仅仅对物质世界的系统性作出了科学说明，它虽然提供了一种认识和改造事物的科学方法，但是，它仍然不是世界观，从而也不是一般的辩证法。系统论和系统思维确实渗透了唯物辩证法的思想，但是，系统论不能取代唯物辩证法的科学世界观和方法论的作用。

二、系统思维是对唯物辩证法的丰富和发展

系统思维方法并不是仅仅停留在一般地承认普遍联系这个唯物辩证法的原则上，而是进一步深入揭示了联系的多种类型及其实质，揭示了事物内部的作用动力和作用机制，在很多方面深化并丰富和发展了唯物辩证法，对唯物辩证法提出了很多新问题，从而开辟了唯物辩证法的新境界。

首先，系统思维作为现代科学和实践的产物，在关于联系的内容和形式上展示了现代的特征，深化了唯物辩证法的普遍联系的思想。系统论和系统思维的联系思想是多方面、多角度的。关于系统与要素的联系、结构与功能的联系、系统自组织过程的联系以及整个世界系统与系统之间构成的等级式的联系等等，这些都是唯物辩证法过去关于联系的范畴中所缺少的，系统论在这方面从某种程度上说是填补了唯物辩证法的"空白"。第一，系统论进一步揭示了联系的性质，阐明了事物普遍联系所呈现的具体特点，从而为唯物辩证法提供了丰富多样的联系类型。近代机械论只承认因果联系，并把这种因果联系加以线性化和绝对化，认为科学研究就是以揭示因果联系为目的。唯物辩证法提出了联系类型的多样性，并对各种联系作出具体的分析。现代系统论不但论证并肯定了这一点，而且全面地展示了系统联系、结构联系、功能联系等等。第二，系统论中的耗散结构理论勾画出了整个世界由平衡结构经过涨落，在远离平衡态的情况下，耗散结构如何产生以及耗散结构怎样由简单到复杂、由低级到高级的发展的画面，为我们进一步理解物质自己发展的原因，把握世界的物质统一性原理提供了

新的科学材料和有力的佐证，深化了我们对此类问题的理解。第三，系统思维还把事物联系的方式定量化、模型化，揭示了事物之间普遍联系的微观机制。我们过去虽然也强调对事物的变量进行辩证地分析综合，但由于未能揭示普遍联系的结构模型和量化分析，实际上很难做到准确把握事物的一切方面联系总和。而现代系统论和系统思维采用定性和定量相结合的方法，借助现代数学工具和先进的计算机技术，把系统内部错综复杂的联系加以定量描述，建立数学模型，这使人们在实际工作中有可能更准确、更充分地理解、掌握和运用客观规律。

其次，系统思维深化了唯物辩证法对立统一的矛盾规律思想。唯物辩证法在分析矛盾性质时，一般都认为矛盾的性质主要由事物的主要矛盾的主要方面来规定。唯物辩证法认为，在复杂的矛盾体系当中，必定会有主要矛盾和次要矛盾之分，也必定会有矛盾的主要方面和次要方面之分，主要矛盾和矛盾的主要方面居于支配地位，所以事物的性质一般由主要矛盾的主要方面来决定的。但是，当矛盾体系中的各种矛盾以及每一矛盾的各个方面处于势均力敌、主次不分的情况下，矛盾的整体性质由什么来规定呢？在这方面，唯物辩证法并没有作深入的论证阐述，而系统论的整体性原则在这方面作出了说明。它认为此时是系统中诸要素的结构联系对群体的性质起决定作用，即不同矛盾、不同矛盾方面的协调发展对事物性质起决定作用。实际上，唯物辩证法研究的相互作用主要是强调二元要素之间的对立统一，系统思维研究的相互作用则是一种包括着二元的多元要素的互动，而多元要素的有机的搭配组合则是创生、创造、创新发展的根本方式。事实上，局限于二元互动形式，努力将复杂生产的多元互动还原于二元矛盾形式，片面强调二元之间的对立等思想，会带来理论和方法上的局限。而进一步深入研究多元因素的相互作用，则为人类认识复杂事物和发挥实践中的创造性开辟了广阔的道路。

再次，系统论和系统思维的某些新思想，给唯物辩证法提出了一系列的新问题。比如说，辩证法比较强调内因的作用，而系统论比较强调环境对系统发展的作用；辩证法比较强调矛盾两方面的对立统一，而系统论比较强调系统中各因素之间的协同作用和相互作用；辩证法强调事物的运动变化发展，而系统论则强调系统的进化退化演化规律。这些问题当然会产生新的争论，但是也一定会推动唯物辩证法的发展。总而言之，在总结系统论研究成果，吸收它们提出的新的规律与范畴的过程中，唯物辩证法将会丰富自己的内容，变革自己的形式和理论体系。

因此，系统思维重要性的凸显也有力地证实了唯物辩证法的当代价值。当前改革已经进入攻坚期和深水区，系统地、整体地、协同地统筹推进改革，注重推动各项改革相互促进、协同配合已经显得十分必要而迫切。这就要求领导干部在坚持运用辩证思维，全面地、联系地、运动地思考分析问题的同时，注重事物系统的构成要素及其之间的关系，深入考察要素与要素、要素与整体、整体与环境之间的联系，通过优化系统的结构来发挥系统的整体功能。系统思维与唯物辩证法、辩证思维在本质上具有鲜明的一致性。

第三节　运用系统思维提升领导工作能力的具体方法论要求

系统思维是应对复杂性挑战、作出睿智决策的核心技能。我们经常被教导把问题加以分解，把世界拆成片段来理解。这种非系统思维虽然能够使复杂的问题容易处理，但是无形中，我们却付出了巨大的代价，很容易失掉对"整体"的连属感，甚至不了解自身行动所带来的一连串后果。系统是万事万物的存在方式之一。系统无处不在，在一定意义上说，人们生活和工作中经验到的一切对象都是系统。特别是作为领导干部来讲，其岗位职能具有极强的战略复杂性。领导工作侧重于重大方针的决策和对人、事的统筹，强调通过与下属的沟通、激励和协调实现组织目标。多元化新时代的到来，让社会形势变得更加难以把握、内部构造和发展趋向更加复杂多变。领导干部必须不断地提升系统思维能力，不断地强化综合思维能力和整体分析能力，在分析基础上综合，在综合前提下分析，才能够不断地适应复杂多变的社会形势，从而更加有效地进行自我能力提升和引领社会发展。

一、认识系统的整体性原理，恰当划定系统思考的边界

系统思维要求把对象作为系统来识物想事，第一位的就是具备整体意识，自觉地从整体上认识和解决问题。相反，非系统思维首先表现为心目中没有对象整体性的位置，思维活动关注的焦点是某个局部或片段而非整体。每一个系统都有其整体的结构、整体的边界、整体的特性、整体的功能、整体的需求、整体的发展、整体的运行状态、整体的行为模式、整体的空间占有、整体的时间展开、整体的未来走向，作为整体跟其他系统的相互作用，等等。在认识分析事物时，如果思维活动聚焦于这些方面，便是在使用整体系统思维。但是，如果我们试着去理解某一件事，就必须将其简化，不可能所谓的整体是"无限大"，我们不可能在"无限大"的整体范围内思考问题、认识事物，这也就意味着我们思考问题必须要设定边界。但是对于系统思考者来说，认识和把握系统的边界是一个很难的课题。因为在系统中，往往并不存在一个明确的、清晰的划定的边界，而是要根据我们自己的认识需要和实际情况去划定，要按照特定的目标、任务、问题相对地划分出来。在较为复杂的情况下，准确界定什么是你思考分析的对象系统，应当围绕多大范围来分析考虑问题，并非易事。若是把系统边界划大了，某些本来不属于该系统的事物也划进来，某些外在联系被当成系统内在联系保留下来，那在逻辑上就要犯扩大论题的错误；若是把对象系统划小了，有些必不可少的要素和内在联系被排除在外，那在逻辑上要犯缩小论题的错误。围绕一项具体工作任务想得太宽，将一切联系的事物都包罗进去，把整个客观世界都作为对象系统，那就肯定会大而无当；相反，若是只看到系统的某些要素或某个子系统，那事实上就已退化成一种非系统思维了。

首先，要正确分析划定系统的内部要素边界。毛泽东曾经指出，要正确认识和解决问题，必须抓住"全部基本要素，不是残缺不全的片段"①。对于系统而言，其内部往往包含着多种要素，要想从整体上提升领导干部的思维能力，就必须对各个系统要素进行清晰地认识，从而更好地把握工作重点和要点，这对于不断提升工作质量效果有重要作用。在具体的工作实践中，系统要素可以分成关键要素和一般要素、可控成分和不可控成分。比如要善于考虑到可以支配和控制的人力财力等要素，还有不可控制的现实环境和社会局势要素，分清这些要素性质来不断地提升系统化的分析能力。另外，还要特别找准认清关键要素，否则将一事无成。只有将系统要素有效地统一起来分析，才能够不断强化工作质量和工作效果，把握系统细节和各个要素，从而不断提升领导干部的能力。

其次，要正确分析划定系统思考相对于事物系统本身而言的外部边界。每个具体系统都是从普遍联系的客观事物之网中相对划分出来的，一切未被当作系统要素的事物都处于系统之外，它们的总和就构成系统的外部环境。人们应该认识到，系统思考时不仅需要考虑研究对象本身这个系统和系统的内部要素，还必须把它纳入更大的系统中来考虑，仅仅做到第一层次系统本身及其要素的思考只是一种不完整的系统思维，同时做到思考系统本身与系统环境才是完整的系统思维。既然外部环境指系统外部一切需要考虑的事物集合，而所谓"需要"具有相对性和模糊性，环境的划分就有个尺度问题。在系统观点日益普及的今天，把自己直接负责的任务作为系统来对待比较容易做到。但要把这个系统放在更大系统中思考，从更大系统的总体要求出发来对待自己的直接对象系统，这一点往往不容易做到，有时是缺乏这样做的自觉性，有时也很难确定到底在多大的系统层次范围内才较为恰当。在大农业、大工业、大商业、大科技、大政治、大文化等日益盛行的全球化时代，恰当划定系统边界进行整体思考更加值得注意。领导者做任何工作，都应通

---

① 《毛泽东选集》第二卷，人民出版社1991年版，第450页。

观全局、服从全局，反对本位主义、分散主义，以求达到对全局的最优决策。同时，还要注意统筹兼顾，自觉地保护、使用、照顾和发展局部，切实抓好局部，带动各个局部，使整体与部分协调发展，以达到最高的效率。总之，把认识对象作为系统来对待，就是思维在聚焦于研究思考对象的同时，向下要关注构成它的要素，向上还要看到它所从属的更大层次系统，系统划界范围最终还是要取决于分析问题的目的和需要。

二、认识系统的相关性原理，揭示并遵循客观规律

系统相关性原理揭示了系统各要素（事物的一种形式）之间以及系统与外部环境的关系。系统内部各要素之间的相互联系是有机的，它们相互关联、相互作用，共同构成系统的整体；系统同外部环境相关，与外部环境有紧密联系的系统叫开放系统，一般系统论涉及的都是开放系统，因为事实上与外界毫无关联的封闭系统是不存在的。一个系统总是要与外界发生物质、能量和信息的交换。无论内部还是外部的相关性，都应该是一种固有的可靠的客观规律性的相关，而不是主观臆想的、随意的相关。所谓客观规律，实际上也就是指被揭示出来的某种客观的、固有的相关性认识。

领导正确运用系统思维，就必须要认识到各种系统内外的相关性，也就是一切从实际出发，尊重并遵循客观规律，从而更好地促进领导工作的顺利实施。换句话说，就是要求我们深入细致地研究系统对象的各种复杂本质联系，把握事物运动变化发展的多种可能性，从而正确地把握系统运动变化发展的趋势与规律。系统思维的这种思考方式，是与形而上学的那种把事物自身的复杂性联系加以割裂开来而片面化和简单化的思维方法根本不同的，更是与那种把主观臆想强加于系统对象的主观唯心论和经验主义思维相对立的。因此，系统思维方式是建立在对系统进行深入分析的科学研究和对系统的相关性规律的充分认识把握基础之上的。

系统思维很重要的就是，要立足客观现实，把握事物发展过程中各种相关性的客观规律。对同一个事物，为什么每个人都会得出不同的结论？一个重要原因就是受主观因素的影响，个人的认知结构、认知能力和认知水平，个人的思维意识习惯等，影响了认识客观事物的某些本质性的相关关系。系统相关关系的客观性是指，相关联是客观事物本身所固有的，不以人的主观意志为转移的。不仅自然界事物之间的联系是客观的，就是人类实践活动创造的社会生活各个领域、各种事物之间的相关也是客观的。因为只有客观的相关才是真实的相关。作为领导干部要真正科学把握系统发展的客观规律，需要做两方面的努力：一方面要尽量减少主观因素特别是主体局限性对认识客观事物的影响干扰，减少一些主观臆想的事物与事物之间、事物要素与要素之间的非客观固有联系，尽量客观观察、认识和分析客观情况，同时注意倾听和吸取不同观点和不同意见，以弥补自己认识的不足；另一方面要不断扩大和优化自己的认知结构，提升认知能力和认识水平，特别要掌握系统思维方法，以全面、系统、辩证、统筹、协调等思维方式来观察、分析客观实际，揭示事物内部、事物与外部环境之间的客观固有联系，这样才有可能做到实事求是，从而提升工作能力，适应现代领导工作需要。

三、认识系统的结构功能原理，依靠调整系统结构提高工作实效

系统的结构就是系统内部各组成要素之间在空间和时间方面的相互联系与相互作用的方式或顺序，它是系统保持整体效应及具有一定功能的内在联系。系统与外部环境之间相互联系和作用过程的秩序和能力称为系统的功能。在要素一定的情况下，系统的功能通常是由系统内部的结构所决定的，即"系统结构决定系统行为或功能"。系统科学理论告诉我们，每个系统单元只有通过系统的有序结构才能表现自己的性能，对于一切事物系统而言，

破坏其结构，就可能会完全破坏系统的总体功能。好的组织结构，一定是一种科学的安排，一种优化的排列组合，而不是简单的罗列堆砌。作为领导，要认识到系统结构是与系统功能紧密相关的，功能是系统结构的外部表现，结构是系统功能的内部表征。因此，运用系统思维很重要的方面就是要注重通过优化系统结构提升系统功能。

其中，对于领导活动实践来说，系统结构优化最重要的方式就是要注重制度优化。习近平总书记指出："制度好可以使坏人无法任意横行；制度不好可以使好人无法充分做好事，甚至会走向反面。"①此话一语道破制度的极端重要性。从系统视角来看，制度其实就是一种结构安排，一定的制度安排就是代表着一定的权力、利益等结构的安排。因此，要想发挥系统的最佳功能，实现系统的最优化发展，结构优化调整可谓必经之路，其中制度建设和制度调整就不可或缺。

从更宏观的角度观察就会发现，要充分发挥制度的功能，还需要构建一个关联的、闭合的、科学的制度系统，这个制度系统中各部分既有分工、也有相互关联，不能各部分相互冲突，而应该是相互协调配合，共同发挥作用，缺一不可。比如，领导干部的工作制度不是单一发挥作用的，它需要财务管理制度、日常办公制度等制度加以配合执行；行政执法工作制度也需要纪检监察工作制度、干部工作纪律制度等制度来加以配合约束。作为一个整体，如果各部门的制度互相不能够协调一致，人们在工作中就会感到无所适从。因此，要建立完整统一的制度体系，保证全局的各项制度之间应当协调一致，应当将各个部门制定的内容相似的制度进行统一设置。在制度结构分析中，通常还会将制度结构区分为正式制度结构和非正式制度结构。正式制度结构以权利和产权为核心要素，而非正式制度结构则注重习俗和道德的约束效力，这就决定了二者在功能上是互补的且不可替代的。

---

① 《习近平关于全面依法治国论述摘编》，中央文献出版社 2015 年版，第 120 页。

四、认识系统的自组织原理，创造系统自组织发展的环境和条件

系统科学研究系统的产生、运动、发展规律的一个重要思想就是自组织原理。自组织是指在一定条件下，系统可以自动地由无序走向有序，由低级走向高级。自组织是一个系统在某种内在机制的驱动下，自行从无序向有序、从简单向复杂方向发展，不断地提高自身的复杂程度、精细程度和秩序程度的过程。一般来说，一个系统靠外部指令而形成组织就是他组织；而系统按照相互默契的某种规则，不存在外部指令，各尽其责而又自动协调地形成有序结构，就是自组织。自组织现象无论在自然界还是在人类社会中都普遍存在。一个系统自组织功能越强，其保持和产生新功能的能力也就越强。

系统自组织其内在机理在于系统本身的"反馈"机制。"正反馈"能动地推动着系统加速离开原有的状态，自动走向新的状态，是一个自推动性的循环。例如社会主义经济的"多劳多得"原则，和从它发展出来的效益与收益的正反馈原则。这种机制正确运用可以推动经济以奇迹般的速度加快发展，但同时也会自然地形成劳动者在财富获得上越来越大的差异。"负反馈"则不断消除干扰，使系统自动恢复原有的状态，是一个具有自稳定作用的环路。无人控制的自动机、自调节的机电装置，全自动生产线，以及智能机器人等等都可以利用负反馈机制设计制造出来。我们可以通过社会系统控制与管理中的合理制度、法规来构建合理的社会自组织机制，从而使社会系统自动地保持稳定、消除偏差、接近和实现目标，实现和谐有序、"无为而治"的自组织管理。

领导者掌握并按照系统自身规律进行管理，就是要保持系统的他组织和自组织的一致性，使系统依据自身作用自组织地发展。领导者必须把握对象系统的自组织规律，遵循系统自身原有的或构建合理的正负反馈机制，引导系统实现良性发展，这是系统思维重要的和根本的科学方法之一。领导者既

不要过分推动"正反馈",造成系统加速发展而导致的崩溃;也不要破坏系统维持稳定的"负反馈",防止"乱作为"造成的系统干扰,要真正实现"有所为有所不为"。改革开放以来,大规模的社会战略性改革的总体方向就是从"组织化"社会系统的单向作用走向"自组织化"社会系统的相互作用。这是从机械论到辩证法和系统论的发展,是现代社会管理的进步和科学化的发展,是人类在思维上的进步。自组织管理是一种科学的领导方法和管理理论,每当我们真正地实现了管理自组织化,社会生产力就会得到大踏步的前进和长足的发展。

五、认识系统的波动性原理,加强对事物发展趋势的前瞻性预判

在系统动态发展过程中,时间延迟现象比比皆是。当系统在反馈回路存在一定的时间延迟时,必然带来系统的周期性波动。系统波动的根本性原因就是系统往往带有一个有延滞的负反馈。这正像辩证法揭示的那样,事物的运动发展不是一个简单的直线运动。由于矛盾对立统一双方的相互冲突,事物的运动与发展往往是一种波浪式的前进和螺旋式上升的运动,表现为一种否定之否定式的运动规律性,这在系统视角看来,其实就是表现为系统的波动性。

我们在日常生活和社会经济建设中会遇到许许多多的波动现象。通常来说,比较平缓的波动对社会系统不仅没有严重的影响,还常常能推动经济与社会系统的进步和发展。但是,剧烈的波动则会对社会系统带来不利影响,甚至导致发展过程的断裂,导致经济危机与社会的动荡。因此,领导工作职能中的重要课题之一就是研究社会系统波动的规律性。

作为领导者要科学地认识系统波动性。一方面,应当在逐步摸清系统的波动周期和波动幅度的基础上,提前采取相应的行动,防患于未然。例如,通过一定的宏观调控措施提前影响那些使国家经济发展过冷或过热的趋势,

进而减缓波动。另一方面，通过减少或降低社会系统延滞程度的方法，加快系统的反应速度，也就降低了波动程度，减少或清除了波动的危害。例如，努力提高国民的科技水平，加强抗灾、交通、信息等基础设施建设，提高经济环境的有机程度等。

第四节　坚持运用系统思维，不断提升协同发展能力

当今中国，在正视经济社会发展存在的不平衡问题过程中提出来要坚持协同发展，把协调和协同发展放在我国发展全局的重要位置，这为今后拓展发展空间、提升发展效能、理顺发展关系提供了根本遵循，也是对经济社会发展规律认识的升华和深化。历史必将证明，把握好"五位一体"总体布局，贯彻落实"四个全面"战略布局，做到经济社会、城乡区域、物质精神等方面的协同发展，我国发展之路就会越走越宽广。协同发展离不开系统思维的支撑和运用，系统思维方法的重要特征之一就是协调性，系统思维方法的重要目的之一就是实现系统的协同发展。

一、坚持运用系统思维，进行顶层设计和整体谋划

顶层设计实际上就是整体谋划。它要求从整体利益出发，站在全局的高度和最高层面，对制约全局发展的全局性、关键性问题作出判断，提出解决问题的宏观思路和框架。对一个国家而言，需要领导者把治国理政看作是一个系统工程，协调整个社会的政治、经济、文化、人与社会、人与自然和人与人等方面相互关系，统筹谋划社会发展的总体布局和战略布局。对一个地域而言，同样需要地方领导者根据地域发展实际，设计本地区经济社会发展的总体思路和具体框架，需要统筹考虑本地区要素的配置和外部环境的构建。

党的十八大以来，以习近平同志为核心的党中央运用系统思维谋划发展全局，把新时代中国特色社会主义事业作为一项复杂的系统工程，运用系统方法分析解决发展实践中的具体问题，不仅为进入攻坚期和深水区的改革提供了科学指南，而且为实现"两个一百年"奋斗目标与实现中华民族伟大复兴的中国梦奠定了坚实基础。首先，以系统思维统筹进行顶层设计，谋划中国特色社会主义的"五位一体"的总体布局和"四个全面"的战略布局。"五位一体"的总体布局是整体系统大视野下的要素分析，突出强调整体事业的五个组成部分；"四个全面"战略布局是要素视野下的整体性分析，突出强调每一个方面的"全面"。我们党正是立足治国理政全局，以强烈的历史使命意识和问题意识谋划未来，以协调推进"四个全面"战略布局、统筹推进"五位一体"的总体布局，抓住了改革发展稳定的关键，确立了新形势下党和国家各项工作的顶层设计、战略方向，充分体现了当代共产党人的全局视野、战略眼光和系统思维。其次，以系统思维谋划设计全面深化改革，从整体把握各项改革之间的相互关系，合理组合全面深化改革系统各要素。实践证明，单兵突进的改革是行不通的。习近平总书记指出，全面深化改革"这项工程极为宏大，零敲碎打调整不行，碎片化修补也不行，必须是全面的系统的改革和改进，是各领域改革和改进的联动和集成，在国家治理体系和治理能力现代化上形成总体效应、取得总体效果"①。他还指出："改革开放是一个系统工程，必须坚持全面改革，在各项改革协同配合中推进"，"改革开放是一场深刻而全面的社会变革，既包括经济体制又包括政治体制、文化体制、社会体制、生态体制，既涉及生产力又涉及生产关系，既涉及经济基础又涉及上层建筑，每一项改革都会对其他改革产生重要影响，每一项改革又都需要其他改革协同配合"。②

---

① 《习近平关于全面深化改革论述摘编》，中央文献出版社 2014 年版，第 27 页。

② 《习近平关于全面深化改革论述摘编》，中央文献出版社 2014 年版，第 35 页。

二、坚持运用系统思维，凝聚协同全社会的建设力量

一项事业或工程的胜利完成往往不是依靠一个人或者某一方面的力量实现的，而是需要凝聚集体、众人或者多方面的共识，需要汇集多方力量。比如，对于改革而言，凝聚改革共识、汇聚改革合力、增强改革的协同性，是改革取得成功的必经之路。从系统视角来看，系统只有在协同中才能发展。系统发展的过程就是系统要素、要素与系统环境不断协同的过程。系统协同是系统从无序到有序演进的内在机制，也是系统保持相对稳定的内在机制。社会系统的存在和发展中的重要一环就是协同社会建设力量。

首先，坚持运用系统思维设计系统目标。系统的目的性与有序性是紧密联系在一起的。系统的目的性就是自我趋向稳定有序状态的特性。无论无机界、有机界和人类社会都普遍呈现出有序化运动的趋势，都呈现一定的目的性。系统的组织等级越高，目的性就越强。一个系统通常只能有一个中心的、主要的目的，如果有多个并列目的，系统就达不到优化。领导者在自己领导工作范围内，要有正确而明确的整体目标，目标是领导活动的出发点和归宿，确定设计目标是领导的首要职责。党的十八大以来，以习近平同志为核心的党中央精心设计了全面小康、"两个一百年"和实现中华民族伟大复兴的中国梦等不同历史阶段的伟大目标。这些目标凝聚了不同历史时期的几代中国人的夙愿，体现了中华民族和中国人民的整体利益，是每一个中华儿女的共同期盼，也是凝聚社会各界、海内外同胞的最大公约数。在系统思维设计的目标下，各民族人民心往一处想、劲往一处使，共建美好家园，各地区共奔全面小康，各阶层共享发展成果，求同存异、和睦共处。

其次，坚持运用系统思维配置系统建设发展的主体要素。主体性要素是社会系统发展的主导力量，在社会系统中，若各种主体要素无法做到协同共荣，甚至互相扯后腿，这样的系统必然呈现无序状态，最终走向瓦

解。"国以才立，政以才治，业以才兴"①。人才是经济社会发展的第一资源，是经济社会发展中最关键的和起决定性的因素。必须树立系统思维观念做好人才工作。用系统思维统筹各层次人才梯度结构，用系统思维统筹本土人才培育与外来人才引进，用系统思维统筹人才聚集和合理使用等等。

三、坚持运用系统思维，协调解决经济社会发展中的各种矛盾

社会系统发展中的矛盾无处不在，无时不有。系统思维的主要特点和基本表现之一，就是协调复杂的系统矛盾运动。这种协调解决系统矛盾，不是简单地调和矛盾，更不是回避矛盾，而是使矛盾双方、诸矛盾之间构成协同的动态矛盾整体系统。最重要的是让矛盾双方及诸矛盾之间处在动态平衡中，不但其内耗和对立性降低到最低程度，而且这种矛盾运动的动态平衡可以有效促进系统良性发展。具体来说，坚持运用系统思维，协调解决经济社会发展中的各种矛盾，就是要善于运用系统思维处理好各种要素之间的相关关系，保持要素权力、利益、数量、质量、程度等多方面的动态平衡。

对于当前经济社会发展中全面深化改革而言，就是要抓住综合平衡这一根本，力求实现经济社会各方面效益的最大化。要促进生产力与生产关系、经济基础与上层建筑相协调，速度与结构、质量、效益相统一，经济增长与人口资源环境相和谐。领导干部在决策时，要善于综合考虑各方面因素，妥善处理各方面关系，不仅体现在治国理政的大事要事中，也反映在应对突发事件和具体问题上，都要发挥系统思维的协同作用。

从系统整体层面的协同来看，要处理好改革、发展和稳定的关系。注意改革力度、发展速度和社会可承受度，科学把握"五位一体"总布局的战略重点、优先顺序、主攻方向，完善各种工作机制，精细制定各种实施方案；

---

① 《十七大以来重要文献选编》上，中央文献出版社 2009 年版，第 85 页。

要处理好各种主体之间的复杂利益关系，既要主动摆脱既得利益束缚，超越小团体利益、部门行业利益和地方利益进行整体考虑，又要积极协调各方利益关系，汇聚改革共识和改革合力，及时制定各种分配制度和相关配套改革措施；要处理好当前与长远、整体与部分、一般与重点的关系，注意深刻把握全面深化改革的复杂性、长期性、渐进性、全局性、系统性。

从系统要素层面的协同来看，应该注重政府和市场、城市和农村、中央和地方、经济和社会、内部和外部等各要素的协调关系。处理好政府与市场的关系，就是要更好发挥市场和政府的作用，让市场有效、政府有为；处理好中央与地方的关系，就是要更好地发挥地方和基层政府的积极性和中央政府的调控能力；处理好城市与农村的关系，就是要实现城乡资源要素流动市场化和城乡基本公共服务均等化；处理好经济发展与社会发展的关系，就是要让发展成果更多更公平地惠及全体人民；处理好对内改革与对外开放的关系，就是要助推国内经济结构调整，促进经济社会高质量发展。

四、坚持运用系统思维，学会协同耦合、统筹兼顾推进各项工作

坚持和运用系统思维分析问题、指导工作，是习近平总书记反复强调的科学思维方式和工作方法。党的十八大以来，习近平总书记深思熟虑、统揽全局、高瞻远瞩，提出了治国理政的新思想新理念新战略，从我国经济发展的阶段性特征出发，形成了具有重大指导性、前瞻性、针对性的系列论述。这些论述充分体现了习近平新时代中国特色社会主义思想的全面性、系统性、生态性、协同性等特征，从经济思想方面来看，其核心要义就是"协调发展、统筹兼顾"。

习近平总书记多次强调协调发展的极端重要性。他在党的十八届五中全会上鲜明指出："下好'十三五'时期发展的全国一盘棋，协调发展是制胜

要诀。"① 坚持协调发展，就是要扎根于中国特色社会主义事业总体布局，关键在于处理好在发展过程中的重大关系，具体表现在推动城乡区域协调发展、推动物质文明和精神文明协调发展等方面。同时，习近平总书记也多次强调统筹兼顾的科学方法。他明确指出："谋划'十三五'时期发展，要清醒认识面临的风险和挑战，把难点和复杂性估计得更充分一些，把各种风险想得更深入一些，把各方面情况考虑得更周全一些，搞好统筹兼顾。"② 他说："统筹兼顾是中国共产党的一个科学方法论。它的哲学内涵就是马克思主义辩证法"，"涉及经济、政治、文化、社会发展各个领域，其根本要求是统筹兼顾"。③ 做到统筹兼顾的关键是利益协调。经济与社会、政治、经济与文化、城乡与区域、人与自然、国内与国外、政府与市场、经济建设与国防建设等重大关系，都需要统筹考虑。

对党员干部特别是领导干部来说，只有精通统筹兼顾方法论，才能在纷繁复杂的工作中理出头绪，在真抓实干中见到实效。从实际情况看，有些同志认识上有偏差，认为当前既要全面从严治党又要全面深化改革，既要实施乡村振兴又要推进新旧动能转换，既要加强生态环保又要防范化解社会风险，头绪太多、任务太重，阵脚容易乱。这些认识其实是把工作完全割裂开来了，这些同志工作起来只会"单打一"，认为顾了这头就顾不了那头，这实际上就是缺少系统思考、辩证思维，统筹兼顾的方法用得还不够好，本事还不够硬。大千世界万事万物皆有联系，都是系统。领导干部干工作也是一样，领导干部抓工作必须学会系统思考、统筹兼顾，只有把各项工作联系起来去认识，贯通起来抓推进，才能做到纲举目张，最终把工作做实做好。

① 《习近平谈治国理政》第二卷，外文出版社 2017 年版，第 206 页。

② 习近平：《在华东七省市党委主要负责同志座谈会上的讲话》，《解放军报》2015 年 5 月 29 日。

③ 习近平：《干在实处　走在前列——推进浙江新发展的思考与实践》，中共中央党校出版社 2016 年版，第 25 页。

第六章　历史思维与把握大势能力

唯物史观认为，历史是人创造的，但是，每一代人总是在前人已有的历史成果的基础上创造历史的。唯物史观的这一观点要求我们在实践中，要善于运用历史思维，去把握问题的历史维度。中国共产党人一直十分重视和倡导学习历史，借鉴和运用历史经验。党的十八大以来，以习近平同志为核心的党中央，也一直高度重视历史思维的重要性。多次要求领导干部不仅要努力掌握马克思主义科学的世界观和方法论，而且也要求各级领导干部学会运用历史思维去分析解决社会发展和治国理政中的一系列根本问题，不断提高领导干部把握历史大势的能力。

第一节　历史思维的哲学内涵

思维是植根于人类实践的绚丽花朵，思维方式是人类特有的思考问题的根本方法，看问题的总的视角或者视野。有什么样的思维方式，就有什么样的理论观点、路线、方针和政策，就会有什么样的实践。在中国共产党的历史上，以王明为首的"左"倾冒险主义者坚持唯上、唯书、唯经验论的机械教条的思维方式；以毛泽东同志为首的无产阶级革命家则坚持唯实、实事求是的思维方式。两种不同的思维方式产生了不同的革命理论，在两种不同的理论指导下，带来了两种不同的革命后果。

历史思维即思维的历史方法，这是人类思维的最基本的方法。我们所论述的历史思维，是把人类过去、现在和未来贯通起来思考问题的根本方法和总的视野，为更好地总结规律、判断是非、探寻未来发展提供科学的思想武器，是历史唯物主义科学世界观和方法论的集中体现。

纵观中华民族几千年的文明史，"究天人之际，通古今之变"一直是人们认识和研究历史现象的内在动力。"二十四史"、《资治通鉴》等丰富的历史典籍记载着中华民族历史发展的过程，延续着辉煌灿烂的中华文明。当前，我们要通过这些丰富的历史典籍，运用马克思主义的历史思维，挖掘中华民族历史的"宝藏"，为今天的发展提供借鉴和启示。这既是马克思主义历史方法论的客观要求，更是中华民族发展的历史使命和历史担当。

历史思维对于具体的社会科学和自然科学的发展，具有十分重要的作用。任何一门学科的发展都有其历史承继的过程，必须了解该学科的形成和发展的历史，才能在已有基础上继续发展和完善，取得科学的进步，最终达到真理的高峰。此外，只有运用历史思维，研究各门学科的形成和发展史，才能真正了解该学科的历史起源和发展动力，只有放到历史的长河之中才能凸显它的科学意义和现实价值，从而激励后来者为科学奉献的历史使命感和责任感。

历史的内涵是不断扩展的。在远古时期，历史只是人们对于已经发生事情的认识和记录。之后，人们对于历史认识的范围深入到借古讽今、以古鉴今，开始重视过去事情对于当下的影响，看到历史对未来的指导作用。只有把过去、现在和未来贯通起来的思维方式，才是真正的历史思维的本质要求。只有把过去、现在和未来贯通起来，从动态过程把握和考察历史的真正内涵，才能达到研究历史的科学境界。历史思维突出了历史的生成过程，以从过去到现在、从现在到未来的动态思维去看待历史，具有重要的现实意义和指导作用。基于历史思维基础上历史方法，开阔了人们研究历史的视野，为更好地总结历史的规律、判断现实的是非、探寻未来的发展提供了科学的思想武器。

第二节　历史思维的历史唯物论基础

马克思、恩格斯在《德意志意识形态》中说：如果"我们仅仅知道一门唯一的科学，即历史科学。"① 恩格斯指出，黑格尔也很重视历史，但是"在黑格尔看来，历史不过是检验他的逻辑结构的工具"②。马克思是要解决现实问题的，但他却从研究历史开始。在马克思看来，所有意识形态的秘密都是从属于历史的，只有回到历史才能发现意识形态的本质。因此，需要深入地研究人类历史。马克思正是以深邃的历史视野，放眼于人类整个历史发展过程，找到了人类社会发展的历史规律，发现了唯物史观，使社会主义理论从空想变为科学。

一、历史思维是马克思主义诞生的思想武器

马克思哲学实现哲学主题的根本性转换，即从对世界本体的追问转向研究人类社会领域，从认识世界转向改造世界。对天国的批判转向对尘世的批判，使哲学从天上回到了人间，使人回归到历史和现实。从研究历史开始，马克思发现了唯物史观，从研究现实的经济问题入手，马克思发现了剩余价值理论。

马克思历史唯物主义科学揭示了人类社会发展的历史规律，指明了人类社会发展的历史进程，解答了历史之谜。马克思从人类社会存在和发展的第一个历史前提即物质资料的生产入手，通过分析生产力和生产关系以及经济基础和上层建筑的矛盾，找到了人类社会发展的历史规律。正是在生产力和生产关系这一基本社会矛盾的推动下，人类社会从低级阶段不断地发展到高

---

① 《马克思恩格斯选集》第 1 卷，人民出版社 2012 年版，第 146 页。
② 《马克思恩格斯全集》第 1 卷，人民出版社 1956 年版，第 650 页。

级阶段，共产主义社会成为人类解放的最终归宿和社会发展的逻辑必然。

历史思维成为马克思主义诞生的思想武器。马克思正是运用历史的方法，把回到历史本身作为逻辑起点，发现了唯物史观。马克思主义理论本身不是凭空创造的，而是历史本身过程的展现。马克思和恩格斯在《共产党宣言》中说："共产党人的理论原理，决不是以这个或那个世界改革家所发明或发现的思想、原则为根据的。""这些原理不过是现存的阶级斗争、我们眼前的历史运动的真实关系的一般表述。"① 也就是说，马克思的共产主义理论是历史本身的表述，而人类社会历史是一个自然历史过程。对此，习近平总书记在《纪念马克思诞辰 200 周年的讲话》中指出：马克思的理论是时代的精华，同时又是人类精神的精华。马克思放眼于人类历史的长河，揭示出了历史发展的本质和规律，指明了人类向未来发展的前进方向和美好归宿。

《共产党宣言》是唯物史观的集中体现，是马克思、恩格斯运用历史思维，把过去、现在和未来贯通起来，从"资产者"和"无产者"产生的"过去"到对立的历史事实，再到矛盾的解决，从对历史规律的分析中得出了"两个必然"的结论，找到了人类社会发展的最终归宿：共产主义社会。

二、历史思维是唯物史观的客观要求

列宁说过："在分析任何一个社会问题时，马克思主义理论的绝对要求，就是要把问题提到一定的历史范围之内。"② 这就要求我们在研究社会问题的时候，只有真正贯彻历史思维的客观要求才能正确地分析社会问题，进而得出科学的认识，指导我们的实践。

最早把马克思列宁主义这种站在历史的视角，动态地看待世界、思考问题的方法引入中国的，是中国共产党的创始人李大钊。他在 1924 年出版的

---

① 《马克思恩格斯选集》第 1 卷，人民出版社 2012 年版，第 413—414 页。

② 《列宁全集》第 20 卷，人民出版社 1989 年版，第 401 页。

《史学要论》中回答了什么是历史的问题。他认为："历史就是社会的变革，把人类的生活整个地纵着去看，便是历史；横着去看，便是社会。"按照他的观点，历史既是"纵"的发展过程，又是"横"的社会当下的现实。从社会变革的角度去看历史，历史就表现为过去、现在和未来的动态过程，是"活"的历史。李大钊说："历史不是只纪过去事实的纪录，亦不是只纪过去的政治事实的纪录。历史是亘过去、现在、未来的整个的全人类生活。……那些只纪过去事实的纪录，必欲称之为历史，只能称为记述的历史，决不是那生活的历史。"① 李大钊在《史学要论》中第一次系统地介绍了唯物史观并且把唯物史观引入中国，开辟了历史研究的新视野，开启了早期共产党人思考问题崭新的历史思维方式，使人们对历史的把握更加丰富和科学，为新生的共产党人提供了科学的世界观和方法论。

在马克思主义中国化的过程中，产生了毛泽东思想。毛泽东同志酷爱读书，尤其是历史书。毛泽东同志读"二十四史"，不只是出于兴趣一般性地了解中国的昨天，而是通过读史来考得失、明事理，以指导中国的革命事业。读了陈胜、吴广、黄巢等农民起义领袖的传记之后，他认为，农民起义和农民战争极大地推动了中国历史的发展，人民群众才是历史的创造者。在毛泽东同志成为马克思主义者以后，他一直坚持用历史唯物主义的观点去读历史。在思考中国革命问题的时候，他自觉运用历史的方法去制定革命策略和革命政策。比如在《抗日战争胜利后的时局和我们的方针》中指出："国民党怎么样？看它的过去，就可以知道它的现在；看它的过去和现在，就可以知道它的将来。这个党过去打过整整十年的反革命内战。"② 可以说，毛泽东同志十分重视运用历史方法，从历史的延续和承继中思考问题、解决问题。正因为如此，毛泽东思想把马克思主义的普遍原理和中国革命的历史实

---

① 转引自杨艳秋：《李大钊对中国马克思主义史学理论体系的构建》，《北京联合大学学报》2010年第3期。

② 《建党以来重要文献选编（1921—1949）》第二十二册，中央文献出版社2011年版，第611页。

际结合起来，指导中国人民取得了新民主主义革命和社会主义革命的伟大胜利。

为了驳斥国内外敌对势力散布的历史虚无主义思潮，捍卫马克思主义的话语权，彻底粉碎历史虚无主义的政治图谋，习近平总书记多次强调马克思主义的立场、观点和方法，科学界定了"了解昨天、把握今天、开创明天"①的科学历史观，明确要求党员干部必须贯彻唯物史观的根本要求，到历史中寻求启示和智慧。

2015年8月23日，习近平总书记在致第二十二届国际历史科学大会的贺信中指出：世界上的很多事情都可以从历史中找到影子，世界是从昨天发展到今天的。所以，我们要重视历史，通过研究历史和借鉴历史，为办好今天的事情提供宝贵的经验。历史是我们的老师，它可以给我们提供把握今天、开创明天的智慧。在这里，习近平总书记提出了"了解昨天、把握今天、开创明天"的历史方法论，历史是已经过去的现实，而正在进行的现实则是未来的历史，过去、现在和未来是历史贯通的。他把对历史思维的论断推进到了新的高度，这是对动态历史过程深刻把握之后的科学概括、智慧总结和灵活运用。2012年11月29日，习近平总书记在参观国家博物馆《复兴之路》基本陈列过程中发表了重要讲话。他指出："《复兴之路》这个展览，回顾了中华民族的昨天，展示了中华民族的今天，宣示了中华民族的明天，给人以深刻教育和启示。"②

第三节　历史思维的方法论要求

历史思维是对过去、现在和未来的总体把握，它的方法论要求就表现为

---

① 《习近平致第二十二届国际历史科学大会的贺信》，《人民日报》2015年8月24日。
② 《习近平谈治国理政》第一卷，外文出版社2018年版，第35页。

对过去的反思、对现在（当下）的辩护与批判和对未来的创新。

一、历史思维是反思性思维

历史思维是对过去的反思性思维，这就要求我们要反思历史，从历史中总结经验教训，以史为鉴。历史是最好的教科书，也是最好的清醒剂。历史虽已成为过去，但是它的兴衰成败都是经验的沉淀和凝聚。我们要从透析历史、反思历史、总结历史中吸取教训，总结经验，更能清醒头脑、明确方向。

列宁曾经说过：忘记历史就意味着背叛。一个没有历史记忆的国家，是没有前途的。一部中国近代史，是中国人民饱受凌辱的历史，也是中国人民顽强抗争的历史。我们每一个中国人都不能忘记这段受到帝国主义国家压迫、欺负的历史，更不允许一些别有用心的人篡改、歪曲历史。近代以来，日本军国主义政策给中国人民带来了深重灾难，日本的侵略使中华民族陷入到了濒临亡国灭种的境地。这段历史给中国人民留下了惨痛的经历。特别是日本侵略者在南京制造的惨绝人寰的"南京大屠杀"惨案，是中国人民永远不会忘记的。当前，日本一部分极右派企图抹杀、否认日本侵略者对中国人民犯下的滔天罪行，采取各种卑鄙的方式掩盖事实，引起了全世界爱好和平人士的愤怒抗议。历史不会因时代变迁而改变，事实也不会因巧舌抵赖而消失。"南京大屠杀"惨案铁证如山、不容篡改。"前事不忘，后事之师"。我们要牢记日本侵略中国这段历史，并不是对这段仇恨"念念不忘"，而是要以史为鉴、面向未来。只有中日两国人民正视这段历史、不断反思这段历史，珍惜当前的和平局面，两国人民才能世代友好下去。历史不能抹杀，更不能回避。只有正视历史、反思历史、以史为鉴，日本才能真正放下历史包袱。只有本着对历史负责的态度，顺应和平与发展的历史潮流，铭记历史教训，积极面对、妥善处理历史问题，日本才能得到世界人民的原谅。

历史真实地记录着一个国家和民族形成和发展的过程，既是对过去的各种知识和经验的积累，也是兴衰成败的真实足迹。回眸历史、反思历史，对于当前时代的发展和一个民族、一个国家未来的发展方向具有借鉴意义。

历史就是历史，历史不能任意选择，一个民族的历史是一个民族安身立命的基础。不论发生过什么波折和曲折，不论出现过什么苦难和困难，中华民族5000多年的文明史，中国人民近代以来170多年的斗争史，中国共产党90多年的奋斗史，中华人民共和国60多年的发展史，都是人民书写的历史。① 历史是向前发展的，我们从历史中总结经验、吸取教训，目的是以史为鉴、更好地前进。通过反思历史，我们要用厚重的历史警示现实；用优良的传统教育后人；用成功的经验启迪未来。

二、历史思维是批判性思维

历史思维是对现实的辩护与批判性思维，这就要求我们要发挥哲学的批判功能，积极地在理论和实践中开展双重批判与双重建构。哲学上讲的辩护就是解释的功能，是指对存在的正当性作出的合理化说明，给出"存在"之所以存在的正当理由。哲学的批判是指辩证的扬弃。只有辩证的扬弃，才是真正贯彻了历史思维的要求。没有了批判，事物就失去了前进的动力。

哲学的视野是历史的。我们要从历史的角度进一步拓展社会发展问题研究的视野与深度，避免当前社会发展研究中的平面化与非历史化倾向。用历史的视野放眼现实的世界，任何现实都是一个历史时间坐标上永远处于不断被确定过程中的东西。马克思在《〈黑格尔法哲学批判〉导言》中说："批判的武器当然不能代替武器的批判，物质力量只能用物质力量来摧毁，但是理论一经掌握群众，也会变成物质力量。"②

在中国特色的社会主义现代化建设的伟大实践中，我们要以历史的视

---

① 习近平：《在纪念毛泽东同志诞辰120周年座谈会上的讲话》，人民出版社2013年版，第12—13页。

② 《马克思恩格斯选集》第1卷，人民出版社2012年版，第9—10页。

野，勇于开展理论的批判和实践的批判。理论的批判就是在实践过程中不断地实现理论本身的不断超越，从而消除掉意识形态之蔽的过程。具体地说，就是在现代化建设的实践过程中，要理论地批判传统的观念和认识，从而实现关于社会主义、关于人的发展和关于哲学使命的理论不断地超越与发展。随着实践的发展和历史的推进，理论自身实现发展，进而又推动了实践的进程。正如马克思在《〈黑格尔法哲学批判〉导言》中所说的："真理的彼岸世界消逝以后，历史的任务就是确立此岸世界的真理。"① 实践的批判，也就是人类的实践活动本身。人类通过现实的实践活动，"实际地反对并改变现存的事物"②，从而"使现存世界革命化"③。因为物质的东西只能由物质的力量才能摧毁。物质力量摧毁物质的东西的过程，也就是实践对现实的批判过程。

理论的批判和实践的批判，构成了人类历史发展过程中的双重维度，推动着人类历史的不断发展。我们要积极运用哲学的批判功能，开展理论和实践的双重批判，这是贯彻历史思维的客观要求。

三、历史思维是创新性思维

历史思维是对未来的创新性思维，这就要求我们要以创新的姿态，自觉担负起续写社会主义新篇章的历史使命，开创崭新的历史新时代。

随着中国的和平崛起、中华民族的伟大复兴、中国特色社会主义的蓬勃发展，世界社会主义运动在遭受挫折和低潮之后实现了新的历史复兴，中国已经站在了世界社会主义事业的最前沿。当前，中国特色社会主义建设事业已经进入了新时代，新时代中国共产党的历史使命是带领全国各族人民实现中华民族的伟大复兴。我们要完成党的十九大提出的宏伟目标，把世界共产

---

① 《马克思恩格斯选集》第 1 卷，人民出版社 2012 年版，第 2 页。

② 《马克思恩格斯选集》第 1 卷，人民出版社 2012 年版，第 155 页。

③ 《马克思恩格斯选集》第 1 卷，人民出版社 2012 年版，第 155 页。

主义运动推向新的高潮，就必须以创新的姿态，迎接历史的挑战。

随着实践的发展，历史向未来敞开。一部人类文明史，就是一部人类不懈奋斗和创新的历史。一个国家、一个民族，如果停止了创新，就没有了活力，就失去了历史机遇，也就失去了未来。实现中华民族的伟大复兴和人的自由而全面发展体现了价值追求和历史逻辑的统一。当前，实现中华民族伟大复兴的关键就是要摆脱一切束缚和阻碍社会主义生产力发展的体制机制障碍，激发广大人民群众的主动性、积极性和创造性，真正实现劳动者个性解放与人的全面发展。面对新时代的新任务，我们必须以创新的姿态，迎接未来的挑战，续写社会主义现代化建设新的历史篇章。

第四节　历史思维的方法论运用

唯物史观，是马克思一生的两大发现之一。唯物史观揭示了人类社会历史发展的一般规律和根本动力。运用历史思维，对于我们科学认识和把握社会发展的规律，对于我们科学评价人民群众的历史作用，对于我们科学评价历史人物特别是领袖人物，具有科学的方法论意义。

一、认识和遵循社会历史规律

人类社会发展有其规律，我们必须认识和遵循社会历史规律。1883 年 3 月 17 日，恩格斯在《在马克思墓前的讲话》中指出："正像达尔文发现有机界的发展规律一样，马克思发现了人类历史的发展规律，即历来为繁芜丛杂的意识形态所掩盖着的一个简单事实：人们首先必须吃、喝、住、穿，然后才能从事政治、科学、艺术、宗教等等；所以，直接的物质的生活资料的生产，从而一个民族或一个时代的一定的经济发展，便构成基础，人们的国家设施、法的观点、艺术以至宗教观念，就是从这个基础上发展起来的，因而，也必须由这个基础来解释，而不是像过去那样做得相反。"①

1921年1月，毛泽东同志在给蔡和森的信中明确表示："唯物史观是吾党哲学的根据"。② 这表明，中国共产党比较早地找到了唯物史观这一思想武器，并在以后的发展中自觉地以唯物史观为指导。1945年7月，毛泽东同志在延安窑洞里和著名民主人士黄炎培探讨历史发展周期律的问题时，黄炎培老先生问毛泽东同志：中国共产党如何解决"其兴也忽焉，其亡也忽焉"的历史周期律问题。毛泽东同志表示："我们已经找到新路，我们能跳出这周期律。这条新路，就是民主。只有让人民来监督政府，政府才不敢松懈。只有人人起来负责，才不会人亡政息。"③ 如何走出历史周期律，这既是老一辈革命家的深切思虑，也是当代中国共产党人的不懈探索。

2013年12月3日，十八届中央政治局第十一次集体学习时，把历史唯物主义基本原理和方法论作为主要的学习内容。习近平总书记在主持学习时强调，全党同志要加强对历史唯物主义基本原理和方法论的学习，用历史唯物主义基本原理来分析我们所面临的国情和工作实际，把握历史发展的规律，把握党和国家发展的大势，从而推进我们的各项工作。中国共产党在革命、建设和改革的各个历史时期，带领全国人民取得了一个又一个胜利，从根本上说就在于我们党运用历史唯物主义，把马克思主义普遍原理和中国的国情结合起来，历史地分析中国社会及其发展规律，在实践中把握规律、运用规律，从而把中国的革命与建设事业胜利地推向前进。

二、科学地评价人民群众的历史作用

群众观点是唯物主义历史观的一个基本观点。中国共产党确立的全心全意为人民服务的根本宗旨正是以此为基本依据。在社会历史活动中，人民群

---

① 《马克思恩格斯选集》第3卷，人民出版社2012年版，第1002页。
② 《毛泽东书信选集》，人民出版社1983年版，第15页。
③ 转引自习近平：《摆脱贫困》，福建人民出版社1992年版，第11—12页。

众是推动社会进步的根本力量，成为历史的创造者。

毛泽东同志曾指出，坚持群众观点是中国共产党与国民党的根本区别。中国一切问题的关键在于政治，而政治的关键在于群众。如果不解决群众最关心的问题一切都将无从谈起。以毛泽东同志为代表的共产党人运用唯物史观观察国家的命运，找到了民主革命的主体力量。他在 1936 年同斯诺谈话时说：民主革命实质上是农民革命，得农民者得天下。谁得到农民群众的拥护，谁就得到了中国；而谁解决了农民的土地问题，谁就能得到农民群众的拥护。

我们党一贯坚持"一切为了群众，一切依靠群众，从群众中来，到群众中去"的群众路线。群众路线是我们党的传家宝，是我们党永葆青春与活力的生命源泉。在治国理政的实践中，我们必须坚持群众路线，把党的正确主张变成群众的自觉行动。我们党的群众路线从根本上体现了"人民群众是历史的创造者"这一基本原理。只有牢固树立"历史是由人民创造的"历史观，我们才能真正做到按历史规律办事，使我们的社会主义事业不断取得新的胜利。

历史反复证明：人民群众是历史的创造者、是推动社会历史进步的主体力量。中国共产党执政的合法性源自于历史和人民，中国共产党的领导是人心向背决定的，是中国人民的历史选择。中国共产党始终代表人民、服务人民，把人民对美好生活的向往作为自己奋斗的目标。习近平总书记强调说："人民是历史的创造者。要坚持把实现好、维护好、发展好最广大人民根本利益作为改革开放的出发点和落脚点，让发展成果更多更公平惠及全体人民，唯有如此改革才能大有作为"①。

三、科学地评价历史人物特别是领袖人物

对历史人物，特别是领袖人物的功过是非的评价，必须以唯物辩证法和

---

① 习近平：《推动全党学习和掌握历史唯物主义，更好认识规律，更加能动地推进工作》，《人民日报》2013 年 12 月 5 日。

唯物史观为指导，客观地、辩证地、历史地分析和评价他们的贡献和不足。习近平总书记认为，要正确地评价历史人物，特别是对领袖人物的功过是非，一定坚持唯物史观和辩证分析的方法。

对历史人物的评价，应该放在其所处时代和社会的历史条件下去分析，不能离开对历史条件、历史过程的全面认识和对历史规律的科学把握，不能忽略历史必然性和历史偶然性的关系。不能把历史顺境中的成功简单归功于个人，也不能把历史逆境中的挫折简单归咎于个人。不能用今天的时代条件、发展水平、认识水平去衡量和要求前人，不能苛求前人干出只有后人才能干出的业绩来。领袖人物以他们高超的理论水平和领导艺术为历史的发展作出了巨大的贡献，但由于各种主客观条件的限制，他们也会出现失误或者错误，我们在肯定他们伟大贡献的同时，也要正视和勇于纠正他们出现的失误或者错误。当然，我们要坚持唯物史观，就不能虚无领袖的历史，更不能因为他们曾经有过失误和错误就抹杀甚至全盘否定他们的历史功绩。

在纪念毛泽东诞辰 120 周年座谈会上，习近平总书记对毛泽东思想以及毛泽东同志的历史功绩作出了客观的评价和科学阐述。他说：毛泽东同志作为中国共产党第一代中央领导集体的核心，他带领全国人民取得了新民主主义革命的伟大胜利，完成了反帝反封建的历史任务。毛泽东同志是中国近代以来伟大的爱国者和民族英雄，他领导中国人民建立起了一个崭新的国家，使中国人民彻底摆脱了受剥削、受压迫的命运，成了国家的主人。毛泽东同志领导全国人民进行了社会主义建设并且取得了基础性成就，为我们今天社会主义建设事业的发展提供了宝贵的经验，奠定了坚实的基础。

科学、客观地评价历史人物，我们也要坚持历史的方法。毛泽东同志在探索社会主义道路的过程中走过弯路，犯过一些错误。对于毛泽东同志晚年时期所犯的错误，我们应当放到当时的历史背景中全面客观地去分析和评价。这些失误或者错误有毛泽东同志个人主观上的原因，也有当时复杂的国际国内形势的客观原因。邓小平同志说过：毛泽东同志的功绩是第一位的，他的错误是第二位的，他的错误在于违反了他自己正确的东西，是一个伟大的革命家、伟大的马克思主义者所犯的错误。

一个马克思主义执政党对领袖人物的错误或者失误的评价是否坚持历史唯物主义的立场，是衡量这个党是否真正对人民群众负责的一个根本尺度。我们党始终坚持科学的历史观，勇于承认领袖人物的失误和错误，辩证分析他们失误和错误的原因，对他们的失误与错误坚决予以纠正。正是在这样的基础上，领袖人物的失误和错误以及我们成功的经验都成为我们的宝贵财富。

第五节　运用历史思维，提高把握大势的能力

当前，我国的现代化建设进入新的历史方位，领导干部必须掌握和运用历史思维方法，提高把握大势的能力，才能肩负起新时代赋予我们的历史使命。

一、科学把握中国道路发展的历史趋势

掌握马克思主义的历史思维，对于各级领导干部把握历史大势能力的提高，无疑具有重要的方法论意义。领导干部要以科学的历史思维分析中国特色社会主义道路发展的历史趋势，坚持社会主义道路不动摇。

首先，中国走社会主义道路符合唯物史观的基本原理，是人类社会及其历史发展的一般规律所决定的，是中国人民革命实践的历史选择。生产力和生产关系的对立统一，作为人类社会发展的基本矛盾，推动着人类社会的发展。人类社会从低级阶段发展到高级阶段，是由社会发展规律所决定的。中国走向社会主义道路，是人类社会发展的必然结果。此外，中国为什么必须走社会主义道路而不走资本主义道路，这是由中国近代社会历史发展的现实条件决定的。胡绳曾经说过：人们在历史发展中是能够起主动作用的，但是

并不能任意地选择前进的道路，而只能在历史所已经准备下的现实条件的范围内进行某种选择。中国人民所选择的道路，是在可能范围内所能找到的最好的道路。

其次，唯物史观揭示了社会主义道路的特殊性，这是中国社会主义道路必须具有中国特色的理论基石。唯物史观揭示了人类社会发展的道路既是一元的，又是多样的；既具有必然性，又具有多样性。不同民族国家走向社会主义发展道路具有特殊性。按照马克思主义的观点，人民群众在创造自己的历史的时候，不可能随心所欲地凭着主观意愿创造，而是在已有历史的前提下，从以往承继下来的历史条件下进行创造。在通往社会主义的发展道路上，由于不同民族国家的实际国情及其所提供的历史条件的特殊性，不同民族国家在具体走向社会主义发展道路的实践中也必然表现出各自不同的发展特点，没有一个适合各国情况的绝对统一的发展模式。中国共产党在改革开放的伟大实践中不断地把马克思主义唯物史观与中国具体实际情况相结合，开辟了一条具有中国特色的社会主义道路。

再次，中国特色社会主义进入新时代有坚实的哲学根据。中国特色社会主义进入新时代，不是执政的中国共产党简单宣布的，而是由于我国已经实现了从站起来到富起来的历史任务，面临着由富起来到强起来的历史新使命。中国特色社会主义进入新时代是由当前社会主要矛盾发生变化所决定的。我国社会主要矛盾已经是"人民日益增长的美好生活需要和不平衡不充分的发展之间的矛盾"，我国社会主要矛盾的变化是关系全局的历史性变化，标志着中国特色社会主义建设实践进入社会主义新时代。

最后，共产主义是中国特色社会主义道路的前进方向。中国特色社会主义往哪儿发展？共产主义是我们坚定的目标和方向。唯物史观作为崭新的历史观，不仅仅揭示了人类社会发展的基本规律，更是把共产主义作为人类完美社会的价值预设。中国特色社会主义道路是符合唯物史观的正确道路，是马克思主义和中国实际相结合的道路。中国特色社会主义建设实践正是朝着共产主义的伟大理想迈进。我们既不走封闭僵化的老路，也不走改旗易帜的邪路，而是沿着共产主义方向前进。2013 年 1 月 5 日，习近平总书记为了强调党的高级干部坚持共产主义的远大理想和坚持中国特色社会主义共同理想的重要性，他说：我们走中国特色社会主义道路，是在历史的逻辑中前进。有中国特色的社会主义道路，是马克思主义理论逻辑和中国发展现实逻辑的有机统一。事实已经证明："只有社会主义才能救中国，只有中国特色社会主义才能发展中国，这是历史的结论、人民的选择。"① 我们要倍加珍惜、不懈努力，坚持社会主义道路不动摇，真正做到"千磨万击还坚劲，任尔东西南北风"。

二、科学理解共产主义理论内涵

历史思维不仅要求各级领导干部，正确地分析中国特色社会主义道路的历史趋势，坚定对中国特色社会主义的道路自信，而且也要求各级领导干部在道路自信的基础上，运用历史思维科学理解共产主义理论，进一步树立对中国特色社会主义共同理想的信念，坚定对共产主义的牢固信仰。

首先，唯物史观所揭示的人类社会发展的终极目标，成为中国道路选择的终极价值取向。共产主义作为人类社会追求的目标，它是一种崇高的理想，是一种完美的社会形态；作为自觉的信仰，它是一种超越的价值指向。因此，中国作为社会主义国家，把共产主义理想作为我们的追求目标，正是中国道路选择的终极价值取向。唯物史观揭示了人类社会发展的客观规律。生产力决定生产关系，生产关系反作用于生产力；经济基础决定上层建筑，上层建筑反作用于经济基础，正是在这一规律的支配下，人类社会形态的依次更替呈现为一个自然历史过程。共产主义的实现，是人类社会的终极理想，是人类历史发展的逻辑必然。因为符合科学逻辑，所以共产主义成为能

---

① 习近平：《在发展中国特色社会主义实践中不断发现、创造、前进》，《人民日报》2013 年 1 月 6 日。

够实现的理想而不是空想。

其次，共产主义是个历史的生成过程。这个实现过程，具体化为每个阶段的改革实践。马克思、恩格斯在《德意志意识形态》中说，共产主义"不是应当确立的状况，不是现实应当与之相适应的理想，而是消灭现存状况的现实的运动"①。共产主义道路成为唯物史观所揭示的实践基础上的历史叙事，是人类社会向未来发展的现实过程。共产主义作为历史的展现，它表征为一个现实的运动过程。中国社会主义道路的选择，正是共产主义的生成过程的现实展现。党的十九大提出了新的"三步走"战略，我们正在为实现中华民族的伟大复兴而努力，这也是我们实践着共产主义的过程。

再次，共产党人要坚定共产主义信仰。什么是信仰？信，就是相信，是笃信不疑；仰，是仰视，对高高在上的东西顶礼膜拜。信仰就是把它存在于自己的内心深处，视为自己的行为准则，坚定不移地去追求，一以贯之地去执行的东西。信仰具有排斥性，强烈的纯洁的信仰具有强大的排斥力。一个人如果没有了信仰，就会随波逐流；来者不拒，受之坦然。一个民族如果没有了信仰，就会迷失发展的方向。新中国成立后，马克思主义信仰随着共产党执政地位的确立进一步占领了全国人民的精神世界。改革开放后，国际国内形势的变化使马克思主义信仰受到了严峻挑战，面对这些挑战，必须坚定共产主义信仰。只有这样，我们的现代化建设事业，才能沿着社会主义的方向，走在希望的田野上。

三、坚决抵制历史虚无主义思潮

领导干部要以科学的历史思维正视中国共产党带领中国人民进行革命和建设的历史，坚决抵制敌对势力散布的历史虚无主义思潮。

---

① 《马克思恩格斯选集》第1卷，人民出版社2012年版，第166页。

"无论是对于一个民族，还是一个国家、一个政党，历史就是根基，历史就是血脉。历史根基、血脉被虚无、被否定了，必然国将不国、党将不党。"① 在 2010 年 7 月 21 日全国党史工作会议上，习近平总书记提出了研究党的历史问题的基本原则，他说：我们要实事求是地把握中国共产党领导地位、核心地位形成的历史必然性；要科学揭示和宣传中国人民选择社会主义道路的历史必然性；要科学揭示和宣传只有坚持改革开放和推进中国特色社会主义建设才能实现中华民族的伟大复兴；要科学揭示和宣传中国共产党领导全国人民取得的历史功绩和伟大成就；要科学揭示和宣传中国共产党的光荣传统和优良作风。对于一切歪曲和丑化党的历史的错误言论和错误行径，我们要坚决反对。"这是党史工作必须遵循的党性原则，也是每一个党史工作者应该履行的政治责任。"②

历史虚无主义打着"重新评价历史"、"还原历史真相"的幌子，歪曲党的历史和新中国历史。它们否定中国共产党领导的新民主主义革命、否定中国选择社会主义道路的历史必然性，认为中国走社会主义道路是"误入歧路"，党和新中国的历史是"一系列错误的延续"；它们否定已有定论的历史事件和历史人物，丑化和恶搞革命前辈和英雄人物，侮辱和诋毁党的领袖，妄图颠覆和动摇人们对革命前辈和人民英雄的崇敬；他们颠倒历史事实，故作神秘地通过挖掘所谓的"细节"和"真相"，为反动人物翻案和赞美。历史虚无主义的逻辑无非是通过歪曲、篡改和虚无历史，鲜明地表达出反对共产党、反对社会主义的政治立场。历史虚无主义的泛滥，带来了恶劣的社会影响。它们丑化中国共产党、丑化社会主义制度，蛊惑和影响了部分群众对于历史真相的认知和判断，造成了消极的后果，使我们在社会主义意识形态话语权方面面临着一定程度的被动局面。

"灭人之国，必先去其史。"③ 国内外敌对势力站在反华、反共、反社会

---

① 罗云瀚：《习近平治国理政中的历史思维》，《中国延安干部学院》2017 年第 5 期。

② 习近平：《在全国党史工作大会上的讲话》，《人民日报》2010 年 7 月 22 日。

③ 《十八大以来重要文献选编》（上），中央文献出版社 2014 年版，第 113 页。

主义的立场上，拿历史事实做文章。他们的最终目的是要通过否定中国革命的历史、中国共产党的历史和新中国发展的历史，进而否定中国共产党执政地位的合法性，从根本上否定党的领导，否定社会主义制度，动摇人们的共产主义的理想信念。这个问题如果处理不好，后患无穷。我们必须深刻认识到历史虚无主义的危害，增强忧患意识，坚定政治立场，切不可麻痹大意、掉以轻心，更不能丧失原则，受其迷惑。苏联解体和苏共垮台是 20 世纪末世界共产主义运动史上的灾难性事件。苏联解体和苏共垮台的原因很多，其中一个重要原因就在于全面否定苏联历史和苏共的历史，抹黑和否定党的领袖人物，把思想搞乱了。

面对意识形态领域的严峻挑战，领导干部必须学会运用科学的历史思维，坚持正确的历史观。历史既具有传承性，又具有客观性和具体性。这就要求我们既不能割断历史，也不能虚无历史。反对历史虚无主义，我们就要坚决捍卫新民主主义革命的胜利成果，充分肯定社会主义革命和建设的历史成就，牢牢掌握改革开放和社会主义现代化建设的正确方向。

四、科学分析现代化建设过程中的问题

领导干部要以科学的历史思维分析现代化建设过程中出现的问题，以历史的视野积极应对这些新问题和新挑战，捍卫马克思主义理论的科学性和革命性。随着中国现代化建设实践的推进，在现实的经济和社会领域出现了一些新问题和新挑战，我们要以科学的历史思维去回答和解释这些问题和挑战。

第一，以"历史的暂时性"视野科学理解市场经济。当前，我们国家正在大力发展社会主义市场经济。有人质疑：既然马克思的理论把批判和超越市场经济作为理论旨归和现实诉求，那么我们当前大力发展市场经济和我们信仰共产主义不是自相矛盾吗？大力发展市场经济，是不是就意味着我们要放弃共产主义理想呢？

马克思主义理论和现实的历史都已经证明：商品经济是社会发展的一个不可逾越的历史阶段。我们的改革也是以此作为合法性的逻辑起点展开的。按照马克思的观点，发展市场经济仅仅是人的存在和社会发展的一个内在的必要环节和步骤而已，这与马克思当时所批判和超越的那些资本主义辩护士和市场原教旨主义者所宣扬的市场经济有着本质的区别。那些资产阶级学者把社会制度分为两种：一种是"人为的"，一种是"天然的"，而市场经济及其制度安排作为资本主义核心成为"历史的最高成就"。

我们要按照历史思维的客观要求，秉持马克思的历史主义立场，从历史的暂时性角度去看待现存事物，历史地认识市场经济。只有经历了市场经济的充分发展，我们才能实现真正的共产主义，这是历史本身走向成熟的逻辑必然。如果我们不大力发展市场经济，只能回到粗陋的共产主义，陷入保守主义的立场。

马克思认为，人类社会历史发展过程是一个自然经济—市场经济—产品经济的演进过程，市场经济只是这个演进过程中的一个环节，是历史发展的一个过渡阶段。当前，我国已经建立起比较完善的社会主义市场经济体制，市场经济建设取得了巨大成就，但我们仍然需要一种历史的视野，从"历史的暂时性角度"超然地看待市场经济，坚持共产主义的超越旨向，坚守马克思的历史主义立场和共产主义的远大理想。这是我们共产党人与资产阶级学者本质区别之所在。

第二，运用历史思维，辩证认识改革开放前后两个历史时期。运用历史思维去看待新中国的历史尤其是改革开放前后两个历史时期，就不能僵化地把改革开放前的历史和改革开放后的历史割裂开来甚至对立起来，而应该辩证地把两个历史时期结合起来理解，避免给历史虚无主义留下"发挥"的余地和空间。

在如何理解和看待改革开放前后两个历史时期的问题上，习近平总书记贯彻了马克思主义科学的方法论，运用科学的历史思维，以高瞻远瞩的历史视野，给我们指出了正确看待两个历史时期应当坚持的基本原则。我们党领导中国人民进行社会主义建设，有改革开放前和改革开放后两个历史时期。这两个历史时期是辩证统一的，二者有所区别又相互联系。虽然两个历史时期在指导思想、方针政策上不同，但二者在本质上相通的，都是中国共产党带领全国人民进行社会主义建设实践的探索。1956 年，随着社会主义改造的完成，中国建立起了社会主义基本制度，随后进行了 20 多年的社会主义建设。1978 年以后，我们正是在这个基础上进入到建设有中国特色社会主义事业的新时期。

改革开放前的历史和改革开放后的历史是社会主义事业一脉相承的发展过程，二者不能相互否定。我们要实事求是，坚持历史分析的方法，秉持马克思主义的基本立场，坚持从客观事实出发，尊重历史，正视历史，运用历史思维对改革开放前后两个历史时期进行科学把握和准确定位，统一思想，深化认识，确保党和人民的事业既一脉相承，又沿着社会主义方向不断前进。

第三，历史地分析无产阶级的使命，避免把马克思的理论沦为狭隘利益的工具。无产阶级以人类解放为历史使命，它不但要消灭资产阶级，而且最终还要消灭自身，"哲学不消灭无产阶级，就不能成为现实；无产阶级不把哲学变为现实，就不可能消灭自身"[1]，所以无产阶级是彻底的大公无私。正因为这种彻底的革命性和无私性，无产阶级敢于批判和揭露意识形态的秘密。中国共产党人作为无产阶级的组织核心，天然地承担着人类解放的历史责任，这是"与生俱来"、"如影相随"的历史宿命。共产党人如果为了维护既得利益，把马克思主义理论作为实现狭隘利益的工具，以满足部分人的私利为出发点和归宿，就必然成为保守的力量，也就失去了无产阶级的革命性和先进性。

在现阶段，无产阶级及其政党必须代表最广大人民的根本利益。中国共产党人始终把人民的利益放在首位，牢固树立"以人民为中心"的执政理念，

---

① 《马克思恩格斯选集》第 1 卷，人民出版社 2012 年版，第 16 页。

把人民对美好生活的向往作为现代化建设事业奋斗的目标。共产党人要到历史的长河中去把握自己的历史使命和责任担当，不忘初心、继续前进，以无私无畏的革命奋斗精神，"让马克思、恩格斯设想的人类社会美好前景不断在中国大地上生动展现出来"①。

---

① 习近平：《在纪念马克思诞辰 200 周年大会上的讲话》，人民出版社 2018 年版，第 28 页。

第七章　人本思维与沟通激励能力

人本思维是领导干部在自身修养和干事创业时必须具备的一种常态思维。人作为临界者、作为主体以及作为社会存在物的规定性，决定了人本思维要把人当作人来对待，要挺立起人的主体性，要建设适于个人自由而全面发展的理想社会。人本思维对于沟通激励能力的养成具有重要意义。一方面，人本思维要实现人与自我之间的沟通和激励，以此筑牢信仰世界，培育敬重之情，挺立担当精神。另一方面，人本思维又要达成"我—他"之间的沟通和激励，以此构建良好的工作氛围与和谐的人际关系。只有自觉地掌握了人本思维，才能更好地提升领导干部的沟通激励能力。

第一节　人本思维的哲学阐释

思维是人类与兽类划界的标志，是人类全部的尊严和优越性的确证。法国思想家帕斯卡尔把人的高贵归结为思想："人只不过是一根苇草，是自然界最脆弱的东西；但他是一根能思想的苇草。用不着整个宇宙都拿起武器来才能毁灭他；一口气、一滴水就足以致他死命了。然而，纵使宇宙毁灭了他，人却仍然要比致他于死命的东西更高贵得多……我们全部的尊严就在于思想……因此，我们要努力好好地思想……"① 帕斯卡尔把人的尊严和高贵

---

① ［法］帕斯卡尔：《思想录》，商务印书馆 1985 年版，第 176 页。

归之为思想。一个人没有思想，无异于一块顽石或一头牲畜。马克思也正是在这个意义上，指出蜘蛛的活动与织工的活动之间存在着无法逾越的鸿沟，以此高扬人在智慧上的优越："蜘蛛的活动与织工的活动相似，蜜蜂建筑蜂房的本领使人间的许多建筑师感到惭愧。但是，最蹩脚的建筑师从一开始就比最灵巧的蜜蜂高明的地方，是他在用蜂蜡建筑蜂房以前，已经在自己的头脑中把它建成了。劳动过程结束时得到的结果，在这个过程开始时就已经在劳动者的表象中存在着，即已经观念地存在着。"①恩格斯则从辩证唯物主义的视角给出了思维及其物质基础的论证——自然界的生成运动和人的实践活动："旧的目的论被抛弃了，但这时有一种信念牢固地确立了：物质在其永恒的循环中是按照规律运动的，这些规律在一定的阶段上——时而在这里，时而在那里——必然在有机体中产生出思维着的精神。"②恩格斯认为，"思维着的精神"是"物质的最高精华"③，而"人的思维的最本质和最切近的基础，正是人所引起的自然界的变化，而不是单独是自然界本身"④。在恩格斯看来，理论思维是极其重要的，没有理论思维，就无法使自然界中的两件事实联系起来，更别说洞察二者之间的既有联系了："理论思维无非是才能方面的一种生来就有的素质。这种才能需要发展和培养，而为了进行这种培养，除了学习以往的哲学，直到现在还没有别的办法。"⑤思维作为人所特有的精神活动，其基本要件包括：感知能力、理性能力、语言能力以及特定的文化传统。因而，不同语言背景和不同文化传统的人们会存在思维方式上的质的差异。

人本思维是一个偏正词组。在这个词组中，"人本"是"思维"的限定语和修饰语。人本思维就是指从人出发、以人为本的思维方式。人本思维

---

　　① 《马克思恩格斯文集》第 5 卷，人民出版社 2009 年版，第 208 页。
　　② 《马克思恩格斯选集》第 3 卷，人民出版社 2012 年版，第 845 页。
　　③ 《马克思恩格斯选集》第 3 卷，人民出版社 2012 年版，第 864 页。
　　④ 《马克思恩格斯选集》第 3 卷，人民出版社 2012 年版，第 922 页。
　　⑤ 《马克思恩格斯选集》第 3 卷，人民出版社 2012 年版，第 873 页。

的哲学内涵可以从两个层面剖析：一是"谁在思?"；二是"怎么思?"。显然，上述两个问题都无法回避那个永恒的斯芬克司之谜——人是谁？

——人是万物的尺度。

——人是理性（社会）的动物。

——人是会说话的动物。

——人是会制造工具的动物。

——人是目的。

——人是社会性存在物。

——人是符号的动物。

——人是此在。

……

关于"人是谁"的理解，直接关系到人本思维的本质规定。有鉴如此，我们拟从三个方面界定人本思维的哲学内涵。

一、人本思维就是要把人当作人来看待

人是一种临界的存在，它总是游移在生与死、有限与无限、必然与自由的边界之间。就是说，作为终有一死的、有限的、受动的存在者，人总是试图超越死亡、有限和受动，以能动的姿态趋近无限、永恒和自由。在这个意义上，人的存在是一个矛盾体。黑格尔认为，"人既是高贵的东西，同时又是完全低微的东西。它包含着无限的东西和完全有限的东西的统一。一定界限和完全无界限的统一。人的高贵处就在于能保持这种矛盾，而这种矛盾是任何自然东西在自身中所没有的也不是它所能忍受的"①。虽然，人知道自身生命的"到时"性，知道"死"所意指的结束意味的不是此在的存在到头，而是这一存在者的一种向终结存在，即死是一种"此在"刚一存在就承担起

---

① ［德］黑格尔：《法哲学原理》，商务印书馆 1961 年版，第 46 页。

来的"去存在"的方式。① 但是，人终究还是能够承担起自己的死亡，在有限的生命中，通过信仰和创造赋予生命以意义，来此克服无法逃脱的"死的根性"。人，多么神圣的存在啊！他纵然知道自己具有永远无法摆脱的兽性，就像恩格斯所说的："人来源于动物界这一事实已经决定人永远不能完全摆脱兽性，所以问题永远只能在于摆脱得多些或少些，在于兽性或人性的程度上的差异"②，然而却一直努力挣脱兽性的束缚，使自己趋于高贵。人，多么伟大的存在啊！他知道自己的生存"无往不在枷锁中"，却执着地相信"代替那存在着阶级和阶级队里的资产阶级旧社会的，将是这样一个联合体，在那里，每个人的自由发展是一切人的自由发展的条件"③。马克思在《1844年经济学哲学手稿》中对于人的存在的二重性——能动性与受动性，有过生动的阐释："人直接地是自然存在物。人作为自然存在物，而且作为有生命的自然存在物，一方面具有自然力、生命力，是能动的自然存在物；这些力量作为天赋和才能、作为欲望存在于人身上；另一方面，人作为自然的、肉体的、感性的、对象性的存在物，同动植物一样，是受动的、受制约的和受限制的存在物，就是说，他的欲望的对象是作为不依赖于他的对象而存在于他之外的；但是，这些对象是他的需要的对象；是表现和确证他的本质力量所不可缺少的、重要的对象。"④

　　人的存在的临界性，是信仰、担当、敬重等价值选择与情感倾向得以可能的哲学人类学基础。只有把人当作人来看待，才能够真正切中人本思维的本质规定性。把人当作人来看待，就是要捍卫人类对于美好生活的向往和追求；把人当作人来看待，就是要倡导人们过一种有尊严、有希望的属人的生活；把人当作人来看待，就是要开启人类特有的价值、道德与信仰的世界，以此实现生命的不断超越；把人当作人来看待，就是要敬重自我和他人，敬

---

① 参见［德］海德格尔：《存在与时间》，生活·读书·新知三联书店1987年版，第282页。
② 《马克思恩格斯选集》第3卷，人民出版社2012年版，第478页。
③ 《马克思恩格斯文集》第2卷，人民出版社2009年版，第53页。
④ 《马克思恩格斯文集》第1卷，人民出版社2009年版，第209页。

重人类的永恒之母——自然，实现人与自我、人与他人、人与自然的和谐共处。把人当作人来看待，就是要承认人会犯错误，建立容错纠错的机制，健全法律和法规。

二、人本思维就是要挺立起人的主体性

在日常语言中，"主体"大概是使用频率最高的词汇之一。然而，它也是最模糊、最混乱和最暧昧的词语之一。"主体"概念起源于亚里士多德哲学，在近代认识论哲学和马克思的实践哲学中得到深化。因而，人的主体性的挺立也经历了由认识论到存在论的转向。

笛卡尔是第一个严肃地对待"主体"问题的人。他以一个命题——"我思故我在"，奠定了在西方哲学史上的地位。"我思"即一个思维着的主体，"现在我觉得思维是属于我的一个属性，只有它不能跟我分开。有我，我存在这是靠得住的……严格说来，我只是一个在思维的东西，也就是说，一个精神，一个理智，或者一个理性"[1]。在此，笛卡尔把"我"等同于理智、精神和理性。从笛卡尔开始，西方近代理性形而上学才真正起航了。黑格尔对此给予高度评价："笛卡尔事实上是近代哲学真正的创始人，因为近代哲学是以思维为原则的……思维是一个新的基础……，哲学在奔波了一千年之后，现在才回到这个基础上面。笛卡尔对他的时代以及整个哲学文化所起的作用，主要在于他以一种自由、简捷而又通俗方式，撇开一切假定，从通俗的思想本身出发，从一些十分简单的命题开始，把内容引到思想和广延（即存在）上，给思想树立了它的这个对立面。"[2]

到了康德那里，哲学才真正解决了主体与理性的本己的、内在的关联。在康德那里，人的主体性已经摆脱了同上帝的关联而完全挺立起来，它一方

---

[1] ［法］笛卡尔：《第一哲学沉思集》，商务印书馆 1986 年版，第 28 页。
[2] ［德］黑格尔：《哲学史讲演录》第 4 卷，商务印书馆 1978 年版，第 63 页。

面表现为人的知性为自然立法，另一方面表现为人的理性为自己立法。在《答复这个问题："什么是启蒙"》一文中，康德给出了关于主体、理性与启蒙的经典回答："启蒙运动就是人类脱离自己所加之于自己的不成熟状态。不成熟状态就是不经别人的引导，就对运用自己的理智无能为力。当其原因不在于缺乏理智，而在于不经别人引导就缺乏勇气与决心去加以运用时，那么这种不成熟状态就是自己所加之于自己的了。Sapere aude！要有勇气运用你自己的理智！这就是启蒙运动的口号。"① 在康德看来，勇敢地运用理性是人的主体性的体现，是人摆脱不成熟状态，进而走向成熟的标志。于是，上帝作为不可认识的"物自体"，已经从认识论领域中悄然隐退了。但是，在道德领域里，为了保证"至善"之境的达成，康德又"悬设"了上帝的存在。因而，康德意义上的宗教是单纯理性限度内的宗教，是服务于人的实践理性的运用的。

现代性的高歌猛进极大地推动了科学技术和资本主义经济的发展。但是，启蒙运动的允诺并未如约兑现。人作为理性主体被日益贬黜为客体。作为现代性批判的历史使命，拯救主体的工作意味着必须认真清理作为现代性之哲学根基的理性形而上学。费尔巴哈率先开始了对思辨哲学的"颠倒"工作，其人本学高扬感性的人和自然，德国哲学的生命活力逐渐焕发。但是，费尔巴哈关于人和自然的感性直观最终无法将哲学内在地引入人的存在的历史。

理性主体向实践主体的真正转向是由马克思实现的。马克思通过对从前的一切旧唯物主义，包括费尔巴哈的唯物主义的彻底清算，确立了实践在哲学中的原初性地位，即"从前的一切唯物主义（包括费尔巴哈的唯物主义）的主要缺点是：对对象、现实、感性，只是从客体的或者直观的形式去理解，而不是把它们当作感性的人的活动，当作实践去理解，不是从主体方面去理解。因此，和唯物主义相反，能动的方面却被唯心主义抽象地发展了，

---

① ［德］康德：《历史理性批判文集》，商务印书馆1990年版，第23页。

当然，唯心主义是不知道现实的、感性的活动本身的……"①。由此，马克思哲学实现了由"解释世界"到"改变世界"的根本转向。随之而来的，实践主体以其历史活动彻底解决了旧唯物主义和唯心主义那令人头疼的难题——"谁生出了第一个人和自然界？"马克思机智而幽默地回答道："我只能对你做如下的回答：请你问一下自己，你是怎样想到这个问题的；请你问一下自己，你的问题是不是来自一个因为荒谬而使我无法回答的观点。请你问一下自己，那个无限的过程本身对理性的思维来说是否存在。既然你提出自然界和人的创造问题，你也就把人和自然界抽象掉了。你设定它们是不存在的，你却希望我向你证明它们是存在的。那我就对你说：放弃你的抽象，你也就会放弃你的问题，或者，你想坚持自己的抽象，你就要坚持到底，如果你设想人和自然界是不存在的，那么你就要设想你自己也是不存在的，因为你自己也是自然界和人。不要那样想，也不要那样向我提问，因为一旦你那样想，那样提问，你把自然界的和人的存在抽象掉，这就没有任何意义了。"②马克思关于人和自然的感性对象性存在的原初性地位的确立，超越了旧唯物主义和唯心主义关于"时间在先"和"逻辑在先"的分裂对立，使哲学回到一元论的立场上来，从而奠定了使人生成为"实践主体"的历史唯物主义基础。

人是主体，是指人永远要求冲破既有的限制，实现自我主宰和自我创造。但是，人不可能在绝对的意义上成为主体，即"绝对主体"。就原初境遇而言，人的存在既不是绝对的独立自存者，也不是绝对的自我主宰者。因为人是一种临界的存在者。他向来已经在世界中存在了，他的存在总有受动性的一面。就此而言，人的主体性仅仅是对"绝对主体"的主体性的模仿。就是说，作为主体的人，其主宰的意欲乃是人的神性的表达。说到底，这种神性不过是人类的自我超越，是人类向终极之境的无限趋近。就西方近代的

---

① 《马克思恩格斯文集》第 1 卷，人民出版社 2009 年版，第 499 页。

② 《马克思恩格斯文集》第 1 卷，人民出版社 2009 年版，第 196 页。

理性主体而言，人的神性就是冲破有欠缺的自我而趋向完满的上帝。① 就马克思主义哲学的实践主体而言，人的神性就是勇敢地进行社会变革，"推翻使人成为被侮辱、被奴役、被遗弃和被蔑视的东西的一切关系"②，建立一个真正符合人的本性的人间天国——共产主义社会。就当代中国而言，中国特色社会主义现代化实践是通向共产主义的必由之路。在这一伟大的历史进程中，人民群众的首创精神和主体性与创造性必须得到应有的尊重和足够的肯定。这是唯物史观的基本要求。习近平总书记指出，改革开放是亿万人民自己的事业，必须坚持尊重人民首创精神，坚持在党的领导下推进。这是深化改革开放必须坚持和把握好的一条重要原则。在中国革命和建设的各个历史时期，人民群众作为历史创造者和改革开放事业的实践主体，在"沂蒙人民"、"小岗农民"和"朝阳群众"那里得到了集中体现。

在新时代中国特色社会主义实践中，人本思维对人的主体性的挺立，最为根本的就是坚持和尊重人民群众作为创造历史的实践主体的地位，激发人民创造活力，用制度体系保证人民群众当家作主。

三、人本思维就是要实现个人自由而全面的发展

任何关于人的本质的理解都建基于一种特定的人的现实生存的境遇。马克思关于人的本质的理解，是现代性根本地重塑了人的整个生存方式的结果。19 世纪中期，欧洲政治解放的结果是确立了人的二重化存在，即一方面作为国家公民，享有不可剥夺的自由、平等、安全政治权利；另一方面，在自己的私人生活中，由于私有财产的存在，作为市民社会的成员，每一个人同每一个人想对立。马克思一方面肯定"政治解放"的历史进步性，即"政治解放当然是一大进步；尽管它不是普遍的人的解放的最后形式，但在

---

① 参见 ［法］笛卡尔：《第一哲学沉思集》，商务印书馆 1986 年版，第 56 页。
② 《马克思恩格斯文集》第 1 卷，人民出版社 2012 年版，第 11 页。

迄今为止的世界制度内，它是人的解放的最后形式。不言而喻，我们这里指的是现实的、实际的解放"①。同时，马克思也极为犀利地批判了"政治解放"的历史局限性，即"政治解放本身并不就是人的解放，如果你们犹太人本身还没有作为人得到解放便想在政治上得到解放，那么这种不彻底性和矛盾就不仅仅在于你们，而且在于政治解放的本质和范畴"②。启蒙思想家所孜孜以求的自由，就发生在政治解放的范围内，即自由是可以做和可以从事任何不损害他人的事情的权利。每个人不损害他人而进行活动的界限是由法律决定的。马克思指出："这里所说的人是作为孤立的、自我封闭的单子的自由。""但是，自由这一人权不是建立在人与人相结合的基础上，而是相反，建立在人与人相分离的基础上。这一权利就是这种分隔的权利，是狭隘的、局限于自身个人的权利。"③ 就此而言，私有财产这一人权就是任意地、同他人无关地、不受社会影响地享用和处理自己的财产的权利；这一权利是"自私自利的权利。这种个人自由和对这种自由的应用构成了市民社会的基础。这种自由使每个人不是把他人看做自己自由的实现，而是看做自己自由的限制"④。就是说，政治解放造就的不是"作为人的人"，而是市民社会的成员，即"自然人"。因此，政治解放仍然是有待扬弃的。因为"它把市民生活分解成几个组成部分，但没有变革这些组成部分本身，没有加以批判。它把市民社会，也就是需要、劳动、私人利益和私人权利等领域看做自己持续存在的基础，看做无须进一步论证的前提，从而看做自己的自然基础"⑤。只有在政治解放的积极扬弃中，才能找到实现人的解放的现实道路，即"当现实的个人把抽象的公民复归于自身，并且作为个人，在自己的经验生活中、自己的个体劳动、自己的个体关系中间，成为类存在物的

---

① 《马克思恩格斯文集》第 1 卷，人民出版社 2009 年版，第 32 页。
② 《马克思恩格斯文集》第 1 卷，人民出版社 2009 年版，第 38 页。
③ 《马克思恩格斯文集》第 1 卷，人民出版社 2009 年版，第 40—41 页。
④ 《马克思恩格斯文集》第 1 卷，人民出版社 2009 年版，第 41 页。
⑤ 《马克思恩格斯文集》第 1 卷，人民出版社 2009 年版，第 46 页。

时候，只有当人认识到自身'固有的力量'是社会力量，并把这种力量组织起来因而不再把社会力量以政治力量的形式同自身分离的时候，只有到了那个时候，人的解放才能完成。"① 因此，马克思现代性批判的历史使命就是重建人的真实的共同体生活，即"代替那存在着阶级和阶级队里的资产阶级旧社会的，将是这样一个联合体，在那里，每个人的自由发展是一切人的自由发展的条件"②。

人本思维关于人的社会性规定以及对适于人的本性的理想社会的追求，要求我们对现存社会持一种既辩护又批判的立场，大力发展生产力，积极进行社会改革，为人类理想社会的实现准备历史条件。

第二节　人本思维的方法论内涵和要求

人本思维就是在理解和把握人的生存方式的基础上，通过对人的生存状况的关注，对符合人性的社会生活的创造，对属人的价值世界的肯定，以及对人类解放与自由的不懈追求，来充分彰显人的尊严和价值。因此，人本思维的基本方法论内涵和要求包括以下几个方面。

一、人是主体，依靠人

人本思维就是从人的主体地位出发，充分发挥人的能动性和创造性。唯物史观认为，人民群众是创造历史的主体。唯物史观之所以是哲学观和历史观上的革命性变革，是因为它揭开了思辨哲学关于历史的神秘杜撰，从而能够直面历史本身："历史什么事情也没有做，它'不拥有任何惊人的丰富性'，

---

① 《马克思恩格斯文集》第 1 卷，人民出版社 2009 年版，第 46 页。
② 《马克思恩格斯文集》第 2 卷，人民出版社 2009 年版，第 53 页。

它'没有进行任何战斗'！其实，正是人，现实的、活生生的人在创造这一切，拥有这一切并且进行战斗。并不是'历史'把人当作手段来达到自己——仿佛历史是一个独具魅力的人——的目的。历史不过是追求着自己目的的人的活动而已。"①在马克思和恩格斯看来，在原初的意义上，人的主体性就蕴含在历史的世俗基础——人的需要的满足中。因为一切历史的第一个前提是："人们为了能够'创造历史'，必须能够生活。但是为了生活，首先就需要吃喝住穿以及其他一些东西。因此，第一个历史活动就是生产满足这些需要的资料，即生产物质生活本身……因此，任何历史观的第一件事情就是必须注意上述基本事实的全部意义和全部范围。"②恰恰是人的需要的满足激发出巨大的人的主体性力量。这种关于主体性的理解，成为唯物史观中最富于创造性的地方。

其实，黑格尔已经看到了人类欲望对于推动历史发展的巨大作用；"在很多情况中，情感（尤其是情欲和激情）、个人利益和自私动机的满足却是十分强大的动力。它们之所以力量十足、威力巨大，主要在于它们并不受正义和道德的约束。与那些要通过很长时间才能培养出来的秩序和自制、法律和道德相比，情感的原始力量更容易直接地抓住人心"③。但是，这种作为"恶"的情欲对于历史发展的作用机制，是以"颠倒"的方式加以强调的。在黑格尔那里，这些对个人满足的追求尽管催生出个人无限的主体性，但这种主体性却永远结不出任何的现实之硕果。因此，必须有一个哲学上的根本解决，才能使哲学走出寂静的沉思，进入人的现实的生活。马克思指出："迄今为止的一切历史观不是完全忽视了历史的这一现实基础，就是把它仅仅看成与历史进程没有任何联系的附带因素。因此，历史总是遵照在它之外的某种尺度来编写的；现实的生活生产被看成是某种非历史的东西，而历史的东西则被看成是某种脱离日常生活的东西，某种处于世界之外和超乎世界之上

① 《马克思恩格斯文集》第 1 卷，人民出版社 2009 年版，第 295 页。
② 《马克思恩格斯选集》第 1 卷，人民出版社 2012 年版，第 158—159 页。
③ ［德］黑格尔：《黑格尔历史哲学》，九州出版社 2011 年版，第 85 页。

的东西。"① 正是在满足需要的过程中，黑格尔思辨哲学的非历史性和非批判性，最终在作为伦理共同体的国家中臻于完成。在黑格尔那里，市民社会蕴含着两个相互关联的内在原则，即特殊的以自身需要为目的的个人与满足需要的具有普遍性形式的理性。这两个原则一方面使"一切脾性、一切禀赋、一切有关出生和幸运的偶然性都自由地活跃着"，另一方面又使"一切激情的巨浪，汹涌澎湃，它们仅仅受到向它们放射光芒的理性的节制。受到普遍性限制的特殊性是衡量一切特殊性是否促进它的福利的唯一尺度"。② 这样一来，市民社会追逐个人私利所造成的道德上的幻化和扭曲，在市民社会的范围内是无法解决的。只有诉诸具有道德和伦理精神的国家，才能协调市民社会中个体之间的无序和混乱状态，从而实现个体的所谓幸福："主体性、特殊性、个体性一开始的时候都是以自我为中心的个体，在其初始阶段，它只能发挥自己直接的、原始的本性，从而满足自己的需求，凭此去追求自己的欲望、利益、情欲，从而实现自己的有限性……如果……个体能够及时消除自己与其他个体之间的对立，能够与其他个体相互协调，而不再是孤立的个体，那么，这个时候他所达到的状态，就可以被看作幸福了。"③ 正是在这里，马克思冲破了黑格尔思辨哲学的外壳，完成了历史唯物主义的理论革命。马克思指出："法的关系正像国家的形式一样，既不能从它们本身来理解，也不能从所谓人类精神的一般发展来理解，相反，它们根源于物质的生活关系，这种物质的生活关系的总和，黑格尔按照 18 世纪的英国人和法国人的先例，概括为'市民社会'，而对市民社会的解剖应该到政治经济学中去寻求。"④ 这种新的历史观，把市民社会理解为整个历史的基础，从市民社会作为国家的活动描述市民社会，同时从市民社会出发阐明意识的所有各种不同理论的产物和形式。这不仅使市民社会与国家的关系得到重新规定，也完成了关于人民

---

① 《马克思恩格斯选集》第 1 卷，人民出版社 2012 年版，第 173 页。
② [德] 黑格尔：《法哲学原理》，商务印书馆 1961 年版，第 197—198 页。
③ [德] 黑格尔：《黑格尔历史哲学》，九州出版社 2011 年版，第 103 页。
④ 《马克思恩格斯文集》第 2 卷，人民出版社 2009 年版，第 591 页。

群众作为创造历史的主体的历史唯物主义的完整阐释。

领导干部必须充分发挥人民群众创造历史的主体性作用。我党在长期的革命和建设中形成了一切为了群众，一切依靠群众和从群众中来，到群众中去的群众路线。党的群众路线是马克思主义人本思维的内在要求。一切依靠群众，就要坚决维护群众的合法利益和诉求。习近平总书记在党的十九大报告中指出："全党必须牢记，为什么人的问题，是检验一个政党、一个政权性质的试金石。带领人民创造美好生活，使我们党始终不渝的奋斗目标。必须始终把人民利益摆在至高无上的地位，让改革发展成果更多更公平惠及全体人民，朝着实现全体人民共同富裕不断迈进。"[①]

二、人是尺度，成就人

人本思维就是把人当作尺度，尊重人的生命权、财产权、生存权和发展权。德国思想家雅斯贝尔斯在《历史的起源与目标》一书中，第一次把公元前 500 年前后同时出现在中国、西方和印度等地区的人类文化的突破现象称为"轴心时代"。在中西方文化的"轴心时代"，人的觉醒成为一道最亮丽的风景。具体而言，人的觉醒在中国文化中表现为以儒家为主导的道德主体及其形上思维的确立。孔子所谓"我欲仁，斯仁至矣"[②]，就充分彰显了这种道德主体性的挺立。道德主体性一旦确立起来，就意味着人进入了信仰的世界。如此一来，无论人生的遭际如何，他都能够无往而不自得。因为他心有所主，不为所动："富与贵，是人之所欲也；不以其道得之，不处也。贫与贱，是人之所恶也；不以其道得之，不去也。君子去仁，恶乎成名？君子无终食之间违仁，造次必于是，颠沛必于是。"[③] 不仅如此，道德主体性的确立

---

① 习近平：《决胜全面建成小康社会 夺取新时代中国特色社会主义伟大胜利——在中国共产党第十九次全国代表大会上的报告》，人民出版社 2017 年版，第 45 页。

② 杨伯峻：《论语译注》，中华书局 2006 年版，第 85 页。

③ 杨伯峻：《论语译注》，中华书局 2006 年版，第 39 页。

还能够使人获得无比的勇气和担当，从而能够自觉地成就理想人生。儒家思想的形上思维集中表现为"人道"与"天道"的内在贯通。就此而言，中国文化主体性的核心就是关于"人道"与"天道"的体悟与践行。所以，金岳霖先生说道："中国思想中最崇高的概念似乎是道。所谓行道、修道、得道，都是以道为最终的目标。思想与情感两方面的最基本的原动力似乎也是道。"① 人的觉醒在西方文化中表现为人的自我意识与理性能力的觉醒和运用。普罗泰戈拉的名言"人是万物的尺度"，就是古希腊民主时代一次伟大的人文启蒙。迄今为止，尽管人们还在纠结这个命题中的"人"究竟是指"个体"还是"整个人类"，但是，无论如何，普罗泰戈拉的命题高扬了人在社会历史中的中心地位。人"是历史性存在的创造者、认识者和裁判者；人为自己制定习俗、法律、伦理规范和城邦生活准则来规范、约束自己，人又是主动的，人皆有资格发表意见，可以褒贬、修订、革新这些准则。这样，以往的一切准则和教义都得在自我意识初步觉醒的希腊人面前重新接受审查，辨明自己存在的合理性"② 。在西方近代启蒙语境中，权利观念在古希腊的人文启蒙和基督教的自然法传统中有其根源。美国学者列奥·施特劳斯认为，自然权利的内涵有一个由古典到现代的转向。古典自然权利，即自然法，"乃是上帝意志的宣布。它是人心中的'上帝之声'。它因此可以称作是'上帝法'或'神法'，或者甚至是'永恒法'……没有这样的知识，人们就无法行动得有道德"③ 。但是，17、18 世纪，一种前所未有的对于权利的重视和强调在霍布斯的学说中得到最强有力的表达。那么，古代自然法向近代自然权利的转向意味着什么呢？也许可以这样回答：现代性处境中个体与共同体的疏离。资本主义的商品经济和市场经济是个体观念得以培育的根基。资本

---

① 金岳霖：《论道》，中国人民大学出版社 2009 年版，第 14 页。

② 叶秀山、王树人总主编：《西方哲学史》（学术版）第二卷（上），人民出版社 2011 年版，第 431 页。

③ ［美］列奥·施特劳斯：《自然权利与历史》，生活·读书·新知三联书店 2003 年版，第 207 页。

主义经济、个人权利与契约精神并驾齐驱，突飞猛进。而且，进步的观念又增强了人们的信心。英国功利主义经济学家詹姆斯·穆勒坦言："除非个体被允许过他意愿的生活，否则文明就不会进步；没有观念的自由市场，真理也不会显露；也就没有自发性、原创性与天才的余地，没有心灵活力、道德勇气的余地。社会将被'集体平庸'的重量压垮。"① 而且，自然权利理论成为政治解放的巨大思想武器。法国 1791 年宪法宣布自由、财产、安全和反抗压迫是天赋的、不可剥夺的人权，肯定了言论、信仰、著作和出版自由，阐明了权力分立、法律面前人人平等、私有财产神圣而不可侵犯等原则，集中体现了启蒙运动关于人的自然权利理论。启蒙运动的自然权利理论也成为美国独立战争的政治主张——这些真理是不言而喻的：人人生而平等，造物者赋予他们若干不可剥夺的权利，其中包括生命权、自由权和追求幸福的权利。的确，自然权利理论极大地激发了资产阶级反封建的精神勇气。马克思关于自然权利理论的批判是深刻的，他指出：自然权利理论在私有制的框架内无法实现，国家作为市民社会的结果，作为一种外在的、异己的力量，只能使所谓自由、平等的政治权利沦为意识形态的虚假造作。摆脱资产阶级法权意义上的权利观念，只能诉诸资本主义私有制的废除和自由人的联合体的构建。

马克思主义哲学关于人的发展的终极价值尺度就是个人自由而全面的发展。它的实现有赖于生产力高度发展基础上的物质财富的涌流、个人能力的全面发展以及道德觉悟的全面提升，而这一切的取得是在资本主义私有制创造的一切积极成果的基础上，通过消灭资产阶级私有制和旧式分工，实现社会主义和共产主义。当前，中国特色社会主义进入新时代，我国社会主要矛盾已发生变化，即由人民群众日益增长的物质文化需要同落后的社会生产之间的矛盾转变为人民日益增长的美好生活需要同不平衡不充分的发展之间的矛盾。党的十九大指出："我国社会主要矛盾的变化，没

---

① 转引自 [英] 以赛亚·伯林:《自由论》，译林出版社 2011 年版，第 175—176 页。

有改变我们对我国社会主义所处历史阶段的判断，我国仍处于并将长期处于社会主义初级阶段的基本国情没有变。"① 因此，我们必须立足社会主义初级阶段这个最大实际，牢牢坚持党的基本路线这个党和国家的生命线、人民的幸福线，继续推进社会主义市场经济，大力发展生产力，提高保障和改善民生水平，构建社会主义核心价值观，为每个人的自由而全面的发展创造历史条件。

三、人是目的，为了人

人本思维就是把人当作目的，把人的尊严和价值摆到目的的地位。作为有限的理性存在者，人在其感性对象性存在中把自己设为目的，就像康德所说："人，一般说来，每个有理性的东西，都自在地作为目的而实存着，他不单纯是这个或那个意志所随意使用的工具。在他的一切行为中，不论对于自己还是对于其他有理性的东西，任何时候都必须被当做目的。"② 可是，在资本主义私有制条件下，工人不占有劳动资料，只能出卖自己的劳动力来维持肉体需要的满足，就是说，工人的劳动力成为商品。这是资本主义生产方式得以运行的前提。劳动力成为商品，随之而来的是人成为手段。人的劳动成为异化劳动。这种状态将持续整个人类的史前史阶段。康德的崇高理想在资本主义的现实中落了空，"康德以单纯的'善良意志'自慰，哪怕这种善良意志毫无效果也心安理得，他把这种善良意志的实现、它与个人的需要和欲望之间的协调都推到彼岸。康德的善良意志完全符合德国市民的软弱、受压迫和可悲的状况，他们的细小的利益始终不能发展成为一个阶级的共同的民族利益，因此他们经常遭到其他各国资产者的剥削。"③

① 习近平：《决胜全面建成小康社会　夺取新时代中国特色社会主义伟大胜利——在中国共产党第十九次全国代表大会上的报告》，人民出版社 2017 年版，第 12 页。

② 〔德〕康德：《道德形而上学原理》，上海人民出版社 2005 年版，第 47 页。

③ 《马克思恩格斯全集》第 3 卷，人民出版社 1960 年版，第 211—212 页。

作为目的的人却成为了手段，这一悖谬的现象只有进入人的存在的历史才是可以理解的。资本主义私有制造成了劳动资料与劳动者的分离。正是在这一分离中，人的命运发生了反转，人成为剩余价值这一目的的手段。因而，离开物质生产这一历史的世俗基础，将无法揭开人的命运的这种反转。马克思指出："这种生产方式不应当只从它是个人肉体存在的再生产这方面加以考察。更确切地说，它是这些个人的一定的活动方式，是他们表现自己生命的一定方式、他们的一定的生活方式。个人怎样表现自己的生命，他们自己就是怎样。因此，他们是什么样的，这同他们的生产是一致的——既和他们生产什么一致，又和他们怎样生产一致。因而，个人是什么样的，这取决于他们进行生产的物质条件。"① 然而吊诡的是，人的复归，即人重新成为目的，却只有凭借资本主义私有制所发展起来的巨大的生产力基础才是可能的，这就是历史本身的辩证法（黑格尔称为"历史的狡计"）。马克思在《哥达纲领批判》中指出："在共产主义社会高级阶段，在迫使个人奴隶般地服从分工的情形已经消失，从而脑力劳动和体力劳动的对立也随之消失之后；在劳动已经不仅仅是谋生的手段，而且本身成了生活的第一需要之后；在随着个人的全面发展，他们的生产力也增长起来，而集体财富的一切源泉都充分涌流之后，——只有在那个时候，才能完全超出资产阶级权利的狭隘眼界，社会才能在自己的旗帜上写上：各尽所能，按需分配！"② 只有到那个时候，人才能够主宰和控制他的一切社会关系，随自己的意愿而自由地活动。人，才真正成为目的。就像马克思、恩格斯所展望的那样："在共产主义社会里，任何人都没有特殊的活动范围，而是都可以在任何部门内发展，社会调节着整个生产，因而使我有可能随自己的兴趣今天干这事，明天干那事，上午打猎，下午捕鱼，傍晚从事畜牧，晚饭后从事批判，这样就不会使我老是一个猎人、渔夫、牧人或批判者。"③ 启蒙运动关于"人是目的"初衷注定会迷失

---

① 《马克思恩格斯选集》第 1 卷，人民出版社 2012 年版，第 147 页。
② 《马克思恩格斯选集》第 3 卷，人民出版社 2012 年版，第 364—365 页。
③ 《马克思恩格斯选集》第 1 卷，人民出版社 2012 年版，第 165 页。

于启蒙理性的自我展开中。

马克思主义哲学揭开了人的斯芬克司之谜，找到了通往作为目的的人的社会的现实道路。这一过程包含一个完整的三一式辩证结构，即"人的依赖关系（起初完全是自然发生的），是最初的社会形式，在这种形式下，人的生产能力只是在狭小的范围内和孤立的地点上发展着。以物的依赖性为基础的人的独立性，是第二大形式，在这种形式下，才形成普遍的社会物质变换、全面的关系、多方面的需要以及全面的能力的体系。建立在个人全面发展和他们共同的、社会的生产能力成为从属于他们的社会财富这一基础上的自由个性，是第三个阶段。第二个阶段为第三个阶段创造条件。"① 今天，我们正处于马克思所说的人的发展的第二个阶段，即以物的依赖性为基础的人的独立性阶段。在这一阶段中，人的生存面临前所未有的风险。乔治·奥威尔在《一九八四》中曾预言人类将会遭受极度集权的压迫而失去自由；赫胥黎则在《美丽新世界》中表达了自由沦丧的另一种情况，即人们会渐渐爱上工业技术带来的娱乐和文化而不再思考。对此，尼尔·波兹曼则在《娱乐至死》中断言：可能成为现实的不是奥威尔的预言，而是赫胥黎的预言。毁掉我们的不是我们憎恨的东西，恰恰是我们所热爱的东西——电子传媒。技术时代，人类极有可能在不知不觉中成为"手段"。对此，我们必须保持足够的警惕。马克思主义哲学关于人是目的的价值尺度，必须贯穿人类历史的整个进程。

我国改革开放的根本目的是人的发展，因此，广大领导干部要不断实现好、维护好、发展好最广大人民根本利益，做到发展为了人民，发展成果由人民共享。在学有所教、劳有所得、病有所医、老有所养、住有所居上持续取得新进展，夺取全面建成小康社会决胜阶段的伟大胜利，实现"两个一百年"奋斗目标、实现中华民族伟大复兴的中国梦。

---

① 《马克思恩格斯文集》第8卷，人民出版社2009年版，第52页。

第三节　提高运用人本思维沟通激励的能力

人本思维意味着以人的尺度来关照自己和他者。这种关照既体现于人与自我之间的沟通与激励方面，也体现于我—他之间的沟通与激励方面。具体来说，领导干部需要从以下几个方面提高运用人本思维沟通激励的能力。

一、增强人本思维中的自我沟通与激励能力

人本思维首先有一个自我指涉的问题。它发生在我与自身之间，表达为一种自我沟通与激励，即通过自我反省，构建属我的信仰和职责的世界，从而使我获得一种自我沟通与激励，由此挺起生命的主体性。

首先，筑牢信仰世界。人是唯一有能力对自己的存在进行反思和领悟的存在者。在这个意义上，人的存在是自由的、超越的。惟其如此，信仰才是可能的。然而，信仰并非天然植根于"我"的生存之中。它源于"我"对生存缺憾与苦难的自觉。就是说，作为临界的存在者，当我自觉到生存的缺憾、苦难和终有一死的结局时，我便当下获得了信仰的契机。通过信仰，我打开了一个具有绝对价值的世界，进入了与"无限者"的无限关系，进入了与"绝对者"的绝对关系。由此，"我"挺立起生命的主体性，从而鼓起面对生之缺憾的勇气和力量，得以明了生死之惑，超越庸常生活，期冀至善之境。总之，通过信仰，我得以实现对现实人生的当下超越。毋庸讳言，启蒙运动所确立的理性的至上性地位，大大加速了社会生活的世俗化与多元价值的形成。市场经济的制度设计与大众文化的娱乐诉求，导致了最高价值的贬黜。在这一过程中，传统信仰的地基摇摇欲坠。人们狂热地膜拜金钱，无度地追逐感官欲望的满足，可以说，信仰的迷失是现代人不得不承受的宿命。应该承认，现代性的大潮不同程度地冲击着党员干部的理想信念和共产主义信仰，这对于党的事业的成败是性命攸关的。习近平总书记在 2012 年 11

月 17 日中央政治局第一次集体学习时强调：坚定理想信念，坚守共产党人精神追求，始终是共产党人安身立命的根本。对马克思主义的信仰，对社会主义和共产主义的信念，是共产党人的政治灵魂，是共产党人经受住任何考验的精神支柱。形象地说，理想信念就是共产党人精神上的"钙"，没有理想信念，理想信念不坚定，精神上就会"缺钙"，就会得"软骨病"。任何信仰都植根于人的特定的生存处境。中国现代化必须以真正合乎人性的共产主义信仰为终极价值参照，才能确保其人民性。因此，党员干部在现代性的地基上，通过坚定"四个自信"，增强"四个意识"以及深刻理解马克思主义，筑牢共产主义信仰的铜墙铁壁。

其次，培育敬重之情。领导干部对于自我、他人、权力、法律，乃至人类永恒的自然之母，应该怀有发自内心的敬重之情。唯有这种敬重才赋予人类的发展事业神圣性和庄严性。康德是十分看重敬重之情的伟大哲学家，因为敬重是道德行动的原初动力。作为有限的理性存在者，人能够遵从理性为自己所定之法，从而实现意志的自律。康德说道："意志自由地屈从于法则（道德法则——引者注）的意识，并且还与一种不可避免的、虽然只是由自己的理性加于一切禀好之上的约束联结在一起，乃是对法则（道德法则——引者注）的敬重。"[①] 正是敬重之情成为连接超验的道德法则与经验的道德行为的桥梁。敬重之情带有某种"强迫"性。它"强迫"人类自己为自己立法，自己遵守自己所立之法。人类由此获得了尊严。而尊严超越于一切价值之上，没有等价物可替代。康德认为，"自律性就是人和任何理性本性的尊严的根据。""我们认为……那些尽到了自己一切责任的人，在某种意义上是崇高的、尊严的。他之所以崇高，并不由于他服从道德规律，而是由于他是这规律的立法者……人类的尊严正在于他具有这样的普遍立法的能力，虽然同时他也要服从同一规律。"[②] 一方面，我们在与神圣而庄严的道德法则的比较中，不

---

① ［德］康德：《实践理性批判》，商务印书馆 1999 年版，第 87 页。
② ［德］康德：《道德形而上学原理》，上海人民出版社 2005 年版，第 56、61 页。

可避免地得出真正的谦卑。另一方面，敬重使人意识到自身作为道德存在者的崇高，这种崇高所产生的愉悦激励人超越有限，走向无限，实现人性的提升和完善。因而，敬重之情没有贬低人，而是将人提升了。2015年香港中文大学校长的毕业致辞充满了深沉的人文关怀和博大的激励效应，令人回味无穷——我希望你们能俭朴地生活，我希望你们能高尚地生活，我希望你们能谦卑地生活。就领导干部而言，最为根本的就是要敬重人民群众，全心全意为人民服务。2014年9月21日，习近平总书记在庆祝中国人民政治协商会议成立65周年时指出："天视自我民视，天听自我民听。"① 要坚持把实现好、维护好、发展好最广大人民根本利益作为一切工作的出发点和落脚点。要以人民群众利益为重、以人民群众期盼为念，真诚倾听群众呼声，真实反映群众愿望，真情关心群众疾苦。充分调动人民群众的积极性、主动性、创造性。某些领导干部口口声声是人民群众及其利益，但对人民群众毫无敬重之情，在其心中，人民群众无非是一种意识形态的修辞。这样的干部何谈敬重之情！

再次，挺立担当精神。担当就是承担责任。每个生活在共同体中的个人，不仅要承担自身生存的全部责任，而且要作为共同体的一员承担相应的社会责任。"横渠四句"——"为天地立心，为生民立命，为往圣继绝学，为万世开太平"，是关于知识分子与学术之崇高使命的精辟表达，尽显儒者的襟怀、器识与宏愿，以及人之为人的高度自觉！它对于当今领导干部的担当精神也具有重要的启示意义。党员干部的担当精神是指坚持原则、是非分明、敢于作为、勇于负责。2013年6月28日，习近平总书记在全国组织工作会议上提出了好干部标准，"敢于担当"就是极为重要的一项标准："担当就是责任，好干部必须有责任重于泰山的意识，坚持党的原则第一、党的事业第一、人民利益第一，敢于旗帜鲜明，敢于较真碰硬，对工作任劳任怨、尽心竭力、善始善终、善作善成。"② 因此，是否具有担当精神，就是说，是

---

① 《习近平谈治国理政》第二卷，外文出版社2017年版，第296页。

② 《习近平谈治国理政》第一卷，外文出版社2018年版，第416页。

否能够忠诚履责、尽心尽责、勇于担责，是检验每一个党员干部身上是否具备共产党人先进性和纯洁性的重要标准。

担当需要勇气，也需要能力。领导干部只有练就了过硬的本领，才能敢担当、真担当。这就要求领导干部不仅要刻苦学习科学理论，不断提高政治觉悟和思想素质，而且要刻苦学习业务知识，不断提高工作能力和业务水平。同时，要重视实践锻炼。经历严格党内政治生活的锻炼，经历艰难困苦环境、急难险重任务的考验，才能磨炼意志、增强党性、积累经验、提高能力。党的十八大以来，我党一方面积极建立"容错"、"纠错"机制，以宽容的态度保护那些积极作为、敢于担当的干部，为其营造良好的政治生态和提供干事创业的平台。另一方面，培育良好的政治生态和社会氛围，建立健全激励担当的选人用人机制，形成敢于担当、敢于作为的用人导向，重用和提拔敢于担当的领导干部。

二、增强人本思维中的我—他沟通与激励能力

人本思维意味着人们在进行自我沟通和激励的同时，还要进行我—他之间的沟通和激励。这是因为：自我总是生活在特定的社会关系中的个体，他必须通过他者之境来反观自身，即"人的本质是人的真正的社会联系，所以人在积极实现自己本质的过程中创造、生产人的社会联系、社会本质，而社会本质不是一种同单个人相对立的抽象的一般的力量，而是每一个单个人的本质，是他自己的活动，他自己的生活，他自己的享受，他自己的财富。因此，上面提到的真正的社会联系并不是由反思产生的，它是由于有了个人的需要和利己主义才出现的，也就是个人在积极实现其存在时的直接产物"[1]。一般而言，"他者"（The other）是相对于"自我"而形成的概念，指自我以外的一切人与事物。凡是外在于自我的存在，不管它以什么形式出现，可看

---

① 　马克思：《1844 年经济学哲学手稿》，人民出版社 2000 年版，第 170—171 页。

见还是不可看见的、可感知还是不可感知的，都可以被称为他者。对"自我与他者"关系的强调，主要是反思主体的"唯我论"倾向，并克服"主体性"过度泛滥所导致的人与人之间、人与自然之间不断加剧的矛盾。在马克思看来，只有人承认自己是人，并且以人的方式来组织世界，人们之间的社会联系才以自然而正当的形式表现出来。譬如，马克思在谈到人们之间的恋爱关系和相互激励关系时，就十分注重人的非异化状态的前提，因为只有在这种非异化状态中，我—他之间的社会关系才能激发出巨大的正能量。马克思说道："我们现在假定人就是人，而人对世界的关系是一种人的关系，那么你就只能用爱来交换爱，只能用信任来交换信任，等等。如果你想得到艺术的享受，那你就必须是一个有艺术修养的人。如果你想感化别人，那你就必须是一个实际上能鼓舞和推动别人前进的人。你对人和对自然界的一切关系，都必须是你的现实的个人生活、与你的意志的对象相符合的特定的表现。如果你在恋爱，但没有引起对方的爱，也就是说，如果你的爱作为爱没有使对方产生相应的爱，如果你作为恋爱者通过你的生命表现没有使你成为被爱的人，那么你的爱就是无力的，就是不幸。"①

领导干部担当着领导人、团结人、鼓舞人和关怀人的社会责任。因此，领导干部在积极进行自我沟通与激励的同时，更要提升我—他之间的沟通和激励能力，恰当处理好以下几种关系。

首先，正确领会下级对上级的尊重与服从。为什么要尊重上级？这是因为作为他人的上级领导与自我一样都是平等的个体，因此，尊重上级领导是最起码的道德和修养。儒家非常重视个体之间的相互尊重和爱戴。孟子曰："君子所以异于人者，以其存心也。君子以仁存心，以礼存心。仁者爱人，有礼者敬人。爱人者，人恒爱之。敬人者，人恒敬之。有人于此，其待我以横逆，则君子必自反也。"② 你尊重别人，把别人当作人来尊重，别人对你

---

① 《马克思恩格斯全集》第 3 卷，人民出版社 2002 年版，第 364—365 页。
② 陈成国点校：《四书五经》（上），岳麓书社 2002 年版，第 103 页。

也报以尊重。因此，尊重领导亦是尊重自己。为什么要对上级领导服从？一是因为下级服从上级，是我们党的一条基本组织原则。没有服从，就谈不上执行。服从就是服从上级领导的正确决策和指挥。否则，必然会导致政令不畅，有令不行、有禁不止。当然，上级领导要获得下级的尊重和服从，必须树立自身的威信和人格魅力。二是服从是下级对上级的认同和尊重的表现形式。然而，尊重和服从不是无原则的恭维和盲从。这是因为现代社会的公民对自身和他人负有不可推卸的责任。因此，下级对上级的尊重和服从绝不是盲从。

其次，理性对待同级之间的支持与合作。同级领导干部之间是平等的协作关系，应该从工作大局出发，按照优势互补的原则进行科学分工，做到彼此权责分明。要搞好同级之间的关系，应该做到：所有同级成员都要尽心尽力地为整体目标的实现创造条件，尽到自己应尽的职责，相互砥砺，取长补短，谦虚谨慎，见贤思齐。工作中职责分明，既分工又合作，紧密配合，不互相推诿、扯皮，彼此互相尊重，共同决策，互相支持。只有彼此合作，才能为自己的事业开辟广阔的空间。佛祖释迦牟尼问身边的弟子："给你一滴水，怎样才能让它不干？"弟子答不出来，佛祖说："融入大海。"单独的一滴水，既经不起阳光的暴晒，又无法抵挡狂风的侵袭，唯有融入广阔的海洋，才能永不干涸，才能掀起滔天巨浪。同级领导之间的分工合作在现代社会尤其重要。分工协作在发挥每个人的优长的同时，可以增强整个团队的良好氛围和精神动力，从而提高整体效能，提高行政效率。相反，同级之间相互拆台，嫉贤妒能，会拖垮整体的工作效率，破坏催人奋进的氛围，最终影响整个事业的发展。

再次，恰当处理上级对下级的信任与激励。领导干部对自己的下属应该做到人格上尊重，工作上放手，政治上爱护和生活上关心。对上级而言，沟通也许是激励下属最好的和最廉价的方式。领导干部与下属沟通时首先要尊重对方的人格，切莫以领导者自居，凌驾于下级之上，颐指气使，动辄训人。领导干部只有尊重自己的下属，与其平等相处，才能搭建起彼此之间感情沟通的桥梁，也才有可能构建和谐的上下级关系。领导干部在工作中要给予下属充分的信任，不要对其横加干涉，让下属觉得无所适从而只能静坐观望。更有甚者，有些领导干部因此认为下属缺乏工作的积极性和主动性而激烈指责。这样一来，下属愈发感到寸步难行，由此形成恶性循环，严重挫伤人们的工作热情和干事创业的积极性。领导干部要在政治上爱护自己的下属，对待有缺点和错误的同志，要从团结和拯救的愿望出发，给予改正的机会，尤其要敢于为他们承担责任。这是一个优秀的领导干部必备的素养。党的十八大以来，习近平总书记反复强调党员干部要有敢于担当的勇气和精神，同时也一再提出要形成为担当者担当、为干事者撑腰的政治氛围，更广泛更有效地调动干部队伍的积极性。广大领导干部必须在中国特色现代化的实践中不断养成担当的意识，锤炼担当的能力。与此同时，领导干部还要尽可能多地关心下级生活的疾苦，为他们排忧解难，使他们处处感到组织和领导的温暖。这更有利于建立上下级之间和谐的关系。

第八章　底线思维与政治操守能力

　　底线思维是我们党多年来治国理政实践智慧的总结，是马克思主义哲学中国化具体化的重要表现。坚守底线思维，对于提升领导干部思维方法、工作水平以及政治操守能力，对于决胜全面建成小康社会，实现中华民族的伟大复兴有着无可替代的作用。坚持底线思维，是领导干部做好各项工作的重要战略策略，也是做好各项工作的必要条件。中国共产党成立以来，党和国家领导人在不同时期多个阶段，对底线思维的重要性均有论述，比如毛泽东同志讲道："不论任何工作，我们都要从最坏的可能性来想，来部署。"① 邓小平同志指出："我们要把工作的基点放在出现较大的风险上，准备好对策。"② 习近平同志强调面临国际和国内的矛盾和风险都不少，决不能掉以轻心，"各种风险我们都要防控，但重点要防控那些可能迟滞或中断中华民族伟大复兴的全局性风险，这是我一直强调底线思维的根本含义"③。纵观诸多底线思维的论述，不论是坚守底线预判谋划全局关乎党和国家前途的原则性问题，还是坚守底线关涉国计民生的必要性表述，都对底线思维的重要性作出了具体阐述。那么我们到底应该怎样理解底线？底线思维与底线有什么区别？习近平总书记为什么要在诸多场合反复强调底线思维的意义是什么？从哲学的角度来看，底线思维如何影响政治操守能力？再落实到每一位领导

---

　　① 《毛泽东文集》第六卷，人民出版社 1999 年版，第 404 页。
　　② 《邓小平文选》第三卷，人民出版社 1993 年版，第 267 页。
　　③ 中共中央宣传部：《习近平新时代中国特色社会主义思想学习纲要》，学习出版社、人民出版社 2019 年版，第 246 页。

干部，我们应该如何掌控底线思维？我们将围绕上述问题对底线思维展开阐释。

第一节　底线思维的一般概述

底线思维是社会转型时期我们党开展工作的重要思维方式，是各级领导干部必须掌握的一种思维方式。对底线思维全面的理解与深刻的认知是学习运用底线思维的重要前提。究竟如何正确认识和理解底线思维？这取决于对底线作何理解，只有在对底线概念进行正确理解和把握的基础上，才能够更好地把握底线思维的基本内涵。我们首先对底线给出说明，然后再对如何理解底线思维给出具体阐释。

一、底线的种类与含义

在日常生活中，"底线"是一个被大家经常提及的词语，它的基础含义是体育运动中的边界线，在体育比赛中任一比赛一方超越这一边界线都被视为出界、越界。由此，"底线"也被引申为社会活动中道德行为者为人处事的边界，或者说尺度。这种尺度普遍存在于客观世界中，黑格尔在《小逻辑》存在论篇中用很大的篇幅论述了尺度的客观性与普遍性，他指出，"在自然界我们首先看见许多存在，其主要的内容都是尺度构成。例如太阳系即是如此，太阳系我们一般地可以看成是有自由尺度的世界。"[①] 他进一步以无机自然与有机自然的具体案例说明尺度的普遍性与客观性。尺度客观存在于万事万物之中，底线也蕴含于万事万物，对于我们认识客观世界有着重要的评判作用。我们对于事物的认知以及预判，一旦跨越尺度，后果不堪设想。正是

---

① [德] 黑格尔：《小逻辑》，商务印书馆 2013 年版，第 235 页。

在这一意义上，黑格尔指出："在这个观念里包含一个一般的信念，即举凡一切人世间的事物——财富、荣誉、权力、甚至快乐痛苦等——皆有其一定的尺度，超越这尺度就会招致沉沦和毁灭。"①

正是因为意识到底线的普遍性、客观性与重要性，习近平总书记对底线有过很多重要论述。这些论述大概可以分为以下两类。

第一，个人价值维度的底线。这类底线多涉及领导干部为人处世的底线，最熟悉的是"做人要有底线"。2016 年 4 月，习近平总书记在对"两学一做"学习教育的重要指示中指出，要"把做人做事的底线划出来"。领导干部做人做事的底线既包括作为普通社会个体的法律底线以及道德底线，还包括作为党员干部的纪律底线。作为普通的社会个体，法律底线是社会规则的总和，是最低要求。2015 年 2 月 2 日，在省部级主要领导干部学习贯彻十八届四中全会精神全面推进依法治国专题研讨班上，习近平总书记指出："领导干部要牢记法律红线不可逾越、法律底线不可触碰，带头遵守法律、执行法律，带头营造办事依法、遇事找法、解决问题用法、化解矛盾靠法的法治环境。"② 而道德底线是对社会个体的普遍性约束。道德对于社会个体获得一种好的人生状态的重要性，在儒家伦理学中早就有详细的论述。我国传统文化的载体儒家伦理学认为，拥有道德底线（道德品质）是社会个体自我完成、自我实现的最普遍性要求。有学者明确指出："底线就意味着一种普遍性，这种普遍性是'底线伦理'的题中必有之义。底线意味着我们共有的生活基本平台和社会生活的道义基础：而'普遍'一定是最小范围内的'普遍'，意指某些基本义务的普遍约束。"③ 换言之，涉及做人做事基本原则以及规范的底线是一种普遍性要求，也是身处生活世界的基本义务。作为一名合格的共产党人，还要遵守纪律底线，守住纪律底线。《中国共产党纪律处分条例》的出台既是对共产党员涉及的生活作风等道德底线的约束，也是

---

① ［德］黑格尔：《小逻辑》，商务印书馆 2013 年版，第 236 页。
② 《习近平谈治国理政》第二卷，外文出版社 2017 年版，第 127 页。
③ 何怀宏：《底线伦理的概念、含义与方法》，《道德与文明》2010 年第 1 期。

对工作纪律底线的要求。与此同时，纪律底线的另外一项重要内容就是政治纪律。总之，不管是道德底线、纪律底线，还是法律底线，都蕴含了作为社会个体以及共产党员为人处世的最低要求，也蕴含了社会对社会个体的普遍约束。

第二，社会政策维度的底线。社会政策维度的底线多涉及国家机器或者社会经济维度的底线，关乎政治、社会经济、安全生产、生态、国家安全、外交等方面根本性方向。这些政治、社会、经济等治国理政政策，涉及我们党和国家的根本执政理念以及执政目的。比如，金融政策底线。习近平总书记在 2012 年 12 月 16 日主持中央经济工作会议时，着重指出：要高度重视财政金融领域存在的风险隐患，坚决守住不发生系统性和区域性金融风险的底线。此后在多个场合，习近平总书记都对坚守金融底线关乎国家政治经济命脉的发展方向以及长期发展的重要性给出阐述。比如，政治政策底线。习近平总书记 2013 年在中共中央党校建校 80 周年时指出："学习党的路线方针政策和国家法律法规，这是领导干部开展工作要做的基本准备，也是很重要的政治素养。不掌握这些，你根据什么制定决策、解决问题呀？"① 这一政策底线关乎国家基本政治制度以及方向。比如，耕地底线。党和国家曾经多次就建设用地总规模结构布局中耕地底线作出明确指示，2017 年 2 月 4 日国务院印发了《全国国土规划纲要（2016—2030年)》，继续按照以往的要求强调务必严守 18 亿亩的底线，以维护国家粮食安全，为全面建设小康社会提供坚实的资源保障。再比如，土地政策底线。在党的十八届三中全会决定指出，关涉土地制度改革政务必保障农村产业发展，在增加建设用地的同时，坚守土地公有制性质，有效推动农村土地制度改革涉及的底线。在这一过程中，强调有三条底线不能突破：第一，不能改变土地所有制，即坚持农民集体所有；第二，不能改变土地的用途，就是农地必须农用；第三，不管怎么改，均不能损害农民的基本

---

① 《习近平谈治国理政》第一卷，外文出版社 2018 年版，第 405 页。

权益。① 党的十八届三中全会关于土地制度改革中的上述三条底线，都是强调对耕地度的把握，对耕地面积临界点的敬畏，对耕地最低标准的坚守。我国是具有悠久历史的农业大国，坚守耕地底线的根本目的是保持粮食安全。粮食安全不仅与人民群众的日常生活息息相关，更是关乎经济良好持续的发展态势以及政治稳定。近年来，随着国际粮食供应形势日益严峻，全球气候变化导致的粮食产量减产与波动，以及我国城镇化背景下的农村土地流失以及闲置，粮食安全在当前形势下成为迫切的问题。这种严峻形势，要求我们党和政府必须严格把控 18 亿亩耕地底线，加快构建现代农业产业体系，全面加强粮食安全的抗风险抵御能力。

综上所述，无论是对于社会个体还是国家社会，底线都是关乎事物性质的根本性要求。首先，无论是关乎社会个体自身的底线还是关乎国家社会经济政策的底线，都是一种临界点、关节点，一旦超越这个临界点事物的性质以及发展趋势就会发生根本性变化，就会产生难以控制的、不可承担的严重后果。正如黑格尔讲的，"问一粒麦是否可以形成一堆麦，又如问从马尾上拔去一根毛，是否可以形成一秃的马尾？当我们最初想到量的性质，以量为存在的外在的不相干的规定性时，我们自会倾向于对这两个问题予以否定的答复。但是我们也必须承认，这种看来好像不相干的量的增减也有其限度，只要最后一达到这极点，则继续再加一粒麦就可形成一堆麦，继续再拔一根毛，就可产生一秃的马尾"②。其次，这些底线都是讲谋规划、做事情的"度"，"度"是指"限度"，是事物变化发展的临界值，是事物量变到质变的关键点。对于社会个体来说，没有把握好"度"就会丧失原则，突破道德底线的同时有可能突破纪律底线，乃至法律底线。对于国家民族来说，没有把握好"度"就会触碰国家底线，损害国家利益。换言之，过了"度"，就会发生质变，就会走向反面。"尺度中出现的质与量的同一，最初只是潜在的，

①　参见陈锡文：《农民土地制度改革，底线不能突破》，转引自《人民日报》2013 年 12 月 5 日。

②　[德]黑格尔：《小逻辑》，商务印书馆 2013 年版，第 235 页。

尚未显明地实现出来的。这就是说，这两个在尺度中统一起来的范畴，每一个都各要求其独立的效用。因此，一方面定在量的规定可以改变，而不致影响它的质，但同时另一方面这种不影响质的量之增减也有其限度，一超出其限度，就会引起质的改变。"①

二、底线思维的内涵

如前所述，底线是对度的把握，对临界点的坚守。知晓底线的边界，并不等同于拥有底线思维或运用底线思维。因为底线思维是一种积极主动、系统作出部署的战略思维，它要求领导干部在知晓边界、坚守底线的同时，树立科学合理的目标，追求可预测范围内高线。换言之，"底线思维则是一种系统战略思维，它不仅指出什么是不可跨越的底线，按照现行的战略规划可能出现哪些风险和挑战，可能发生的最坏情况是什么，以做到心中有数；而且它还能通过系统的思考和运作告诉人们如何防患未然，如何化风险为坦途、变挑战为机遇，如何守住底线、远离底线、坚定信心、掌握主动、追求系统的最佳结果和最大正能量"②。也就是说，运用底线思维离不开对事物全局系统的、全面的、整体的、战略性考虑，底线也是红线，是高压线，一旦触碰底线就会产生不可逆的结局。习近平总书记在 2013 年初指出：要善于运用底线思维的方法，凡事从坏处准备，努力争取最好的结果，做到有备无患、遇事不慌，牢牢把握主动权。在 2013 年 7 月 25 日党外人士座谈会上，他又着重强调要坚持底线思维，切实做好工作。

简言之，底线思维包含三层含义：第一，凡事从坏处准备，着眼全局，带有忧患意识地对未来形式进行预判，以确保胸有成竹，掌控事物全局。第二，事事追求最好状态，目标明确，尽管做了最坏打算，但为了获得最好结

---

① [德] 黑格尔：《小逻辑》，商务印书馆 2013 年版，第 237 页。

② 张国祚：《谈谈底线思维》，《求是》2013 年第 19 期。

果积极做各种准备。不故步自封，不消极应对。第三，在遵循马克思主义唯物辩证法的基础上，"有守"与"有为"紧密结合。底线思维作为一门科学思维方法与工作方法，必须遵循马克思主义唯物辩证法的指导，做到"有守"与"有为"，进退自如，从容淡定。总之，底线思维作为当代马克思主义理论的重要思维方式与工作方法，是为人们预判与提供决断的思想意识。具体来说，底线思维是包含了以下四种意识。

首先，底线思维蕴含了居安思危忧患意识。在我国的传统文化中，自古就有强烈的忧患意识。比如"君子不立于危墙之下"，"人无远虑必有近忧"，"安不忘危，盛必虑衰"，"生于忧患，死于安乐"。这些谚语中的忧患意识，无论是对于社会个体还是整个民族的生存和发展都有着重要意义。历史的发展进程不可能是一帆风顺的，新时代中国特色社会主义的伟大胜利充满了创新性和风险性。在这一过程中，我们必须意识到我们依旧处于社会主义初期阶段，发展不平衡不充分，进入中国特色社会主义新时代社会主要矛盾已经转化为人民日益增长的美好生活需要和不平衡不充分发展之间的矛盾。只有认清这一实际，我们才能立足当前中国的重大实际，在经济、社会、外交等一系列领域充分预估各种复杂局面，积极主动有序地规避各种风险，有效可控地化解相关矛盾，制定相关政策，开启全面建设社会主义现代化国家的新征程。我们也可以说，"底线思维最突出的特色是在事物发展的多种可能性尤其是两种极端可能性中，立足于最低点（最坏处或最差处），以这个最低点为基础做准备"①。这种凡事从最低点考虑，分析事物发展变化诸多可能性的底线思维，不仅体现了中华传统文化中的忧患意识，更是中国共产党独特的治国理政智慧。

其次，底线思维蕴含了风险意识。当今世界形势复杂多变，我国处于重要战略机遇时期，前景光明，挑战也多变，这就要求我们必须具有风险意

---

① 沈湘平：《底线思维的政治哲学解读和人生哲学启示》，《中国高校社会科学》2018年第3期。

识。习近平总书记指出:"要充分估计国际格局发展演变的复杂性,要充分估计世界经济调整的曲折性,要充分估计国际矛盾和斗争的尖锐性,要充分估计国际秩序之争的长期性,要充分估计我国周边环境中的不确定性。"① 事物的发展变化不是一成不变的,是运动发展的。恩格斯曾经指出,人类历史或者我们自己的精神活动都是变化运动的,"没有任何东西是不动的和不变的,而是一切都在运动、变化、生成和消逝。"② 事物的相互联系和相互作用导致事物状态和性质发生或大或小的改变,从而导致事物的运动、变化和发展。认识到这点,我们就要在工作和生活中始终具有风险意识,做好长远谋划,始终具有风险意识。对于一个政党来说,自我革新、自我净化,始终保持党的先进性与纯洁性,始终坚持以人民为中心,加强全面从严治党,不断提高执政能力,这是一个永恒不变的主题。只有意识到执政党的责任与重担以及使命,才能充分坚守执政底线,始终不忘初心,不负使命。对于共产党人来说,只有坚决贯彻立党为公执政为民的执政理念,牢记全心全意为人民服务的宗旨,铭记权力来之于民,才能真正守住做人、处事、交友、用权的底线,才能维护好自己的事业线。

再次,底线思维蕴含了战略意识与全局意识。"底线思维是在事物发展结果还未确定之前,对事物发展潜在可能性的一种超前认识,本身是一种预见、预判的战略思维。"③ 运用底线思维离不开对事物的全局谋划以及战略考虑,2018 年中兴通讯在中美贸易摩擦中的结局很好地说明了此点。2018 年 3 月,美国总统特朗普宣布对 600 亿美元的中国商品征收巨额关税,在这一系列举措的背后,最先倒下的是我们一直引以为傲的现代科技产业的领军高科技企业中兴通讯。如果我们用底线思维来审视中兴通讯今日的遭遇,会发现这一切并不是偶然。现代科技制造业的核心竞争力在于创新,没有创

---

① 《习近平谈治国理政》第二卷,外文出版社 2017 年版,第 442 页。
② 《马克思恩格斯选集》第 3 卷,人民出版社 2012 年版,第 359 页。
③ 沈湘平:《底线思维的政治哲学解读和人生哲学启示》,《中国高校社会科学》2018 年第 3 期。

新就没有一切。"为之于未有，治之于未乱。"① 事实上，党和国家一直都站在全局谋划的角度，出台了一系列政策鼓励现代科技制造业的发展。早在2014年，习近平总书记在上海考察中国商飞设计研发中心时就指出，"我们要做一个强国，就一定要把装备制造业搞上去，把大飞机搞上去，起带动作用、标志作用。中国是最大的飞机市场，过去有人说造不如买、买不如租，这个逻辑要倒过来，要花更多资金来研发、制造自己的大飞机。"② 可以看到，习近平总书记对我国制造业现代科技能力以及前景有着充分的预判与评估，今日的贸易摩擦也提醒我们在高难度产业的自主产权方面，坚守科技发展底线的重要性。这也警醒我们，只有实现产业革命和技术创新，才能真正成为名副其实的世界第二大经济体，才能"团结带领全党全国各族人民，接过历史的接力棒，继续为实现中华民族伟大复兴而努力奋斗，使中华民族更加坚强有力地自立于世界民族之林"③。

最后，底线思维蕴含了担当意识。在新时代全面建设小康社会的道路上，坚守底线和科学合理的运用底线思维，是领导干部谋划和推动工作的基本要求。完成落实这种要求的关键在于领导干部的担当意识。领导干部是带领我们全面建设小康社会，实现新时代新征程实现中华民族伟大复兴的组织者与带路人，没有带路人的身先示范、勇往直前、敢为人先的奋斗与担当，就不可能真正的办好中国事情，讲好中国故事。习近平总书记说，作为共产党人的使命就是"承前启后、继往开来，把我们的党建设好，团结全体中华儿女把我们国家建设好，把我们民族发展好，继续朝着中华民族伟大复兴的目标奋勇前进"④。共产党人的责任担当重在牢记为人民服务的宗旨，努力树立务实能干的干部形象，将责任担当落到实处，为良好生

---

① 习近平：《干在实处　走在前列——推进浙江新发展的思考与实践》，中共中央党校出版社2016年版，第553页。

② 《习近平谈国产大飞机：早日翱翔蓝天》，《人民日报》2015年11月3日。

③ 《习近平谈治国理政》第一卷，外文出版社2018年版，第4页。

④ 《习近平谈治国理政》第一卷，外文出版社2018年版，第36页。

态环境的形成贡献自己的力量。同时，底线思维蕴含着担当意识还表现在，底线思维是融入伟大中华民族基因的民族精神，不论是张载"为天地立心，为生民立命，为往圣继绝学，为万世开太平"，还是林则徐"苟利国家生死以，岂因祸福避趋之"，他们都用自己的担当为我们的民族精神作出了注脚。

总之，底线思维是立足于中国共产党人执政以来中国特色社会主义这一伟大实践形成的科学思维，是"在中国全面深化改革这一新的历史时期对马克思主义哲学方法论的进一步深化和创新，是马克思主义哲学方法论的一种新的中国思维范式和文化范式"①，是立足于马克思主义唯物辩证法以及方法论形成的哲学思维，是一种以底线为基本要求，以高线为主要追求，强调领导干部在其位谋其政、有守也有为的思维方式和工作方法。这种思维方式和工作方法既是领导干部开展实践，谋划布局工作的具体要求，也是检验领导干部政治领导能力以及综合素质的主要标尺。

第二节　底线思维的方法论诉求

如前所述，底线思维是以底线为基本导向，在确定预定目标的基础上调控事物，从最坏处着手，努力争取最好结果的思维方法。底线思维作为一种科学思维方法与工作方法之所以被越来越多的人所接受，是因为它蕴含着丰富的唯物辩证法思想，体现了马克思主义哲学的根本立场以及基本规律。本节主要围绕底线思维唯物辩证法基础以及方法论运用展开论述。

底线思维既是一种重要的思维，也是一种重要的思维方法和工作方法。作为一种思维方法和工作方法，底线思维指的是要积极主动争取主动权，在

---

① 董德福、王玖郁：《习近平底线思维改革方法的哲学意蕴和实际运用》，《江苏大学学报》2017年第3期。

全局战略考虑的基础上，充分发挥主观能动性，做最大努力，有效防控未知性风险，确保效益最大化。坚守底线思维使领导干部有守有为，有备无患，充分估计客观实际问题的复杂性、曲折性以及长期性。具体来说，底线思维的方法论诉求包含以下内容。

一、一切从事实出发，实事求是

运用底线思维蕴含的首要方法论原理是"一切从事实出发，实事求是"。毛泽东同志曾指出："实事"就是指主动探寻客观存在着的一切事物背后的内部规律性联系。①"求"指人去主动研究。换言之，客观存在的实际情况要求我们必须探究客观事物的内部联系，而探究客观事物的内部联系、一切从实际出发离不开底线思维。

正确运用底线思维，要求我们实事求是全局谋划，对事物的发展状况作出充分预判，在尽最大努力的基础上，对最坏的情况有所准备。这种全面的预判与估计，以及尽最大的努力都是站在历史实际的基础上展开，都是在着眼最坏后果，存有最坏准备，在实事求是基础上防范系统风险。正如党的十九大报告指出的，五年来我国取得了全方位的、开创性的、深层次的、根本性的历史性变革，解决了过去很多想解决而没有解决的问题，办成了许多过去想办没办成的大事。之所以取得这种成就与我们党立足中国发展的实际，坚持一心一意为人民服务、一切为了人民的政策底线，坚持走中国特色社会主义制度的政治底线，在日益复杂的国际形势中保持主权独立民族底线密切相关。中国共产党人的历史担当与历史使命与底线思维的方方面面的运用紧密相连。

正确运用底线思维，要求我们正视问题，积极审视问题，积极谋划解决问题的方法，在一切从实际出发的基础上追求最好结果。尽管我们党和国家

---

① 《毛泽东选集》第三卷，人民出版社1999年版，第54页。

取得了历史性的变革，但是我们必须看到发展不平衡不充分的一些突出问题尚未解决，比如城乡区域发展和收入分配差距依然较大。这种正视问题，敢于面对问题，充分考虑中国当前发展阶段的真正问题的态度，就是基于中国实际，一切从实际出发的最直接表现。在坚守底线思维的同时，充分预判到当前社会矛盾交织叠加的最坏后果，给出的全面系统战略性判断。尽管我们取得了历史性进展，但是我们处于并依然长期处于社会主义初期阶段，在各项实践工作中我们必须坚持实事求是，一切从实际出发，运用底线思维，认清现实，看清事物本质，探究客观规律。认清现实的最大实际。

二、尊重客观规律，充分发挥主观能动性

运用底线思维蕴含的第二个方法论诉求是尊重客观规律，充分发挥主观能动性。回顾改革开放 40 多年的历史，从最初的"摸着石头过河"到现在的"全面深化改革"，各项治国理政政策的出台都是在尊重客观规律，充分发挥主观能动性的基础上，坚守底线，运用底线思维，在困难面前积极进取奋勇开拓、未雨绸缪的结果。

充分尊重客观规律是正确运用底线思维的前提。人与自然和平相处，构建和谐的生态环境是当前阶段一个重要问题。2016 年以来，中央环保督察组出台了一系列环保督察政策。这些环保督察政策的出台实施，一方面是因为意识到人与自然和谐相处的客观规律，充分尊重自然规律的重要性；另一方面也是充分认识到生态环境方面坚守底线思维的必要性。同时，新时代中国特色社会主义主要矛盾的变化也导致产业升级的紧迫性。社会的进步及发展，必须遵守客观规律，尊重自然界的客观规律，在有序节制的基础上开发自然资源，才能真正实现人与自然和平相处，真正实现绿水青山就是金山银山。总而言之，在落实抓生态环境保护工作中，坚守底线思维，必须在尊重客观规律的基础上，发挥主观能动性，确实保证环保督察的规范化、长效化、法治化，坚决贯彻落实好绿水青山就是金山银山的指示，确实做好功在

当代、利在千秋的生态保护工作。只有这样，才能牢牢把握环境治理的主动权。

积极发挥主观能动性是我们正确应用底线思维的重要保证。在《论语·卫灵公》中，孔子曾经说道"人能弘道，非道弘人"。从 1921 年中国共产党第一次全国代表大会在浙江嘉兴南湖红船上召开以来，无数的仁人志士为了共产主义事业牺牲了自己宝贵的生命，向世人说明了充分发挥主观能动性，坚守马克思主义信仰，坚定革命理想信念底线的重要性与必要性。信仰是共产党人的政治灵魂，是共产党人安身立命的根本，是共产党人精神的"钙"。坚定马克思主义信仰，是对中国特色社会主义事业政治底线的坚守，是对党和人民事业理想精神的坚守。共产党人如果失去对共产主义信仰的坚定，就会得软骨病，就会精神迷失，就会出现这样那样的问题，就会对我们党的事业产生致命威胁。总之，作为共产党人，一定要坚守政治底线，坚守人民群众的发展底线，在牢记为人民群众一心一意服务的基础上，在捍卫共产主义事业的基础上，积极发挥主观能动性，为共产主义事业的发展贡献自己的力量。

三、坚持适度原则，注意阶段性与过程性的统一

底线思维蕴含的另一个重要辩证法原理是质量互变规律。如前所述，应用底线思维，关键在于把握事物的度，也就是把握事物的关节点或临界点。突破了关节点或临界点，就是对事物的质所能容纳量的突破。任何事物都是质与量的统一。在某种程度上，质与量相互统一、相互依赖。换言之，没有质作为量的基础，规定着量的范围，就没有量的合理存在。同时，质是一定量的质，二者互相依存。这一原理的方法论诉求是坚持适度原则，注重事物发展过程中阶段性与过程性的统一。

坚持适度原则是我们运用底线思维的关键要求。适度原则防止事物发生质变的根本原则。黑格尔在《小逻辑》中曾用"农夫与驴"的例子说明注意质变与量变，坚持适度原则的重要性。他指出，农夫看到驴子驮着东西愉快

前行，为了让驴子承担更多的重量，农夫继续一两一两地不断增加它的负担。直到后来，驴子担负不起这重量而倒下。如果我们只是把这些例子轻易地解释为学究式的玩笑，那就会陷入严重的错误。① 在黑格尔的例子中，最后压垮驴子的那一两东西就是事物发生质变的临界点、关节点，也是驴子可以承受重量的最终底线，突破这一底线就会面临驴子被压垮的后果。换言之，农夫正是因为没有意识到凡事要适度以及适度原则的重要性，才会出现不可控的结果。党的十九大以来，我们党提出要坚决打好三大攻坚战，无论是防范系统性风险的金融攻坚还是脱贫攻坚抑或是污染防治攻坚，都是运用底线思维，坚持适度原则，注重阶段性与过程性统一的具体表现。三大攻坚战，是对多年历史性沉疴的攻坚，是对诸多复杂问题与风险的攻坚。在攻坚的过程中，我们务必要运用底线思维与适度原则，在实践的基础上采用适度原则，对实践活动作出正确的判断，坚守底线，深刻把握和理解事物的本质，充分认识到度的重要性，避免过犹不及，确保社会经济的正常稳定发展。习近平总书记针对金融安全现状，多次运用底线思维，对国家金融政策作出相关指示。比如 2017 年 4 月他指出，维护金融安全，要坚持底线思维，坚持问题导向，在全面做好金融工作基础上，着力深化金融改革，加强金融监管，科学防范风险，强化安全能力建设，不断提高金融业竞争能力、抗风险能力、可持续发展能力，坚决守住不发生系统性金融风险底线。运用底线思维，维护金融安全的主要表现就是认识到各类金融风险的防范和化解关键在于度的把握，在注意掌控企业真实负债率以及居民杠杆率的同时，有序地规范各类金融机构。要充分意识到，金融风险的临界点对于实体经济以及整个金融体系的关键作用。

总之，底线思维蕴含着质变与量变关系原理，没有量的有效控制，就不会有质的有效存在，我们务必要坚持攻坚战的方向不动摇，把风险和问题控制在可预期以及可接受范围里，确保经济正常健康发展。

---

① 参见 [德] 黑格尔：《小逻辑》，商务印书馆 2013 年版，第 237 页。

四、坚持两点论，注重矛盾的对立统一

坚持底线思维蕴含的另一个辩证法原理是矛盾的发展不均衡原理。这一辩证法原理的方法论诉求是坚持两点论，注重矛盾的对立统一。

坚持两点论，注重矛盾的对立统一是运用底线思维的重要抓手。坚持两点论是基于事物发展过程中矛盾发展的不均衡这一事实，这种不均衡表现为主要矛盾以及次要矛盾的不均衡，矛盾的主要方面和次要方面不均衡。不论是何种不均衡，都在事物发展区间之间动态呈现。中国特色社会主义实践中，我们党和国家始终是围绕当前阶段矛盾问题的合理区间，即矛盾的上限和下限这个区间之间、有利和不利之间、长期持续发展与短期近期发展区间等问题进行探讨的。只有正确把握合理区间的上限与下限，以及二者之间的临界点、关节点，我们才能正确理解以及运用底线思维，进而正确把握事物的临界点、关键点。与此同时，主要矛盾以及次要矛盾的不均衡，矛盾的主要方面和次要方面不均衡，在事物发展的过程中它们会相互转化，影响事物发展。在这种情况下，就要求领导干部在坚守底线思维的同时，坚持一分为二地看问题，培养和关注运用底线思维的能力。真正做到这一点，就要既看到事物好的一面，也看到事物不好一面，既看到事物有利的一面，也看到事物不利的一面，也就是说既要有风险意识、危机意识也要有战略意识。这也是习近平总书记强调运用底线思维的核心要义。领导干部在工作中要善于分析问题，勇于解决问题，努力化解问题，避免发生颠覆性或方向性错误，引起不可承担的后果。在认识某一个具体矛盾时，既要看到主要矛盾或矛盾的主要方面，也不能忽略次要矛盾或矛盾的次要方面，防止陷入一点论陷阱，在做最坏的准备的情况下，争取达到最好的结果。

运用底线思维必须坚持两点论，与政治哲学一贯讨论的主题"美好生活如何可能"密切相关。古希腊哲学家柏拉图在《理想国》一书中，就美好生活如何可能给出一系列论证，尤其是在第八卷与第九卷，就一种好的政治制度与美好生活、恶的生活给出讨论。正如柏拉图其他很多著作一样，他的诘

问法并未对美好世界如何可能给出一种肯定回答，但是他对美好生活（善的生活）与恶的生活之间的逻辑张力给出了别出心裁的呈现，这种呈现从另外的角度说明了掌握更多主动权，坚守底线思维在认识世界、追求美好生活过程中的重要性。学者沈湘平围绕底线思维蕴含的"两点论"思想作出了有力的论证，指出习近平总书记对底线思维的论述体现了政治哲学的核心主题"美好生活如何可能"与"现实生活的坏世界"之间的逻辑张力与现实张力。沈湘平对这一问题的分析建立在当前阶段我国人民对美好生活的向往与主要矛盾——发展不充分不均衡之间矛盾基础之上，这种分析体现了政治哲学角度当前阶段我们运用底线思维的根本意义。"当然，在一个高度风险、复杂的时代，立足于坏世界、着眼于美好生活的政治哲学及其实践，即使有系统的努力，也未必能完全达到预期的美好，但只要做了预判，未雨绸缪，下了先手棋，避免最坏可能、接近最好可能的概率就大得多。这正是我们坚持底线思维和一种规范性政治哲学的重要价值所在。"① 中国特色社会主义建设，史无前例，充满未知与挑战。事物是变化发展的，随着我国踏入新时代新征程，面临的风险与挑战也会越来越多，坚持底线思维就是要在建设中国特色社会主义的过程中坚持两点论，既看到机遇发展与成绩，又看到挑战风险与问题，只有这样才可以创造性地开展工作。

五、坚持发挥主观能动性，注意可能与现实的转换

底线思维在运用的过程中，涉及的另外一个辩证法原理是可能性与现实性原理，即现实客观存在的各种事物与现象与必然性密切相关，任何事物在发展的过程中，都要经历可能到现实的具体转化。这一原理的方法论诉求是坚持发挥主观能动性，注意可能性与现实性的转换。底线思维中蕴

① 沈湘平:《底线思维的政治哲学解读和人生哲学启示》,《中国高校社会科学》2018 年第3 期。

含的风险意识以及危机意识，都是可能性与现实性转变的具体体现。在这种转化中，可能性与现实性是紧密相连、密切相关又是区别对立的。可能性是指现实客观存在的事物存在的某种潜在的、尚未呈现出来的趋势，而现实性则是这种事物经过发展呈现的各种客观事物的现象的种种综合或联系。在事物的发展过程中，现实性离不开可能性，可能性与现实性在一定条件下可以互相转换。底线思维的提出蕴含了深刻的可能性与现实性辩证转化原理，坚守事物的底线并不是故步自封或停滞不前，更不是消极应对，而是着眼最坏情况向最好处靠拢，向最好处努力。事物是变化发展的，可能性总是蕴含着无限可能，要在坚守底线的原则下奋发图强争取实现最好的结果。

比如，在 1927 年大革命失败后，毛泽东同志指出我们党工作重点应该是农村，而不是右倾主义者认为的城市。他认为，我们应该在创建农村革命根据地的基础上扩大共产党的力量与影响。正是在这一背景下毛泽东同志提出了"星星之火，可以燎原"，因为他看到了中国革命获得胜利的曙光。正如他所讲的马克思主义者不是算命先生，不可以对未来的发展和变化给出具体的详细的机械的规划，马克思主义者只能依据现实给出一种方向性指南。也正是在这一意义上，他指出了中国革命高潮的可能性。"它（中国革命）是站在海岸遥望海中已经看得见桅杆尖头了的一只航船，它是立于高山之巅远看东方已见光芒四射喷薄欲出的一轮朝日，它是躁动于母腹中的快要成熟了的一个婴儿。"[①] 再比如，在关系到全面建成小康社会的脱贫攻坚战中，关键在于补齐贫困人口的"短板"，其中必须补好扶贫开发这块短板。补好扶贫开发这一短板，必须辩证地、系统地看待贫困地区的劣势与优势，贫困的地区发展的有利因素与不利因素。换言之，我们要一切从贫困山区的现实情况出发，为了促进当地经济发展，我们必须用系统的、战略的、发展的眼光看待精准扶贫，辩证看待贫困地区的劣势与优势，促使贫困地区经济发展从

---

① 《毛泽东选集》第三卷，人民出版社 1999 年版，第 245 页。

可能变为现实，在尊重客观规律的基础上努力发挥主观能动性，发现、创造有利条件，改善、避开不利条件，争取脱贫攻坚的可能性转化为现实性，尽早完成脱贫攻坚。总之，运用底线思维，体现了事物的可能性与现实性原理，对我们做决策、办事情有着重要的方法论意义。

第三节　提高心有所戒的政治操守能力

习近平总书记在党的十九大报告中阐述坚定不移全面从严治党，不断提高党的执政能力和领导水平时，用大量的篇幅阐述了加强党的执政能力建设，全面增强执政本领的重要性。他强调我们必须增强政治领导本领，坚持战略思维、创新思维、法治思维、辩证思维、底线思维，科学制定和坚决执行党的路线方针政策，把党总揽全局、协调各方落到实处。科学合理运用各种思维是新时代加强党的建设增强执政能力的重要方式，也是实现中华民族伟大复兴中国梦的重要保障。如前所述，底线思维作为一种思维方式和工作方法，对于构建学习型政党，不断增强执政本领以及执政能力永葆共产党人的政治本色具有重要指导作用，同时对于提高执政能力以及执政本领，全面推进党的政治建设、思想建设以及组织建设，全面贯彻新时代党的建设重要要求有着重要作用。本节我们将围绕政治操守能力的主要内容进行阐述，在明确基本概念的基础上，回应如何在坚守底线的同时提高政治操守能力。

一、政治操守能力的内涵

在纪念中国共产党成立95周年大会上习近平总书记指出："全党要以自我革命的政治勇气，着力解决党自身存在的突出问题，不断增强党自我净化、自我完善、自我革新、自我提高能力，经受'四大考验'、克服'四种危险'，确保党始终成为中国特色社会主义事业的坚强领导核心。"①"四自能力"的提出既是我们党理论建设思想的进一步发展，也是新形势下加强执政能力建设的重要内容，是新时代坚定道路自信、文化自信、制度自信、理论自信的重要根基，更是我们对党自身建设规律深入探索后的把握。党的十九大报告更是将执政能力建设和各种思维方式、工作方法紧密联系起来，指出全党要在运用各种思维的基础上，努力增强"八种本领"。这"八种本领"分别是学习本领、政治领导本领、改革创新本领、科学发展本领、依法执政本领、群众工作本领、狠抓落实本领、驾驭风险本领。这"八种本领"构建了领导干部科学发展本领和执政能力的科学体系，其中学习本领是钥匙，是全面提高所有本领的根本方法。政治领导本领是基本要求，是具备学习其他本领的根本前提。改革创新本领以及科学发展本领是主要目的，依法执政本领和群众工作本领是全面落实其他本领的具体方式，狠抓落实本领和驾驭风险本领是完善风险防控机制根本途径。总之，每一种本领获得过程既是个人综合素质提高的过程，也是预判防范各种风险、掌控全局的综合政治操守能力提升的过程。换言之，对于领导干部来说，政治操守能力既包括个人道德操守能力，比如清正廉洁执政为公的能力、带头守法公正执法的能力、有权必有责的担当能力，还包括政治思维能力，加强党性修炼心性的能力。

二、底线思维与政治操守能力的关系

底线思维历来为无数中华民族带有崇高理想、向往君子人格的仁人志士所追求。从《礼记》中的"不食嗟来之食"的气节，到文天祥的"天地有正气，杂然赋流形。下则为河岳，上则为日星"的慷慨激昂，再到抗日战争时期以方志敏为代表的无数烈士对马克思主义信仰坚守，他们用具体行动阐释了我们应该如何坚守道德底线、民族气节底线以及马克思主义信仰底线。无

---

① 《习近平谈治国理政》第二卷，外文出版社 2017 年版，第 43 页。

论是政治底线、政策底线还是道德底线，都是指行为者在其位谋其政时需要履行的基本义务，或者说基本行为规范。对于领导干部来说，这种基本行为规范意味着处事、交友、用权的基本界限。作为领导干部做人处事的基本界限虽然是最基本的要求，但又是最重要以及最具有优先性的要求。之所以这么讲，基于以下两点。

（一）底线思维是政治操守能力的基础

对于领导干部来说，坚守底线思维，就是时刻恪守行事做事的底线，时刻以底线作为一种基本标准或基本行为规范来要求自己。换言之，底线思维蕴含的底线要求是各级领导干部提高自身政治操守能力的基础。坚守底线需要人生目标的不懈支撑，同时，人生理想的实现也相应地受到底线的规制。底线是领导干部做人处事交友用权的最重要的底线。这种底线之所以重要，一方面是因为"底线伦理确立社会制度的基本道德和个人行为的基本规范，成为解决重大道德问题的共同信念的伦理基础，又受到在根基和多元互动中的终极关怀的支撑和超越，有机地形成了当代中国社会的道德结构。"[1] 底线不仅仅是社会个体的基本行为规范，也是当代中国社会道德结构的重要组成部分，是共同信念的社会道德基础。随着社会经济的发展，越来越多的道德问题挑战人民群众价值观的底线，道德滑坡现象的产生以及蔓延正是因为道德底线的丧失。

另一方面，底线具有一定的逻辑优先性，尤其是道德底线具有这种优先性。"道德底线虽然只是一种基础性的东西，却具有一种逻辑的优先性：盖一栋房子，你必须先从基础开始。并且，这一基础应当是可以为有各种合理生活计划的人普遍共享的，而不宜从一种特殊式样的房子来规定一切，不宜从一种特殊的价值和生活体系引申出所有人的道德规范。"[2] 换言之，坚守道

---

① 陈泽环：《当代道德生活中的底线伦理》，《道德与文明》2010 年第 1 期。
② 何怀宏：《底线伦理的概念、含义与方法》，《道德与文明》2010 年第 1 期。

德底线，是人之成为人的重要评价标准。孔子一向重视人的道德品质，认为通过培养道德行为者的道德品质，可以教化人们成为自律的道德行为者。习近平总书记指出："人而无德，行之不远。没有良好的道德品质和思想修养，即使有丰富的知识、高深的学问，也难成大器。"① 打铁还需自身硬，党风政风的形成以及个人形象的塑造都离不开党员干部自身政治素养与道德素养。政治素养即时刻有政治意识、看齐意识，严守政治规矩和政治纪律，始终以身作则，做到"头雁作用"。但是政治素养的秉承离不开良好道德素养的支撑。自古以来，我们强调"为政以德，譬如北辰，居其所而众星共之。"党员干部的德性品格既是我们古代追求君子人格自我要求的体现，又是做人做事的行事基础。身为党员干部，我们既要时刻审视自我德性（私德），又要时时注意公德，还要不时追求大德，铸牢理想信念这个共产党人的"魂"。

（二）政治操守能力是底线思维的最高要求

坚守底线思维目的不是为了追求底线。底线蕴含的基本行事规范不是最终目的，高线才是追求。换言之，政治操守能力包含的各种领导本领是一种高线追求。这种高线追求主要是指人生理想和人生信念。作为一名共产党员，必须要满足底线要求，才能去追求自身的人生理想。从小处来说，人生理想既包括自身事业目标的设定，人生事业的规划，也包括对人生理想的理解。从大处来说，共产党员的人生理想就是理想信念。习近平总书记曾用"钙"来比喻共产党员的理想信念，没有坚定的理想信念，就好比自然健康的身体得了软骨病。他强调，"坚定理想信念，坚守共产党人的精神追求，始终是共产党人安身立命的根本。对马克思主义的信仰，对社会主义和共产主义的信念，是共产党人的政治灵魂。是共产党人经受住任何考验的精神支柱"②。"只有理想信念坚定，用坚定理想信念炼就了金刚不坏之身，干部才能在大是

---

① 习近平：《之江新语》，浙江人民出版社 2007 年版，第 64 页。
② 《习近平谈治国理政》第一卷，外文出版社 2018 年版，第 15 页。

大非面前旗帜鲜明，在风浪考验面前无所畏惧，在各种诱惑面前立场坚定，在关键时刻靠得住、信得过、能放心。"①坚定理想信念，就是要在思想上行动上把理想信念作为安身立命的根本，系统地学习马克思主义基本理论以及习近平中国特色社会主义思想，始终做到对党忠诚，对共产主义信仰坚定，努力坚持克己复命，坚持提升自身精神境界，追求高尚的道德情操。

三、如何提高领导干部的政治操守能力

如前所述，我们对政治操守能力包含的具体内容给出了详细阐释，那么作为一名合格的领导干部，我们应该如何坚守政治操守，提高政治操守能力呢？

（一）要有担当意识，守好政治底线

牢固树立"四个意识"，努力提升自身马克思主义理论涵养，矢志不渝贯彻习近平中国特色社会主义思想，是每个共产党员的必然要求，也是责无旁贷的政治担当。历史实践证明，中国必须走适合自身国情的中国道路，坚定不移地坚持推进中国特色社会主义，始终秉持中国共产党领导，这是最根本的政治底线。习近平总书记指出："中国是一个大国，决不能在根本性问题上出现颠覆性错误，一旦出现就无法挽回、无法弥补。我们的立场是胆子要大、步子要稳，既要大胆探索、勇于开拓，也要稳妥审慎、三思而后行。我们要坚持改革开放正确方向，敢于啃硬骨头，敢于涉险滩，敢于向积存多年的顽瘴痼疾开刀，切实做到改革不停顿、开放不止步。"②这为我们坚守底线，积极争取更好的结果指明了方向。中国共产党人，应当特别具有忧患意识，"我们共产党人的忧患意识，就是忧党、忧国、忧民意识，这是一种责

---

① 《习近平谈治国理政》第一卷，外文出版社 2018 年版，第 413 页。
② 《习近平谈治国理政》第一卷，外文出版社 2018 年版，第 348 页。

任，更是一种担当。他还指出我们要深刻认识党面临的各种考验，执政考验、改革开放考验、市场经济考验、外部环境考验，深刻认识党面临的各种危险，精神懈怠危险、能力不足危险、脱离群众危险、消极腐败危险，同时深刻认识增强自我革新、自我净化、自我完善、自我提高能力的必要性与紧迫性。"①

坚守政治底线既是共产党员担当精神的具体体现，也是遵守政治规矩、践行政治任务的根本要求。习近平总书记在十八届中央纪委二次全会上指出："遵守党的政治纪律，最核心的，就是坚持党的领导，坚持党的基本理论、基本路线、基本纲领、基本经验、基本要求，同党中央保持高度一致，自觉维护中央权威。在指导思想和路线方针政策以及关系全局的重大原则问题上，全党必须在思想上政治上行动上同党中央保持高度一致。"② 政治底线是关乎党和国家发展方向的原则性问题，是关乎中华民族前途命运的关键性问题。社会主义制度是适合中国国情的制度，必须始终坚持党的绝对领导，走中国特色社会主义道路，这是关系党和国家以及中华民族命运的政治底线，也是任何时候都必须坚持的政治底线。任何时候，都始终以政治底线作为衡量一切工作的核心标准。如习近平总书记郑重地指出："新民主主义革命的胜利成果决不能丢失，社会主义革命和建设的成就决不能否定，改革开放和社会主义现代化建设的方向决不能动摇。这是党和人民在当今世界安身立命、风雨前行的资格。"③

领导干部要想守好政治底线，首先要有原则性。无论干什么工作，要有对本质和规律的认识，保持政治定力，这样才能坚定地从事一项工作，哪怕困难重重，哪怕有曲折和倒退也不会退缩，而对于不能改的，再过多久也不能改，譬如我们改革的社会主义方向问题。其次，要清楚地知道自己的短板和不足。定任务、做决策要充分考虑到可能出现的问题和负面效应，防止"千

---

① 习近平：《习近平关于全面从严治党论述摘编》，中央文献出版社 2016 年版，第 5—6 页。
② 《习近平谈治国理政》第一卷，外文出版社 2018 年版，第 386 页。
③ 《习近平谈治国理政》第二卷，外文出版社 2017 年版，第 13 页。

里之堤，毁于蚁穴"现象的发生，绝不能为了一时的政绩和效益而损坏人民群众的利益。再次，要有对党纪法规的敬畏之心。底线同时是带电的"高压线"，是不能触碰的红线，领导干部无论是工作中还是在个人生活中都要避免越过法律的"雷池"，严以律己、不越界才能保持工作和人生方向的正确性。

（二）要有敬畏意识，始终存有敬畏之心

中国自古就讲君子有三畏，所谓"君子有三畏：畏天命，畏大人，畏圣人之言。"意思是，君子应该有三种敬畏，敬畏天命（自然规律），敬畏地位高德性高的人，敬畏圣人之言。这种敬畏，一是畏敬尊敬，二是敬重尊敬。敬是一种人生态度和价值追求，是道德自省的智慧，是自我超越自我革新的前提，只有做到敬畏，我们保持谦逊平和、从容淡定，谨慎的、戒惧的生活态度。"敬畏在中国文化背景中，其原初的含义就是指因为对神圣事物的向往而主动约束自己的行为。用现代术语，敬畏就是指为了实现主体的价值追求而自律、自省的行为。"① 也正是在这一意义上，曾国藩指出：心存敬畏，方能行有所止。作为共产党员，敬畏是为人处事坚持道德底线时必备的一种道德情感。习近平总书记强调：领导干部工作上要大胆，用权上则要谨慎，常怀敬畏之心、戒惧之意。在中国共产党成立 95 周年大会上，习近平总书记指出："各级领导干部要牢固树立正确权力观，保持高尚精神追求，敬畏人民、敬畏组织、敬畏法纪，做到公正用权、依法用权、为民用权、廉洁用权，永葆共产党人拒腐蚀、永不沾的政治本色。"② 这种敬畏既是一种敬重与尊重，也是一种边界意识。

第一，要敬畏人民。毛泽东同志指出："人民，只有人民，才是创造世界历史的动力。"③ 人民群众不仅是物质财富的创造者，更是精神财富的创造

---

① 王晓丽：《中国语境中的敬畏感》，《道德与文明》2009 年第 4 期。

② 《习近平谈治国理政》第二卷，外文出版社 2017 年版，第 44—45 页。

③ 《毛泽东选集》第三卷，人民出版社 1999 年版，第 1301 页。

者，同时还是社会变革的根本性力量，对推动历史发展有着重要作用。马克思指出："历史活动是群众的事业，随着历史活动的深入，必将是群众队伍的扩大。"① 既然人民群众是历史的创造者，是社会发展的决定力量，是社会生产力的体现者，是社会变革的决定力量，那么我们就必须以实现好、维护好、发展好广大人民群众的根本利益为根本出发点，以全心全意为人民服务为根本出发点，尊重人民，敬畏人民。党的十九大报告指出，我们必须坚持人民主体地位，坚持立党为公、执政为民，践行全心全意为人民服务的根本宗旨，把人民对美好生活的向往作为奋斗目标，依靠人民创造历史伟业。党员干部在运用权力时，一定要牢记权力来自于人民，要谦虚谨慎，心存敬畏，紧守道德底线，情为民所系，利为民所谋，与为所欲为、权力至上的观念彻底划清界限。邓小平同志说："我们拿到这个权以后，就要谨慎。不要以为有了权就好办事，有了权就可以为所欲为，那样就非弄坏事情不可。"②

第二，要敬畏组织。习近平总书记强调："好干部不会自然而然产生成长为一个好干部，一靠自身努力，二靠组织培养。"③ 领导干部成长与培养一方面取决于领导干部自身各种专业素养，另一方面依赖于组织的力量。正是在这一意义上，习近平总书记在党的十八届中央纪委三次会议上指出："党的力量来自组织，组织能使力量倍增。我们党是按照马克思主义建党原则建立起来的政党，我们党以民主集中制为根本组织制度和领导制度，组织严密是党的光荣传统和独特优势。"④ 拥有严密的组织系统是我们党的光荣传统，加强基层党组织的战斗力与凝聚力，充分发挥党组织的战斗堡垒作用，是我们党加强组织力量与领导力量的主要形式。党的力量来自组织，没有党组织，党就失去了生命力与组织力。严密的组织体系，是

---

① 《马克思恩格斯全集》第 2 卷，人民出版社 1995 年版，第 130 页。
② 《邓小平文选》第一卷，人民出版社 1994 年版，第 303—304 页。
③ 《习近平谈治国理政》第一卷，外文出版社 2018 年版，第 416 页。
④ 《习近平关于严明党的纪律和规矩论述摘编》，中央文献出版社 2016 年版，第 36 页。

党的各项路线方针政策得以彻底贯彻落实的坚定基础。换言之，组织是加强党员干部政治建设、思想作风建设的主要形式。所以，作为党员干部，要敬畏组织。敬畏组织就是要树牢"四个意识"，发挥党员干部先锋带头作用，为基层党组织的扩大、组建、覆盖贡献自己应有的力量。敬畏组织就是要积极参加党建各项活动，促进所在党组织的政治功能提升，建立更加严密的健全的党支部。敬畏组织就是要自觉加强党性锻炼，提高政治觉悟，提升创业精神。马克思说："只有在共同体中，个人才能获得全面发展其才能的手段，也就是说，只有在共同体中才可能有个人自由。"① 党员干部只有敬畏组织，在组织的有效管理下，在党的带领下，坚守为官为政的底线，才能实现全面建成小康社会，才能夺取新时代中国特色社会主义的伟大胜利。

第三，要敬畏党纪党规，法纪法规。习近平总书记郑重强调："在我们国家，法律是对全体公民的要求，党内法规制度是对全体党员的要求，而且很多地方比法律的要求更严格，我们党是先锋队，对党员的要求应该更严。"② 对于党员干部来说，坚守党纪党规、法纪法规底线，是从严治党的根本要求，是我们党落实全面依法治国的根本出发点，是我们党全面深化改革得以贯彻落实的重要保证。党员干部首先要对法纪法规始终抱有敬畏之心，自觉做到四个服从——个人服从组织、少数服从多数、下级服从上级、全党各个组织和党员服从党的全国代表大会和中央委员会，思想上行动上作风上严格遵守党的各项纪律，遵纪守法，知行合一。党的十八届六中全会通过的《中国共产党党内监督条例》明确指出，党内监督没有任何禁区也没有任何例外，党组织要用纪律约束好管好领导干部，做到对任何问题零容忍，做到违纪必究。其次，敬畏党纪法规，要加强党内监督，完善监督体系，落实监督政策，确保各项监督政策确实得到实施。再次，领导干部要时刻坚守政治

---

① 《马克思恩格斯全集》第 1 卷，人民出版社 2009 年版，第 571 页。

② 《十八大以来重要文献选编》（中），中央文献出版社 2016 年版，第 150 页。

原则以及政治定力，要有边界意识，要有小节意识。

（三）要有边界意识，恪守道德底线

柏拉图在《理想国》中通篇围绕何为正义展开讨论，他将理想城邦如何存在的讨论与正义观紧紧相连。表面上来看，在一次次问答（诘辩法）过程中他对何为正义并未给出确定结论。但是，他的核心观点是正义就是各司其职，正义就是做好自己的本职工作，做好自己能力范围之内力所能及的一切事情，只有这样，城邦的和谐秩序才可以得到维护，正义才可以得到践行。换言之，柏拉图的各司其职建立在"恰如其分"的基础上，这里的"分"既是指天分（基于他对人与人天分差异的认定），也是指本分（基于自己的能力范围）。本分事实上就是指边界意识，就是意识到每个人都有自己的能力范围与权限范围，都有自己为人处世的界限、临界点，这种临界点与界限就是指做人、处事的基本行为规范与规则。对于领导干部，边界意识就是恪守道德底线，坚守做人、处事、用权、交友的底线，时刻意识到身为国家公务人员的责任与使命，用好手中的权力，时刻牢记使命不忘初心。

树立正确的世界观、人生观、价值观、政绩观，就要算好"三笔账"，自觉抵制各种诱惑。早在2004年，时任浙江省委书记的习近平同志就指出：身为国家领导干部，在面对各种诱惑之时，要算好"三笔账"。第一，"利益账"（"经济账"）。身为领导干部，不仅有一份稳定的收入来源，还有许多因工作关系配备的待遇，但若在面对诱惑时贪赃枉法，锒铛入狱，值得吗？第二，"法纪账"。身为领导干部，要懂得什么话该说什么话不该说，什么地方能去什么地方不能去，什么东西能拿什么东西不能拿，有的领导干部常常认为，到哪个地方吃一点、玩一下、拿一些都是人之常情，不要大惊小怪。其实，任何事情都是一点一滴积累下来的，小事上不注意，时间久了，难免会酿成大事。一旦触犯了党纪国法，那就会法网恢恢疏而不漏。第三，"良心账"。身为领导干部，应该经常想一想，组织上培养一个干部是不容易的，

你不但没有报答组织的培养，反而自己将自己给打倒了，这既对不起组织、人民，也对不住家人。即使侥幸隐藏一时，也无法在心灵上得到安宁，终日过着提心吊胆的日子，这样的人生还有多大意义？

总之，不管是边界意识，还是算好"三笔账"，都是强调领导干部要树立正确的世界观、人生观、价值观，要恪守道德底线，讲政德。习近平总书记强调：领导干部要讲政德。政德是整个社会道德建设的风向标。立政德，就要明大德、守公德、严私德。历来的政德教育，政德都是作为一个整体被广大领导干部所接受。习近平总书记将立政德分为明大德、守公德、严私德三个方面，从理想信念、执政之德、个人操守三个明确的方面丰富了政德教育的内涵和外延。政德既是党员干部的个人私德，更是处理公共事务协调各部门工作的公德，还是关涉每位共产党人初心与使命的大德。党员干部只有长修为政之德，才能正本清源，形成良好的社会风气，锻造自身牢靠的为政素质，才能真正夺取新时代中国特色社会主义伟大胜利。

（四）要有小节意识与自律意识，坚守为官从政廉洁底线

要有小节意识与自律意识，不以善小而不为，不以恶小而不为，凡事从小处着眼。2015年4月开展的"三严三实"（严以修身、严以律己、严以用权，谋事要实、创业要实、做人要实）第二次专题教育活动，号召党员干部坚定理想信念，加强党性修养，用好先进典型和反面典型两面镜子，切实增强干部自我约束、自我净化、自我革命的思想意识。古语讲"以铜为镜，可以正衣冠；以古为镜，可以知兴替；以人为镜，可以明得失"，要以先进典型为镜子，对照党的章程，看看先进典型，找不足，弥差距，加强理想信念教育，增强党性，从群众中来到群众中去。要以反面典型为镜子，对照廉洁准则，多自省，善反思，"清清白白做人、堂堂正正为官、踏踏实实做事"。凡事从小处着手，君子慎独，用严格的高标准要求自己。

要有自律意识，加强道德修养，与拜金主义、享乐主义彻底划清界限。

毛泽东同志曾在《纪念白求恩》中指出，党员干部要像白求恩同志学习，做"一个高尚的人，一个纯粹的人，一个有道德的人，一个脱离了低级趣味的人，一个有益于人民的人"①。这既是对党员干部的要求，更是对党员干部的道德底线的划清。习近平总书记多次对党员干部加强道德修养，如何做人做事作出指示。比如"全党同志特别是领导干部一定要讲修养、讲道德、讲廉耻，追求积极向上的生活情趣，养成共产党人的高风亮节，做到富贵不能淫、贫贱不能移、威武不能屈。"②"在当前复杂的社会环境下，各级领导干部要加强思想道德修养，注重培养健康的生活情趣，正确选择个人爱好，慎重对待朋友交往，明辨是非，克己慎行，讲操守，重品行，时刻检点自己生活的方方面面，始终保持共产党人的政治本色。"③ 在十八届中央纪委二次全会上习近平总书记指出："只要能守住做人、处事、用权、交友的底线，就能守住党和人民交给自己的政治责任，守住自己的政治生命线，守住正确的人生价值观。"④ 2016 年，习近平总书记对县委书记提出，"要把学习掌握马克思主义理论作为看家本领，不断领悟，不断参透，做到学有所得、思有所悟，注重解决好世界观、人生观、价值观这个'总开关'问题"。⑤ 对于党员干部来说，把握好人生的总开关最基本的就是守规矩，遵守当干部的规矩。"既然选择了当干部，就要自觉遵守当干部的规矩。没有规矩，不成方圆。按党章等党内法规办，按党确定的干部标准办，按党的纪律办，是天经地义的事，不存在对干部进行苛求的问题。对干部要求严一点，是党和人民事业发展的必然要求，也是我们改进作风、管理队伍的基本着眼点。"⑥

---

① 《毛泽东选集》第二卷，人民出版社 1991 年版，第 660 页。

② 《领导干部一定要讲修养讲道德讲廉耻》，《光明日报》2014 年 2 月 17 日。

③ 习近平：《之江新语》，浙江人民出版社 2007 年版，第 261—262 页。

④ 《习近平关于全面从严治党论述摘编》，中央文献出版社 2016 年版，第 177—178 页。

⑤ 《习近平谈治国理政》第二卷，外文出版社 2017 年版，第 142 页。

⑥ 《习近平关于严明党的纪律和规矩论述摘编》，中央文献出版社 2016 年版，第 80 页。

（五）要有忧患意识，守住国家经济社会发展的良好局面，维护好人民群众以及国家的核心利益

"忧劳可以兴国，逸豫可以亡身"，忧患意识在我国有着悠久历史。新儒家代表人物徐复观根据《易传》将"忧患意识"理解为中华民族精神的内核。他指出，周人开始摆脱传统外在神的束缚，转而依靠"敬"，即凡事强调自身的努力与慎重，在"敬德"、"明德"中反求诸己。"周人的哲学，可以用一个敬字作代表。"① 换言之，他认为敬所传达的忧患意识是中国人的精神动力，是人对尚未发生事件的未雨绸缪，是逆境中奋发向上，面对现实动心忍性通达超越境界的理性精神、理性自觉的体现。忧患意识归根结底可以理解为一种自我担当的奋发精神，一种始终带有理性自觉的坚强意志。正是在这个意义上，习近平总书记指出坚守底线思维就是做最坏打算，争取最好结果。即在忧患意识的作用下，积极、努力、自觉而不是消极、被动地对未知状况作出预判，以一种奋发向上、动心忍性的奋斗精神将底线思维付诸实践。底线思维中的忧患意识是维护社会稳定，守住国家经济社会发展良好局面的重要工作方法。

在全面深化改革、全面依法治国以及全面建成小康社会的过程中，要始终具有忧患意识。要重视量变质变规律，时刻持有谨慎小心、认真努力的工作态度，对最困难的问题给出充分的预判，对可能出现的状况做最充分的准备，根据事物发展状况对问题作出最好的防范，防止事物出现不可控局面。当前国内外形势正在发生重大复杂变化，中国处于重要战略发展期，在这一重要时刻，全党同志一定要居安思危、登高望远，坚守底线思维，具有忧患意识，为建设新时代中国特色社会主义奋斗终生。

---

① 徐复观：《中国人性论史》（先秦篇），湖北人民出版社 2002 年版，第 22 页。

第九章　创新思维与引领发展能力

习近平总书记深刻指出："坚持创新发展，就是要把创新摆在国家发展全局的核心位置，让创新贯穿国家一切工作，让创新在全社会蔚然成风。"[①]创新是经济社会持续健康发展源源不绝的动力来源，是破除一切不合时宜的思想观念和体制机制障碍，激发全社会的创造力和引领社会发展的力量之源。当今时代，社会经济飞速发展，科技创新日新月异，知识更新速度越来越快，创新成为推动时代进步和社会发展的不竭动力，提高创新能力成为时代的呼唤。在这样一个创新的时代，提高各级领导干部创新思维能力尤为重要。

第一节　创新思维及其特征

广义地讲，创新思维是指人们在提出问题、分析问题和解决问题的过程中，一切对创新成果起作用的人类思维活动。创新思维具有新颖性，能解决某一特定需要，是带有独特性的一种思维活动过程。具体来说，创新思维是指思维活动的主体在某种创新意识的推动作用下，以人们在社会实践中已经获得的信息、经验、知识等为基础，借助多种理性科学思维方式，灵活运用联想想象、直觉灵感等非理性思维手段，使思维不断重新组合，

[①]　《习近平关于科技创新论述摘编》，中央文献出版社 2016 年版，第 9 页。

产生新的思路或感悟，从而形成有一定应用价值的新观点、新方法、新理论或新产品等创新成果的思维活动过程。创新思维之所以为创新思维，就在于这种思维能够创造出有价值的、前所未有的认识成果。这也是区别创新思维与非创新思维的最根本标准。创新思维往往是相对于常规思维而言的，一般说来，常规思维是人们针对常规性问题而进行的思维。常规思维往往是重复和模仿过去的思维活动，它有现成的模式和程序，是在已有的经验范围内进行的思维活动。与此不同的是，创新思维常常超出已有的经验范围，往往会突破常规思维的疆域界限，以超常规或者反常规的视角和方法去思考认识问题，采用新的认识方法、路径和模式，提出与众不同的解决办法，从而产生出新颖的、独到的、有社会意义的、开创性的认识成果。

一、创新思维强调思维的创新活动

创新思维显然有很大可能带来新颖独特的、前所未有的、先进高级的实践成果。但是并非所有能带来崭新实践成果的思维活动都是创新思维。实际上，创新思维至少包括以下三种情况：第一，面对新问题、新情况和新形势，人们完全沿用原有的思路和方法通常是无法有效适应新情况、无法成功解决新问题的，这时必然要求人们采用新的思路、新的方法。第二，面对老情景、老问题，同样可以采用新的、更好的思路和更好的方法加以解决，改善解决问题的效果、提高效率和效益，这同样也是思维的创新。第三，创新思维所获得的思维活动成果是新的。这里所说的思维成果，指的是解决问题的思路、方法，通过思维所获得的认识成果，而不是指运用思维成果所获得的实践结果。比如说，农民每一年都是用老办法种地，但是他们每年获得的收成都是新的，这个过程从思维的角度看，实际上没有什么创新。因此，我们必须区分思维成果与实践结果，只有那些真正获得了新的思维成果，即有新的认识成果的思维，才可以称得上创新思维。

每个人都可以培育生发出创新思维。人们谈到创新思维，往往就会联想到大科学家、大思想家和大发明家。认为这些"大家"们之所以能够创立新理论学说、作出新发现，那是因为他们的思维与常人不同，他们的思维才是创新思维；而其他人没有这些新发现新发明，是因为他们没有创新思维。这种认识显然偏颇，并非只有"大家"的思维才有创造性，一般人的思维同样可以具有创造性。固然，绝大多数人未必能够创造出影响人类自身和人类社会历史发展进程的新发现、新发明和新创造，但是，大多数人完全可以用自己的思维，创造出对自己而言是前所未有的新东西，或者是解决某一现实问题的新办法。比如说，一个小学生做数学题时，发现了一种数学老师从没有教过的新方法；再比如说，日常生活中我们想出了某种新的生活小窍门；还有，工人在改进某项操作中提出了某种新技术，领导针对某一问题作出新决策、想出好的解决办法，等等。这些都是创新思维的具体体现。

二、创新思维的主要特征

创新思维作为有别于传统常规思维的一种具有新颖意义的高级复杂思维活动，有其特别之处。但是，创新思维也不可能是一种与其他一般思维方式毫无共同之处的思维形式。应该说创新思维与一般常规思维的基本手段有一致性，只是方法倚重不同，表现形式有异。创新思维常常是综合性、创造性地运用一般思维方法，它没有固定的程式和方法，否则也就不是创新思维了。总结创新思维的基本表现，创新思维具有四个方面特征。

第一，求异超越性。创新思维区别于非创新思维的一个重要特征，就在于它能够不受传统思维习惯和先例的禁锢，可以按照与众不同的思路展开思维，产生一种新颖性的、超越性的、异于以往的思维活动过程。创新思维最大的本质就在于"出新"，在于创造以往思维中所没有的认识新成果。这是思维之所以成为创新思维的最根本的依据，是形态各异、千差万别的创新思维中共同的、本质性的规定。因此，创新思维本质上应该说是一种积极求异性的思维。形成与众不同的差异性思考，是创新思维活动不断追求的境界。如果与之前的思维活动过程没有任何一点相异性，完全重复之前的思维模式套路，完全使用之前的材料和方法，呈现出跟之前完全相同的思维结果和实践结果，这肯定谈不上思维的创新。与传统常规思维相比，创新思维活动要么是在思考角度、要么是在运用材料方面，或者是在思考方式、思维成果方面，具有一定新意的创造性特质和内容，使得创新思维推陈出新，体现出与其他一般常规思维活动形式所不同的创新意义。超越原有的认识局限，通过新颖的思维活动，为人类的物质文明和精神文明增添新的元素。创新思维本身内在地要求具备超越性和求异性，要求思维克服之前的固有模式，从现实以及对这种现实的反映出发，把握住隐藏在现象背后的可能性、倾向性，乃至规律性的东西，并通过思想、计划和理论等形式将它们转化为现实。可见，求异超越性是创新思维的最本质特征。

第二，反思继承性。创新思维活动必定是以反思怀疑为前提的，没有反思怀疑，就不会有对传统常规的思维模式和传统思想方法的批判和否定，就不会另辟蹊径产生异于传统常规的思维活动过程。只有通过对常规思维模式进行勇敢的批判反思，不断地批判反思前人设定的界限，才能突破旧有认识框架、革新原有的认识模式和扩展原来的认识范围，才能有所创新，才能开拓出思维和认识的新天地。因此，创新思维在意识层面上看，它首先应该是具备一种批判反思意识，或者说是一种怀疑与否定的意识；创新思维从活动过程来看，它也应该是一种反思性的、批判性的思维活动过程。当然，这种反思批判甚至否定，不是简单意义的打破和抛弃，而应该是一种扬弃。换句话说，对传统思维和认知模式的批判反思，应该是一种带有创造性的反思和批判。它应该是以思想理论上的创新或实践活动上的创新为目的，而不是以批判或否定传统常规思维为目的。因此，创新思维的创造性既是反思批判的结果也是批判继承的结果，创新思维对传统常规思维的反思必须为思考和认识提供新的视角、新的切入点和立足点，否则一味地否定就没有意义，也不能称为创新思维。

第三，综合灵活性。创新思维没有一成不变的固有程式和方法，它综合灵活运用多种思维形式，是在一般思维形式基础上综合性、创造性的运用。首先，创新思维既是一个逻辑的过程，也是一个非逻辑的过程，它是非逻辑思维与逻辑思维有机结合的产物。任何思维创新，即便是极具独创性的思维过程，都不会是凭空出现的，也不能完全脱离原有知识、概念、原理和方法等。也就是说，创新思维与已有的知识、概念、原理等思维要素之间必然会发生各种各样的逻辑联系，使得创新思维过程不可避免带有一定的逻辑性。与此同时，创新思维要出新，那就要超越原来的思维方式，其思维过程必然要增加新的元素、新的内容，甚至有时需要灵感、直觉、顿悟等非理性逻辑思维方式的帮助。如此一来，又使得创新思维过程不可能完完全全地还原为一种逻辑的过程，而成为一种非逻辑的过程。其次，创新思维是发散思维与收敛思维紧密联系的过程，既要运用发散思维，也要运用收敛思维。发散性思维就是让思维的触角尽可能地向外延伸，由此信息达及彼信息，由一事物达及另一事物，使思维具有宽阔的认识广度。收敛性思维就是对思维素材进行抽象概括、分析综合等整理工作，使思维具有深刻的认识深度。发散性思维和收敛性思维分别发挥着不同的作用。创新思维就是对发散思维和收敛思维的交互灵活运用，是这两种思维的结合、互补和统一。总之，创新思维是多向的、综合的、灵活的复杂思维活动过程。

第四，现实实践性。创新思维是现实实践的产物，也是以现实实践创新为目的的。创新思维既要从现实实践中来，又必须能够回到现实实践中去。创新思维虽然是突破原有的思维定势，但这种突破绝不是纯粹无中生有，也绝不是漫无目的的突破。正如马克思主义认识论所揭示的那样，实践是认识的来源和归宿，也是检验认识的标准。创新思维作为人类的重要认识活动自然也不会例外。创新思维必须是植根于现实实践的，既包括传统常规思维指导下的成功实践，也包括那些失败的实践。创新思维在认识中的核心作用，也表现在它对现实实践的巨大指导作用上。正如当前我们外部环境发生很大变化，很多旧有认识框架和思维模式已经不足以用来指导我们进行新的实践时，理论创新就显得至关重要，而理论创新就必须具备一种创新思维的支撑来完成。真正意义上的创新思维必定是面向现实实践的思维活动，不具备任何现实实践性的创新思维，只是偶然的、标新立异的怪想，而不是真正的创新思维。

第二节　创新思维的哲学基础和生成机制

哲学是时代精神的精华，创新是时代发展的动力，也是当今时代精神的核心要义。创新思维与哲学方法论具有高度的内在一致性。创新思维不仅是人脑对客观事物的反映和对思维的能动作用，而且还需要哲学精神、文化认知和社会环境的培育支撑。创新思维的生成运行有其特殊的机制。

一、创新思维的哲学基础

创新思维本身属于主观世界的活动，但其实质目的是认识客观世界和改造客观世界。创新思维是人类的一种能动认识活动过程。创新思维首先承认世界的物质性，然后才可能对客观物质世界进行探索，揭示其本质属性和规律，进而创造新的物质实践；人类物质实践活动反过来作用于创新思维，提供创新活动的不竭动力。因此，创新思维有着辩证唯物论的哲学基础。

首先，世界的普遍联系观点是创造性思维存在的世界观基础。联系的客观性普遍性和联系的多样性原理，为人们在实践活动中产生多向性、多元化的思维构想提供了可能性。创新思维的突出表现之一就是广泛的联系构想，广泛联想其实也是思维的独特性与灵活性的前提，是创造性解决问题的前提和途径。事实证明，只有在思维实践中，充分发挥意识的能动性，善于捕捉发现事物之间存在的新关联，才有可能生成创新思维，创造性地解决问题。

其次，实践认识论的观点是创新思维存在的认识论依据。创新思维是主观认识和客观实践具体的、历史的统一。创新思维既是来源于实践的主观认识，也是服务于实践的主观能动。实践是思维创新的基础，是思维创新的源头活水。如果没有遇到工作中的困惑或看到实践中的问题，就很难去解决这些问题。同时，思维创新又对实践创新具有重要的指导、推动和影响作用，是实践活动创新发展和变革的先导。实践活动无止境，所以思维创新也无止境。由于人们的主观思想认识要与一定时间、地点、条件下的客观现实相一致，不能让主观思想认识落后于实践发展的阶段，这就要求我们，必须积极发挥自身认识的主动性和创造性，敢于而且善于超越传统思维模式，敢于批判、怀疑、否定落后的思想观念，形成新的认识观念和思维方式，适应日益加速发展的客观社会现实和社会实践。

再次，唯物辩证法即辩证思维是创新思维存在的方法论前提。唯物辩证法是确立辩证思维的重要哲学基础。辩证法的三大规律无一不包含着创新意蕴，由量变到质变包含着创新过程；否定之否定规律更是蕴含着创新；对立统一规律是事物变化发展的内在动因，推动着事物创新发展。唯物辩证法的本质是批判的、革命的，就其本质来说就是新事物代替旧事物。人类认识真实地反映客观世界，就必须立足于高级理论思维。正如恩格斯所说，一个民族要想登上科学的高峰，就一刻也不能没有理论思维。具体来说，就是学会立足于概念的辩证本性，通过概念、判断、推理、假说和理论体系的思维演化，运用归纳和演绎、分析和综合、抽象和具体等辩证思维的基本方法。创新思维同样也要以"概念"作为思维活动的基本单元，通过辩证思维的逻辑过程，在这些基本思维方式和方法的基础上，进行高度综合与创造，从而不断适应现代复杂的社会实践活动。

二、创新思维的生成机制

创新思维是一个复杂的系统过程。从功能上看，创新思维的本质在于出新，在于培育产生前所未有的思维认知成果；从结构上看，创新思维的本质在于超越，在于克服原有思维惯性，突破常用的思维定势和思维结构；从生成机制上看，创新思维表面上是人脑与心理共同作用的思维活动过程和结果，其实深层次是知识、文化和社会环境的支撑。

首先，人脑与心理共同的复杂作用是创新思维生成的生理基础，这对创新思维活动具有根本性作用。有关研究表明，思维主要是依靠人脑（尤其是右脑）皮层区域的活动，用人们特有的高级形式，比如感知、记忆、联想、思考、理解等能力为基础，在与思维对象的相互作用过程中，通过求同与求异、具象和抽象、发散和收敛、逻辑与非逻辑、理性与非理性等辩证统一的思维活动过程，历经准备、酝酿、阐明和验证四个时期，形成具有首创性、开拓性、复合性认知成果的心智活动。① 人脑是创新思维活动的承担者和基本载体，是创新思维的核心器官。在此基础上，创新思维与心理因素是紧密相关的，创新思维的形成需要强有力的健康心理基础来支撑，包括对创新思维准确的理解认识，强烈的创新意识和坚定不移的意志等。

其次，创新思维重要的文化之撑是丰富的知识和经验融合认知。对于创新思维尤为重要的是人们掌握丰富的知识，占有的知识决定着思维所能选择的信息量，也决定着思维扩展的空间，占有知识越丰富，联想也就更容易发生，创新思维也就越有可能产生。同样，占有丰富经验对于创新思维也十分重要，知识和经验融合、渗透在一起就能得到合理的知识结构，就能为创新思维的生成提供强大的支撑。

---

① 参见王跃新：《遵循自然与自觉统一的创造性思维发生逻辑》，《吉林大学社会科学学报》2010年第6期。

再次，创新思维生成的关键是克服思维惯性，突破固有思维结构。人的思维活动要在一定的思维结构基础上进行。离开了思维结构，人脑几乎是不能进行任何思维活动的。思维结构不是天生的，也不是固有的，而是在学习和实践中被逐步建构起来的，思维结构具有相对稳固性。某种思维结构一旦被建立起来，就很难轻易改变。人们往往会因思维结构的固化，而导致因循守旧、墨守成规或者习惯用老眼光、旧思路、原办法去对待新问题。创新思维的关键就在于，要根据解决问题的实际需要，通过调整适应，使自己的思维超越和突破原有的思维结构。

最后，创新思维生成运行的重要保障是社会环境。创新思维的生成运行与其外部的社会环境密切相关，良好的社会环境对创新思维的生成起到重要的保障作用。创新思维活动不仅是一种生理活动和技术活动，而且它更是表现为创新主体的一种社会活动。创新主体所处的社会环境，如政策、法规等是创新思维活动的外在动力。营造勇于探索、宽容失败、鼓励创新、民主开放的制度环境和社会氛围将会极大促进创新思维的迸发，相反，机械、僵化、封闭、专制的制度环境和社会氛围必将极大扼杀创新思维的生成。

第三节　领导创新思维的主体性要求

创新思维是在一定知识背景、经验智力的基础上，综合灵活运用多种思维方法，创造新的思维成果的思维活动。创新思维是创造性实践的思想认知先导，创造性实践是创新思维的必然结果。在领导工作实践中，影响领导创新思维的因素有很多，既有主观方面的也有客观方面的；领导创新思维形成的方法也有很多，既要内在动力激发也要外在环境支持。从领导创新思维的主体层面来看，一般来说创新思维的形成需要问题意识、多元思维和担当精神的综合支撑。

一、有问题意识才有创新意识

问题意识是创新意识的首要条件。问题意识表现为思维的问题性心理。人们在认识过程中经常会遇到一些不明白的现象，而且此时通常会产生疑问、探求的心理。这些疑问或问题就是需要处理和解决的对象或目标。有问题或疑问是引发人们思考、分析和探索研究的首要环节。新问题出现推动人们改变原来的思维模式，进而可能建立新的思维模式。因此可以说，问题在创新思维的活动中起着举足轻重的作用，问题意识是创新实践的重要起点。纵观人类发展历史，一切发展和创新进步无不是在发现并破解时代问题中实现的。发现问题、研究问题、解决问题的创新实践过程始终是推动一个国家、一个民族向前发展的重要动力。爱因斯坦从一个科学家的经历出发，深有感触地谈道："提出一个问题往往比解决一个问题更重要，因为解决问题也许仅仅是一个数学上或实验上的技能而已，而提出新的问题，新的可能性，从新的角度去看待旧的问题，却需要有创造性的想象力，而且标志着科学的真正革命。"[1] 所以，有问题并不可怕，可怕的是看不到问题。作为领导干部而言，一定要增强问题意识，树立问题意识。有了问题意识才可能有创新意识。

从历史上看，共产党人从来就有强烈的问题意识，从不回避问题。无论是革命导师马克思强调的"问题是时代的格言，是表现时代自己内心状态的最实际的呼声"[2]，或是毛泽东同志指出的"问题就是事物的矛盾。哪里有没有解决的矛盾，哪里就有问题"[3]，都体现出无产阶级革命的伟大领袖们对人类社会发展历史规律的深刻把握，为我们更好地建设社会主义、实现共产主义远大理想提供了科学的理论遵循。也正是这种问题意识，激发了他们理论创新和实践创新的灵感和热情，创立了伟大的马克思主义理论。习近平总书

---

[1] ［美］爱因斯坦、英费尔德：《物理学的进化》，上海科学出版社1962年版，第66页。

[2] 《马克思恩格斯全集》第1卷，人民出版社1995年版，第203页。

[3] 《毛泽东选集》第三卷，人民出版社1991年版，第839页。

记也深刻指出："每个时代总有属于它自己的问题，只要科学地认识、准确地把握、正确地解决这些问题，就能够把我们的社会不断推向前进。"① 当谈到党的建设问题时，他还特别强调："突出问题导向，贯彻从严要求，既巩固和扩大从严治党成果，又有效解决党的建设面临的新问题。"② 这就要求，新时代的共产党人更应该树立问题意识，用问题意识带动创新意识，进而创造性地破解新时代经济发展中的各种难题。

二、有多元思维才有创新思维

创新思维，就是要敢于打破条条框框的束缚。思维创新本身的路径是多元的，注重从不同角度、不同方面去思考问题是创新思维的显著特征。在创新思维进程中，往往有多个思维起点、多个思维指向、多种思维方式，其结果也往往是寻求多种思维结果。要学会变换观察思考问题的角度和方向，这样才可能有意外的收获。就像有诗曰："横看成岭侧成峰，远近高低各不同"，同一事物从不同的角度看结果不同。因此，要学会多向、多元、多视角思维。

在思考一件事情或者一项工作时，若是按照惯有的思路，顺着事情的先后顺序、发展进程进行思考，根据常规经验去分析问题，可能会得出创造性的思维结果；但是，有时候通过正面的常规思考问题得不到解决，这时还要敢于"反其道而思之"，善于运用"反向推断"，这样就可能会"柳暗花明"，顺利解决问题。另外，单向思维会表现为思维范围窄小，思维角度、思维趋向和思维目标都非常单一，思维只在一个角度和方向里打圈圈，这样对思维对象就难以全面、准确地加以把握。其结果必然会导致认识的片面性，也必然会影响分析判断的准确性和最终决策的科学性。当我们的思维在一个角度一个方向思维而导致问题解决停滞时，还要及时转换角度和方向，另辟蹊

---

① 习近平：《之江新语》，浙江人民出版社 2007 年版，第 235 页。

② 习近平：《干在实处永无止境　走在前列要谋新篇》，《人民日报》2015 年 5 月 28 日。

径。对于领导干部来说，一定要学会经常站在对方立场，换位思考问题，尤其要学会走群众路线、做群众工作，要用群众语言讲话，站在群众立场思考，从群众利益角度办事。任何事物都是由多层次、多方位构成的复合体，事物的发展必定会受到各种各样因素的影响，具有多种发展可能性。因此，思维创新过程中，面对纷繁复杂的事物，既需要求同思考，更需要带着一种普遍怀疑、辩证否定的批判态度的求异反思；既需要逻辑地分析思考，也需要直觉、灵感激发，豁然开朗、澄清顿悟。思考事物和解决问题，不能囿于一个思考方向和一种思维习惯，应该多元思考。

三、有强烈担当才有创新实践

创新思维的根本指向是创新实践。创新实践是难度极大、风险极高的人类实践类型，同时也是收益极高的人类社会实践形式。任何时代都需要创新实践去推动创新发展。理解一个时代需要读懂这个时代的问题，改变一个时代需要解决这个时代问题的创新实践。客观世界是多样多变的，由此带来的问题同样是错综复杂的。创新性地解决这些复杂问题不仅需要高超的本领，还需要巨大的勇气。正如习近平总书记强调的，"一个新理念的确立，总是同旧理念的破除相伴随的，正所谓不破不立。贯彻落实新发展理念，涉及一系列思维方式、行为方式、工作方式的变革，涉及一系列工作关系、社会关系、利益关系的调整，不改革就只能是坐而论道，最终到不了彼岸。……在贯彻落实中，对中央改革方案中的原则性要求，可以结合实际，进一步具体化；遇到改革方案的空白点，可以积极探索、大胆试验；遇到思想阻力和工作阻力，要努力排除，不能退让和妥协，不能松懈斗志、半途而废"[①]。他还明确要求，"面对当前改革发展稳定遇到的新形势新情况新问题，全党同志要有所作为、有所进步，就要敢于较真碰硬、敢于直面困难，自觉把使命放

---

① 《习近平谈治国理政》第二卷，外文出版社 2017 年版，第 221—222 页。

在心上、把责任扛在肩上"①。

特别是在当今建设新时代中国特色社会主义，不断完善发展社会主义市场经济的过程中，社会利益分化日益明显，思想观念日趋多元，矛盾和问题日趋复杂，这给我们的创新思维和创新实践带来巨大的压力和挑战。创新思维一方面是个能力问题，另一方面还是一个担当问题、责任问题。如果没有担当精神，没有正视问题和解决问题责任心和勇气，就不可能开动脑筋勤于思考，不可能劳心费力超前思考，更不可能甘愿承担创新实践带来的各种风险，只会不求有功、但求无过，按部就班、故步自封，创新思维和创新实践也就无从谈起。

第四节　坚持运用创新思维引领经济社会发展

习近平总书记指出："惟创新者进，惟创新者强，惟创新者胜"②，"生活从不眷顾因循守旧、满足现状者，从不等待不思进取、坐享其成者，而是将更多机遇留给善于和勇于创新的人们"③。不创新就不能发展，不创新就不能进步，不创新就无所作为，不创新就不能成长，不创新就没有实力，不创新就没有胜利。不断提高坚持运用创新思维引领经济社会发展的能力，应该成为各级领导干部的自觉要求。

一、创新思维才能创新发展

创新发展是党中央审时度势提出的一个重要发展理念。领导干部要践行

---

① 习近平：《在纪念胡耀邦同志诞辰100周年座谈会上的讲话》，人民出版社2015年版，第11—12页。

② 《习近平谈治国理政》第一卷，外文出版社2018年版，第59页。

③ 《习近平谈治国理政》第一卷，外文出版社2018年版，第51页。

创新发展理念，首先要培育创新发展思维能力。思想是行动的先导，行为受动机支配，动机受思维支配，思路决定出路。引领经济社会健康、快速、科学发展，最根本、最关键的就是依靠创新。而要想创新就必须首先培养出人们的创新思维。只有有了创新思维，才能产生创新的思路，才可能有创新的实践；只有形成一定的创新思维能力，才能够在新常态的经济社会发展形势下发现"突破口"，打开新局面，实现更好更快的发展。

纵观党史我们可以发现，中国共产党之所以能够带领中华民族取得一个又一个的伟大胜利，就是因为我党革命、建设和改革的全部历史是一部创新思维的运用史，也是一部创新实践史。以毛泽东同志为代表的党的第一代领导人，在领导中国人民进行民主革命时，善于运用创新思维的思维形式，从中国国情出发，形成了农村包围城市，进而夺取全国政权的中国革命道路。这是以毛泽东同志为代表的中国共产党第一代中央领导集体领导中国革命运用创新思维的一次伟大胜利，实现了中华民族站起来的伟大历史飞跃。以邓小平同志为核心的党的第二代中央领导集体，又一次坚持运用坚持创新思维，创造性地提出改革开放的基本国策，领导中国人民走中国特色社会主义的建设道路。正是改革开放极大地加速了我国的社会主义现代化进程，极大地增强了我国的综合国力和国际竞争力，缩小了与世界先进国家之间的差距，实现从站起来到富起来的伟大历史飞跃。改革开放的实践证明，只有不断加强创新思维，才能与时俱进，才能不断提出新思路、推出新举措、开拓新局面。

以习近平同志为核心的新一届中央领导集体，根据我国当前经济社会发展面临的新形势，始终不渝地坚持以经济建设为中心、坚持发展是硬道理，发展是治国理政的第一要务，创造性地提出了新时代、新矛盾、新常态等一系列重要论断，作出了创新发展的一系列重要论述，形成了习近平新时代中国特色社会主义思想，创造性地解决了当前发展中的各种矛盾和问题，取得了伟大历史性成就。当前和今后相当长的一个时期，我们面临的主要任务就是如何实现创新发展，这就需要领导干部从旧的、不符合新发展理念的思维方式中解放出来，积极进行创新思维，把思想统一到习近平新时代中国特色社会主义思想上来。

二、当前影响领导创新思维的主要原因

创新知易行难，很多领导者深知创新的极端重要性，明白"不创新不行，创新慢了也不行"的道理。但在实际工作过程中，往往习惯于沿用老办法，遇到困难就很容易回到老路上去，很难有创新思维，更难有创新实践。之所以出现这样的情况，是因为创新思维和创新实践的过程既需要克服主体自身思维方式中的固有观念和习惯定势，又需要克服来自传统文化教育、社会体制环境等客体方面的障碍和阻力。从总体上来看，我们可以把阻碍领导创新思维的因素分为两类：主体因素和客体因素。主体因素是领导者自身的限制因素，其中最主要的就是意识障碍、心理羁绊和思维枷锁或者思维定势。客体因素主要就是社会文化传统和现实制度体制环境。

从主体方面来说，第一，缺乏创新意识，不想创新。有些领导者满足于得过且过，满足于不干事也不出事，满足于比上不足比下有余，主观上安于现状，不求无功，但求无过。思想因循守旧，守着自己的"一亩三分地"，看不到外面世界的变化，看不到新变化带来的新挑战，遇到问题只会按照原来的"路径依赖"惯性按部就班去处理，或者就是，等、靠、要上面精神、上层政策、上级指令；还有些领导者谈起创新总认为那是"高不可攀"的事，只是少数天才、幸运儿才能干的事业，根本不是自己这样的人做的事，创新的事情还没做，就已经在大脑里"否定"了好几遍，将创新"神秘"化；也有领导者从众倾向比较强烈，随波逐流，遇事没有自己的主见，在认知事物、判断是非时往往人云亦云、附和多数，缺乏独立思考。

第二，缺乏担当精神，不敢创新。有些领导干部虽然不满足于现状，感叹问题很多，但是，容易怀疑自己、惧怕失败，不敢尝试冒险，不敢接受挑战，不敢跳出旧套路，生怕新办法有风险，或者对所提出的一些新思考、新

方法、新思维不敢坚持，遇到一点阻力和困难就轻言放弃，一时收效不明显就束之高阁；还有一部分领导干部耿耿于怀于利益得失，进而自己束手束脚、难以超越，甚至对创新革新持反对和排斥态度；也有一些领导干部畏惧权威，以绝对尊崇的态度对待权威，并把权威当作思维的标尺和范式，迷信权威。

第三，缺乏领导本领，不能创新。有些领导者不读书，不学习，对新科技、新业态、新发明创造不关心、不了解，缺乏创新思维的知识储备和思想能力，缺乏领导本领，不知道如何创新，在哪个方向、哪个方面、哪一点上创新，因此就会缺乏创新的观察力和敏锐感，也没有创新的底气和勇气。长此以往，思维就会被严重禁锢，在他们的思维活动中老经验、老习惯、老规矩，还有权威、利益等因素往往起着先入为主的作用；就会固守旧的思维定势，机械地按"红头文件"、"书本经典"、领导指示办事，按常规原有的工作套路办事，面对新情况、新问题只好无所作为、消极适应。

从客体角度来说，首先，传统守旧的观念文化是阻碍创新的重要因素。观念是长期影响形成并内化为人脑潜意识中的观点和认识。人们在思维过程中，反复运用某种观点思考评价问题；久而久之，这些观点和认识被积淀到大脑深层意识之中而达到了无意识状态，这就形成了观念。观念是影响创新活动的重要力量，它是组织思维创新的内在动力。观念文化中所包含的信仰、理性、价值等方面的发展和变化，决定了人们对创新活动的态度、情感、意志等。中国守旧唯古、法祖守成的文化观念影响深远，这种文化习惯与创新是背道而驰的。历史上历次变法大都失败的重要原因之一就是守旧文化环境的牵绊，所谓"祖宗之法不可变"的教说，"枪打出头鸟"的古训、"万言万当，不如一默"的保身哲学，都是反对标新立异、反对创新的。例如，戊戌政变之后，慈禧太后一句"难道祖宗不如西法，鬼子反重于祖宗"的质问，使得光绪皇帝无言以对。封建社会几千年来，祖宗崇拜将祖先、祖制完全神圣化，任何改革都容易被戴上"数典忘祖"的大帽子，使得改革创新十分困难。正如鲁迅先生所言："可惜中国太难改变了，即使搬动一张桌子，改装一个火炉，几乎也要流血；而且即使有了血，也未必一定能搬动，能改装。"①

其次，保障领导创新思维和创新实践的制度设计还有差距。营造创新思维与创新实践活动社会环境的根本手段是制度设计，制度环境是创新活动的外在动力。创新活动不仅是技术活动，它更主要地表现为创新人群的社会活动。创新人群所处的社会环境，如政策、法规等方面的影响至关重要。特别是在领导干部创新思维和创新实践领域，干部考核、选拔和激励等方面机制的不完善是影响领导干部创新思维和实践的最大障碍。多数领导干部觉得自己是有创新意识的，但是，缺少的就是创新实践的保障。他们认为创新思维在头脑里可以思考，但是难以实践。其原因就是，创新是有风险的，创新结果很可能是失败，领导干部在自己的工作岗位上一旦创新失败，就可能会面临失去职位升迁的机会，甚至是严重问责。目前，我们虽然已经出台了一些激励干部担当创业的容错纠错机制，但制度设计尚未细化完善，尚未形成容忍或宽容创新失败的制度和事业环境。不少领导干部认为不主动去创新会给自己的仕途带来更大的稳定感，这使得现实中领导者往往在创新上小心翼翼，对创新想得多，做得少，或者干脆不想创新。

三、用创新思维引领创新发展

党的十九大报告指出："要增强改革创新本领，保持锐意进取的精神风貌，善于结合实际创造性推动工作。"② 改革创新是经济社会持续健康发展源源不绝的动力来源，是破除一切不合时宜的思想观念和体制机制障碍，激发全社会的创造力和发展活力的力量之源。改革创新也是共产党人的本质特征之一，是我党具有无穷生命力的力量之源。我国 40 多年的改革开放史表明，

---

① 《鲁迅全集》第一卷，人民文学出版社 1981 年版，第 164 页。

② 习近平：《决胜全面建成小康社会　夺取新时代中国特色社会主义伟大胜利——在中国共产党第十九次全国代表大会上的报告》，人民出版社 2017 年版，第 68 页。

改革创新是破解发展难题、开拓发展新路的根本途径。唯有不断增强党员干部创新思维和创新实践能力，不断增强改革创新意识和本领，我们才能在新时代的伟大征程中为实现中国梦提供不竭动力。创新思维和创新实践能力，说到底就是破除迷信、超越过时的陈规，善于因时制宜、知难而进、开拓创新的能力，要坚持运用创新思维引领社会发展，最重要的要做到以下几点。

（一）要始终坚持解放思想、实事求是、与时俱进的思想路线

党的思想路线是党的生命线，中国共产党之所以能由小到大、由弱变强，非常重要的有一条充满创新精神的思想路线，这是中国共产党始终保持蓬勃生命力的思想根基，是推动党和国家各项事业不断前进的不竭动力。无论思维如何创新，都离不开尊重客观规律、实事求是地分析问题，只有把马克思主义基本原理与具体实际结合起来，解决了新问题，才算真正的创新思维。

从本质来看，创新的过程就是探索真知、探索真理的实践过程。由于真知、真理是反映事物本质的、必然的联系和趋势，是客观存在的，是有规律可循的，这就决定了创新绝不是因循守旧、难越雷池，也绝不是胡思乱想、天马行空。创新是探索、是求真、是务实，这就是探索真知、求真务实的态度。领导干部要培养这种态度，首先要养成探索精神，能够打破各种旧思想框框和传统观念，敢于怀疑、敢于走新路；其次，要有实事求是的胆量，不唯上、不唯书，只唯实，尊重实践、尊重群众，严格按规律办事；再次，要有务实的作风，脚踏实地，一步一个脚印，扎扎实实、持之以恒地进行反复实践，从而实现创新和发展，否则，创新就是一句空话。回顾中国革命的历史，无论是在民主革命阶段还是在社会主义革命与建设时期，只有坚持了解放思想、实事求是、与时俱进精神的创新思维和创新实践才能获得胜利，否则就要失败或者出现挫折。在新的历史阶段，我们要全面推进中国特色社会主义事业向前发展，实现中华民族伟大复兴的中国梦，要发展、要前进、要富强，唯一的出路是创新。创新就需要解放思想、更新观念；创新就需要实

事求是、不断开拓；创新就需要与时俱进、永不停步。唯有如此，伟业才能成功，梦想才能实现，国家才能富强。

（二）要有勇于开拓，敢为人先的创新锐气和逢山开路、遇河架桥的担当意志

首先，进行创新思维和创新实践需要极大的勇气，精神风貌至关重要。必须要有改革创新的冲劲、闯劲、拼劲、韧劲，要有敢于破除一切顽瘴痼疾的担当精神。遇事消极疲沓，萎靡不振，不求上进，贪图享受，回避矛盾，是不可能担当改革创新大任的。必须要敢于啃"硬骨头"，找准改革创新的着力点，始终对最突出的困难和问题抱一种"不依不饶"的态度。要做到勇于开拓，敢为人先，要"让思想冲破牢笼"，打破迷信经验、迷信本本、迷信权威的惯性思维，走出传统思维定势的束缚，牢固确立敢于超越前人，敢于超越别人，敢于超越自我的创新思维。要不断摒弃不合时宜的旧观念、旧理论、旧制度、旧道路，根据实践发展出现的新情况、新问题和新矛盾，不断总结新经验，形成新观念、新思想、新理论，探索新制度，开辟新道路，这就是党提出的理论创新、制度创新和道路创新。只有这样，才能真正实现以思想认识的新飞跃打开工作的新局面。

其次，创新是一种特殊的实践活动。简单说，创新就是要走前人和别人没有走过的路，干前人和别人没有干过的事，创新就是"在死胡同里找出路"，在"一张白纸上画蓝图"。创新的过程永远不会一马平川、一帆风顺，其中会遇到各种激流险滩、艰难险阻，这就特别需要具备逢山开路、遇河架桥的意志。对领导干部来说，还需要清醒地认识到，中国特色社会主义事业，改革开放的事业是前人没有干过、别人没有干过、老祖宗没有说过的创新伟业，不可能风平浪静，更不可能顺风顺水、一路平安，更需要逢山开路、遇河架桥。尤其是当前中国的改革到了"啃硬骨头"的关键时期，没有逢山开路、遇河架桥的意志是寸步难行的。因此，领导干部要提高自己的创新思维能力，就要在实践中不断磨炼自己逢山开路、遇河架桥的意志，百折不挠、勇往直前，不断积累新经验，取得新成果，以适应改革创新的迫切要求。

（三）要努力学习，掌握思维创新的方法和本领，善于结合实际创造性推动工作

首先，要努力学习，实现足够的知识储备，构建合理知识结构。创新思维必须善于深入地思考问题，只有如此，才能抓住事物的规律和本质，预见事物的发展进程。这要求人们具有精深的知识，要求人们将求知的触角伸向更新更广阔的知识领域。因此，不存在离开知识的思维创新。丰富的知识是创新的材料、基础和背景。一个求知欲旺盛、好奇心强的人，往往勤奋自信，善于思考，勇于创新。现实社会中，问题各种各样、千差万别，有的是老问题，有的是长期努力但还没有解决的问题，有的是有新表现形式的老问题，还有的是新出现的问题。要解决好这些问题，唯一的办法就只能是加强学习。通过学习知识，可以认识事物的本质和规律，为创新工作思路提供有力的知识支撑。只有努力学习，才能增强工作的预见性、主动性、科学性，才能使领导决策把握规律性、富于创造性，避免盲目决策、草率决策和决策失误的困境。

其次，要善于调查研究，从实践中总结创新。马克思主义哲学的首要的和基本的观点就是实践的观点。实践是一切认识的最终来源，也是领导思维创新的最可靠基础。马克思曾指出："人们思维是否具有客观的真理性，这并不是一个理论问题，而是一个实践问题。"[①] 领导干部的思维创新绝不能是脱离实践的空想，而应该是建立在实践基础上的思想的创新活动。创新思维活动十分复杂，涉及的对象领域非常广泛，需要了解多方情况、收集多方资料。要使创新思维取得良好效果，既需要领导干部自身的学识和智慧，又需要领导干部深入群众实践去广泛调查研究。领导干部创新思维过程中要充分

---

① 《马克思恩格斯选集》第 1 卷，人民出版社 2012 年版，第 134 页。

体现人民群众的意志，切实保障人民群众的利益，依据人民群众所想、所思、所需和所愿，最大程度地发展好、维护好广大人民群众的根本利益。需要从历史和现实中把握改革实践的规律性，坚持用正确的方法，紧密结合地方实际、部门实际、行业实际、岗位实际，既不能因循守旧、故步自封，也不能盲干蛮干、草率行事，要切实从第一现场、基层一线的实际中去躬身实践获得灵感、求得真经。

再次，要学会多元综合的科学思维方法，掌握创新思维的有效手段。创新思维是多种思维类型融于一体并相互作用而产生的有整体功能效应的思维。因此，领导干部应当注意克服一元、单向的思维缺陷，注重综合运用多元多向的思维方式，既要注意将抽象思维、形象思维、灵感思维、逻辑思维、辩证思维、系统思维等宏观思维方式有机结合起来，还要学习综合运用转向思维、逆向思维、组合思维、联想思维等具体的创新思维方法。第一，学会转向思维。如果在一个方向上受到很大阻碍，不要太过于钻牛角尖、死胡同，可以尝试转向另一个方向，经过这样多次转向，直至获得成功。第二，学会逆向思维。在必要时，领导干部需要改变思维过程中的排列顺序，反向寻找解决问题的途径。第三，学会组合思维。要善于吸收他人的意见，善于把大量的概念、事实和观察材料进行加工、整理、组合，把不同的元素有效地综合在一起。通过对事物多层次、全方位的分析综合，找到思维创新的突破口。第四，学会联想思维。要善于通过事物某种特征的启发，进行推导，举一反三，运用联想迁移，实现"以此解彼"的思考解决问题。

（四）要建构良好的社会制度环境，有力保障领导思维创新

良好的社会体制机制是创新思维的重要保障，领导思维创新的能力和水平很大程度上取决于与之相适应的制度环境。要建立公平公正的创新激励机制，构建容错纠错的创新保护机制，完善适应时代要求的创新发展机制，让领导思维创新活动得以顺利开展，并在实践中不断引领社会创新发展。

首先，建立公平公正的创新激励机制。要营造一个激励创新的社会制度

环境，采用物质激励、精神激励等多种激励手段，在全社会形成一种人人追求创新、个个争相创新的局面。对于领导干部而言，最大的激励还在于科学合理的干部人事制度。具体来说，就是要通过干部人事制度改革，把开拓创新能力作为评价和任免干部的重要标准，建立一套科学准确的政绩考核制度，任人唯贤的选拔任用制度，形成能者上、平者让、庸者下的良好机制。对那些因循守旧、照抄照搬、不思进取、政绩平平的人，不但不能委以重任，而且要从领导岗位上撤下来；对于那些开拓进取、奋发有为、业绩突出的干部，要大胆提拔任用。只有这样，才能形成激励领导创新的社会机制，引导领导者不断进行创新。

其次，构建容错纠错的创新保护机制。创新肯定是会有风险的，一定要使领导者打消创新失败的后顾之忧。习近平总书记指出："要把干部在推进改革中因缺乏经验、先行先试出现的失误和错误，同明知故犯的违纪违法行为区分开来；把上级尚无明确限制的探索性试验中的失误和错误，同上级明令禁止后依然我行我素的违纪违法行为区分开来；把为推动发展的无意过失，同为谋取私利的违纪违法行为区分开来。"① 这"三个区分开来"最终目的就是保护那些锐意创新的干部，最大限度调动广大干部的积极性、创造性，激励他们更好带领群众干事创业。只有进一步结合各地区、各领域的实际，细化和完善容错纠错的创新保护机制，降低创新的风险，才能打消创新者的顾虑，才会有更多的人愿意创新。对开拓创新的干部不能求全责备，对他们创新中的缺点错误，不能一棍子打死，要及时给予善意的批评和纠正，对他们创新中的不完善要及时帮他们完善。

最后，完善适应时代要求的创新发展机制。要保证领导者的创新能力能够可持续的发展，就要为他们创造必要的创新发展条件。当今时代，信息技术飞速发展，互联网、大数据、人工智能等在经济、政治、文化和社会生活、社会治理中扮演着日益重要的角色。面对新变化、新要求，广大党员领

① 《习近平谈治国理政》第二卷，外文出版社 2017 年版，第 225 页。

导干部增强改革创新本领，还必须学网、懂网、用网，不断提高对互联网规律的把握能力、对信息化发展的驾驭能力、对网络舆论的引导能力、对网络安全的保障能力，不断提升互联网、大数据、人工智能与实体经济融合发展的能力。这就要求领导者要始终掌握最新的知识和发展动态，始终能够站在时代前列和实践前沿。因此，要制定完善相关政策，创造各种学习进修、考察调研和实践提高的机会，让领导者深刻认识时代特征，契合时代节拍，掌握符合时代潮流的管理方式和行政手段，保持旺盛的创造力。

第十章　法治思维和依法执政能力

现代社会日益凸显出了法律在社会治理、推进社会进步与人类文明进程中的重要作用。作为一种社会治理方式，法律是基于人类对秩序的需要而作出的理性选择。在当代中国，法治也在以一种全方位的态势发挥着对公民生活的极大影响作用。这不仅需要确立起一种对法律的信仰，而且也需要自觉地在实践中按照法律精神的要求观察、分析、解决问题。换言之，就是依法执政。这客观上呼唤一种法律思维的不断生成。法治思维对于领导干部做好工作意义重大，既关系到能否正确行使人民赋予的权力，也事关能否实现改革任务的法治目标，同时也直接影响到法治治理和社会经济发展的有效性。当前，依法治国观念已经深入人心，并已成为人们的普遍共识。为此，就需要我们在法律框架内，不仅建立起对法律的信仰，而且也牢固树立起法律权威的尊严，严格依法行使权力和保护人民群众的正当权利。平等是法律的生命。只有坚持法律面前人人平等，一个国家的法律才能拥有权威和荣誉，才能真正地实现法治。

第一节　法治与法治思维

当前对各级领导干部的依法执政能力的提高，首先离不开法治思维的养成，也离不开对法治概念的正确理解和把握。

一、法治的含义

法治，是人类文明的重要成果。对于法治的含义，人们通常习惯于亚里士多德的解释，即"已成立的法律获得普遍的服从，而大家所服从的法律又应该本身是制定得良好的法律"①。

"法治"概念通常具有多方面的含义。第一，指的是在治理国家上的基本方略，或者指一个国家采取法律的手段，对社会实施有效监管的一种方式。从根本上说，法治作为一种国家治理方略，区别于传统的人治，它既与专制相对立，也在权力的归属上与主权在君相区别，还与那种完全以当权者个人意志超越和代替法律的治理截然相反。第二，指的是凡事依法处理的原则。人人平等地依法办事是法治的基本要求和标志。洛克指出："法律一经制定，任何人也不能凭自己的权威逃避法律的制裁，也不能以地位优越为借口，放任自己和下属胡作非为，而要求免受法律的制裁。"② 现代法治的精髓是公职人员依法办事。只有作为权力执行者的公职人员依法办事，接受法律的约束，在全社会范围内才有法治建设可言。同时，权力执行者有法不依、执法不严、违法不究的情况，则与依法办事的原则要求相去甚远。第三，指的是社会中具有良好的法律秩序。法律秩序通常指全社会范围中法律规范的实施和实现的结果。由此，关于法治的种种定义表明，法治意味着在某种社会形式下，法律是生活在特定社会中的所有人遵守的基本行为准则。民主政治是法治社会实现的目标，也是法治建立的基础。法治建设，首先要求严格依法办事的理性原则，社会具备良好的法律秩序，以及社会上所有人，尤其是权力与法律执行者拥有内化为价值观念的法治精神。

法治是把法律作为最高准则治理社会的方式。其中蕴含的标准与要求是，社会运行中的一切事务、规则以及人的行为都必须符合法律规定。法律

---

① ［古希腊］亚里士多德:《政治学》，商务印书馆1965年版，第199页。

② ［英］洛克:《政府论》(下篇)，商务印书馆1964年版，第59页。

是最权威的治理方式，能够代表人民的意志。执政者严格执行和遵守法律，维护社会中公民的权利与自由。法治形成的起点是，在社会大范围内人们的法治思维的形成与普及。

首先，具有法律信念。"法律必须被信仰，否则它将形同虚设。"[①] 法律是建立在一定经济基础之上的观念和意识。特定社会中的法律，所代表的不仅仅一种抽象的概念、一种思想意识，更应该是一种人们普遍认同，并能够思想中确立起来、获得观念认同的一种文化。这种法律文化反映的是社会中大多数人的意志。生活在这样文化氛围中所有人都认同与之相适应的法律文化。更重要的是，人们会将这种法律文化的理念、价值和规则内化成相应的心理结构和认知系统。从而以此为要求，形成一种思考问题、分析问题的思维方式与方法。一个社会具有了法律文化基础，才可能确立对法律的信仰。在以法律为信仰的国家里，突出特点是社会中每个人的个体价值和尊严获得保证和尊重，个人的威权主义、极权手段和人治文化无处容身。

其次，法治体现的是一种"公共善"的价值观。法治不但要求社会中人们遵守普遍性的法律，而且要求这些法律必须是良好地制定的法律。在通常法治概念的内涵中，包含着人类价值观的要素，例如自由、平等、民主、人权、公平和正义。这些价值观要素作为普遍性的人类价值理念，构成了现代法律的核心价值理念。这意味着人们在价值观念上对法律具有更高要求，这种价值理念一经法律确立，如何去面对价值的评价和检验的问题，谁来评价，是否能够按照法律规定的价值理念进行评价和检验，所有这些，都体现着法治在一个国家的实现程度。

再次，法治作为一种治理方式，凸显的是"法的统治"的特征。在实际社会运行中，实现法治的过程中无法完全排除社会道德对人的内在思维和外在行为的影响，但法治在原则上排斥人治的统治方式。法律是判断法治社会中人们外在行为的标准。从表面上看，法律的要求似乎低于道德标准，但它

---

① ［美］伯尔曼：《法律与宗教》，生活·读书·新知三联书店 1991 年版，第 14 页。

不与社会文明的进步相矛盾，其最终目标上是更接近于道德准则。简而言之，法治是一个全面的概念，涵盖了特定社会形态中全部法律价值和政治价值。法治对于人的意义在于，它不仅能够带给人自由和平等的生活，而且也能够让所有的人有尊严地活着。更重要的，它还能够使人们从社会的发展中更加真切地感受到一种免于任何恐惧的恒久的安全感。

二、法治思维的含义

党的十八大以来，习近平总书记在不同场合多次提到"法治思维"，由此，"法治思维"也走进学者的研究视域。从目前的法治思维研究成果来看，人们对其的认识并不完全一致。有学者将法治思维解释为在对法治固有特性进行正确把握的基础上，用在自己头脑中确立起来的对法治的信念实现对事物的认识和甄别，并解决实际问题的一种思维方式。也有学者认为，法治思维是指导人们行为的思维，是约束在社会的法律、法规，以及相关合法程序范围内的思维方式。从我们的国情出发，在社会主义建设的不同历史时期，相应的法治建设自然有不同侧重。在当前我国所处的全面深化改革阶段，我们的法治思维建设的核心在于将权力关进笼子里，即依法限制、约束、杜绝任意行使人民赋予的权力的情况。从更加宏观的角度看，从当前社会的需求出发，法治思维不仅仅要求权力行使者要依照法律办事，还有更深层次的对人类社会的公平、正义、权利、自由的价值追求。还有学者将法治思维理解为，以法治理念为指导，运用法律的规范、原则、精神和逻辑等手段，去综合分析、判断和决定问题的过程。此过程以思维、行事的合法性为起点，是以实现公平正义为中心的逻辑推理过程。也有学者认为法治思维，是将人们认知中以法治出发点的种种思维和方法，来认识问题、分析问题、处理问题的方式。全部的法治思维和方法均是以法律规范为基准的、理性的、科学的思维方式。也有学者倾向于认为，"法治思维"概念的提出，主要是为了与人治思想进行区分。在我国的社会运行中，法治思维就是指拥有权力的领导干部群体考虑问题、处理事情、进行决策，均要以法律为准绳。时刻牢记职位权力的来源是人民的选举结果，因此必须尊法守法，切实将广大人民群众的利益放在首位，而不是用权力为个人和小团体服务。按照法治思维中实现社会公平的要求，坚持法律面前人人平等，时刻牢记法律的监督作用，处理事物要考虑法律后果和承担法律责任。

概括而言，法治思维在本质上是与人治思维和权力思维不同的一种思维方式。法治思维是立足于法律，按照法律的规范、精神、原则、目的和价值诉求，来思考和处理问题、作出决定的思维。也就是凡事做到依法，遇事能够求法，理事懂得用法，方法诉之靠法的一种思维方式。这种思维是一种主观自觉地用各种规范和程序来约束自己思想和行为的思维，根本上是对权力的约束和限制的思维。在党的十八大报告中，这一思维被表述为立法科学、执法严格、司法公正、全民守法，这十六字方针可以视为我国的社会主义法治建设进入新阶段的标志，也是当前法治建设的目标。

首先，科学立法的要求是在完善立法规划、突出立法重点、坚持立改废并举、提高立法的科学化、民主化水平等方面下功夫。一是不断提高我国制定法律的针对性、及时性、系统性。二是不断完善立法工作机制和程序。三是扩大群众的法治参与，充分听取各个方面意见，使我国运行法律能够准确反映经济社会发展的要求和人民群众的呼声与利益，在社会中更好地发挥作用，协调社会各方的利益关系，以及在思想上认识到立法对社会思想的引领作用。

其次，严格执法的前提是使人们广泛认识与认同宪法在法律体系中的重要地位。我们要实现依法治国的目标，首先做到依宪治国。同样是要求领导干部群体依法执政，第一步要做到认可宪法权威，依照宪法办事。中国共产党领导全国人民不仅制定了宪法和一系列法律，而且也要求党在宪法和法律规定的范围内，执行好这一体现人民意志的法律体系。党在法治建设中的示范带头作用体现在领导立法，严格执法，带头守法。习近平总书记在党的十八届中央政治局第四次集体学习时指出："行政机关是实施法律法规的重要主体，要带头严格执法，维护公共利益、人民权益和社会秩序。执法者必须忠实于法律。"①

再次，在公正司法方面，紧紧围绕着人民群众的诉求，努力在各类案件的审理中坚持将维护人民群众的利益放在首位，最大限度地体现公平正义。2012年12月4日，习近平总书记在首都各界纪念现行宪法公布施行30周年大会上的讲话中指出："我们要依法公正对待人民群众的诉求，努力让人民群众在每一个司法案件中都能感受到公平正义，决不能让不公正的审判伤害人民群众感情、损害人民群众权益。"② 这就是公正司法的要求。

最后，在全民普法和促进群众守法方面，一方面，"要深入开展法制宣传教育，在全社会弘扬社会主义法治精神，引导全体人民遵守法律、有问题依靠法律来解决，形成守法光荣的良好氛围"③。另一方面，也要不断提高人们对法律的充分信任感。"法律要发生作用，需要全社会信仰法律。……如果通过正常程序不能得到公平正义，群众对政法机关不托底、不信任、不放心，那光说加强法治观念也没有用。"④ 这是全民守法的要求。

从上述对法治思维概念的理解出发，我们不难看出，法治思维有以下方面的内涵：一是在法治思维的主体方面，直接指向享有和行使公共权力的人。二是在法治思维的标准方面，奉行的是权力的行使要具有"合法性"。这种"合法性"标准，既离不开现行的法律规范，以现行法律规范为基础，同时又能够超越现行法律规范。三是在法治思维的目的方面，要实现对公民人权的最大程度的维护。四是在法治思维的过程方面，突出强调的是法治思维的不断具体化。正是在这一具体化过程中，人们才能够将蕴含于人头脑中的法治精神、原则、理念和要求，不断地进入思维层面，并通过这种具体的分析，不仅实现对具体问题的适度抽象，而且也有助于

---

① 《习近平谈治国理政》第一卷，外文出版社2018年版，第145页。

② 《十八大以来重要文献选编》（上），中央文献出版社2014年版，第91页。

③ 《习近平谈治国理政》第一卷，外文出版社2018年版，第145页。

④ 《十八大以来重要文献选编》（上），中央文献出版社2014年版，第721—722页。

决策的形成。

作为一种建立在对法律尊重的基础上的现代治理方式，法治不仅是一种重要的思维，而且这种思维也孕育着丰富的方法论的内涵。首先，尊崇法律的至上性。法治思维确立了法律的权威，正是基于法律本身的这种权威性，才要求人们不仅要养成用法律规范人的行为的习惯，而且要确立起对法律的信仰，让依法办事、遇事找法成为人们的一种思想自觉。其次，体现法律的公平正义。任何法律都体现着公权的价值追求，而这种追求总是围绕着公共的善来展开的，它不仅要求法律体现公平性，而且要求在法律的运行过程中，能将法律的这种公共精神和公共价值最大程度地体现出来，真正做到无论面对什么人，都能够一杆尺子来权衡、一碗水端平，真正做到做事公道，出于公心，不搞亲亲疏疏，严格执法，确保将法律的公信力落到实处。再次，杜绝权力的滥用。法律不仅赋予权力使用者一定的权力，也要求其承担相应的义务。这表明，法律规定的任何权力都不是无限制的，它不仅规定了权力的空间和范围，为权力明确地划定了边界，而且权力使用者也要为各种权力的行使担责。权力一旦失去责任的约束，就会为滥用权力打开方便之门，就会给社会带来巨大的灾难和损失。最后，体现责任后果的要求。在实际社会活动中，人的任何行为都会产生结果。当然，结果既可能是人所需要的，也可能是人们不需要的，更有可能会有对社会带来不必要的损失。既然会有这么多种结果，那么，这也就意味着，行为者要为这些结果负责。只有这样，才能真正做到严格执法，违法必究。正因为如此，党的十八届四中全会才明确提出，要建立重大决策终身责任追究制度和责任倒查机制。对领导干部群体的越权行为及时予以制止，侵犯的群众权利要得到有效救济保护，造成损害、损失的要依法给予赔偿，违法犯罪的行为必须得到相应惩处。①

---

① 参见尹梅红、张辉：《党员干部提高法治思维能力的路径选择》，《军事交通学院学报》2015 年第 10 期。

第二节　法治思维的方法论要求和方法论应用

法治思维不仅具有丰富而深刻的基本内涵，而且作为一种思维方法，它也体现了方法论上的重要要求。权力的行使者不仅要正确地把握其基本内涵，而且还要自觉地将法治思维的内在精神在自己的各项工作中加以运用。

一、法治思维的方法论要求

当人们将法治思维运用于实践的时候，这种思维也成为实践活动中的一种重要的方法论遵循，要求人们自觉地体现、运用法治思维的基本要求。首先，领导干部作为政策制定、主导和执行者必须具备法治思维。其次，回应广大人民群众利益诉求的要求。领导干部应当代表群众的利益，以法治为准绳处理当前社会中存在的矛盾。再次，领导干部工作性质的现实要求。改革进入深水区，社会矛盾会将更多样、更复杂，不具备法治思维在工作中也将寸步难行，不符合职责要求。

在法治思维的方法原则上，有两项基本的要求。这就是时刻牢记处理事务的合法性要求和程序性要求。

首先，合法性要求。合法性要求意味着宪法、法律至上，法制社会中的一切组织和个人服从法律的统治。一方面，是特定社会中人的行为必须在法律规定的范围内行使。在有法可依的情况下，首先按照法律知识定位相关法条。在上位法和下位法存在差异的时候以上位法执行。在社会实际生活中，有时会因为不同效力等级的法律面对同一行为的规范时表现出明显的差异性和不同步性，这就可能会造成实际法律操作中冲突与困扰。这种情况适用上位法优于下位法、新法优于旧法、特别法优于一般法的原则。领导干部在工作中不能根据自身的偏好和利益关系去选择性利用法律，应自觉维护国家法律的尊严。另一方面，特定社会中人的行为合乎立法目的、法律原则和法治

243

精神。在各类社会事件中，难免会存在一些难以找到法律依据的情况。通常领导干部工作过程中也会遭遇到此类情况，既不能不作为，也不能乱作为。在遇到暂时不具备相应的法律规定时，不能脱离开法律的基本原则和基本精神随意发挥，而要在体现法律原则和法律精神的前提下，对法律进行必要的解释、补充等工作。在有法律明确规定的情况下，则应首先按法律执行规定，而不是直接使用法律原则。

其次，程序性要求。在建设法治社会的过程中，法律不仅有实质正义之分，而且也有程序正义之别。程序，作为人们看得见的一种正义实现方式，其要求一是凡程序都要求遵守。对于公权力而言，无论是获得还是行使，都离不开对特定程序的遵循。对此，立法法对最高国家权力机关制定法律的基本程序作了这样的解释：这种作为国家权力机关制定法律的程序不仅包括法律案的提出，而且也包括法律案的审议、表决和公布等阶段。对于政府而言，在做任何一项重大行政决策的过程中，也要遵循包括公众参与、专家论证、风险评估、合法性审查、集体讨论决定等程序。对于行政机关作出的行政处罚，也要尽最大可能体现出公开、公正、民主等程序。不过，实际工作中仍存在着重结果、轻程序的做法。因此，领导干部应当具备的法律常识，就是严格遵守程序不仅是一种对工作方式的规范，同时也是对自我的一种保护。同时，程序要体现出正当性。这是说按程序办事固然重要，但是，如果将这种程序变成一种走过场、做样子、摆姿态，这就不仅与程序设定的要求相背离，而且也距离程序正当性的要求相差其远。程序也应当具有合理性，包含合法、合理的步骤，而不是任意设定或任意修改特定的程序规范与操作。正当的程序也应当具有可操作性和可执行性，不具备这两个条件则不能成为正当程序。

二、法治思维的方法论应用

党的十八大以来，习近平总书记不仅提出了全面依法治国这一重大战略，而且也围绕着全面依法治国，从其重大意义、基本含义、重要原则、基本方法等作出了深刻论述和战略部署，并在推进中国特色社会主义法治建设中形成了具有中国特色的法治思维。

（一）法治思维在推进法治中国中取得重大成效

提出法治思维这一概念表明，我国的法治建设进程已经提升到核心而且是一个更加艰难的观念层面。许多人认为，既然我国的改革开放可以在经济上取得很大成就，那自然也可以成就法治建设的奇迹。从近代西方社会几百年的历史发展轨迹看，有人认为西方法治的确立是一个自然的发展过程。然而，这是一种违背常识的错觉。无论中外，法治系统都不可能是自然形成的。法治发展的性质与经济发展不同。只要个人具有利益追求的决心，调动了积极性，经济发展就可能迅速实现。然而，人们对法治的追求并不像追求利益那样直接，需要动员他们的行为热情。

从社会文化的构成来看，当一种法治失去人民的支持时，法治的启蒙就显得十分必要。作为一种社会生活方式的法治如何才能成为可能？这当然取决于一系列复杂的条件。然而，就其最直接的条件而言，必须有一种与之相兼容的社会思维方式。只有当人们能够有意识地，而不是被动地、经常而不是偶尔地根据法治的概念来思考问题时，才会形成一种符合法治概念的普遍行为方式。

党的十八大特别是十八届四中全会之后，我国法治建设的实质性和制度化内容得到极大提升。其中重要措施包括：强有力的反腐败活动以遏制滥用权力的行为；简政放权，设置政府权力清单，对重要行政决定进行法律审查，加强行政问责制以建立限制公权力的制度化体系；全面地改革司法管理制度和司法权力运行机制，以确保司法机关和检察机关依法独立、公正地作出判决；依法探索、构建宪法实施机制，加强宪法实施；保障和促进法治建设和依法行政。在当前我国改革顶层设计和制度规范的努力推进中，更为全面的社会主义法治体制和制度框架正在形成，标志着我国法治建设取得坚实进步。

（二）当前领导干部法治思维方面存在的突出问题

拥有完善的法治制度体系，并不等于实现了法治社会目标，因为制度的实施仍然取决于人的行为。在社会实际运行中，实现法治建设目标的人为因素比制度因素更具有决定性。有的人对法治的设想，仅仅停留在建立较为完备的法律体系，独立、公正、具有权威和施行高效的执法与司法体系，在法律程序上具备普遍的正当程序机制，等等。这些都是社会主义法治建设的重要构成部分。但是要培育法治思维，更为重要的是使人们在思维上认可法治作为社会治理的基本工具。能够在处理事务时从法治立场出发，观察、分析和解决社会问题。

很长时间以来，中国人推崇的思维模式主要集中在以下几个方面：一是从道德伦理的角度所展开的思维。这种思维在涉及对人及行为进行评价的时候，通常会作出"这个人是好人"或"这个人是坏人"的回答。之所以如此，用梁漱溟的话说，是因为中国本来就是一个"伦理本位的社会"。在这种文化的浸染下，道德评价的思维模式自然盛行于我们的日常生活之中，以致达到泛滥的程度。① 二是泛政治化的思维。这种思维往往会轻而易举地局限于站在政治的动机和立场上来分析一些现象或问题，对现象和问题作出一种政治上的评价或决定。三是利益驱动的思维。在这种行为模式中，推崇利益至上，特别是经济利益驱动最为明显。这在当前我们社会常见的一种思维方式。从法律思维的角度来看，那种认为只要利益最大化，什么都可以做的做法是行不通的。但是，人们通常犯的错误，是把经济思维窄化为追求效率和效益。在实际运用过程中，这看似是一种直接有效的解决问题的方式。片面的经济思维方式对很多人是有吸引力的，因为可以把很多复杂的问题简化为追求经济效益，并把它作为唯一标准。但这种思考方式显然是片面的，而且会带来负面效应。在运用过程中，以利益尤其是经济利益为导向是显然不足的。因此，以公平公正为基础的法治思维可以避免片面追求经济效益所导

---

① 参见林来梵：《谈法律思维模式》，《东南学术》2016 年第 3 期。

致的负面影响。除了这些在社会中广泛盛行的思维方式。领导干部群体作为我国法治建设的重要推动力量，也部分存在着法治思维不足的问题。

（三）领导干部法治思维缺失的原因

经过多年的法治建设，我国法律体系基本形成，总体上达到有法可依，领导干部群体的法制意识明显增强，但也存在部分领导干部法治意识不强，与社会形势不相适应的问题。主要表现为部分领导干部法治理念缺乏、政府公权力滥用、法律手段匮乏等方面。造成这种状况的原因有以下四个方面。

首先，部分领导干部缺乏系统的法律知识。一些领导干部在领导岗位上，由于忙于工作事务，再加上对法律学习缺乏一整套相对完善的配套措施和监督体系，没有足够的时间用于对法律知识的系统学习，导致法律知识贫乏。表现在工作中，他们经常会使用错误的方式方法，通过权力而不是法律来解决某些具体事情，难免会导致一些损害国家利益和群众利益的情况发生。

其次，领导干部缺乏法律知识，会导致更深层次的问题。最直接的影响是一些领导干部出现的腐败问题。腐败问题的出现，在于不正当地使用权力。领导干部在工作中能够行使一定权力，倘若权力行使主体法律知识不足，忽视党纪法规，缺乏法律至上的信仰，就容易出现利用权力谋取私利的情况。

再次，部分领导干部没有扭转官本位思想。时至今日，依然有些人认为只要成为官员，就能够随意行使人民赋予的权力。领导干部的行为目的是升官发财，那么在处理问题时，就完全可能无视法律规定，甚至以权代法。这样的领导干部在任职期间不会全心全意为人民服务，会引发群众对领导干部的不信任，造成恶劣的社会影响。

最后，部分领导干部缺乏严谨的法律程序思维。在实际社会生活中，领导干部在各自工作单位是拥有话语权的群体。但在进行决策的时候，特别是涉及一些社会重大问题的处理时，必须按照程序正当性的要求，广泛发动群众，问计于群众，向群众征求意见，汇集群众的共识，在此基础上，提出最优解决方案，从而达到平衡社会各方利益，代表最广大人民群众利益的目标。但在实践中，一些领导干部对这些规定熟视无睹，习惯于用形式主义的方式来做决定。这样，在进行决策的过程中，不仅会导致由于各方利益的不平衡而引发社会矛盾的激化，而且也导致因个人权力的极端膨胀而产生消极的后果。

三、领导干部应当具备并运用五种法治思维

领导干部学习、储备法律知识，仅仅是法治思维培育建设的起点。更重要的是要让领导干部学会用法律解决实际问题。当工作中涉及法律的具体问题时，使他们运用法律思维，从法律的角度考虑问题，用法律逻辑认清问题本质，进而达到从根本上解决问题的目标。这是法治发展过程中必须克服的问题。在作出决策和处理社会问题时，如果领导干部缺乏法治思想，把人治的思想放在首位，或片面地追求经济效益，就会自上而下影响法律体制建设。因为领导干部是我国改革工作的带头者和示范者。因此，领导干部的法治思维发展程度，对我国法治进程的发展有直接的、深层次的影响。领导干部的法治思维需要从以下五个方面来把握。

第一，规则思维。领导干部在实际工作中，在选择适用法和政策的关系上，以法为先。依法治国指向是狭义的法律概念，而非广义的法规、规章、政策。领导干部要分辨它们各自的涵盖范围，厘清概念问题。法治社会的规则，不仅仅是法律。但对于某些领域暂时的法律空白，应当及时立法，尽快实现法规的完善，也符合群众的实际利益。党的十八届四中全会也提出了要求，必须坚持立法先行。重大改革必须做到于法有据，以适应社会经济发展与改革的需要。

规则思维也对立法程序提出内在要求。在现代社会中，首先要做到立法程序的公开。其次，法律的内容应指向明确，避免抽象、笼统、概括的原

则。法律内容明确才能具有可执行性与可操作性。再次，注重法律的稳定性和长期性。法律一旦制定，就要捍卫它的权威性，不能谁想改就改，也不能想怎么改就怎么改。法律的权威性其实也就是它不以个人的意志为转移，法律变动频繁无益于社会安定。

第二，限制权力思维。以法律来限制权力，是现代国家的主要标志。在处理实际事务中应当坚持的原则是，不能增加权力以解决新产生的问题。任何权力都天然具有局限性。领导干部合法运用权力，要合乎法律文本的规定。还要明确不同法律的效力等级有差别。我国法律规定，在效力方面，行政法规和地方性法规低于法律。同样，地方性法规与规章相对于行政法规而言也要低得多。本地和下级政府的规章效力也要低于地方性法规。

我们已经从法治的概念中了解到，程序立法并不能完全反映法治社会的要求。法律还应该是良法。在现实社会中，可能会出现法律、法规的规定与特定地区和行业的现状不符的情况，因为社会运行中，具体问题的变化频率和新事物出现的机会要高于法律修改的频率。在这种情况下领导干部有没有权力拒绝执行相应法律、法规，是让人困扰的问题。领导干部还是应当尊重法律的权威，在没有依法修改和废除之前，不可轻易突破法律底线。应以身作则实践规则意识，发挥带头作用，使法律成为法治社会的信仰。

第三，廉洁权力思维。即在权力的行使过程中，权力的行使主体不得与其行使权力的行为发生或存在利益关联。在市场经济条件下，领导干部在行使权力的过程中易受到经济利益的诱惑。市场经济中，规则与法治尤其重要。政府作为代表公权力的主体，行使权力不能以利益为驱动力，也不能与民争利。政府要做的是代表人民，比如用好人民赋予自己的国有资产的管理权力，围绕着国有资产的保值增值，以自己的模范履职，按照诚信政府的要求，正确地行使权力，不断增强政府的公信力。

第四，权力诚信思维。即指在公权力的行使过程中，要遵守诚信。在我国当前社会环境中，政府是权力行使者，也是市场秩序的维护者和平等参与者。诚信应当是领导干部行为的准则，行为反复无常，会造成政府的诚信危机。这是一种根本的法治思维，是政府行为的基本底线，是建设诚信社会的源头。

第五，权责思维。通常人们都能在思想上认识到，权力与责任是相当的。简言之，有多大权力就应承担相应多大的责任，权责相当，既要避免有权无责、有责无权的现象，也要防止出现权责错位、权责异化的情况。行使权力者承担相应责任。当前我国的法律存在规定的权力多、规定的责任少的情况。在法律实践中既要保障用权当负责，也要避免无权担责。党的十八届四中全会的决定中提出，要建立对重大行政决策终身问责的机制，要求各级司法机关在办理各种案件过程中，把确保办案质量放在首位，并以此建立其责任追究制度。这实际上是意在将权责相宜的原则落到实处之举。

第三节　提高运用法制思维依法执政能力

前面我们对法治思维的基本含义进行了分析，明确了法治思维的方法论意蕴和要求，并以此为基础，对法治思维在实践中存在的问题进行了分析。这些分析固然是必需的，也是重要的。但是，对于领导干部而言，更重要的是如何将这种法治思维转化为自己的依法执政的能力和水平。习近平总书记在谈到这一问题时，也特别强调了抓住"关键少数"的重要性，要求领导干部要在尊法、学法、守法、用法过程中发挥示范带头作用，不断提高运用法治思维和法治方式推进深化改革、化解社会矛盾、维护社会稳定的能力。

一、树立法律信仰，尊重法律权威

法治思维，不单指对于法治概念中含有的价值的认识、认同以及信念，而且是能够在实践中应用、作为工具意义上的一种思维方式。其中，法治信仰是法治基础与核心。当前我们法治建设中亟待解决的任务之一，就是在全社会范围内广泛树立法律信仰，增强法治观念。

一方面，让广大群众，尤其是领导干部学习法律知识，夯实法律知识的基本功，为更好地公正执法储足能量，打下基础。储备法律知识是培育法治思维的基础工作，如同为高楼打造坚实的基础，法治思维也需要充足的法律知识为保障，才能够形成法治的思维习惯。当前，我国大力推进法治化进程，在这一过程中，相关部门会适时地出台和制定一系列相应的法律法规，营造一种有法可依、遵法守法、公正执法、依法办事的法治环境。各级领导干部要想适应这种变化，应对自如，从容不迫，就必须不断用这些新的法律法规知识武装自己，完善自己的法律知识，并付诸于实践，在实践中检验法律知识的学习效果。

另一方面，领导干部群体应当研究、了解法律原则，尤其是加强对法律规定背后深层意义和价值的理解。换言之，对于各种法律，不仅要知道是什么，而且也要明白为什么是这样，其背后的深刻含义是什么，如何才能准确全面地把握。要通过对各种法律出台前前后后的背景的把握，弄清楚国家出台一种法律到底是为了解决什么问题，达到什么样的目的。只有这样，才能在自己的头脑中建立起强大的法律信仰。否则，法律规定只是一纸空文，更谈不上建立起对法律的信仰，也无法确立起法律的权威和尊严。

二、推进法律实践，促进能力提升

法律不仅仅是文本中的法条规定，而在于法律文本在实践中究竟有没有成效、有多大成效。任何法律文本，不仅是法律思维的产物，而且也在实践中接受着实践的检验。实践既检验着法治思维的培育成果，也检验着领导干部法治思维能力的水平。

一方面，坚持凡事诉诸于法律，善于站在法律的高度分析、思考问题，力求达成法律知识与法律应用的统一。对于一个现代领导干部来说，足够的法律知识储备是不可或缺的。不过，仅仅有这些知识储备是远远不够的，要将这些知识储备转化为一种知识能力，还需要将这些知识储备进一步上升到思维习惯的培养上，上升到娴熟运用法治思维的水平上。首先，必须学会从法律角度看问题，尤其是合法性角度考量现实问题。当然，这种法治思维习惯需要进行大量的努力学习与实践。重要的是，领导干部需要有意识地让自己以法律视角审视问题，并将分析问题与法律学习结合起来。领导干部还需要具备这样的认识，以法律至上为前提，防止滥用权力，从而防止官本位思想意识，坚持以人为本的工作态度。秉承法治思维的要求坚持平等思想，避免各种特权思维的泛滥。

另一方面，要始终根据法治思维的方法论要求，针对具体问题，找到一种符合法律逻辑的行之有效的处理问题的科学手段和方法。这些法律的手段和方法，既包括归纳推理，也包括演绎推理，还包括类比推理和设证推理等方面。这种思维和方法，不仅有助于简化对各种复杂问题的程序，而且有助于对问题本质的揭示。更重要的，它还是领导干部运用法治思维提高工作执行能力的重要一环。

三、完善制度保障，优化能力环境

在具体的工作实践中，要想有效地发挥法治思维的作用，需要完善制度保障、优化领导干部思维能力提升的制度环境。

我国有着悠久的人治传统，这就使得由人治向法治的转变过程十分艰难。在这种情况下，要想推进法治进程，就需要为领导干部的法治思维提供一种制度上的保障机制。针对一些地方存在的重经济、文化、人文和环境等方面的干部考核指标而轻视法治指标的做法，要将对领导干部法治思维的养成，依法行政的法治水平放在更加突出的位置，绝不允许以牺牲法治来换得经济发展的情况蔓延。

为了让这项工作落到实处，就必须将法治思维纳入对领导干部的选拔、考核，以及选拔标准的制定中，通过加大对干部政绩考核的依法行政的力度，为广大领导干部营造一个风清气正的依法执政的制度环境，让领导干部能够知法、懂法、会用法，善用法，敬畏法。习近平总书记指出："各级党组织和党员领导干部要带头厉行法治，不断提高依法执政能力和水平，不断推进各项治国理政活动的制度化、法律化。各级领导干部要提高运用法治思维和法治方式深化改革、推动发展、化解矛盾、维护稳定能力，努力推动形成办事依法、遇事找法、解决问题用法、化解矛盾靠法的良好法治环境，在法治轨道上推动各项工作。"① 与此同时，还需要通过广泛宣传运用法治思维解决问题的模范典型，树立良好的法治导向，让领导干部在这些模范典型事迹的感召下，持续营造一个有利于法治思维的好环境、好氛围、好气象，使广大领导干部逐渐养成一种全力干事创业的好心境、好能力、好作为。

四、依宪执政，依法用权

习近平总书记指出："宪法是国家的根本法，是治国安邦的总章程，具有最高的法律地位、法律权威、法律效力，具有根本性、全局性、稳定性、长期性。……任何组织或者个人，都不得有超越宪法和法律的特权。一切违反宪法和法律的行为，都必须予以追究。……依法治国，首先是依宪治国；依法执政，关键是依宪执政。"② 这就要求每一名领导干部，都要自觉培养对宪法的忠诚，率先尊重宪法权威，增强宪法意识，弘扬宪法精神。以对宪法的模范遵守，充分发挥宪法的重要作用。

依法治国既要求执行主体依照宪法治国，也要求依据党的法规管党治党。党的十八大以来，以习近平同志为核心的党中央坚持把全面从严治党作为一项重要战略来抓，不仅有效地遏制住了日益严重的腐败问题，而且也从根本上扭转了党的形象，以及党风和社会风气的根本好转，走出了一条从严

---

① 《习近平谈治国理政》第一卷，外文出版社 2018 年版，第 142 页。
② 《习近平谈治国理政》第一卷，外文出版社 2018 年版，第 138、141 页。

治党、依规治党、制度治党的管党治党新路子。党的十八届四中全会，不仅第一次把党内法规体系纳入中国特色社会主义法治体系之中，而且也赋予了我党新时代坚持依法执政新的时代内涵和实践要求。在新时代全面贯彻依法治国，要求党组织和各级领导干部遵守规章制度，懂法守法。严格遵循党的政治纪律和政治原则，为人民群众树立良好的榜样。

中国共产党作为执政党，对社会资源有行使权和配置权，要想有效地行使好和配置好各种资源，发挥其作用，就需要正确认知权力来源，熟知权利属性。否则，就会因为权力的滥作为而让其不仅可能会成为谋取私利的工具，而且也会因为失去底线而偏离正确的轨道。因此，领导干部行使法定权力，从事行政活动时，必须遵守权力界限，防止任意而为，自觉贯彻落实好各项法律法规。

第十一章　主体思维与素质养成能力

今天，我们之所以重提主体思维，是因为人的主体性的挺立正面临种种时代的挑战。一方面，人们已经习惯于将自身的主体性封闭于内，难以走出"唯我论"和人类中心主义的怪圈，由此造成人与人以及人与自然之间关系的紧张、冲突和矛盾。另一方面，现代性处境使人的主体性日益沉沦于外在之物的促逼和浸淫中，由此造成人的责任意识、担当能力与奉献精神的某种退化。主体思维就是从人的主体性出发，把人当作主体的思维方式：作为实践的主体，它要求人们在实践活动中按照历史与价值双重尺度的统一，推翻那些奴役人、压榨人和侮辱人的社会关系，构建一个真正合乎人的人性的社会，从而实现个人自由而全面的发展。作为道德的主体，它要求人们遵从内心的道德法则，敬重自我与他人，过一种道德的生活。作为认识的主体，它要求人们发挥主体在认识中的奠基作用，掌握自然规律，实现人与自然的和谐共处。

第一节　主体思维的哲学阐释

对主体思维进行哲学阐释，既要面对主体的当代语境，致力于发现主体思维的现代之维，也需要科学回答主体的基本规定性和内在的张力结构。唯有如此，才能进一步阐释主体思维的方法论内涵及其内在要求。

一、重提主体思维的当代语境

在当代语境中，言说主体思维意味着必须回应后现代哲学关于"人之死"和"主体之死"的命题。

德国哲学家尼采在《快乐的科学》中正式宣告了"上帝之死"："上帝在哪里？是我们把他杀死的——你们和我！我们都是他的杀戮者！"[1] 在尼采看来，上帝之死是人一手造成的。人创造了上帝，上帝是从"我的灰烬与火焰中超脱出来的幽灵，绝非降自天外！"[2] 正是上帝的爱和同情塑造了懦弱的、颓废的"末人"，因而，"上帝之死"同时也意味着那些抱持源于上帝的传统价值观的"末人"之死。这就是尼采的"上帝之死"和"人之死"。

德国哲学家海德格尔则在《存在与时间》中遗弃了"一切人类学和作为主体的人的主体性"[3]。在《论真理的本质》中，海德格尔给出了一种完全不同于近代主客关系框架中"知与物的符合"的传统真理观，认为真理的本质乃是自由，即"'真理'并不是正确命题的标志，并不是由某个人类'主体'对一个'客体'所说出的、并且在某个地方——我们不知道在哪个领域中——'有效'的命题的标志；不如说，'真理'乃是存在者之解蔽，通过这种解蔽，一种敞开状态才成其本质。一切人类行为和姿态都在它的敞开域中展开。因此，人乃以绽出之生存的方式存在"[4]。海德格尔认为，对于哲学来说，笛卡尔的"我思"和康德的"先验自我"都是同样糟糕的立足点，因为它们把一切建基于一个自以为绝对可靠、绝对确定的"阿基米德点"之中。但是，一方面，"我思"的同一性由于我的无法拔除的"死的根性"而破坏。另一方面，"先验自我"作为本身不透明、不可知的"自在之物"，也同样无法保证真理地基的牢固性问题。这样一来，真理的本质和人的尊严就被遮蔽在人类学的

---

[1] ［德］尼采：《快乐的科学》，中国和平出版社1986年版，第139页。

[2] ［德］尼采：《查拉图斯特拉如是说》，北方文艺出版社1988年版，第27页。

[3] ［德］海德格尔：《路标》，商务印书馆2000年版，第233页。

[4] ［德］海德格尔：《路标》，商务印书馆2000年版，第219—220页。

主体性之中。因此，为了恰当地进入真理，需要一种关于人的存在的重新理解，即"人之本质的高贵并不在于：人是存在者的实体而成为存在者的'主体'，以便作为存在的统治者让存在者之存在状态消融在那种被过于聒噪地赞扬了的'客体性'中"①。恰恰相反，"人是被存在'抛'入存在之真理中的，人在如此这般绽出地生存之际守护着存在之真理，以便存在者作为它所是的存在者在存在之光中显现出来。至于存在者是否显现以及存在者如何显现，上帝和诸神、历史和自然是否以及如何进入存在之澄明中，是否以及如何在场与不在场，凡此种种，都不是人决定的。存在者之到达乃基于存在之天命"②。于是，在批判西方主体形而上学的过程中，海德格尔以不同于尼采的方式宣告了"一般主体"和"人类学主体"的死亡。

法国哲学家福柯关于"人之死"、"大写的主体之死"以及"人本主义的终结"等命题，可以理解为哲学范式转换的结果。在近代形而上学的"主体范式"向现代"语言范式"和"结构范式"等的转换过程中，"主体"不再构成知识、自由、语言和历史的源头和基础，而是成为语言、欲望和无意识的结果的产物。因此，福柯把"人之死"理解为主体之死，"大写的主体"之死，作为知识、自由、语言和历史的源头和基础的主体之死。③就是说，福柯以其特有的后现代视野否定了作为理性主义之基础的主体主义和人本主义。但是，"主体之死"的提出并不意味着福柯因此弃绝了"主体"的概念。福柯在法兰西学院的系列演讲中就有"主体解释学"（1981—1982 年）的专题。在此，他通过反复诠释"认识你自己"这一古希腊的德尔斐箴言，强调自我塑造对于主体生成的重要意义。就是说，福柯"并不是在放弃主体范畴的意义上来言说主体的死亡的"④。这一点必须引起重视。

总之，"人之死"与"主体之死"等命题要表达的显然并不是经验的、

① ［德］海德格尔：《路标》，商务印书馆 2000 年版，第 388 页。
② ［德］海德格尔：《路标》，商务印书馆 2000 年版，第 388 页。
③ 参见莫伟民：《莫伟民讲福柯》，北京大学出版社 2005 年版，第 129 页。
④ 毕尔格：《主体的退隐》，南京大学出版社 2004 年版，第 8 页。

现实的人的死亡，而只是对于西方近代主体形而上学意义上那个具有"绝对确定性"的，作为一切认识得以可能的"主体"和"人"的颠覆。因此，上述"主体"之死与"人"之死的命题并不妨碍我们继续谈论主体思维。或许，它还在另一重意义有助于我们谈论它。

二、主体概念的哲学阐释

主体思维就是把人当作主体，充分发挥人的主体性和能动性的思维方式。它不断地使人从其他存在者中超拔出来，从而使人"是其所是"，成为作为"人"的人（马克思语）。主体思维可以拆解为两个问题：一是"谁在思"？二是"怎么思"？因而，主体思维需要阐明：第一，主体的规定性。第二，从主体出发的思维的本质要求。

（一）主体的基本规定性

第一个明确使用"主体"一词的是古希腊的亚里士多德。亚里士多德把主体规定为本体的含义之一："'本体'一词，如不增加其命意，至少可应用于四项主要对象；'怎是'与'普遍'与'科属'三者固常被认为每一事物的本体，加之第四项'底层'。这里我所说'底层'〈主体〉，是这样的事物，其他一切事物皆为之云谓，而它自己则不为其他事物的云谓。"① 就是说，主体是自身不述谓他物却被他物述谓的东西。在亚里士多德那里，主体包含以下三类："形式、质料和复合体"②，但三者当中什么是最终的主体，亚氏似乎并没有说得太清楚。中世纪哲学倾向于把上帝当作一个绝对的主体来对待。这一主体具有独立自主、主宰和创造的性质。被黑格尔誉为"近代哲学之父"的笛卡尔则把无可怀疑和绝对确定的"我思"等同于主体。无疑，在

---

① [古希腊] 亚里士多德：《形而上学》，商务印书馆 1959 年版，第 143 页。

② 余纪元：《亚里士多德〈形而上学〉中 being 的结构》，中国社会科学出版社 2013 年版，第 119 页。

主体性问题上，西方近代哲学蕴含着难以解决的内在矛盾。段德智教授认为，这种矛盾主要体现在三个方面：一是认识外界对象的可能性与主体的绝对自给予性之间的矛盾。二是经验自我与先验自我的难以消除的二元对峙。三是自我对"他我"的确认问题。① 可以说，西方近代主体性形而上学倾向于把主体等同于各种形式的先验自我，直到前述"主体之死"，才使主体哲学实现了由实体性向生成性路向的转换。

时至今日，"主体"仍然是一个晦暗不明的概念。究其原因，一方面是由于人们倾向于将"主体"直接等同于"我"或"自我"。这在中西哲学中各有体现。譬如，在儒家哲学中，主体的挺立直接体现于"我"所发生的当下的道德自觉中："我欲仁，斯仁至矣。"② 在老子那里则体现为"我"得以冲破各种牵绊和束缚，而达至与天地大道的沟通中："吾所以有大患者，为吾有身，及吾无身，吾有何患？"③ 在西方哲学中，主体在笛卡尔那里体现为"我思"的绝对确定性，在康德那里体现为关于先验自我的直观形式和知性范畴中。胡塞尔则更进一步，将康德的先验自我纯化为作为严格科学之哲学基础的唯我论意义上的"自我"。另一方面，"主体"概念的晦暗不明还在于"主体"原本就是一个生成的过程，即人并非先天地就是主体，而是成长为主体的。黑格尔的《精神现象学》就是一部典型的主体生成论，其主体生成的机制即主体辩证法。首先，主体外化或异化自己的本质为对象，从而产生主客对立；其次，主体改变自身使之与对象相符合，从而达到主客同一；再次，主体改变自身的同时也改变了对象，从而又产生了新的主客对立。这样一种精神的辩证运动就是主体的生成过程。法国哲学家福柯认为，西方的主体就是在人的修身技术史中逐渐形成的："法律作为插曲和过渡形式只是一种更广大的历史的一部分，这一历史就是主体修身的技术史，这些技术是不

---

① 参见段德智：《主体生成论——对"主体死亡论"之超越》，人民出版社 2009 年版，第288—289 页。

② 杨伯峻：《论语译注》，中华书局 2006 年版，第 85 页。

③ 《老子·第十三章》，山西古籍出版社 2006 年版，第 22 页。

依赖于法律形式的，而且优越于它。总之，法律只是主体自身技术的可能方面之一。或者更确切地说：法律只是这一漫长历史的诸方面之一，西方的主体就是在这一历史中逐渐形成的。"① 段德智教授在主体生成的意义上，回应了后现代哲学的"主体之死"论。他认为，人生成为主体的问题，是一个古老而又崭新的问题。因为人作为"未完成的动物"，从其脱离动物界之日起，就不仅不能不作为主体而生存，而且在自己的生存实践中也不能不反思和进一步实现自己的主体性。否则，它就丧失了当有的"未完成性"，也就因此迷失于"颓废的现在"（蒂利希语），失去生命力和发展的任何可能性，从而仅仅享有自己的"历史之维"，重新回到动物界中去。②

大致说来，主体的基本规定性有三：自主、受动和创造。人作为主体的基本规定性就是自主、创造与受动。

首先，主体的自主性。自主性即主体的自我主宰和自我掌控。主体的自主性是中西哲学共同关心的问题。中国哲学关于主体自主性的理解，体现为个体自我主动朝向终极之境（道、天道、本心、天理等都是这样的终极价值目标），不断挺立起人之为人的生命姿态。儒家关于个体生命的自我觉解和自我提升，给中国哲学灌注了鲜明的道德理想主义色彩。在此，"道"不仅是一种终极的价值目标，而且"为道"本身所焕发的强烈情感还成为"道"之践行的始源性动力。由于儒道两家都以"道"（儒家之"道"和道家之"道"）来命名和理解人的觉解的终极之境，因此，金岳霖先生这样总结："中国思想中最崇高的概念似乎是道。所谓行道、修道、得道，都是以道为最终的目标。思想与情感两方面的最基本的原动力似乎也是道。"③ 虽然，中国哲学没有一个关于"主体"自主性的明确界定，却透显出鲜明的主体自主性立场。换句话说，中国哲学并不致力于从概念上厘清何为"主体"自主性，而是直

---

① 福柯：《主体解释学》，上海人民出版社 2005 年版，第 121—122 页。

② 参见段德智：《主体生成论——对"主体死亡论"之超越》，人民出版社 2009 年版，第 1 页。

③ 金岳霖：《论道》，中国人民大学出版社 2009 年版，第 14 页。

接体现其于运思当中。北宋理学家张载关于主体自主性的诠释堪为绝世之唱——为天地立心，为生民立命，为往圣继绝学，为万世开太平。

西方文化的希腊和希伯来传统，决定了西方关于主体自主性的理解总离不开上帝和理性的因素。这在康德那里表现得特别明显。康德在《实践理性批判》中关于道德的本质规定性的阐释，集中体现了主体之自主性的西方式理解。康德认为，道德必须是一个绝对的规定，质料原则无法成为实践法则，因为质料原则所携带的经验因素必然使道德法则丧失普遍性，只有立足于形式原则的实践理性四原理的后两条才能避免相对性而使道德法则成为自足的规定。康德强调，"德性的唯一原则就在于它对于法则的一切质料（亦即欲求的客体）的独立性，同时还在于通过一个准则必定具有的单纯的普遍立法形式来决定意愿。但是，前一种独立性是消极意义上的自由，而纯粹的并且本身实践的理性自己的立法，则是积极意义上的自由。道德法则无非表达了纯粹实践理性的自律，亦即自由的自律，而这种自律本身就是一切准则的形式条件，唯有在这个条件下，一切准则才能与最高实践法则符合一致。"① 在康德那里，一方面实践理性自己订立法则，自己服从自己的法则，而且这法则摒除了一切经验的因素，绝对纯粹与透明。这样一来，道德法则通过确保道德之为道德的纯粹性与崇高性，从而赋予人以自由与尊严。可以说，主体之自主性在这里已是登峰造极。另一方面，为了保证德福配称，康德又悬设了意志自由、上帝存在和灵魂不休，给主体之自主性安排了一个绝对圆满的结局。因而，主体之自主性实质上敞开了主体通往自由的道路。

其次，主体的创造性。创造性即主体赖以表征和确证自身生命本质的对象化活动。作为主体的基本规定性，创造就是按照主体的意志和目的来改变世界的对象性活动，马克思哲学给出了关于主体之创造性的最有力阐释。其一，马克思哲学确立的不是超验或先验的主体，而是现实的、活生生的感性

---

① ［德］康德：《实践理性批判》，商务印书馆 1999 年版，第 34—35 页。

的经验主体，即"现实的个人"①："这是一些现实的个人，是他们的活动和他们的物质生活条件，包括他们已有的和由他们自己的活动创造出来的物质生活条件，因此，这些前提可以用纯粹经验的方法来确认。"② 其二，现实的个人存在方式是实践，即通过实践活动，现实的个人及其周围的感性世界由此生成。这里，之所以强调现实的个人的存在方式——实践，是因为马克思哲学超越了近代主体形而上学意义上孤立、封闭于自我的抽象主体，从而把主体理解为人的现实、感性的实践活动。这就从存在论上保障了"自我"与"世界"的原初关联。这一哲学观及其存在论上的革命性变革早在《关于费尔巴哈的提纲》中就铿锵有力地表达出来了："从前的一切唯物主义（包括费尔巴哈的唯物主义）的主要缺点是：对对象、现实、感性，只是从客体的或者直观的形式去理解，而不是把它们当作感性的人的活动，当作实践去理解，不是从主体方面去理解。因此，和唯物主义相反，能动的方面却被唯心主义抽象地发展了，当然，唯心主义是不知道现实的、感性的活动本身的。"③ 可以说，实践的原初性地位的确立，已经使马克思的实践唯物主义决定性地超越了以往唯物主义与唯心主义的二元分裂与对立。马克思与海德格尔二者哲学对话的可能性就在这里。海德格尔反对把周围世界当作一个单纯的对象的思维方式和看待方式。他认为："在这种所谓'客观化的科学态度'中，我们让基本的意蕴、周围性世界性的东西、经历体验性的内容消逝了，让一个东西一直脱得一丝不挂，成为对象性为止，以便使我们自己从其中抽身出来形成为一个自我，建立成为人为造成的、第二性的自我，并给他冠以'主体'的名分，使它同相关的中立性的'对象'（它被称之为'客体'）相对立。"④ 由此看来，海德格尔后主体性形而上学的路

---

① 《马克思恩格斯选集》第 1 卷，人民出版社 2012 年版，第 146 页。

② 《马克思恩格斯选集》第 1 卷，人民出版社 2012 年版，第 146 页。

③ 《马克思恩格斯选集》第 1 卷，人民出版社 2012 年版，第 133 页。

④ ［德］吕迪格尔·萨弗兰斯基：《来自德国的大师——海德格尔和他的时代》，商务印书馆 2007 年版，第 128 页。

向早已由马克思发动起来了。其三，现实的个人所进行的劳动活动，特别是物质生产，是主体之创造性的集中体现。马克思认为，只有物质资料的生产才真正把人与动物区别开来，以往根据意识、宗教或其他规定来区别人与动物的做法，还是有待继续追问的，因为意识与意识的起源还要追溯到人的生产活动。因此，马克思指出："一当人开始生产自己的生活资料，即迈出由他们的肉体组织所决定的这一步的时候，人本身就开始把自己和动物区别开来。人们生产自己的生活资料，同时间接地生产着自己的物质生活本身。……这种生产方式不应当只从它是个人肉体存在的再生产这方面加以考察。更确切地说，它是这些个人的一定的活动方式，是他们表现自己生命的一定方式、他们的一定的生活方式。个人怎样表现自己的生命，他们自己就是怎样。"① 可以说，人类历史就是一部主体之创造性活动的历史。创造性是人的激情的本体论本质，人们在改变世界的同时，也改变着自身以及关于自身的主体认同。马克思把工业及其历史纳入人的本质力量的范畴，他说道："工业的历史和工业的已经生成的对象性的存在，是一本打开了的关于人的本质力量的书，是感性地摆在我们面前的人的心理学。"② 但是，以往关于工业的纯粹物质的、科学式的理解——这种理解"高傲地撇开人的劳动这一巨大部分"③，使自然科学陷入了唯心主义的方向。如果"把工业看成人的本质力量的公开的展示，那么自然界的人的本质，也就可以理解了"④。工业的人本学性质恰恰是作为主体的人的创造性的确证和表征。因此，"整个所谓世界历史不外是人通过人的劳动而诞生的过程"⑤。其实，存在主义哲学也对人的自主性和创造性也作出过富有启示的阐释。萨特关于存在主义的基本论题——存在先于本质的阐述是这样的："我所说的存

① 《马克思恩格斯选集》第 1 卷，人民出版社 2012 年版，第 147 页。
② 《马克思恩格斯文集》第 1 卷，人民出版社 2009 年版，第 192 页。
③ 《马克思恩格斯文集》第 1 卷，人民出版社 2009 年版，第 193 页。
④ 《马克思恩格斯文集》第 1 卷，人民出版社 2009 年版，第 193 页。
⑤ 《马克思恩格斯文集》第 1 卷，人民出版社 2009 年版，第 196 页。

在先于本质是什么意思呢？我们指的是，人首先存在，然后就自己对抗自己，涌上这个世界——同时又限制自己……人是很简单的。我们说简单并不是说他是靠自己意识到自己而存在，而是说，他想成为什么就成为什么。但是正如他是存在之后才意识到自己那样，他也是在存在之后才有意想成为一定的状态。人不是别的，乃是这样的东西，即他创造他自身。这就是存在主义的首要原则。"① 两相比较，马克思哲学关于主体之创造性的理解更为深沉，也更具有现实性。

再次，主体的受动性。受动性即主体的受制约性。受动性是人作为主体的特有的规定，以区别于神性主体的绝对的独立自主。在谈论主体规定性的时候，这一点往往被忽视。其实，马克思早在《1844 年经济学哲学手稿》中就特别强调人的活动的受动性。马克思说道："人直接地是自然存在物。人作为自然存在物，而且作为有生命的自然存在物，一方面具有自然力、生命力，是能动的自然存在物；这些力量作为天赋和才能、作为欲望存在于人身上；另一方面，人作为自然的、肉体的、感性的、对象性的存在物，是受动的、受制约的和受限制的存在物，就是说，他的欲望的对象是作为不依赖于他的对象而存在于他之外的。"② 这就意味着人永远无法成为绝对的、独立自主意义上的主体，因为人的肉体存在决定了他永远摆脱不了外部世界的制约。

马克思关于主体的受动性思想在 1845 年以后，则逐渐表达为人的实践活动对于历史发展规律的理解、把握和尊重。唯物史观阐述了现代社会发展的基本规律，它揭示出历史发展的合目的性与合规律性的统一，要求人们自觉认识和把握历史规律的普遍性及其具体的表现形式。因此，领导干部要深入学习马克思主义经典著作，尤其是《资本论》。这对于把握当代中国市场经济的发展与社会主义现代化的规律具有重要意义。

---

① 高宣扬：《存在主义》，上海交通大学出版社 2016 年版，第 65 页。
② 《马克思恩格斯全集》第 3 卷，人民出版社 2002 年版，第 324 页。

（二）主体内在的张力结构

主体的结构是极为复杂的，大致说来，可以从三个层面加以界定。[①]

首先，主体的个体性与社会性之间的张力结构。关于主体的这种结构，马克思和恩格斯给出了很好的说明。一方面，现实的个人作为个体而存在："全部人类历史的第一个前提无疑是有生命的个人的存在。因此，第一个需要确认的事实就是这些个人的肉体组织以及由此产生的个人对其他自然的关系。"[②] 为了揭示德国哲学的意识形态性，马克思、恩格斯反复强调："我们开始要谈的前提不是任意提出的，不是教条，而是一些只有在臆想中才能撇开的现实前提。这是一些现实的个人，是他们的活动和他们的物质生活条件，包括他们已有的和由他们自己的活动创造出来的物质生活条件。因此，这些前提可以用纯粹经验的方法来确认。"[③] 物质生产是社会结构和政治结构的基础，社会结构和国家就是在这种现实的个人的物质生产活动的基础上产生的："以一定的方式进行生产活动的一定的个人，发生一定的社会关系和政治关系。经验的观察在任何情况下都应当根据经验来揭示社会结构和政治结构同生产的联系，而不应当带有任何神秘和思辨的色彩。社会结构和国家总是从一定的个人的生活过程中产生的。但是，这里所说的个人，不是他们自己或别人想象中的那种个人，而是现实中的个人，也就是说，这些个人是从事活动的，进行物质生产的，因而是在一定的物质的、不受他们任意支配的界限、前提和条件下活动着的。"[④] 人作为个体而存在的同时，他也作为社会存在而存在，这是由于劳动这一人所特有的自由的、有意识的活动，一方面造成人的自我生成的运动。在这个意义上，马克思盛赞黑格尔关于劳动的主奴关系的辩证法；"黑格尔的《现象学》及其最后成果——辩证法，作为

---

① 这里关于主体结构的阐述采用了段德智教授《主体生成论——对"主体死亡论"之超越》一书的观点，参见该书第292—309页，但具体的论证展开遵循作者自己的思路。

② 《马克思恩格斯选集》第1卷，人民出版社2012年版，第146页。

③ 《马克思恩格斯选集》第1卷，人民出版社2012年版，第146页。

④ 《马克思恩格斯选集》第1卷，人民出版社2012年版，第151页。

推动原则和创造原则的否定性——的伟大之处首先在于，黑格尔把人的自我产生看做一个过程，把对象化看做非对象化，看做外化和这种外化的扬弃；可见，他抓住了劳动的本质，把对象性的人、现实的因而是真正的人理解为人自己的劳动的结果。"①

　　另一方面，劳动作为人的自由的、有意识的活动还促成了个人的社会结合。因而，在马克思主义哲学中，人生成为主体的过程，包含着人的个体存在和社会存在之间的张力结构。马克思强调："首先应当避免重新把'社会'当做抽象的东西同个体对立起来。个体是社会存在物。因此，他的生命表现，即使不采取共同的、同他人一起完成的生命表现这种直接形式，也是社会生活的表现和确证。"② 在马克思看来，甚至当我从事科学之类的活动，即从事一种我只在很少的情况下才同别人进行直接联系的活动的时候，我也是社会的。

　　主体的这种个人存在与社会存在之间的张力结构，决定了人们的社会结合的形式对于人的存在的制约关系。因此，马克思、恩格斯主张通过现实的个人的实践活动来创造最适于个人自由而全面发展的社会——共产主义社会。

　　其次，主体的理性与非理性之间的张力结构。一方面，理性是作为主体的人的首要因素，作为人之为人之所在的标志。中西哲学在这一点上是高度一致的。在中西文化各自的轴心时代，人之为人的终极根据的问题已经明确地提出来了。儒家将"德性"视为人区别于禽兽的标志。孟子清楚地表达了这一观点，"人之所以异于禽兽者几希，庶民去之，君子存之。舜明于庶物，察于人伦；由仁义行，非行仁义也"③。古希腊的亚里士多德提出"人是理性（社会）的动物"，宣称"如果幸福在于合德性的活动，我们就可以说它合于最好的德性，即我们的最好部分的德性。我们身上的这个天然的主宰者，这

---

　　① 《马克思恩格斯文集》第 1 卷，人民出版社 2009 年版，第 205 页。
　　② 《马克思恩格斯文集》第 1 卷，人民出版社 2009 年版，第 188 页。
　　③ 陈戍国点校：《四书五经》（上），岳麓书社 2002 年版，第 101 页。

个能思想高尚［高贵］的、神性的事物的部分，不论它是努斯还是别的什么，也不论它自身也是神性的还是在我们身上最具神性的东西，正是它的合于它自身的德性的实现活动构成了完善的幸福"①。在亚里士多德看来，这种合于德性的活动就是理性的沉思。马克思继承和发展了西方哲学的这种古老传统，认为人区别于动物的地方在于人的实践活动。马克思指出："动物和自己的生命活动是直接同一的。动物不把自己同自己的生命活动区别开来。它就是自己的生命活动。人则使自己的生命活动本身变成自己意志的和自己意识的对象。他具有有意识的生命活动。这不是人与之直接融为一体的那种规定性。有意识的生命活动把人同动物的生命活动直接区别开来。正是由于这一点，人才是类存在物。或者说，正因为人是类存在物，他才是有意识的存在物，就是说，他自己的生活对他来说是对象。"②

另一方面，人也是一种非理性的存在物，其存在受到意志、情欲等非理性因素的牵引。譬如，恩格斯曾经深刻地指出这样一个事实：人将永远无法去除其自然欲望和兽性，"人来源于动物界这一事实已经决定人永远不能完全摆脱兽性，所以问题永远只能在于摆脱得多些或少些，在于兽性或人性的程度上的差异。"③ 其实，人的情欲还是推动社会发展和建立民族伦理生活的强大动力。关于前者，黑格尔指出：情欲对于"在很多情况中，情感（尤其是情欲和激情）、个人利益和自私动机的满足却是十分强大的动力。它们之所以力量十足、威力巨大，主要在于它们并不受正义和道德约束……这种情欲具有非理性的特征，即使它们具有好的意图和有价值的目标，也往往会凭借暴力手段行事带来让人不愿接受的历史后果"④。关于后者，黑格尔认为，人类的情欲"根据它们自己的独特的本性实现自己的目的，从而带来了人类社会的伟大建树。在这个社会中，存在约束个人情欲的法权和秩序"。理念

① ［古希腊］亚里士多德：《尼各马可伦理学》，商务印书馆 2003 年版，第 305 页。

② 《马克思恩格斯选集》第 1 卷，人民出版社 2012 年版，第 56 页。

③ 《马克思恩格斯选集》第 3 卷，人民出版社 2012 年版，第 478 页。

④ ［德］黑格尔：《黑格尔历史哲学》，九州出版社 2011 年版，第 85 页。

和情欲这两个原则"构成了世界历史这个组织的'经'和'纬'。理念是实在的，情欲是辅佐它的臂膀。情欲和理念是两个极端，将两者综合统一起来的是伦理自由"。① 总之，黑格尔的历史哲学充分肯定人的情欲在历史发展中的作用，黑格尔甚至动情地说道："如果没有情欲，那么世界上就不会有什么伟大之事能够实现了。"② 这是极其有趣的。马克思在《共产党宣言》中充分肯定了资产阶级曾经起过的巨大历史作用："资产阶级在它已经取得了统治的地方把一切封建的、宗法的和田园诗般的关系都破坏了。它无情地斩断了把人们束缚于天然尊长的形形色色的封建羁绊，它使人和人之间除了赤裸裸的利害关系，除了冷酷无情的'现金交易'，就再也没有任何别的联系了。它把宗教虔诚、骑士热忱、小市民伤感这些情感的神圣发作，淹没在利己主义打算的冰水之中。它把人的尊严变成了交换价值……"③ 须知，这种历史作用正是通过资产阶级对剩余价值的无度地、非理性地追求实现的。作为主体的人就是在这种理性和非理性的张力结构中不断生成的。

再次，主体的认知活动与实践活动之间的张力结构。认知与实践是作为主体的人的两项基本的活动方式和能力要素。这就是我们通常所说的实践与认识、知与行等哲学基本问题。

一方面，认知活动和认知能力是主体不可或缺的基本要素。至少是从苏格拉底开始，西方哲学就极其重视认知的问题。譬如：在福柯看来，著名的德尔斐神谕"认识你自己"，在苏格拉底的时代首先表现为"关心自己"的修身生活，即关心自己的灵魂。福柯说道："'关心自己'这个概念不只是出现在苏格拉底的思想、生活和个性中才伴随、包含和奠定了认识自己的必要性。我以为这个'关心自己'（也即与他相关的法则）一直是在整个希腊、希腊化和罗马文化中规定哲学态度的一个基本原则。"④ 但是，"你们会看到，

---

① ［德］黑格尔：《黑格尔历史哲学》，九州出版社 2011 年版，第 90、91 页。

② ［德］黑格尔：《黑格尔历史哲学》，九州出版社 2011 年版，第 93 页。

③ 《马克思恩格斯选集》第 1 卷，人民出版社 2012 年版，第 402—403 页。

④ ［德］福柯：《主体解释学》，上海人民出版社 2005 年版，第 10 页。

我要向你们指出这一必须关心自己的原则是怎样一般地在一切想遵循道德理性原则的积极生活的方式中变成了一切理性行为的原则"①。显然，笛卡尔在这一转变过程中是一个具有转折意义的界碑式人物。"我思故我在"标志着"关心自己"的修身训练最终被认识自己的理智方法所取代。就此而言，"笛卡尔的'我思故我在'明确无误地把人的思维能力提升到了本体论的高度"②。康德批判哲学的主旨也是关于理性能力的合法地运用的理解和认识的问题。康德曾多次强调："我之理性所有之一切关心事项（思辨的及实践的），皆总括在以下之三问题中：（一）我所能知者为何？（二）我所应为者为何？（三）我所可期望者为何"③ 后来，上述三者又被归结为"人是什么？"的问题。纵观以上，可以说，康德哲学是一部关于"人是什么"这一问题的全面而深刻的人学知识学。

另一方面，实践活动和实践能力同样是主体不可或缺的基本要素。这一点，是马克思主义哲学首先强调的。马克思在《关于费尔巴哈的提纲》中发动了一场哲学观上的革命性变革，意在构建一种"改变世界"的实践哲学。马克思说道："从前的一切唯物主义（包括费尔巴哈的唯物主义）的主要缺点是：对对象、现实、感性，只是从客体的或者直观的形式去理解，而不是把它们当做感性的人的活动，当做实践去理解，不是从主体方面去理解。因此，和唯物主义相反，唯心主义却把能动的方面抽象地发展了，当然，唯心主义是不知道现实的、感性的活动本身的。"④ 马克思从人的实践活动，从主体方面理解客体、对象、现实、感性，这样就赋予人所特有的实践活动以哲学上的原初性地位。如此一来，以往那些纠缠不清的诸如理论与实践、人与环境的关系问题，人的思维是否具有客观的真理性的问题等获得了一种一元论的解决。在批判费尔巴哈的过程中，马克思反复强调人的实践活动对于人

---

① ［德］福柯：《主体解释学》，上海人民出版社 2005 年版，第 11 页。
② 段德智：《主体生成论——对"主体死亡论"之超越》，人民出版社 2009 年版，第 303 页。
③ ［德］康德：《纯粹理性批判》，商务印书馆 1960 年版，第 554 页。
④ 《马克思恩格斯文集》第 1 卷，人民出版社 2009 年版，第 499 页。

的存在而言的原初性意义，他说道："他（费尔巴哈——引者注）周围的感性世界决不是某种开天辟地以来就直接存在的、始终如一的东西，而是工业和社会状况的产物，是历史的产物，是世世代代活动的结果。""这种活动（指人们的感性活动——引者注）、这种连续不断的感性劳动和创造、这种生产，正是整个现存的感性世界的基础"，离开了它，"整个人类世界……也会很快就没有了"。① 当然，主体的认知活动与实践活动是彼此联系在一起的。马克思之所以强调人的实践活动的原初性地位，是要从本体论层面确立实践活动之"改变世界"的品格。如此一来，在本体论层面，改变世界高于认识世界，从而解决了"认识世界"与"改变世界"之间的解释学循环。

第二节　主体思维的方法论内涵和要求

主体的结构性与基本规定性决定了主体思维首先要把人当作实践的主体来看待，通过人的实践活动缔造适合人的生存的理想社会；其次，主体思维要把人当作认识的主体来看待，通过人的认识活动揭示自然和人类社会发展的规律，在尊重自然规律和社会发展规律的基础上，求得人与自然、人与社会的和解；再次，主体思维要把人当作道德主体来看待，通过人的自由选择和自我担责，求得人与道德法则的和解，从而使人过一种道德的生活。

一、主体思维就是把人当作实践主体来看待

在这一维度中，人通过其实践活动，在改变世界的过程中推翻那些使人遭受侮辱、奴役和压迫的一切社会关系，求得人与其社会关系的和解，从而缔造一个适于人的生活的"自由人联合体"，实现个人自由而全面的发展。

---

① 《马克思恩格斯选集》第 1 卷，人民出版社 2012 年版，第 133 页。

马克思认为，人类历史的发展就是现实的个人生成为主体的过程。这一过程必将以异化的方式而展开。实践作为人所特有的存在方式，其"生产"性已经意味着人的对象性活动的异化可能性，而旧式分工和私有制的存在又使这种可能成为现实。这是因为，实践的"溢出性"效应决定了人们在实践活动结束时得到的结果总是要大于这种活动开始的预期目标。在实践结果的"多余"之物中，存在一种反客为主的东西。这些东西作为人的创造物，不再受人的主宰和控制，而是反过来控制和主宰人本身。这种现象就是异化。马克思用异化来表征社会领域里那些使人成为受屈辱、受奴役和受压迫的社会关系。在马克思看来，异化并非完全消极的、压抑人的本质的东西，而是人的本质得以实现的不可或缺的历史中介。社会生产力的高度发展，人的能力的全面提高，都是在异化中并通过异化才能实现。

整体来说，人的发展必然经历一个异化的历史地生成和历史地消解的辩证过程，即"人的依赖关系（起初完全是自然发生的），是最初的社会形态，在这种社会形态下，人的生产能力只是在狭窄的范围内和孤立的地点上发展着。以物的依赖性为基础的人的独立性，是第二大形态，在这种形态下，才形成普遍的社会物质变换，全面的关系，多方面的需求以及全面的能力的体系。建立在个人全面发展和他们共同的社会生产能力成为他们的社会财富这一基础上的自由个性，是第三阶段。第二个阶段为第三个阶段创造条件。因此，家长制的，古代的（以及封建的）状态随着商业、奢侈、货币、交换价值的发展而没落下去，现代社会则随着这些东西一道发展起来。"①

历史发展的异化逻辑表明，我们必须确立审视历史的双重尺度，即历史的尺度和价值的尺度的统一。历史的尺度作为一种根本的尺度，是价值的尺度的基础；价值的尺度统一于历史的尺度，并为历史的尺度提供价值参照。马克思是真正严肃、认真地思考和对待人类异化问题的哲学家。他一方面揭

---

① 《马克思恩格斯文集》第8卷，人民出版社2009年版，第52页。

示资本的残酷性和血腥性；另一方面又肯定这个不自觉地充当历史工具的资本的巨大历史作用。比如，对于英国殖民统治给印度社会带来的巨大灾难和历史助产作用，马克思指出："从人的感情上来说，亲眼看到这无数辛勤经营的宗法制的祥和无害的社会组织一个个土崩瓦解，被投入苦海，亲眼看到它们的每个成员既丧失自己的古老形式的文明又丧失祖传的谋生手段，是会感到难过的；但是我们不应该忘记，这些田园风味的农村公社不管看起来怎样祥和无害，却始终是东方专制制度的牢固基础，它们使人的头脑局限在极小的范围内，成为迷信的驯服工具，成为传统规则的奴隶，表现不出任何伟大的作为和历史首创精神。……的确，英国在印度斯坦造成社会革命完全是受极卑鄙的利益所驱使，而且谋取这些利益的方式也很愚蠢。但是问题不在这里。问题在于，如果亚洲的社会状态没有一个根本的革命，人类能不能实现自己的命运？如果不能，那么，英国不管干了多少罪行，它造成这个革命毕竟是充当了历史的不自觉的工具。"[1] 从整个人类历史的总体进程来看，历史作为人的存在之展开，不得不经历异化的命运，只有在异化中，并通过异化才能达到历史本身的完成和人的发展的自由之境。资本主义作为历史展开自身的特定阶段，就其造成人的空前异化而言是"恶"。但是，没有这种"恶"，自由就是一句空话，因而它也可以在另一种意义上被理解为"善"。就审视历史而言，单纯的历史尺度意味着人在历史中迷失的可能；而单纯的价值尺度则必然陷于对历史的单纯的道德谴责。坚持历史的尺度和价值的尺度的统一，就是要诉诸人的实践活动，扬弃私有制和旧式分工，为个人自由而全面的发展的实现创造历史条件。马克思坚信：物质的力量只能用物质的力量来摧毁，异化的克服必须诉诸于人的现实的行动，"要扬弃私有财产的思想，有思想上的共产主义就完全够了。而要扬弃现实的私有财产，则必须有现实的共产主义行动。历史将会带来这种共产主义行动，而我们在思想中已经认识到的那正在进行自我扬

---

① 《马克思恩格斯选集》第 1 卷，人民出版社 2012 年版，第 853—854 页。

弃的运动，在现实中将经历一个极其艰难而漫长的过程"①。人类历史的发展必将无限趋近这样一种状态：每个人的自由发展是一切人的自由发展的条件。这就是现实的个人与其一切社会关系的和解的达成。当下，我们需要的是为这样一种理想而奋斗和行动。习近平总书记在十三届全国人大一次会议上指出，中国人民是具有伟大奋斗精神的人民，只要13亿多中国人民始终发扬这种伟大奋斗精神，我们就一定能够达到创造人民更加美好生活的宏伟目标。"幸福都是奋斗出来的"，这不仅为我们揭示了新时代创造人民美好生活的根本路径，同时也激发了我们全面建成小康社会、全面建设社会主义现代化国家的信心和决心。

二、主体思维就是把人当作认识主体来看待

在这一维度中，人通过其认识活动来揭示自然规律和人类社会发展规律，在尊重自然规律和社会发展规律的基础上，求得人与自然、人与社会的和解。现实的个人生成为主体的过程，就是人不断挣脱自然的怀抱，增强利用和改造自然的能力，进而实现人与自然规律的和解的过程。按照生产力发展水平及其人与自然关系的历史演进，可以把迄今为止的人类文明划分为四个时期，即采猎文明、农耕文明、工业文明和生态文明。

采猎文明时期，人尚处于对自然的依赖、恐惧和崇拜的阶段。人们以集体的力量，拿简陋的工具与自然作斗争。一方面，人们朦胧地认识到他们的生产活动与某些自然现象的联系。另一方面又对千变万化的自然现象满怀诧异和惊恐。于是，人们关于自然现象神化的结果便是原始宗教的产生。马克思、恩格斯在《德意志意识形态》中说道："自然界起初是作为一种完全异己的、有无限威力的和不可制服的力量与人们对立的，人们同自然界的关系完全像动物同自然界的关系一样，人们就像牲畜一样慑服于自然界，因而，

---

① 《马克思恩格斯文集》第1卷，人民出版社2009年版，第231—232页。

这是对自然界的一种纯粹动物式的意识(自然宗教)。"① 恩格斯在《反杜林论》中进一步指出:"一切宗教都不过是支配着人们日常生活的外部力量在人们头脑中的幻想的反映,在这种反映中,人间的力量采取了超人间的力量的形式。在历史的初期,首先是自然力量获得了这样的反映,而在进一步的发展中,在不同的民族那里又经历了极为不同和极为复杂的人格化。"② 在采猎文明时期,可以说,人对自然环境施加的影响是微不足道的。相反,人类匍匐在自然的巨大威力之下,万物有灵、原始巫术、图腾崇拜、自然神等是人类在自然的襁褓中产生的意识形式。

农耕文明时期,人类对自然的敬畏中初步开发自然。一方面,人的主体意识开始萌生,利用和改造自然的能力开始觉醒。另一方面,人类依然保持着对自然的敬畏。这种敬畏之情在中国传统文化中得到了典型体现:"惟天地万物父母,惟人万物之灵。"③ 中国哲学的主体思维体现在人与自然的关系方面,就是我们先人所秉持的父天母地的情怀所开出的"诗性思维",它开启出一个虚玄幽远、空灵圆润的诗意世界——人与自然和谐相处,人与人、人与自己各安其所。可以说,人的主体性的挺立和人文精神的彰显构成中国农耕文明的鲜明特征。

工业文明时期,人挣脱了来自外在的至上神的桎梏,人的主体意识空前挺立。启蒙运动进一步肯定理性的至尊地位,使人类改造和征服自然的意识与能力极大增强。自然作为人类的"客体",受到无度的役使和征服。人俨然成为自然的主宰,生态环境遭到严重破坏。在灭顶之灾来临之前,人类努力探寻拯救之道。恩格斯关于理性至上性地位的确立及其历史后果的辩证分析,在今天仍然富有启示意义。一方面,恩格斯充分肯定人的理性能力的发展以及随之而来的主体性的挺立在现代社会到来中的划时代作用。他说道:"在法国为行将到来的革命启发过人们头脑的那些伟大人物,本身都是非常

---

① 《马克思恩格斯选集》第 1 卷,人民出版社 2012 年版,第 161 页。
② 《马克思恩格斯全集》第 26 卷,人民出版社 2014 年版,第 334 页。
③ 陈戍国点校:《四书五经》(上),岳麓书社 2002 年版,第 242 页。

革命的。他们不承认任何外界的权威，不管这种权威是什么样的。宗教、自然观、社会、国家制度，一切都受到了最无情的批判；一切都必须在理性的法庭面前为自己的存在做辩护或者放弃存在的权利。思维着的知性成了衡量一切的唯一尺度。"[①] 与此同时，恩格斯又看到了人的工具理性对自然的过度开发及其灾难性后果。他警告我们："不要过分陶醉于我们人类对自然界的胜利。对于每一次这样的胜利，自然界都对我们进行报复。每一次胜利，起初确实取得了我们预期的结果，但是往后和再往后却发生完全不同的、出乎预料的影响，常常把最初的结果又消除了。"[②] 德国哲学家海德格尔对现代技术之"座架"本质的死兆星光芒惊悚不已，他认为"技术越来越把人从地球上脱离开来而且连根拔起"[③]。

在人与自然的紧张和矛盾已经严重威胁到人类整体生存的危局中，人的主体性再次在救渡的要求中得以生成。这就是"生态文明"的转向。"生态文明"具有深刻的"哲学反讽性"。它是人类在理性反思工业文明后果的基础上提出的一种新的人类生存方式。生态文明既不是对工业文明的全盘否定，也不是主张回到人对自然的原始膜拜中。因而，它并不一般地否定科技，只是对科技的资本主义利用方式进行拒斥。同样，生态文明也不是对人类中心倾向的根本扭转。因为人类中心倾向是由人的存在方式先行决定的。生态文明不是对科学技术的拒斥和否定，而是建立在科技的进一步发展之上。在生态文明时期，人与自然相互作用的范围将更加扩大，作用方式将更加多样和复杂。但是，生态文明要求我们在处理人与自然关系中嵌入深沉的人文关怀。毕竟，人始终是宇宙的中心。党的十九大报告表达了中国关于人与自然和谐共生的理想追求，并将其体现为一种新的发展模式：

"建设生态文明是中华民族永续发展的千年大计。必须树立和践行绿水青山就是金山银山的理念，坚持节约资源和保护环境的基本国策，像对待生

---

① 《马克思恩格斯文集》第9卷，人民出版社2009年版，第19—20页。

② 《马克思恩格斯文集》第9卷，人民出版社2009年版，第559—560页。

③ 孙周兴选编：《海德格尔选集》下卷，上海三联书店1996年版，第1305页。

命一样对待生态环境，统筹山水林田湖草系统治理，实行最严格的生态环境保护制度，形成绿色发展方式和生活方式，坚定走生产发展、生活富裕、生态良好的文明发展道路，建设美丽中国，为人民创造良好生产生活环境，为全球生态安全作出贡献"，"必须坚持节约优先、保护优先、自然恢复为主的方针，形成节约资源和保护环境的空间格局、产业结构、生产方式、生活方式，还自然以宁静、和谐、美丽"。① 生态文明及其发展模式的根本目标就是达成人与自然规律的最终和解。它是事关人类自身未来的头等大事。

人作为认识的主体，在把握自然规律的同时，更要掌握人类社会发展的规律。大致说来，社会发展的规律性就是社会基本矛盾运动的规律性。人的实践活动不能消灭规律，但人的选择可以改变规律起作用的形式。这就是社会发展的规律性与人的主体选择之间的关系。马克思认为，"一个国家应该而且可以向其他国家学习。一个社会即使探索到了本身运动的自然规律……它还是既不能跳过也不能用法令取消自然的发展阶段。但是它能缩短和减轻分娩的痛苦"②。领导干部应认真总结改革开放 40 年的经验教训，进一步认识社会主义市场经济的发展的规律，更加积极地推动当代中国社会的稳步发展。

三、主体思维就是把人当作道德主体来看待

在这一维度中，人通过其自由选择和自我担责，求得人与道德法则的和解，从而使人过一种道德的生活。道德主体是作为主体的人的题中应有之义，中西文化对此有着高度一致的认同。

在儒家思想中，道德被视为人之为人的内在根据，是人性与兽性划界的标志。人的有限生命正是通过道德获得了无限的意义。因而，儒家的"三不

---

① 习近平：《决胜全面建成小康社会　夺取新时代中国特色社会主义伟大胜利——在中国共产党第十九次全国代表大会上的报告》，人民出版社 2017 年版，第 23—24、50 页。
② 《马克思恩格斯文集》第 5 卷，人民出版社 2009 年版，第 9—10 页。

朽"说把"立德"当作人生的头等大事和个体安身立命之根本。因此，在孔子看来，人生最该忧虑的是"德之不修"："德之不修，学之不讲，闻义不能徙，不善不能改，是吾忧也。"① 孟子主张仁义之德是人区别于禽兽的标志："人之所以异于禽兽者几希，庶民去之，君子存之。舜明于庶物，察于人伦；由仁义行，非行仁义也。"② 孟子主张通过不断扩充内心固有的善短，完成"尽心、知性、知天"的理想人格。有鉴于此，儒家把"德性之知"视为"真知"，强调道德性命的自觉及其躬行践履的重要性。程颐曾通过一个例子来区分真知与常知。他说道："真知与常知异。尝见一田夫，曾被虎伤。有人说虎伤人，众莫不惊，独田夫色动异于众。若虎能伤人，虽三岁童子莫不知之，然未尝真知。真知须如田夫乃是。故人知不善而犹为不善，是亦未尝真知，若真知，决不为矣。"（《河南程氏遗书》卷二上）程颐以此说明道德知识必得之于躬行实践。唯其如此，它才成为自家性命之"真知"。就是说，道德主体的挺立必须将内在的心性修养落实在道德行为上。这是儒家道德理想主义的根本特征。

在西方，德国哲学家康德对道德的纯洁性和人类尊严的捍卫，集中体现于其实践理性批判中。康德认为，作为道德最高原则的意志自律，其根据既不能在人类本性中寻找，也不能在他所处的世界环境中寻找，而是完全要先天地在纯粹理性的概念中去寻找。③ 这就从道德原则中剔除了一切经验性的东西，维护了道德法则的纯粹性和崇高性。但是，在人的现实的生活世界里，这种纯粹先天的规定却只能将道德推向遥远的无可企及的彼岸世界。因为现实世界中，几乎没有人可以完全按照这种纯粹的道德法则去生活。康德甚至说，当我们自己也怀疑世界上有无真正的德性的时候，我们必须有一个明确的信念："尽管还没有这样从纯粹源泉涌流出来的行为，但这里不是说这件事或那件事的出现，而是说独立于一切经验的理性，它自己本身就会规

---

① 杨伯峻：《论语译注》，中华书局 2006 年版，第 75 页。

② 陈成国点校：《四书五经》（上），岳麓书社 2002 年版，第 101 页。

③ 参见［德］康德：《道德形而上学原理》，上海人民出版社 2005 年版，第 4 页。

定那应该出现的事物出现。从而，对那些直到如今世界上还无例可援的行为，尽管把经验看作是一切基础的人，怀疑是否行得通，但仍毫不犹豫地接受理性的规定。"①

马克思在捍卫康德关于意志自律的道德法则之纯粹性的基础上，进一步将道德理解为一个历史的规定。在马克思看来，现代道德观念必将伴随资产阶级社会的历史必然性的丧失而消解。因为在现代性语境中，道德并没有超出资产阶级的狭隘视野。马克思认为：人是什么样子的，取决于他的存在是什么样子的。这样一来，个体的"意志自律"必须嵌入其世俗生活中才变成实际的道德行为。这是马克思对康德的扬弃。换句话说，个体道德行为的考察，必须检验组成其特定行为和特定生活方式的所有因素。在这些因素中，个体生存的经济境遇尤其值得关注。因为道德作为人的意志的自律，以"有生命的个人的存在"为前提。这样的个人，他的第一个历史活动是生产满足其吃、喝、住、穿以及其他一些需要的资料，即生产物质生活本身。物质生产一方面提供了道德得以可能的物质基础，另一方面又生产出特定条件下人们的道德状况。康德的"善良意志"正是德国资产阶级软弱性在道德领域里的体现。马克思说道："康德以单纯的'善良意志'自慰，哪怕这种善良意志毫无效果也心安理得，他把这种善良意志的实现、它与个人的需要和欲望之间的协调都推到彼岸。康德的善良意志完全符合德国市民的软弱、受压迫和可悲的状况，他们的细小的利益始终不能发展成为一个阶级的共同的民族利益，因此他们经常遭到其他各国资产者的剥削。"②

马克思认为人成为真正意义上的道德主体，必须以生产力的极大提高和物质财富的充分涌流为历史前提。这就赋予道德规定特定的历史内涵。只有在历史完成自身之时，即在消灭了资本主义私有制和实现共产主义之时，人的道德觉悟才得到前所未有的提高，正如恩格斯所言：人们自觉或不自觉

①　[德]康德：《道德形而上学原理》，上海人民出版社 2005 年版，第 25 页。
②　《马克思恩格斯全集》第 3 卷，人民出版社 1960 年版，第 211—212 页。

地，归根结底总是从他们阶级地位所依据的实际关系中——从他们进行生产和交换的经济关系中，获得自己的伦理观念。因此，即使像"切勿偷盗"这样的道德戒律也不具有永恒的存在。它有一个历史地生成和消解的过程："从动产的私有制发展起来的时候起，在一切存在着这种私有制的社会里，道德戒律一定是共同的：切勿偷盗。这个戒律是否因此而成为永恒的道德戒律呢？绝对不会。在偷盗动机已被消除的社会里，就是说在随着时间的推移顶多只有精神病患者才会偷盗的社会里，如果一个道德说教者想庄严地宣布一条永恒真理：切勿偷盗，那他将会遭到什么样的嘲笑啊！"①

总之，道德主体之所以是作为主体的人的存在的重要内涵，是因为道德不是外在的约束，而是内在的自律。它是真正的自由之境。人成为主体的过程，必将包含人生成为道德主体的过程。

第三节　主体思维能力的养成与提高

既然主体思维就是把人当作主体，充分发挥人的主体性的思维方式，而人又有一个生成为主体的过程，这就要求现实的个人，特别是广大领导干部，通过积极投身中国特色社会主义现代化实践，认识和把握当代中国社会发展的规律，努力践行社会主义道德观，提高自身的主体思维素质。

一、在社会实践中提升实践主体能力

实践是人所特有的存在方式。只有实践活动才能创造一个属人的世界。就当代中国而言，实现中国特色社会主义现代化和中华民族伟大复兴，在全面建成小康社会的基础上，分两步走在本世纪中叶建成富强民主文明和谐美

---

① 《马克思恩格斯文集》第9卷，人民出版社2009年版，第99页。

丽的社会主义现代化强国，是新时代坚持和发展中国特色社会主义的总任务。这是中国现代化在历经百年坎坷之后的自我认同和自我定位。简单地说，现代化是公元 1500 年以来迄今仍在继续的人类由传统社会向现代社会的变迁过程。它兴起于西欧和北美，而后向整个世界扩展。这一过程引起人类社会经济、政治、文化领域的全方位变化，促成了人类生存方式的根本改变。鸦片战争以后，中华民族在落后和挨打的屈辱中开启了现代化的征程。中国现代化只能是中国特色社会主义现代化。这是我党 60 年社会主义建设的基本经验。1992 年，邓小平同志在"南方谈话"中指出："社会主义的本质，是解放生产力，发展生产力，消灭剥削，消除两极分化，最终达到共同富裕。"[1] 这解决了困扰中国几十年的姓"资"、姓"社"问题，揭开了"空谈误国，实干兴邦"的改革开放的新局面。在党的十八大闭幕之际，习近平总书记重提"空谈误国，实干兴邦"这一重要论断，指出如果不抓落实，再美好的蓝图也是空中楼阁。他要求抓住群众最关心的问题，扎扎实实办实事。党的十九大指出，在未来五年内要着重解决人民群众最为关心的教育、就业、社会保障、脱贫攻坚、健康中国等实际问题。"保证和改善民生要抓住人民最关心最直接最现实的利益问题，既尽力而为，又量力而行，一件事情接着一件事情办，一年接着一年干。"[2] 总之，既然姓资姓社的意识形态问题已经解决，既然目标和蓝图已经绘就，接下来就是广大干部群众通过实实在在的奋斗实现理想和目标的过程。

基于新时代中国特色社会主义总任务的要求，养成与提升领导干部作为实践主体的素质和能力，主要应着眼于以下两点。

首先，做先进生产力的引领者和践行者。所谓"领导"，就是在一定条件下，指引和影响个人或组织，实现某种目标的行动过程。领导的本质就是人与人之间的一种互动过程。在实现中国特色社会主义现代化的进程中，领

---

① 《邓小平文选》第三卷，人民出版社 1993 年版，第 373—374 页。

② 习近平：《决胜全面建成小康社会　夺取新时代中国特色社会主义伟大胜利——在中国共产党第十九次全国代表大会上的报告》，人民出版社 2017 年版，第 45 页。

导干部必须牢固树立"四个意识"，坚定"四个自信"，把准目标和方向，做人民群众的引领者和主心骨，在关键时刻能够豁得出来，顶得上去，绝不满足于做四平八稳的"太平官"。应当看到，某些领导干部不担责、不尽职、不作为的官僚主义作风，影响党和政府的形象，疏离了党和人民群众的感情。有的部门、地方无视使命和职责，层层下推责任，最终使责任悬空、虚化。上述现象暴露出某些领导干部干事创业的主体性的匮乏乃至丧失。这种官僚主义作风的后果是多重的。它不仅耽搁和阻挠了中国特色社会主义现代化建设，而且污染党内政治生态，应坚决杜绝。与此同时，要发扬社会主义民主，尊重人民群众的理性判断能力，积极发挥人民群众的主体性作用。我国传统政治哲学之所以奠基于"民本"思想的基础上，是因为"民心"的向背是关乎政权合法性与政局稳定性问题，所谓"天视自我民视，天听自我民听"[①]，天道最后还是回到了人道。说得直白一点，天意最后还是取决于民意。我们今天发扬社会主义民主，就是要倾听人民群众的诉求，相信人民群众的理性判断能力，这是现代社会区别于前现代社会的重要标志。只有上下齐心，撸起袖子加油干，才能实现社会主义现代化，实现人民群众对美好生活的向往。

其次，以人民群众对美好生活的向往为己任。人与共同体的异化和疏离是现代性处境中人的宿命，也是马克思主义要解决的最根本、最重大的时代问题。因而，以真实的共同体取代虚假的共同体，使现实的个人成为其与社会结合的主人，从而实现个人自由而全面的发展，是马克思哲学的终极旨归。中国特色社会主义现代化必然伴随社会发展的固有之痛。当前，我国社会分化和生态危机已经成为制约人民群众向往美好生活的拦路虎。习近平总书记在党的十九大上指出，"我们的工作还存在许多不足，也面临不少困难和挑战。主要是：发展不平衡的一些突出问题尚未解决，发展质量和效益还不高，创新能力不够强，实体经济水平有待提高，生态环境保护任重道远；

---

①　陈成国点校：《四书五经》（上），岳麓书社2002年版，第243页。

民生领域还有不少短板，脱贫攻坚任务艰巨，城乡区域发展和收入分配差距依然较大，群众在就业、教育、医疗、居住、养老等方面面临不少难题；社会文明水平尚需提高；社会矛盾和问题交织叠加，全面依法治国任务依然繁重。"① 因而，领导干部必须勇于促进社会公平正义，致力于构建良好的社会秩序，形成有效的社会治理，建设生态文明，保护我们共有的家园，使人民群众的获得感、幸福感和安全感切实地得到落实和保障。

二、在认识自然和历史的规律中提升认识主体能力

首先，认真学习和掌握唯物史观及其方法论。唯物史观是认识和把握当代中国社会发展规律的根本方法，领导干部必须认真学习和掌握唯物史观及其方法论，做到学懂、弄通、会用。马克思的《〈政治经济学批判〉序言》中关于唯物史观的经典表述为："人们在自己生活的社会生产中发生一定的、必然的、不以他们的意志为转移的关系，即同他们的物质生产力的一定发展阶段相适合的生产关系。这些生产关系的总和构成社会的经济结构，即有法律的和政治的上层建筑竖立其上并有一定的社会意识形式与之相适应的现实基础。物质生活的生产方式制约着整个社会生活、政治生活和精神生活的过程。不是人们的意识决定人们的存在，相反，是人们的社会存在决定人们的意识。社会的物质生产力发展到一定阶段，便同他们一直在其中运动的现存生产关系或财产关系（这只是生产关系的法律用语）发生矛盾。于是这些关系便由生产力的发展形式变成生产力的桎梏。那时社会革命的时代就到来了。随着经济基础的变更，全部庞大的上层建筑也或慢或快地发生变革。无论哪一个社会形态，在它所能容纳的全部生产力发挥出来以前，是决不会灭亡的；而新的更高的生产关系，在它的物质存在条件在旧社会的胞胎里成熟

---

① 习近平：《决胜全面建成小康社会　夺取新时代中国特色社会主义伟大胜利——在中国共产党第十九次全国代表大会上的报告》，人民出版社 2017 年版，第 5 页。

以前，是决不会出现的。"①这里大段引述马克思的原话，不是强调要把它背得滚瓜烂熟，而是强调对其精神实质的领会。唯物史观是一种历史的方法。人的实践活动总是在特定的时间和空间中进行的。唯物史观在看问题、做事情方面最注重对特定历史条件的把握。譬如，1881 年，荷兰革命家纽文胡斯写信向马克思请教这样的问题：社会党人如果取得政权，为了保证社会主义的胜利，他们在政治和经济方面首要的立法措施应当是什么？马克思是这样回复的："'问题'，在我看来提得不正确。在将来某个特定的时刻应该做些什么……这当然完全取决于人们将不得不在其中活动的那个既定的历史环境。但是，现在提出这个问题是不着边际的，因而实际上是一个幻想的问题，对这个问题的唯一的答复应当是对问题本身的批判。"②唯物史观的归宿不是"解释世界"，而是"改变世界"。运用历史的方法分析和把握当代中国社会的发展，就是要对中国特色社会主义现代化实践的来龙去脉进行认真的梳理，采取既辩护又批判的态度，不断将改革推向前进。其中，关于社会主义市场经济体制，要提高到社会发展规律的高度来认识。我们知道，社会主义生产关系要求与其匹配的发达的社会生产力。在特定的历史条件下，中国却从一个半殖民地、半封建社会直接"跃进"到社会主义社会的，这就是所谓"跨越卡夫丁峡谷"。然而，社会生产力自身的发展却具有无法跨越的"铁的必然性"。因而，社会主义市场经济是中国步入社会主义初级阶段以后，用来弥补社会生产力之不足的最为有效的手段。社会主义市场经济的历史必然性和历史暂时性就在这里。唯物史观是一种总体的方法。唯物史观作为历史科学方法论的根本要义在于充分和彻底地切中和把握社会现实。而社会现实乃是在人们的实践活动中形成的全部社会关系，是一个有机联系着的总体，因而把握社会现实不能不要求一种总体性的方法，即把握社会结构的总体和历史发展的总体。前者要求从经济、政治、文化的不同要素及其动态生

---

①　《马克思恩格斯文集》第 2 卷，人民出版社 2009 年版，第 591—592 页。

②　《马克思恩格斯文集》第 10 卷，人民出版社 2009 年版，第 458 页。

成关系来看待社会结构的有机整体，后者要求将社会发展理解为一个螺旋式前进的历史过程。其中，社会生产力是这一过程的基础性和决定性条件，社会意识和理念会反过来促进或推动社会生产力的发展。党的十八届五中全会提出的"五大发展理念"，就是针对我国发展中的突出矛盾和问题，致力于破解发展难题、增强发展动力。它是关系我国发展全局的一场深刻变革，直接关系"十三五"乃至更长时期我国发展思路、发展方式和发展着力点，是我们党认识把握发展规律的再深化和新飞跃。

其次，深刻认识生态文明建设。唯物史观是一把打开中国社会现实的钥匙，领导干部要深刻认识当代中国社会现实，严肃对待生态文明建设。中国革命时期，毛泽东同志强调："中国革命斗争的胜利要靠中国同志了解中国事情。"[1] 中国社会主义现代化建设时期，邓小平同志仍然强调："一个党，一个国家，一个民族，如果一切从本本出发，思想僵化，迷信盛行，那它就不能前进，它的生机就停止了，就要亡党亡国。这是毛泽东同志在整风运动中反复讲过的。只有解放思想，坚持实事求是，一切从实际出发，理论联系实际，我们的社会主义现代化建设才能顺利进行。"[2] 传统社会向现代社会的转变必然伴随着人与自然关系的紧张与矛盾。人作为自然存在物和社会存在物的统一体，其社会关系直接影响人与自然关系的生成和变化。马克思从两个层面来理解人与自然的关系：在发生学意义上，自然对于人的先在性决定了自然是人类永恒的母亲。在生存论意义上，自然作为人的存在的敞开前来照面。它作为人的"活动"的结果，即人化自然而生成。资本主义制度一方面促进了生产力的极大提高，另一方面也成为人与自然紧张和对立的历史根源。因为资本主义激发了人的需要的空前扩大。这种需要的满足必须诉诸于人与自然的不断地"斗争"，正如马克思所说："像野蛮人为了满足自己的需要，为了维持和再生产自己的生命，必须与自然搏斗一样，文明人也必须

---

① 《毛泽东选集》第一卷，人民出版社 1991 年版，第 115 页。

② 《邓小平文选》第二卷，人民出版社 1994 年版，第 143 页。

这样做；而且在一切社会形式中，在一切可能的生产方式中，他都必须这样做。这个自然必然性的王国会随着人的发展而扩大，因为需要会扩大。"① 因而，只有当人的社会结合的方式置于人的控制之中时，人与自然的关系才能实现由矛盾对立向和谐共生的转变："社会化的人，联合起来的生产者，将合理地调节他们和自然之间的物质变换，把它置于他们的共同控制之下，而不让它作为一种盲目的力量来统治自己；靠消耗最小的力量，在最无愧于和最适合于他们的人类本性的条件下来进行这种物质变换。但是，这个领域始终是一个必然王国。在这个必然王国的彼岸，作为目的本身的人类能力的发挥，真正的自由王国，就开始了。但是，这个自由王国只有建立在必然王国的基础上，才能繁荣起来。"② 在建设生态文明方面，我国社会主义制度的优越性尚未充分发挥，这应引起每位领导干部的重视和深思。

三、在政治道德建设中提升道德主体能力

养成和提升领导干部的道德主体能力，既需要做到对人民群众怀有发自内心的敬重之情，全心全意为人民服务，也需要养成忠诚、干净、担当的政治品格。

首先，发自内心地敬重人民群众及其利益。尽管道德法则具有超越任何经验内容的纯粹性，但是，道德法则的实现却无法脱离人的现实的、经验的处境。因而，道德总是打上特定历史时代的烙印。为人民服务作为社会主义社会公民道德的核心规定，是社会主义道德区别和优越于其他社会道德的显著标志，是共产党员和领导干部最基本的道德规范。全心全意为人民服务的道德规范，意味着党员干部应该怀有对于人民群众发自内心的敬重之情。这种感情不只是建立在抽象人性的基础上，更重要的，它是党的性质和宗旨决

---

① 《马克思恩格斯文集》第 7 卷，人民出版社 2009 年版，第 928 页。
② 《马克思恩格斯文集》第 7 卷，人民出版社 2009 年版，第 928—929 页。

定的，所谓情为民所系，权为民所用，利为民所谋。目前，某些党员干部官本位思想严重，把"当官"和"升迁"放在第一位，对人民群众缺少感情，甚至伤害人民群众的感情。更有甚者，少数领导干部的"作秀"行为破坏了群众路线，败坏了党群关系。这种现象必须引起深刻检省和批判。否则，就会动摇党的执政根基。某些党员干部之所以对人民群众感情淡薄，是因为错误的权力来源的观念所致。我国宪法规定，一切权力属于人民。权力的公共属性已经划定了权力的边界。就是说，把权力当作自己的资源，用来谋取私利的行为，已经构成腐败。少数人"跑官"、"要官"、"不怕群众不满意，就怕领导不满意"，热衷于刷花架子，搞"形象工程"和"政绩工程"，都是权力的任性和滥用，都是伤害人民群众感情的行为。毋庸讳言，社会主义市场经济正在培育个体和私有的观念，这将极大地推动中国由传统社会向现代社会的转变。某些党员干部在这一历史潮流中迷失了方向，他们忘记了全心全意为人民服务这一党的宗旨和社会主义道德规范，个人私欲极力膨胀，极端崇拜个人主义和享乐主义，拜倒在金钱和权力的利益面前不能自拔。对于这种严重违反党纪国法的恶劣行为，必须严肃查办，决不姑息纵容。

其次，养成忠诚、干净、担当的政治品格。领导干部的素养是多方面的，其中最重要的可以归结为忠诚、干净、担当这三个方面。忠诚就是对党和人民的事业真心诚意，尽心尽力。干净就是清正廉洁，一尘不染。担当就是承担责任，恪尽职守。忠诚、干净、担当，内含着正确政治方向、政治立场，内含着高尚精神境界、道德操守，内含着强烈责任意识、进取精神，是领导干部理应具备的人格、品格、风格。之所以提倡忠诚、干净、担当的政治品格，主要是针对某些领导干部在自我身份认同上的障碍与迷失。应该说，中国现代化对传统社会绝对价值的冲击和瓦解，市场经济所奉行的交换价值原则以及虚无主义和价值多元主义的盛行，都不同程度地影响着领导干部群体的政治操守和政治品格。对此，习近平总书记在党的十九大报告中指出："要尊崇党章，严格执行新形势下党内政治生活若干准则，增强党内政治生活的政治性、时代性、原则性、战斗性，自觉抵制商品交换原则对党内生活的侵蚀，营造风清气正的良好政治生态。"① 中国传统政治哲学很注重"修身"对于为政的重要地位。"修身"就是陶冶身心，涵养德性，它是儒家思想的核心。"修身"不仅是个体人格完善的途径，而且是齐家治国不可或缺的基础和前提，所谓"自天子以至于庶人，一是皆以修身为本"②。儒家非常强调德治主体（统治者）之德性对于其政治统治之正当性和稳固性的重要意义，所谓"政者，正也。子帅以正，孰敢不正"，所谓"其身正，不令而行；其身不正，虽令不从"。③ 如果一个统治者的德行与其君位不匹配，那么，他就不应配享其"君"位。孟子关于商纣之被杀的言说背后折射出鲜明的价值评判立场："贼仁者谓之贼，贼义者谓之残。残贼之人，谓之一夫。闻诛一夫纣矣，未闻弑君也。"④ 我国传统政治哲学关于统治者个人道德自律与政治之善的关系的强调，对于当下领导干部政治品格的修养仍然具有借鉴和启示价值。

今天，党员领导干部的政治品格教育面临很多难题，其中之一便是如何对待榜样的问题。在此，康德关于道德教育内在机制的理解可以帮助我们辨析这一难题。在康德的语境中，道德的实现需要经历三个基本环节，即道德法则的制定（即实践理性为意志立法）——意志（任意）的选择——道德法则的经验实现。显然，道德教育是道德实现机制的一个不可或缺的要素。它意在使人拨开经验纷扰，自觉认同和践履道德法则。无疑，道德楷模会增加道德教育的有效性，这是因为："他的榜样将一条法则立在我的面前，当我用它与我的举止相比较时，它平伏了我的自负……纵然我可能同时意识到甚至我自己同样程度的品节端正，而这敬重依然不变。"⑤ 但康德指出，令人景仰和敬重的并不是道德楷模，而是道德法则本身。因此，康德不主张以道德

①　习近平：《决胜全面建成小康社会　夺取新时代中国特色社会主义伟大胜利——在中国共产党第十九次全国代表大会上的报告》，人民出版社 2017 年版，第 62 页。

②　陈戍国点校：《四书五经》（上），岳麓书社 2002 年版，第 1 页。

③　杨伯峻：《论语译注》，中华书局 2006 年版，第 145、152 页。

④　《孟子》，山西古籍出版社 1999 年版，第 33 页。

⑤　[德] 康德：《实践理性批判》，商务印书馆 1999 年版，第 83 页。

楷模的行为来进行道德教育，他认为，"教人去惊赞道德的行动，无论这样的行动要求做出多大的牺牲，都不是学生的心灵对道德上的善所应保持的真正情调。因为无论一个人如何有道德，他所能做出的一切善行，都必须纯粹是义务；而履行自己的义务，也无非就是做在通常的道德秩序中的事情，从而也就是不值得惊赞的。毋宁说，这样的惊赞是我们的道德情感的一种变质，好像顺从义务是某种非同寻常的、有功劳的事情似的"。① 在康德看来，真正值得惊赞的是我们内心的道德法则所激发的道德禀赋："在我们的灵魂中有一样东西，如果我们恰如其分地将它收入眼底，就不能不以极大的惊赞观望它。此时，惊赞是正当的，同时亦是振奋人心的。而这种东西就是我们里面原初的道德禀赋。"② 如果道德教育偏离了"我们里面原初的道德禀赋"，将会导致道德判断的迷惘，而道德判断的迷惘必然引起善恶观念的混乱以及道德与非道德界限的模糊，因而，只有基于道德法则的纯粹性与崇高性，道德教育才能真切领悟其切己职责与真正使命，从而确保道德教育的正当性与严肃性。基于此，党员干部的政治品格教育也必须树立对党章的尊崇之情，以及对忠诚、干净、担当的发自内心的敬重之情。否则，就会因流于形式而收效甚微。

总之，主体思维及其素质养成能力就是以主体自我为目的，把主体当作价值评判的尺度，从而改变一切非人的社会关系，建设一个适合人的存在的理想社会；主体思维就是通过主体来把握流变不居的事实世界，使其呈现出可知的、可预测的有序性和稳定性，获得具有普遍性和必然性的知识，从而实现历史发展的合目的性与合规律性的统一，确立人类当下生存的安全感与家园感；从主体出发，就是承认主体的自由选择和自我担责，从而为人的道德生活及其伦理责任奠定根基。

---

① 转引自 [德] 康德：《单纯理性限度内的宗教》，商务印书馆 2012 年版，"中译本导言"第 27 页。

② [德] 康德：《单纯理性限度内的宗教》，商务印书馆 2012 年版，"中译本导言"第 27 页。

第十二章　和谐思维与合作共赢能力

　　和谐是描述构成事物的各种要素之间以及事物之间的一种相互融合的状态。而且，系统或者总体中各个要素之间能够相互配合有利于要素自身的发展。因此，和谐强调多样性的统一，是多赢共生、协同并举。和谐思维是能够把和谐的基本理念运用于事物发展的思维方式，具有思维的整体性和系统性特点。和谐思维与我们今天合作共赢的思维理念不仅在思维方式上有共通之处，在方法上也具有很大的交集。2014 年 6 月 28 日，习近平总书记在和平共处五项原则发表 60 周年纪念大会上指出，合作共赢是普遍适用的原则，不仅适用于经济领域，而且适用于政治、安全、文化等其他领域。我们应该把本国利益同各国共同利益结合起来，努力扩大各方共同利益的汇合点，不能这边搭台、那边拆台，要相互补台、好戏连台。要积极树立双赢、多赢、共赢的新理念，摒弃你输我赢、赢者通吃的旧思维，"各美其美，美人之美，美美与共，天下大同"。① 在这种国际交流的大趋势下，和谐思维成为合作共赢能力的提升的基础，而合作共赢的理念也会展现和谐思维的思想魅力和实践智慧。

---

① 参见习近平：《弘扬和平共处五项原则　建设合作共赢美好世界——在和平共处五项原则发表 60 周年纪念大会上的讲话》，人民出版社 2014 年版，第 9 页。

第一节　和谐思维的人学基础

　　早在夏商周三代文化中"和谐"概念即被提出并得到运用，由《诗》、《书》、《礼》、《易》、《乐》、《春秋》所构成的"六经"蕴含着较为丰富的和谐思想，像《左传》就描绘了一幅社会和谐的壮丽图景："如乐之和，无所不谐。"先秦是中国和谐哲学思想的原发时期，包括儒家、道家、墨家等在内的许多思想家、政治家不仅提出了"和谐"、"和善"、"和合"、"和中"等重要范畴，展开了"和同"之辨，还深刻阐发了天人和谐、身心和谐、人际和谐、社会和谐等各种和谐形态，较为全面地指明了达到和谐的道路、方法和手段。先秦和谐哲学思想作为奠基，对中国社会产生了极为广泛的影响，使之形成了历久弥新的贵和世界观、价值观和人生观，锻造了古代中国人重和谐、尚和合的思维模式和认识论。

一、和谐思维的基本概念和精神实质

　　"和谐"本是两个词："和"与"谐"。《说文解字》解释说："和，相应也。""相应"是指事物之间的照应和关联。在我国古人思想中，万物之间存在密切关联，事物之间通过一种方式密切结合，这种方式我国古人称为"和"，通过"和"事物达到相互协调。"谐"的意思是"配合得当"，与"和"意思非常相近，可以互训。《尔雅》认为"和"与"谐"具有同一性，它解释道："谐，和也。"和谐并不是指毫无分歧、完全统一，或者没有矛盾、一团和气，而是指事物多样性的有机统一、和合一体。

　　需要注意的是，在中国夏商周三代，"和"不仅是事物的一种客观状态，更是备受推崇的道德品性。不论是《周易》所说的"和兑，吉"、"鸣鹤在阳，其子和之"，还是《尚书》中所言说的"自作不和，尔惟和哉。尔室不睦，尔惟和哉。尔邑克明，尔惟克勤乃事"以及"时惟尔初，不克敬于和，则无

我怨"，都表明"和"已具备了人伦道德的意蕴。和谐思想内涵丰富，以儒家为主的各家学派从不同层面开创性地丰富了"和谐"的内涵。

在中国文化中，综合各家学说，和谐可以表述为：不同事物之间以及事物内部不同元素之间在一定的条件下动态、相对、有机的统一。在此基础上所形成的思维方式则是：天地万物是普遍联系的，事物之间具有相辅相成、相反相成、共同发展的关系。和谐思维表现在两个方面。

一方面，事物内在的普遍联系。天人合一的基本理念是事物建立普遍联系的基础，和谐思维是以事物是普遍联系的观点为基础的。传统哲学认为，每一种事物，都有自己的性分，人在天地之间也不例外，也必须遵循自我性分而生活。各种事物，包括人在内，其性分来自于天道，也统一于天道。万事万物发挥自己性分的基础上实现了天地之道。在此理论基础上，万事万物因为有一个统一的道而具有不可分割的联系。那么，和谐思维就是以"万物一体"、万物普遍联系的观点为基础建立起来的，同时，这种理论反过来被应用于处理事物之间的关系。

众所周知，事物的发展都不是孤立的，事物之间存在在着纵横交错的普遍联系。联系是事物固有的属性。事物之间的联系是客观的，并不会因为人们的意志而改变。坚持联系的普遍性、客观性和多样性，必须承认事物的存在和发展具有条件性。我们既要唯物又要辩证地看待条件。首先，条件对事物发展和人们行为具有制约作用，任何事物的存在和发展都有一定的条件。其次，条件是可以改变的。人们可以发挥自己的主观能动性，经过努力可把不利的条件转化为有利的条件。再次，改变和创造条件不是任意的，必须尊重事物发展的客观规律。如果违背事物的发展规律或者不具备某种必要条件，而硬要去改变条件拔苗助长，只能陷入主观盲目性。在实际工作中，我们不能脱离具体条件，想入非非，幻想达到不切实际的目标；在缺乏事物发展条件的条件下，我们应该根据现实情况，认识事物内部的发展规律，充分利用当前的有利条件，等待时机，创造条件，化不利情况为有利情况。

另一方面，事物之间是和睦协调的关系。事物之间应该是和睦协调的关系，这种理念早在《诗·周南·关雎》中就有所展现。《关雎》有"关关雎鸠，在河之洲"之言，表达的场景是温馨美丽的自然场景，在此自然场景中出现了男子爱慕已久女子，人的情愫与自然场景协调一致。汉代郑玄注解："后妃说乐君子之德，无不和谐。"① 事物之间的这种和谐关系不是建立在形而上的理念上的，而是建立在事物与事物之间的关系上。比如，"雎鸠"的鸣叫和思念心中美好女子的心情相关联，河里的水草摇荡和自己焦虑不安的心情相比拟，等等。在这种思维观念下，高山和落日、大海和海鸥等都是和谐共生、协调统一的。所以说，和谐是事物之间具体的、动态的统一状态，表现为事物之间相辅相成、互助合作和共同发展。

和谐是一个系统中各要素之间相互促进、充满活力的有机统一，不是没有联系、互不影响的各自存在。和谐中也存在一定的冲突和矛盾，只是这种冲突和矛盾是在一定范围内波动。当这些冲突和矛盾在一定条件得到解决，事物就在这个基础上又发展到了新的阶段。因此，和谐中的矛盾和冲突是必然的，同时也是必要的，前提是这样的冲突和矛盾是相互构成的一个事物的各要素之间的一种统一关系。

和谐文化是以和谐的基本内涵为理论基础的文化体系。和谐文化中的全部思想理念，都是以和谐理论为前提，以实现和谐社会为目标。用和谐的理念来指导个人的行为和社会发展，这就是和谐文化。

和谐思维表现出的两个方面都与人们认识有关。事物是具有普遍的内在联系的，这是我们古人的观念。每个民族对于世界的看法都不一样，我们国家的人们对于世界看法具有自己的特色。"天人合一"、"万物一体"的观念形成于漫长的历史时期，在人们心目中根深蒂固。由于这种认识，中国人看事物的方式也和其他民族不同。同时，事物之间也是一种和谐共生的关系，不仅内在统一，外在关系中也呈现和谐与统一。因此，和谐思维所建立的基础是人，或者说是能够表现人的本质的文化传统。

---

① 郑玄笺、孔颖达疏：《毛诗注疏》，上海古籍出版社 2013 年版，第 27 页。

二、和谐思维产生与发展的基础

和谐思维产生与发展的基础是人。由于人的本质决定了人的发展必须以和谐为条件和目标，所以，必须对人的本质规定有明晰的认识。人的本质是什么？早在我国先秦时期，孔子就从德性角度确立了人的本质，他说："仁者，人也。"（《中庸·第二十章》）孔子说用完全道德意义的人来说明仁，反过来也说明了人的道德本质。之后的孟子也说过"仁也者，人也"（《孟子·尽心下》），所表达的意思和孔子一致。不同的是孟子明确提出了人性本善这一观点。之后的儒家继承了这一学说，并形成了儒家人性的学说传统。道家主张人要因循自然，"无知无欲"成为人的内在要求。这种内在要求称为"常德"，具体为"抱一"，"一"是人们要实现的人的本性。老子把人的本性表述描述为"含德之厚，比于赤子"（《道德经·第五十五章》），是说人的本性就是自然天性，这是最可贵的，其他的关于外物的追求都会伤害这种天性。虽然儒道两家对人性的定义不同，但是都主张保持自己先天具有的善性，为张扬人类自己的本质而努力。

在近代西方，黑格尔把人的本质理解归纳为自我意识。自我意识不是产生于人并专属于人的意识，它的产生源头是"绝对精神"。人是具有思想即"自我意识"的实体，能够理解和张扬绝对精神。人的自我意识中就含有绝对精神的内容。黑格尔的"绝对精神"是一个万能的神，在他心中，自然界和人类社会的一切现象都是"绝对精神"的外在表现，人也不例外。因此，人的本质在黑格尔看来是意识的化身。人的本质就是自我意识的展开，展开的方式就是劳动。通过劳动，把从自然界获取原料加工成能够满足自身的物质与精神方面的需求的产品。与黑格尔不同的是，费尔巴哈把"人"看作是活生生的、生物学意义上的人。他把眼光放在了人身上，从人身上发现人的本质。即使是上帝，也是人的意志的体现。费尔巴哈的观念之一是"上帝是人的本质的异化"。不是上帝创造了人，而是人创造了上帝，上帝的性质就是人的本质的体现。在费尔巴哈看来，人是自然界的产物，人的思维始终围绕着自然界而展开。他认为，人们表面上在认识自然界，实际上是自然界在认识自己，因为人是自然界的一部分。费尔巴哈的观念之二是把人的本质定义在人与人之间，那么"社会性"就很自然地被他作为人的本质属性。在费尔巴哈看来，人与人之间的交往形成了最基本的行为规范和行为准则。这就存在两个方面的内容：一方面，人和人之间的交往行为；另一方面，人和人的交往行为产生的基础。这样，费尔巴哈既把人和人之间的交往行为看作是人的本质，也把人与人之间的交往的基础也看成是人的本质，进而把基础归为生理因素。顺此逻辑，人们之间的交往或者说人的本质就是自然的，人与人的关系也是一种自然关系。最终，费尔巴哈把人的本质归为了生物学上的"类"。这实际上是用生物学意义上的人简单相加，用个体的自然性代替了人类属性中的社会性。

马克思用"现实的人"表达人的本质。他在《1844年经济学哲学手稿》中指出："一个种的整体特性、种的类特性就在于生命活动的性质，而自由的有意识的活动恰恰就是人的类特性。"①"自由的有意识的活动"就是人类为了满足各种需要所从事的实践劳动。实践劳动被马克思作为人的本质。实践劳动之所以能够成为人的本质，是因为人为了满足自己的物质需要和精神需要而从事生产劳动。因此，劳动不仅创造了人本身，而且也为人类生存与发展提供了保障。同时，劳动的过程是人表现自我、发展自我、完善自我和肯定自我的过程，这是人的实践活动。在马克思看来，不论个人还是社会，都无法离开人类自己创造的生产关系以及社会关系。因此，马克思所说的人是在现实中生活的有血有肉、有情感的人，而不是抽象的、形而上学意义上的人。

和谐思想产生于中国文化之中，是中国人思维方式的表达。在传统文化中，人的本质可以用人性观念来概括。中国人的人性观不论是儒家还是道家都是以符合天道为基础，是在张扬天道的基础上建立起来的。儒家的人性观

---

① 《马克思恩格斯选集》第 1 卷，人民出版社 2012 年版，第 56 页。

与天道的关系可以借用张载的话简单概括："由太虚，有天之名；由气化，有道之名；合虚与气，有性之名；合性与知觉，有心之名。"（《正蒙·太和篇》）张载认为，天人乃一气化成，这种观念下的人与天地万物无法分割，不仅不能分割，万物都是我们的同胞兄弟。所以，人的生命的展开必须以遵循天道为原则，以与天地万物和谐相处为目标。因此，和谐思维是与中国人传统的人性观紧密相关的概念，它产生于人与自然的交互关系中，也根植于中国人的内心，成为指导自己处理人与天地、人与万物包括人与人的基本原则。

和谐思维的发展必须与新时代"人"的观念相结合才能拓展出新内涵。黑格尔的绝对精神为和谐思维的发展找到一个原则性的基础，费尔巴哈的人际交往理论为和谐思维增添了自然性的要素。马克思关于人的本质思想，在今天仍然具有重要的指导意义和现实意义，尤其是为和谐思维的发展提供了实践方面的思想资源。人作为认识世界和改造世界的主体，需要科学把握人的本质，发现自我、认识自我，从而从根本上把握人与人、人与自然、人与社会的关系，有效地促进人的全面发展。

第二节　和谐思维的方法论内涵

和谐思维不是与辩证思维背道而驰的思维方式，它是辩证思维的合理延伸。和谐思维作为达到和谐（人与自然、人与人、人与社会的和谐）这一价值的途径，具有重要的方法论意义。中国古代典籍中不乏关于和谐理论的探讨，不仅阐明了和谐的内涵，也阐明了和谐思想的应用价值。比如《左传》所记载的，晏婴对齐景公和梁丘据的关系进行的评价所引发的"和""同"之辩。最终所得出的结论不是"和"的内容，而是应用"和"的目的——"政平"，所谓"政平而不干，民无争心（《左传·昭公二十年》)"。政通人和是历代中国人追求的目标。和谐思维的方法论也内涵需要在新时代进一步阐明并加以应用。

一、"和而不同"是和谐思维的要旨

"和而不同"的观念在中国古代文化中产生得比较早，可以说，这本是我们古人的思维方式之一。孔子有一句名言："君子和而不同，小人同而不和。"（《论语·子路》）意思是，作为君子，应该善于容纳不同意见，和持有不同想法的人交流，在互相理解对方的基础上能够与人和谐相处。这说明，人与人之间尽管追求和谐的一致性，但它与没有意见分歧是两回事。和谐不排除分歧。持有不同意见的人可以相互交流，达到互相理解、互相支持，这正是和谐的要义。"和"与"同"作为一对概念出现的时候，"同"往往作为对"和"的说明的一种辅助。对这两个概念的不同含义的表述见于《国语·郑语》。西周末年史伯最早提出"先王以土与金、木、水、火杂"而生成百物，自然界和人类社会中的所有事物，都是由不同的物之间相互作用、共同凭借而形成，所以"和"是事物产生与发展的基本原则，而"同"则是窒息事物发展的错误做法。史伯对"和"与"同"的含义作了明确说明，他说："以他平他谓之和，故能丰长而物归之。若以同裨同，尽乃弃矣。""和"是事物多样性的统一。两个以上不同性质的事物组合就有可能产生新的事物。相反，"同"则是指无差别的同一，即所谓"以同裨同"。事物在性质上相同，不可能产生新的事物，整个世界就不会发展。也就是说，正是事物的多样性使这个世界充满了生机。

春秋时期，齐国的晏婴从事物的相反形成中得到启示，用"和羹"和"和声"为例说明了这个道理的重要。他说："如和羹焉、水、火、醯、醢、盐、梅以烹鱼肉，燀之以薪，宰夫和之，齐之以味，济其不及，以泄其过。君子食之，以平其心。……声亦如味，一气、二体、三类、四物、五声、六律、七音、八风、九歌，以相成也；清浊、大小、短长、疾徐、哀乐、刚柔、迟速、高下、出入、周疏，以相济也。君子听之，以平其心，心平德和。"（《左传·昭公二十年》）厨师做鱼，需要各种调料；乐师作乐，需要音调配合。"和羹"与"和声"都是不同因素相互作用，相互凭借的结果。因此，世界上的事物不论是从内部的结构来说，还是从外部的生存条件来说，都需要差异化，都需要异质的因素的作用。

以上区分了"和"与"同"的差别。从分析中看出，"和"与"同"的区分是为了强调"和"，提倡"和"。古人在"和"的基础上创造了"和谐"的观念，使其在"和"的内涵上又增加"同"的目的和效果内容。和谐是在强调"和而不同"的基础，又加上了"统一性"的意义。

二、"和合"是和谐思维的方法论特征

"和合"是中华人文精神的精髓，也是和谐思维的重要内容和方法。和合是指自然、社会、人伦、心灵中诸多形相以及无形相的融合，是在冲突与融合的动态过程中诸多有形的无形的事物相结合为新结构、新事物、新生命的过程。中国传统文化中特有的和合思想体现了人道、差分精神、包容精神、生生精神、和爱精神。和合不是各种不同形相、无形相的事物的简单组合，而是诸多形相、无形相的事物有机的结合，这种结合所产生的结果不论是在形体结构上还是在功能效用上都会产生质的变化。也就是说，所谓和合，一定是各种异相的事物相互凭借、相互依赖、相互作用之后所产生的新的事物。其实，"和"字本身就是中国哲学中一个很重要的概念。"和"包含着"合"的意思，就是由相和的事物融合而产生新事物。

中华和合文化源远流长，"和"、"合"二字都见之于甲骨文和金文。"和"的初义是声音相应而和谐；"合"的本义是上下唇的合拢。《尚书》中的"和"是指对社会、人际关系诸多冲突的处理；合指"相合"、"符合"。春秋时期，"和"、"合"二字联用并举，构成"和合"范畴。《国语·郑语》称："商契能和合五教，以保于百姓者也。"韦昭注："五教：父义、母慈、兄友、弟恭、子孝。"[①] 意思是说商契能把五教加以和合，使百姓安身立命。

---

① 　徐元诰撰，王树民等点校：《国语集解》，北京大学出版社 2002 年版，第 466 页。

道家创始人老子说："万物负阴而抱阳，冲气以为和。"（《老子·四十二章》）他认为道蕴含着阴阳两个相反方面，万物都包含着阴阳，阴阳相互作用而构成"和"。和是宇宙万物的本质以及天地万物生存的基础，王弼这样注释："万物之生，吾知其主，虽有万形，冲气一焉。"①"一"虽然为道、为"无"，但是由万物之阴阳归为"一"的过程却是和的最高境界，由此突出了和的价值和地位。《管子》将"和"、"合"并举，其中指出："畜之以道则民和，养之以德则民合，故能习，习故能偕，偕习以悉，莫能伤也。"②认为畜养道德，人民就和合，和合便能和谐，和谐所以团聚，和谐团聚，就不会受到伤害，给"和"、"合"以高度重视。墨子认为"和合"是处理人与社会关系的根本原理，指出天下不安定的原因在于父子兄弟结怨仇，而有离散之心，所以，他认为："内者父子兄弟作愿恶，离散不能相和合。"③《易传》提出十分重要的太和观念，乾卦象辞曰："乾道变化，各正性命，保合太和，乃利贞。"其中有和合的精神，并重视合与和的价值，并且认为保持完满的和谐，万物就能顺利发展。

以上记载说明，在先秦时期，和合文化就已经产生和发展。概而言之，所谓和合的"和"，指和谐、祥和，调和；"合"指融合、契合。"和"、"合"连讲，意在说明事物是由不同的元素和条件组成的，但是，"不同"元素在矛盾、差异的前提下，能够统一于一个相互依存的共同体中。同时，在不同的事物中，也能够通过和合的精神，吸取各个事物的优长而避免其短，使之达到最佳或者最优的组合，促进新功能的产生，甚至新事物的萌发，以此促动事物的不断发展。如果把和合作为一种文化气质，那么，在此和合精神的指导下，中华文化不断吸收外族文化，不断和合创新，也推动了中国社会的不断发展。

由此可见，和合文化不但不否认矛盾、差异甚至斗争，而且主动发现其

① 王弼注，楼宇烈校释：《老子道德经校释》，中华书局 2008 年版，第 117 页。

② 黎翔凤撰，梁运华整理：《管子校注》，中华书局 2004 年版，第 176 页。

③ 孙诒让撰，孙启治点校：《墨子间诂》，中华书局 2001 年版，第 74 页。

有利之处，把矛盾、差异和斗争限定在相互依存的和合体中，构成一个有机整体。这个整体是一个自我和谐系统，能够自我调节、自我净化，自我适应外在干扰。因此，和合体相当于一个生命体，能够产生新的功能、新的性质。

和合文化的形成需要两个基本的要素，一是承认不同，比如阴阳、天人、男女、父子、上下等等；二是把不同的事物有机地合为一体，如阴阳和合、天人合一、五教和合、五行和合等等。中国古代先哲们通过对天地万物的观察和探索，提出了"和合"这一意义深远的概念，并在生活实践中普遍应用，促进了事物的发展和新事物的产生。在这个过程中，和合文化的产生、流传并发展，深入人们观念系统，成为中华文化重要的组成部分。孔子"和而不同"的思想具有代表性。孔子的贡献还在于他把和合思想应用到伦理生活中，以此来处理人与人之间，国与国之间的关系，逐渐使这种思想成熟和完善，成为中华文化中重要的组成部分。

正因为和合思想是中国文化的精髓和被普遍认同的人文精神，在历史上产生了重要而深远的影响，故引起了当代学者的关注和重视。海内外人士均对中华和合文化做了研究，以图揭示其内涵、本质及在中国文化史上的地位，并探讨其影响和现代意义。钱穆先生对中华和合文化颇有心得，他认为和合文化是中国文化的重要特征，需要弘扬。他说："中国人常抱着一个天人合一的大理想，觉得外面一切异样的新鲜的所见所值，都可融会协调，和凝为一。这是中国文化精神最主要的一个特性"①，并指出："文化中发生冲突，只是一时之变，要求调和，乃是万世之常。"② 认为西方文化似乎冲突性更大，而中国文化则调和力量更强，中国文化的伟大之处，乃在最能调和，使冲突之各方兼容并包，共存并处，相互调剂。钱穆以文化现象诠释了和合精神，他指出："西方人好分，是近他的性之所欲。中国人好合，亦是近他的

---

① 钱穆：《中国文化史导论》，上海三联书店 1988 年版，第 162 页。
② 钱穆：《中国文化精神》，台湾三民书局 1971 年版，第 51 页。

性之所欲。今天我们人的脑子里还是不喜分，喜欢合。大陆喜欢合，台湾亦喜欢合，乃至……全世界的中国人，这都喜欢合。"① 著名哲学家张岱年先生重视研究中国文化的和合精神，他指出："合有符合、结合之义。古代所谓合一，与现代语言中所谓统一可以说是同义语。合一并不否认区别，合一是指对立的双方彼此又有密切相联不可分离的关系。"② 他还说："'和合'一词起源很早。用两个字表示，称为'和合'；用一个字表示，则称为'和'。……许多不同的事物之间保持一定的平衡，谓之和，和可以说是多样性的统一。'和实生物'，和是新事物生成的规律。"③

第三节　和谐思维的方法论要求

和谐思维作为辩证思维的合理延伸，是在承认矛盾的斗争推动了事物的发展这一基础上，反对过分强化斗争思维和斗争哲学而产生的，其天生就具有较强的对实践的指导功用。与方法论结合起来的和谐思维对现实的指导跃升到了一个新的高度。运用和谐思维的方法论所达到的目标当然是和谐社会，如果不是如此，和谐思维的方法将会与目标脱节。因此，和谐思维的方法论要求必然带有目标的设定。

首先，要建立人与自然的和谐思维。马克思说："自然界是人为了不致死亡而必须与之处于持续不断的交互作用过程的、人的身体。所谓人的肉体生活和精神生活同自然界相联系，不外是说自然界同自身相联系，因为人是自然界的一部分。"④ 说到人与自然的关系的时候，我们通常犯的错误

---

① 钱穆：《从中国历史来看中国国民性及中国文化》，香港中文大学出版社 1982 年版，第 27 页。

② 张岱年：《中国哲学中"天人合一"思想的剖析》，《北京大学学报》1985 年第 1 期。

③ 张岱年：《漫谈和合》，《社会科学研究》1997 年第 5 期。

④ 《马克思恩格斯选集》第 1 卷，人民出版社 2012 年版，第 55—56 页。

是把自然对象化，让人与自然分离。说到人与自然应该统一的时候，又以人的主观性为基础，去和自然友好相处。在马克思看来，自然是人的自然，人是自然的人，自然界就是人的身体，人与自然打交道实际是自然界同自身交往。从这个观点出发，自然界不是人类战胜和奴役的目标，人也不是在自然界之外与自然不断斗争的勇士。人与自然是本来就是依存的。在人类发展的历史中，人类一直和谐共存。尊重自然、爱护自然，同时利用人的力量和发挥人的主体性去认识自然、改造自然是人与自然共同发展的前提，"因为人是自然的一部分"。马克思的这句话所表达的意思是人与自然是一个有机组成，而不是说人类占据了自然中一部分领土。换一种说法，如果自然消失，人类也会消失，人类的消失不仅仅是因为食物短缺而消失，而是整个人类所依存的条件消失了。反过来也一样，人类的灭亡，也是自然界的损失。在这个意义上，人类对环境的污染、对生态破坏在伤害自然界的同时伤害自己。因此，我们要摒弃人类中心主义，建立人与自然和谐发展的良好局面。此外，人应该发挥主动创造性，认识自然发展的规律，通过调整自己的观念看法，改善自己的行为方式，把自己融入自然的发展变化之中，从而解决人类因为自己发展而带来的对自然的伤害，实现人与自然关系的和谐发展。用《中庸》的话说即为："唯天下至诚，为能尽其性；能尽其性，则能尽人之性；能尽人之性，则能尽物之性；能尽物之性，则可以赞天地之化育。"把自然看作人的身体，需要人与天地自然达到"至诚"的状态，在此基础上，发挥人性，从而助长万物发育，以赞助天地变化发展。

其次，要建立以人为本的和谐思维。坚持以人为本，就是把人作为一切工作的目的，而不是把人作为达到某种目的的手段。但是，以人为本并不是自私的人类中心主义。马克思说："正因为人是类存在物，他才是有意识的存在物，就是说，他自己的生活对他来说是对象。仅仅由于这一点，他的活动才是自由的活动。……人不仅像在意识中那样在精神上使自己二重化，而且能动地、现实地使自己二重化，从而在他所创造的世界中直观自身。"① 以人为本并非以人类为中心，而是实现人的"自由活动"。马克思给出了实现这种"自由活动"的方法，即在实践中"能动地、现实地使自己二重化"。人类自己在精神上的二重化是理想的自己，既需要一个"无机的身体"，即自然界，也需要一个现实中的自由社会。如何实现人类自身的自由呢？在人类实现自己自由的道路上，需要解决的重要问题是物质的获取与精神的丰富达到有机的统一。人类真正的自由是物质和精神两方面都达到丰富的状态，并且两者必须有机统一起来。只是在一方面发展起来，或者以发展一方面而牺牲另一方面，这很难说是自由。如对物质的疯狂追求和占有为目的而忽视了自己的精神需求，或者直接以牺牲道德为代价，都是不自由的表现。恩格斯谈到，不仅在体力智力方面的片面发展对人来说是一种奴役，而且在精神状态方面的片面发展也是不自由的。他在《英国工人阶级状况》中指出一种精神奴役："工人不仅在身体和智力方面，而且在道德方面，也遭到统治阶级的摒弃和忽视。"② 可见，马克思及其马克思主义的经典作家都注意把人的全面发展作为自由发展的前提，把精神包括思想觉悟、道德风貌和精神状态等作为人的自由发展的重要内容，只有物质丰富和精神丰富的有机统一才能真正实现人的自由。

最后，要建立全面发展的和谐思维。构建和谐的社会关系，需要的根本途径就是努力解决人与自我、人与人以及人与社会之间的矛盾，并实现这些关系的和谐发展。

在处理人与自我、人与人、人与社会的关系的时候，人与自我的关系常常被忽视。人与自我关系的处理，讲的是人要在知己的基础上实现身心和谐，解决人类的精神危机。古老的中华智慧强调做人要有自知之明。老子讲，"知人者智，自知者明"（《道德经》第三十三章），就是说能清醒地认识

---

① 《马克思恩格斯选集》第 1 卷，人民出版社 2012 年版，第 56—57 页。
② 《马克思恩格斯文集》第 1 卷，人民出版社 2009 年版，第 428 页。

自己，对待自己，才是最聪明的，最难能可贵的。人要了解自己很难，老子选择一个"明"字，有其深意。什么是"明"？"明"是对着无明来讲的，对着盲目来说的，"明"不只是眼好，而是心明。懂别人所不懂，见自己所未见。与自我和谐相处，需要理解自我，理解自我的困难在于，每个人身上都有不同的我。一是客观的我，这个我别人能见，自己也能反观。二是隐秘的我，即儒家所说"独"，即自我体察，别人不知也不懂的我。三是社会的我，即别人眼里的我。四是未来的我。第一种我可以说是浅层的，易于认识的，绝大部分人的盲点则在于第二和第三种我。时常自我感觉良好，自欺欺的人连自己也不会懂；沉溺于自恋幻觉中的人，因为不知道背后的我，总将他人当面的恭维和逢迎视为全部的评价。而自卑自贱、自惭形秽者往往则失落于不知还有一个未来的我。未来的我应该承载自己的理想，成为引领自我前进的目标。所以，人们与自我的关系需要恰当处理，否则很容易出现心理上的问题。

要处理人与人之间的关系，重要的是应用儒家的忠恕之道。孔子曾说："夫仁者，己欲立而立人，己欲达而达人。能近取譬，可谓仁之方也已。"（《论语·雍也》）儒家重视换位思考，尝试站在别人的角度考虑问题。这是儒家从伦理角度来处理问题的方法。而在马克思看来，人与人和谐关系是建立于物质生产实现活动基础之上，首先表现为物质交往关系。物质交往决定精神交往，"思想、观念、意识的生产最初是直接与人们的物质活动，与人们的物质交往，与现实生活的语言交织在一起的。人们的想象、思维、精神交往在这里还是人们物质行动的直接产物"[①]。可见，人与人之间的经济关系是基础，决定了人与人之间在政治、法律、道德、文化等方面的和谐关系。以一种客观的经济关系来确定人与人之间的关系的做法不同于我国传统用道德处理人与人之间关系的方法。因此，和谐思维的发展不应该只是把目光放在人际之间，还应该放在具有历史性的经济基

---

① 《马克思恩格斯选集》第 1 卷，人民出版社 2012 年版，第 151 页。

础之上。

就人与社会之间的关系而言，人与社会的和谐其实就是利益上的公平和公正。利益包括人们生活需要的满足、身体的保存和健康、能力的发展、价值的实现等。因此，利益应该是广义的，除了经济利益和政治利益，还包括精神利益等。在阶级社会中，统治阶级为了维护自身的统治，会出让一部分利益来缓和社会矛盾。但是，历史证明，在阶级社会中，经济分配方式严重不公平，社会利益格局从未发生根本的改变，所造成的后果是社会贫富差距悬殊，等级制度存在，利益矛盾存在。当利益矛盾激化到不可调和时，社会就会出现大规模内部动乱或对外战争。因此，马克思从消除阶级矛盾出发，为人类寻找到共产主义社会。在这个社会中，不存在私有制和剥削，彻底消灭了阶级和阶级矛盾。在生产力高度发展的前提下，财富已经成为衡量人的劳动能力和劳动价值的尺度。在此前提下，社会的公平正义才能真正实现，利益和谐才真正成为可能。

第四节　和谐思维的方法论运用

和谐思维作为方法对当今社会的发展具有重要的现实意义，其意义主要表现在对人们的思维方式的转变上。

一是有助于纠正以往矛盾哲学的偏差。和谐思维不是不承认矛盾，而是在承认矛盾甚至斗争的基础上，解决矛盾和斗争，使诸多异质要素、各个不同的事物在对立统一、相互依存的和合体中，形成总体上的平衡、和谐、合作，使各个要素都发生作用，以促使新事物的产生。和谐思维方式与新时代发展的潮流和实践相适应，具有普遍的现实意义和价值。

和谐思维与矛盾思维有鲜明的差异。和谐思维认为和谐不仅是相对的，同时也是绝对的。因为"和谐在一切事物中是普遍存在的，不是局部的、个别的，和谐贯穿于一切事物自始至终发展的全过程，不是暂时的、易逝的"。① 矛盾思维则认为对立面之间是本质的差异，如黑格尔说："异的本身就是本质的异，而本质的异就是对立。在对立中相异者，不是任一别物，而是与自己正相反对的别物。"② 矛盾思维强调矛盾双方是本质对立的，从而否定对立面之间还有共同性和相通点。和谐思维在承认对立面之间有本质差异的同时，肯定它们之间有相通性，或者转化的可能性。

人与自然有本质的差异，但是，人类诞生于自然。自然与人不是没有统一性的对立物，而是世界这个有机体的组成元素。虽然有时候个人与社会也会产生矛盾，但社会是由个人组成的，离开了个人，社会就不存在。同时，个人离开社会也难以生存。肯定和强调矛盾对立面之间的相通性，强调矛盾中的相融性和相通性，是和谐思维的一个很大的特征。

二是对内有利于推动社会的长治久安和国家的安定团结。社会主义市场经济必然充满竞争，有竞争就有矛盾冲突，就有成功者和落伍者，就带来差异、矛盾和各种各样的社会问题。如不妥善解决，将影响安定团结。我们看到随着经济在竞争中发展，整个社会逐渐走向经济与市场的一体化；竞争是为了发展，是为了繁荣，但也需要协调个人与社会、不同利益集团、不同社会阶层之间的利益关系，以共谋发展，把各方的利益都融合进去，而不可偏废。整个社会经过由相互冲突，到解决冲突，化解矛盾的过程，合理满足各方的利益和要求，这样就可以使市场经济得到健康发展。

三是对外有利于推动世界和平与发展的两大潮流，提供反对霸权主义的价值评判标准。当今国际社会进入了后冷战时代，当年的军事竞争变成了经济竞争，民族主义抬头，民族纠纷增加。面对这些差异和矛盾，亨廷顿提出了所谓的"文明冲突论"，认为未来国际政治斗争的主线，将由文明冲突取代意识形态及经济冲突。同时，"西方文化中心论"和"西方文化优越论"在新形势下的翻版，旨在以西方文明排斥其他文明，抹杀各种文化相互间的

---

① 周来祥：《现代辩证和谐论与和谐的普遍性》，《学术月刊》2006 年第 12 期。

② ［德］黑格尔：《小逻辑》，商务印书馆 1962 年版，第 263 页。

交流、吸取与融合，企图以西方文化的价值观来规范当今社会及其未来发展方向。这与世界文化多元发展的走向背道而驰，遭到了许多国家的反对。事实上，世界上有几千个民族，存在多种不同的文明和文化，其发展的模式千差万别，不可能遵循一种模式。在这种形势下，极其需要国际社会的互补与交流。在这方面，中华和合文化可提供和平共处、互不干涉、共同发展的思路和方法，提供反对霸权主义的价值评判标准，使人类文明和文化在迎接新时代的挑战中相互吸取优长、融会贯通。

和谐思维的方法论一直体现在我们党的领导中。当前，以习近平同志为核心的党中央根据我国社会发展、当代国际国内事务的新变化、新形势、新任务、新要求，与我们党治国理政追求相结合，赋予"和谐"更加丰富和深刻的历史内涵，创造性地发展了马克思主义和谐哲学。

在社会和谐稳定的理论和实践探索方面，我们党进行了创新性发展。习近平总书记指出，社会和谐是中国特色社会主义的本质属性，是我们党不懈追求的社会理想；社会稳定是改革发展的前提，没有和谐稳定的社会环境，一切改革发展都无从谈起。正是深刻认识到维护社会和谐稳定的重大战略意义，习近平总书记就推动社会和谐稳定的途径、方法和策略进行了充分阐述。他除了强调构建社会治理格局、加强"平安中国"建设外，还提出了以下方针、政策：一是创新维稳理念。习近平总书记指出，要正确理解和处理好维稳和维权的关系，维权是维稳的基础，维稳的实质是维权；对涉及维权的维稳问题，首先要把群众合理合法的利益诉求解决好；要正确理解和处理好活力和秩序的关系，既不能管得太死也不能管得太松。二是妥善处理社会矛盾。社会矛盾的根源在于发展不平衡、民生问题得不到解决，必须增强发展的全面性、协调性和可持续性，着力解决民生问题。习近平总书记还指出，要准确认识和对待各种利益冲突科学区分和处理不同性质的矛盾，最大限度增加和谐因素、最大限度减少不和谐因素。三是调节收入分配，保护合法收入，调节过高收入，清理规范隐性收入，取缔非法收入，增加低收入者收入，扩大中等收入者比重，努力缩小城乡、区域、行业收入分配差距。

在大国建设方面，我们党根据世界形势的变化，结合传统思维，应用马克思主义基本原理，开创性地提出了一系列应对国际形势、引导世界大势的新思维、新理念。习近平总书记站在人类历史发展进程的高度，以大国领袖的责任担当，深入思考"建设一个什么样的世界、如何建设这个世界"等关乎人类前途命运的重大课题，高瞻远瞩地提出了构建人类命运共同体的重要思想。在党的十九大报告中，习近平总书记提出：坚持和平发展道路，推动构建人类命运共同体。其核心就是"建设持久和平、普遍安全、共同繁荣、开放包容、清洁美丽的世界"。在 2017 年 12 月举行的中国共产党与世界政党高层对话会上，习近平总书记再次呼吁世界各国人民应该秉持"天下一家"理念，张开怀抱，彼此理解，求同存异，共同为构建人类命运共同体而努力。构建人类命运共同体，我们"应该风雨同舟，荣辱与共，努力把我们生于斯、长于斯的这个星球建成一个和睦的大家庭，把世界各国人民对美好生活的向往变成现实"①。为此，我们应该努力建设一个开放包容的世界。当今世界中，文化多元，文明也呈现多种样态，世界各国的交融和交流日益频繁，但文化冲突、种族歧视的现象仍然大量存在。为此，我们应该倡导求同存异、开放包容、文明交流、互学互鉴的精神，做到各种文明和谐共生、相得益彰。让和谐思维为人类的发展提供精神力量，让不同文明能够和谐共存。

第五节　运用和谐思维实现合作共赢的能力

传统的和谐思维在促进合作共赢能力中起到决定性的作用，因为合作共赢的理念建立的基础就是和谐思维。不仅合作共赢的理念需要和谐思维作为

---

① 习近平：《携手建设更加美好的世界——在中国共产党与世界政党高层讨论会上的主旨讲话》，人民出版社 2017 年版，第 4 页。

支撑，合作共赢能力的提升也需要和谐思维作为行动的指导。

一、和谐思维是实现合作共赢能力的最佳思维方式

众所周知，分工与合作是人类文明时代的社会生活方式。分工是以不同技能和社会要求为依据进行专业化生产，目的是提升劳动生产率。合作则是个体、群体或个体与群体之间为了达到共同的目的，而采取的一种联合行动的方式。分工在提升个体劳动生产率方面发挥重要作用，但从推动社会整体进步的角度来看，合作同样也极为重要。

合作是一种相互间的需要。一旦合作的目标确立，合作的组织完成，每一个合作者在合作组织确立之后不再具有完全的独立性，其意志应该以组织的要求为目标。在责任和成果分配上需要共同承担合作风险和分享合作成果。

共赢则是合作所要达成的一个重要的目标指向。在当今社会生产力迅速发展的背景下，各种利益相互交错，机会也是转瞬即逝，一个组织或者个人无法完成多项信息的采集，应对多方向的挑战。如果采取一味竞争的方式，都不利于各方自身的发展，甚至在暴力冲突或者"闭门造车"过程中损失掉巨大的利益。因此，合作就成为必需，这是一种特殊关系所形成的内部需要，不是个人的选择。同时，合作共赢不仅是一种客观需要，也是一种发展理念。很多时候，合作和斗争都可以达到目的，但是，合作所产生的社会影响将是正向的。通过合作，合作单位所付出的代价也是最小的，效率是最高的。因为合作是把系统升级到社会，是社会系统的优化和组合，而不是某个个体独大而其他个体受到伤害。

合作共赢主要体现为思想上求同存异、目标上同心同向、行动上同心同行，强调看待问题时信念上达成共识、道路方向上形成一致，具体实践上分工协力。如此前进之路才能越走越宽，目标的展开与实施才能越来越顺畅。

合作共赢作为价值观，其形成与和谐思维具有内在关系。合作本身就内

含不同个体或者团队的协同作业，是在不同中求相同。这一要求和和谐思维是一致的。和谐思维建立的基础是和而不同，强调不同元素各自的性质在一个系统中发挥应有的作用，从而达到共同发展的目的。由于两者具有内在统一性，要提高合作共赢的能力，需要首先建立合作共赢的理念和价值观，这就需要很好地应用和谐思维的哲学方法。

但是，曾经我们习惯运用斗争哲学分析、解决问题。这是近代以来中国发展的曲折经历造就的。1840 年第一次鸦片战争使中国逐步沦为半殖民地半封建社会。此后，中国遭遇了连续不断的侵略，被迫签订众多的不平等条约，中华民族挣扎在深重的屈辱与苦难之中。1921 年中国共产党诞生，中华大地掀起了一场前所未有的彻底反帝反封建的民主革命，第一次国内革命战争、第二次国内革命战争、抗日战争、解放战争，苦难的中国人民，历经沧桑。中国人民在苦难和屈辱面前学会了斗争，学会了用斗争哲学分析形势，改变世界。

在社会主义现代化建设时期，以往用于让中国人"站起来"的哲学不完全适用新形势发展的需要。1949 年新中国成立后不久，人们在不变的思维指导之下造成了"文化大革命"十年动乱。这十年给中国人民造成的损失是巨大的，但是，我们也从中警醒，斗争和对抗不能继续成为新时期现代化建设的主要方法。1978 年党的十一届三中全会是新中国成立以来党的历史上具有深远意义的伟大转折，以这次全会为起点，中国进入了改革开放和社会主义现代化建设的新的历史时期。我国社会的主要矛盾也发生了变化，不再是阶级矛盾，而是人民日益增长的物质文化需要同落后的社会生产之间的矛盾。于是，社会需要新的发展，人们的需要也在变化升级，发展就成为硬道理。不仅国内如此，国际大环境也发生了根本变化。世界出现新的发展模式，和平与发展成为时代的主题，合作与双赢成为各国发展的重要形式，和睦相处成为国际关系的主流。

2004 年 9 月，党的十六届四中全会正式提出了"构建社会主义和谐社会"的概念。和谐社会是民主法治、公平正义、诚信友爱、充满活力、安定有序，人和自然和谐相处的社会。构建和谐社会，是人们共同的理想和愿望，是中国梦的重要组成部分。

在这样的国际国内背景之下，和谐思维逐渐取代国人头脑中根深蒂固的斗争思维，成为与构建社会主义和谐社会相配套的思维方式，成为与实现"中国梦"相适应的最佳思维方式。在这一基础之上，如何运用和谐思维、促进合作共赢能力的提升就成为我们面临的重要问题。

二、确立和谐的思维方式，实现合作共赢能力

思维是在表象、概念的基础上进行分析、综合、判断、推理等认识活动的过程。思维是人类特有的一种精神活动，是从社会实践中产生的。在这个过程中，人类形成的思维方式对于提高自己应对自然变化的能力十分关键。思维和能力是共生的两个概念，因为有了认识世界的能力人类有了思维方式，同时有了思维方式，人类改造世界的能力也在加强。因此，和谐思维方式对于提高人们的合作共赢能力是具有基础性作用的。

第一，要确立和谐思维方式，实现合作共赢能力，需要摒弃斗争的思维方式。和谐思维认为，在事物发展过程中存在矛盾，但是矛盾最终要走向统一。斗争存在于事物发展的过程中，但不是事物发展的最终形式。和谐思维以不同事物的性质实现为发展的必要条件和根本动力。相反，斗争思维方式认为矛盾双方的对立、斗争是事物发展的源泉和动力，以斗争为价值追求。在这里，并不是说斗争思维不好。其实，无论斗争思维还是和谐思维，它们之间没有好坏之分，它们都是从不同的方面揭示了事物发展的本质要求。但是，在我们这个时代，世界成为地球村，经济关系你中有我，我中有你，更需要用和谐思维来面对所产生的问题。在旧的生产关系严重束缚生产力的发展，旧有的上层建筑与经济基础严重不适应的情况下，只有突出革命、斗争和否定的思想，才能有利于新事物的产生。因此，推翻旧有阶级的统治，改变旧有的生产关系和上层建筑，为生产力的发展扫

清障碍就成为时代的要求。

在新的历史条件下，中国共产党人审时度势，根据时代发展的内在要求，把社会发展放在首位，强调和谐对于社会稳定的重要性。2014 年 6 月28 日，习近平主席出席《和平共处五项原则》发表 60 周年纪念会并发表演讲，他精辟指出："天空足够大，地球足够大，世界也足够大，容得下各国共同发展繁荣。一些国家越来越富裕，另一些国家长期贫穷落后，这样的局面是不可持续的。水涨船高，小河有水大河满，大家发展才能发展大家。各国在谋求自身发展时，应该积极促进其他国家共同发展，让发展成果更多更好惠及各国人民。"① 在这一精神指引下，我们应该把握时代特点，运用和谐思维，促进合作共赢思维的建立，从而为提升合作共赢能力建立良好的基础。

第二，要确立和谐思维方式，实现合作功能能力，应该摒弃"非此即彼"的形而上学思维模式。受"文化大革命"影响，一些人形成了"非此即彼"的矛盾斗争的思维定势，总是用一种两极对立的思维方式去看待事物和分析问题。人分好坏，国家分你我，世界是各种利益的角斗场。这是思维所产生的结果是把问题简单化、绝对化。在评价事物时不能全面正确，往往只见一面，不顾其余，或者枉顾事实，主观臆断。这些都是斗争思维的表现。

事物的构成因素不会是简单的，事物呈现的现象是多方面的，极端的状态只出现在理论上，而绝不是现实的情形。真与假、是与非、对与错、好与坏、美与丑等等构成了现实中的事物。世界上没有各个方面都是美好的事物，没有各个因素都是有利的事物。因此，事物存在着多样性的综合。对于人来说也是如此，世界上从来就不曾存在十全十美的人。人总是不可避免地会存在着局限性。无论多么高大的人也有弱点和缺点，同时，无论多么渺小的人也会有他的可取之处。所谓"金无足赤，人无完人"。但在现实生活中，

---

① 习近平：《弘扬和平共处五项原则　建设合作共赢美好世界——在和平共处五项原则发表 60 周年纪念大会上的讲话》，人民出版社 2014 年版，第 8—9 页。

一些人却喜欢将杰出人物神圣化，将杰出人物的思想绝对化，或者走向另一个极端，把人彻底妖魔化，把人看得一无是处。例如，在"非此即彼"的思维模式下，有些艺术作品在刻画人物的时候，往往把好人和坏人截然二分，让观众一目了然。结果却造成了人物性格的贫乏和单调。

这种思维在商业竞争中也是如此，他们把商场当成战场，以"你死我活"或"打倒对手"作为商业成功的手段和目标。其实我们可以应用合作共赢的新型思维模式，让双方都可以在付出的同时享受合作成果。世界上的事物总是复杂多变的，人也如此。我们既要发现事物自身的不足所在，或者事物对自己不利的因素所在，同时也要肯定其中的积极因素，或者发现事物对自我有利的因素，运用和谐思维，使得事物向好或者向自己有利的方向发展。而不应该在绝对化的思维下，放大事物缺点和不利因素，然后采取一棍子打死的方法。

当今世界，无论是社会主义国家还是资本主义国家，其人民都着眼于本国的发展与未来，提出了各具特色的发展模式。从这个角度说，中国梦是世界梦的有机组成部分，与其他国家人民的梦想殊途同归，共同指向人类幸福美好的未来。合作共赢是世界发展的客观需要，是各国人民内心一致的愿望。

第十三章　生态思维与绿色发展能力

生态思维的产生离不开生态学的诞生和发展。德国动物学家恩斯特·海克尔首次提出了"生态学"这一术语，并把生态学定义为研究生物与它们的环境之间关系的科学。"生态学"概念的提出，其重大意义就在于它明确把环境这一要素引入了生物学研究。

生态学诞生之前的西方自然科学对生命的研究仅限于生物本身，诸如生物的结构、器官、功能及其分类，因此对生命的理解是一种形态学、生理学、分类学的观点。环境因素并没有被纳入对生命的理解范围，或者说生物体与环境是分割开来进行研究的。这种建立在简化论基础上的抽象研究，并非研究现实生命的合理方法。因为任何现实生命都不可能离开环境而独立存在。只有把对生物体自身（包括组织、结构和功能）的研究与对其特定生存环境的研究二者结合起来，才能形成对现实生命的完整认识。在"生态学"这一概念产生之前，实际上已经有一些学者在这方面作出了开创性的奠基工作。

18 世纪，德国著名地理学家亚历山大·冯·洪堡在中东和南美的实地考察基础上，提出了植物分布与不同地区气候、土壤、水文和地貌之间的关系，从而创立了植物地理学这门新学科。19 世纪初期，法国博物学家让·巴蒂斯特·拉马克首次从生物与环境的关系角度探讨了生物进化的动力。他认为，生物进化与周围环境有着或直接或间接的关系。环境的变化会使生物体的某些器官因为经常使用而变得更加发达，不常使用的器官则会逐渐退化。1859 年，达尔文在《物种起源》这部巨著中论证了物种进化与环境二者的关系，提出了"生存竞争"和"自然选择"的概念，从而为进化论奠定了基础。而且他还指出，每一物种在环境中都有其地位，各物种之间的生存斗争从长远看会使自然界达到一种平衡状态。

相比于以往的自然科学，"生态学"标志着一个全新研究领域和学科的诞生，而且它包含的科学理念和方法也是全新的，这对 20 世纪自然科学和社会科学的发展都产生了不可估量的影响。

20 世纪，生态学领域出现的最大突破是诞生了"生态系统"这一整体论概念，并创立了一系列与生态系统密切相关的物质循环和能量流动理论。生态系统是指在一定自然空间内，由环境系统（包括光、热、水、空气、土壤和其他化学元素）和与之相适应的特定生物系统（包括动物、植物和微生物）所构成的整体。在任何一种生态系统中，生物系统和环境系统之间都具有一种有迹可循的相互影响、相互制约的规律性关系，并在一定时间内呈现出相对稳定的动态均衡状态。就范围而言，生态系统可大可小，地球上最大的生态系统是生物圈，小的生态系统有森林生态系统、草原生态系统、海洋生态系统等，不同大小的生态系统之间彼此相互交错。就生态系统内部而言，最重要的活动就是物质循环和能量流动。在物质循环和能量流动的过程中，植物、动物和微生物分别扮演的是生产者、消费者和分解者的角色，并承担着相应的功能。生态系统并非是封闭的、自足的，而是开放性的。为了保持自身稳定，它必须具有外部的能量来源，从中不断地摄入能量，并向外部排放废物。

而后，生态学出现了纵向和横向两个方向的发展。纵向上，生态学发展出分子生态学、种群生态学、淡水生态学、全球生态学等。横向上，生态学与其他生命科学和非生命科学相融合，产生了行为生态学、遗传生态学、景观生态学、数学生态学等。在这种横向发展中，最引人注目的是生态学与人文科学的结合，人类生态学、政治生态学、生态伦理学、生态哲学等都是这一结合的硕果。而生态学向人文科学的渗透，改变了生态学原初的纯自然科学性质，从而变成了联系自然科学和社会科学的纽带和桥梁。

第一节　生态思维的哲学存在论基础

所谓生态思维，就是从生态系统整体论出发认识和理解现实事物和问题，发现各种事物和现象内部以及之间存在的种种规律，并依照这些规律来认识和解决各种现实问题的一种思维方式。

而与这种生态思维相对立的就是近代以牛顿经典力学为基础的机械论自然观。牛顿经典力学，就是用力学模型和力学规律描述所有运动形式和自然现象的因果关系。整个自然界被认为是由原子组成的巨大机器，它按照既定的力学规律运转，发生的任何事件都由力学规律预先决定。一切事物都具有规律性、必然性和因果关系。笛卡尔指出，自然图景是一种受精确的数学法则支配的完善的机器。不仅如此，他还进一步得出，动物也是机器的结论。弗·卡普拉说："经典科学是用笛卡尔的方法建立起来的，它把世界分解为一个个组成部分，并且根据因果关系来安排它们。这样，形成了一幅决定论的宇宙图示。这个图示是与把自然界比做一座钟表的想象密切联系在一起的。"① 因此，这种世界观被称为牛顿—笛卡尔世界观，或者机械论世界观。在机械论世界观看来，人与自然之间是一种对立的关系。自然界具有内在的规律，而人能够认识和把握这些规律，并借助这些规律来改造自然。人不再需要在自然面前卑躬屈膝，而是无所顾忌地征服和控制自然，并形成了人与自然独立、人定胜天等基本观念。

以机械论世界观为基础的自然科学在取得巨大的成功之后，其思想和方法也迅速从自然科学领域渗透到近代所有哲学和人文社会科学中。18世纪及之后的思想家们也希望能够把复杂的社会现象还原为简单的社会要素，并试图在这些要素之间找到规律，从而使人文社会科学也具有像自然科学特别是物理学一样的严密性和精密性。以机械论世界观为指导的传统经济学，将

---

① ［美］弗·卡普拉：《转折点》，中国人民大学出版社1989年版，第60页。

人类社会经济体系与生态系统人为地割裂开来，它只注重经济系统本身内在规律的研究，而忽视生态系统对经济系统的制约，忽视经济活动对自然的影响和依赖；它只注重经济增长、GDP等抽象指标，而忽视自然资源和生态环境所付出的代价。无限地向大自然索取和大量消耗自然资源，并把自然当作巨大的垃圾排放场所。

生态哲学是生态思维的哲学存在论基础。生态哲学是伴随着生态学的逐渐成熟和发展，在反思和批判近代机械论世界观的基础上逐渐形成的。它是运用生态学的观点和方法来观察和理解现实事物和现实世界的理论。现代生态学认为，整个世界是由各种生态要素包括人工生态系统和自然生态系统组成的普遍联系的有机整体。所有组成部分都是相互联系、相互依赖、相互作用的，形成一种生态共同体。在共同体中，每个组成部分，每个小环境都与周围的其他生态系统处于动态互动的过程中，一荣俱荣，一损俱损。从生态学世界观的角度看，人和自然是不可分割的现实有机统一体。以高度抽象为特征的传统自然科学和社会科学研究并不能涵盖和说明人与自然之间的所有现实联系。

生态哲学主要由四部分构成，即自然的理论、人的理论、价值理论和方法理论。关于自然的理论，就是讨论自然包括哪些种类的客体和过程；关于人的理论，就是为人类及其社会所处的背景和面对的问题提供某种总体性的观点；关于价值理论，就是涉及人类行为评价的理论；关于方法的理论，就是在被检验、确证和拒斥的理论范围内，表明所要求的标准。

生态哲学具有这样三个特点：一是它所讲的生态不是传统意义的自然环境。生态哲学研究的是以生态危机为主要表现的人与自然矛盾激化而产生的各种哲学问题。这些问题围绕的不是单纯的物质环境，而是人与自然环境二者的关系。二是生态哲学需要对人与自然环境二者关系进行价值判断。很多情况下，人与自然环境之间的关系直接关系到我们的行为选择、道德判断、环境保护政策的决策等。而这些问题的核心则在于我们所要建构的生态伦理原则。当我们需要判定自然环境及其生物是否具有道德地位时，离不开对生命、实体构成以及自然界复杂关系等方面的科学认识。三是生态哲学所讲的生态，实际上指的是自然环境、社会环境、人文环境的交叉和互动关系抑或存在状态。相比与作为主体的人相对立的自然客体而言，"生态"一词的含义更复杂，也更难以把握。传统的哲学把存在当作单纯的存在问题加以认识和分析，而现今的科学揭示，存在与其环境事实上是不可分离的，我们应该赋予环境与存在同等重要的研究地位。生态哲学应该把目标定为探索人与自然环境关系的最佳存在状态，尤其是给人类自身文明和自然环境之间的良性互动和动态平衡寻找一条光明的道路，实现人与自然之间的最终和解。

人与自然的关系是生态哲学的基本问题，也是核心问题。西方传统哲学认为，人与自然是主客二元对立的关系。人是主体，自然是客体。人作为主体是主动的，自然作为客体是被动的。人能够认识自然，而征服、控制、操纵和利用自然就是这种认识的最终目的。自然界的一切除了可以为人类利用的使用价值之外，并无任何价值可言，"人是万物的尺度"。只有人才具有内在价值，自然界和其他一切非人的存在物只有使用价值，而没有内在价值。从这种哲学中衍生出的机械论世界观认为，自然就像是一部机器，完全可以通过科学规律加以解释和说明。自然是可以供人类随意使用的资源库。西方传统哲学和科学把整个世界分为自然界和人类社会，并分别沿着不同的路径进行研究。社会科学把人类及人类社会视为独立于自然界的存在，抛开自然界研究纯粹的社会规律，发展出人统治自然和征服自然的思想和实践；而自然科学则抛开人的因素研究纯粹的自然规律，既否认自然界的价值，又把人降低到自然界一般动物的层次。这些都是片面的，而且这种片面性已经产生了严重的不良后果。生态危机成为全球性问题就是同这种片面性密切相关的。

生态哲学并不反对为了研究便利将现实世界抽象地划分为人的世界和自然界，而且也常常这样做。但它反对西方传统哲学和科学这种以抽象完全代替具体的思维和实践。从人与自然的生态关系向度研究人时，我们就会看到人类在自然界中的位置，人对自然的作用。人的主体性通过作用于自然的实践活动得以展现，而且生态哲学认为自然界是有价值的，这种价值不仅仅在于对人类的使用价值，自然界具有自身的独特价值。事实上，人类活动是在自然价值的基础上创造文化价值。因此，在人与自然的关系上，就必须改变过去那种把自然完全看作征服、战胜和统治的对象，而是应该得到尊重的对象；不仅要开发利用自然，而且要保护自然，建立人与自然和谐共处、协同进化的新世界观和价值观。

人与自然的关系，是生态哲学的着眼点。从此出发，生态哲学形成的主要观点包括：第一，人与自然有着本质区别。人具有意识的、心理的、社会的和文化的特征，不能将人简单地等同于自然界的其他动物。在生态系统中，与其他动物相比，人扮演的角色是生态系统的"调控者"。第二，人与自然的这种区别不应绝对化和过分抽象化。在现实世界中，人、社会和自然是不可分割的统一整体，自然界和社会的区分只具有抽象的相对意义。

第二节　生态思维的方法论内涵

生态思维方法论处理的核心问题就是人与自然的关系。那么在处理人与自然的关系活动中，哪种方式和方法才是恰当的呢？对于这一哲学方法论问题，当下主要有人类中心主义和非人类中心主义两种不同的立场。人类中心主义从自然是为人类服务的工具价值论出发，主张征服、改造和控制自然。非人类中心主义从自然具有独特的内在价值论出发，主张自然至上，人类利益必须屈从于自然。

而从马克思主义的观点看，正确的态度应该是"有所作为"和"有所不为"二者的统一。同时它又反对罔顾自然界客观规律，盲目地改造自然。

"有所作为"就是为了人类生存和发展所必需的那些合理性需求而适度地改造自然。自然作为先于人类产生的存在，它不会自动地满足人类的要求。因此，人类要生存发展，就必须对自然有所作为。按照既满足当代人生存发展的需要，又不损害后代人的生存基础这一尺度，适度地改造自然。①

"有所不为"就是以自然规律和社会规律为尺度，反对仅仅为了满足我们一己私欲，对自然肆意妄为。相对自然而言，人具有主动性和能动性，但这种主动性和能动性必须以自然规律和社会规律为准绳。这些规律是保持人与自然之间和谐的前提和界限，我们必须正确地认识和把握这些规律，以此为依据确定人的实践范围、规模和程度，而不能任意妄为。②

一、"有所作为"

"改造世界"是马克思主义哲学的根本任务，马克思主义哲学的方法论就是实践的方法论。它首先肯定人类认识和改造自然的必要性和合理性，肯定在合理限度和范围内人对自然的"有所作为"。

（一）劳动是作为主体的人和作为客体的自然所发生的对象性关系

与动物不同的是，人可以运用自己设定的尺度去改造自然来满足自己的需要。在马克思看来，正是通过人与自然的这种对象性关系，也就是劳动才成就了人本身。劳动作为人之所以为人的本质性规定实际上就是人与自然界进行物质、能量变换的过程。人对自然所从事的活动，不仅使人的生理结构和功能实现了进化，而且为人的社会性提供了物质准备。马克思主义认为，劳动，即人与自然的这种对象性活动是实现从猿到人，在本质上区别于其他动物的决定性要素。借助于自然界提供的原料，人类在劳动中有意识、有目的地将原料转化为具有使用价值和交换价值的商品。在这个过程中，人的手、脚、头脑变得越来越灵活，身体的潜力被发挥出来，而被改造的自然界

---

① 参见孙道进：《马克思主义环境哲学初探》，人民出版社 2008 年版，第 125—133 页。
② 参见孙道进：《马克思主义环境哲学初探》，人民出版社 2008 年版，第 133—142 页。

则逐渐人化。马克思说:"劳动首先是人和自然之间的过程,是人以自身的活动来中介、调整和控制人和自然之间的物质变换的过程。……为了在对自身生活有用的形式上占有自然物质,人就使他身上的自然力——臂和腿、头和手运动起来。当他通过这种运动作用于他身外的自然并改变自然时,也就同时改变他自身的自然。他使自身的自然中蕴藏着的潜力发挥出来,并且使这种力的活动受他自己控制。"① 由此可见,整个人类历史就是一个人对自然"有所作为"的劳动史。

而且人作为有意识的存在物,也是通过人对自然的对象性劳动,即对自然的有所作为表现出来的。马克思说:"通过实践创造对象世界,改造无机界,人证明自己是有意识的类存在物,就是说是这样一种存在物,它把类看做自己的本质,或者说把自身看做类存在物。"② 这里的"有意识的类存在物"不仅是指人的精神活动,更重要的是指人对自然的对象性劳动。人的语言、意识、精神性和社会性都是这种劳动的产物,也只能通过人对自然的有所作为才能得以产生和发展。

(二)人对自然的对象性活动是人之本质的自我证明和自我实现

在马克思看来,人的本质力量必须在人对自然的对象化活动中才能得以发挥和实现。离开自然,离开劳动,是不可能把人的本质及其潜力挖掘出来的。而且,知识的力量和情感的展现、意志的体现以及人对真善美的追求都是在人与自然的对象性活动中表现出来的。从这个意义上说,这种对象性活动或者劳动是实现和塑造人的类本质的需要。人对自然的改造及其结果,恰恰是反观人的本质的一面镜子。

人对自然的对象性活动,在客观上产生出对象化和承载社会历史的人化自然,主观上形成了人的类本质,丰富了人的主体性。马克思指出:"正是

---

① 《马克思恩格斯选集》第 2 卷,人民出版社 2012 年版,第 169 页。
② 《马克思恩格斯选集》第 1 卷,人民出版社 2012 年版,第 56—57 页。

在改造对象世界的过程中，人才真正地证明自己是类存在物。这种生产是人的能动的类生活。通过这种生产，自然界才表现为他的作品和他的现实。因此，劳动的对象是人的类生活的对象化：人不仅像在意识中那样在精神上使自己二重化，而且能动地、现实地使自己二重化，从而在他所创造的世界中直观自身。"①

人是社会的动物，这也是人与其他动物的本质区别之一。但是人的社会本质是在人对自然的对象性活动中，出于对象性活动的需要而产生的。人类社会的交往范围、形式、媒介、效率都是以一定时期人对自然的改造能力为前提条件的。如果没有人对自然的对象性活动，人类社会的经济生活、政治生活、文化生活等就失去了存在的物质基础和发展动力。恩格斯在《自然辩证法》中，把人对自然的有所作为看作是社会存在发展的强有力的推动力。人类改造自然的不断升级，是决定社会发展方向的重要因素。

（三）改造自然是人作为自然存在物的生存基础

人既是社会的存在物，又是自然的存在物。人与生俱来的这种自然性和身体机能决定了人必须对自然有所作为才能保证最基本的生存需要。改造自然的对象性活动是个体的人和人类社会生存和发展的物质基础，人与自然的这种物质交换不依社会形式的改变而改变。正如马克思所指出，人们为了能够生存和创造历史，第一个前提就是满足最基本的衣食住行以及获取其他生活必需品，而且满足这种需求的活动必须每日每时地进行。这种利用自然来满足自身需要的活动就是人类的第一个历史活动，也是人类在形成自身的文明和历史之后最容易被忽略的一个基本事实。人类文明的一切成果，都是在人对自然有所作为的基础上发展起来的，也必须由这个基础来阐释。马克思说："劳动过程……是制造使用价值的有目的的活动，是为了人类的需要而

---

① 《马克思恩格斯选集》第 1 卷，人民出版社 2012 年版，第 57 页。

对自然物的占有，是人和自然之间的物质变换的一般条件，是人类生活的永恒的自然条件，因此，它不以人类生活的任何形式为转移，倒不如说，它为人类生活的一切社会形式所共有。"①

二、"有所不为"

马克思主义哲学在肯定人利用和改造自然的必要性和合理性的同时，也反对罔顾自然界的客观规律，盲目地剥削和改造自然，从而使自然界异化为与人类对立的外在对象。人与自然在生命上的同源性和人的独特性构成了人对自然"有所不为"的根本依据和原则。

（一）人对自然"有所不为"，根源在于人的自然性

人首先是自然的存在物，其肉体和器官与其他动物在某种程度上具有同源性。这种自然性一方面决定了人必须依赖自然来获取自身所需的各种生产生活资料，另一方面又决定了人必须保护自然界这个唯一可以依赖的物质基础。对于人类而言，自然具有无条件的前提性和先在性。自然并不只是外在于人的对象性存在，它事实上还构成了我们身体的一部分。而且人的社会性和人的意识，都是通过人对自然有所作为才得以形成和发展起来的。离开人类，自然仍会继续存在。然而，离开自然，人类就失去了生存的根基。

（二）类存在的特征决定了人要对自然"有所不为"

作为类存在物，人除了改造自然满足自身的需求之外，还必须给同代人和子孙后代留有足够的自然资源。相对于无限的人类需求而言，自然资源事实上是有限的，这就涉及代内公平和代际公平的问题。就代内公平而言，随着生产力的不断发展，贫富差距不断拉大的一个重要后果就是人们向自然索

---

① 《马克思恩格斯选集》第 2 卷，人民出版社 2012 年版，第 174 页。

取得更多，而且在分配不公的体制下，把"蛋糕做大"对改善穷人的境遇效果有限，相反只会加剧富人对资源的浪费。就代际公平而言，当代人透支的自然资源越多，后代人可获得的自然资源就越少。以土地为代表的自然资源为例。马克思反复强调，同时代的某个社会、民族，甚至同时存在的所有社会都不是土地的所有者，他们可以占有和利用土地，但同时他们也必须像好的家长那样把土地保护好传给后代人。

（三）人的意识性是人对自然有所不为的重要原因

与自然界的其他动物相比，人的意识不仅表现为对自然有所作为，从某种程度上讲，它更加体现为人对自然有所不为。人对自然有所作为，是人作为生物性的存在对自然的占有和利用，其他动物也有类似的意识和行为，因此它并不能构成人的全部本质。而对自然有所不为，有意识地尊重和保护自然，是人类所独具的特征。将自身的内在尺度和自然的外在尺度有机地统一起来，有意识地在自然界承载能力范围内改造利用自然，甚至在必要的时候牺牲自身利益保全自然，这才是人与自然界其他有机体的本质区别。

（四）对象性存在的特征是人对自然有所不为的根本因素

人是对象性的存在人的对象性活动，即劳动是围绕自然展开的。无论是劳动本身、劳动对象还是劳动资料都必须从自然界中获取。正如马克思所说："劳动不是一切财富的源泉。自然界同劳动一样也是使用价值（而物质财富就是由使用价值构成的！）的源泉，劳动本身不过是一种自然力即人的劳动力的表现。"① 随着生产力的发展，人的劳动对象、劳动资料，甚至劳动本身发生了巨大的改变，虽然掩盖但没有改变人的劳动必须建立在以自然为原始对象的基础之上这一根本事实。自然界作为生产力的最原始要素和劳动

---

① 《马克思恩格斯选集》第 3 卷，人民出版社 2012 年版，第 357 页。

一起才构成了一切财富的源泉。

因此，在处理人与自然关系的方法论上，马克思主义对自然有所作为和有所不为是相辅相成的，具体的历史的统一，它既是对人类中心主义征服自然的扬弃，也是对非人类中心主义屈从自然的修正。

第三节　生态思维的方法论原则

生态思维的方法论主要源于生态学的最新科学研究成果。生态学的兴起和发展揭示了我们之前所不了解的自然界"奥秘"，而这些"奥秘"正是人类在认识和改造自然活动中必须遵循的根本原则。

一、整体性原则

整体性原则是生态思维方法论第一要义。整体性是生态系统最重要的客观性质，也是生态哲学的基本观点。作为有机统一体，生态系统具有超越各组成部分及其功能的属性，这些特性只能根据其自身而得以理解。生态系统与其构成要素之间的关系不是 1+1=2，而是 1+1>2。正如我们不能从各器官及其功能的简单叠加来理解每个人类个体。

相互依赖是整体论原则的核心事实。自然界的生物和非生物紧密地交织在一起，从现实角度上讲，将两者截然分开是不恰当也是不可能的，生物和非生物之间的界限实际上并非像科学研究所区分的那样清楚明晰。生物进化与其说是发生在一个先在的非生物环境之中，毋宁说是生命塑造了我们当下所知的物理环境，逐渐将不适宜生物生存的环境改变为适应各种生物生存的环境。生物和非生物之间这种相互依赖的事实，使得"共同体"成为生态学最重要的概念。

所有的生命都是有机体与环境进行物质和能量交换的过程，生命有机体只有在它与环境相互联系和相互作用的过程中才能存在、发展和表现生命的特征。同样道理，人也是自然生物共同体的一部分，人类及其社会不能脱离生物共同体而独立存在。

二、动态平衡原则

生态系统具有自我修复和自我调节的功能，从而保证它能达到长期的稳定平衡或动态平衡。这种稳定平衡对于生活于其中的所有生命来讲是极其重要的，有机体的生存与进化都高度依赖生态系统的这种自我修复和自我调节机制。生态系统这种独特复杂的机制，是长期以来生物和非生物相互作用而形成的，它脆弱而且敏感。生态系统的自我修复和自我调节具有一定限度，一旦超出这一界限而失衡，生态系统就可能会以非常极端的方式对所有物种产生影响，而且这种影响对物种而言可能是灭绝性的。

三、循环原则

生态系统是一个开放系统，太阳能是其源源不竭的能量来源，它推动着生态系统内部储量有限的物质进行不断的循环。众所周知的一个事实就是，植物是生态系统中的生产者，它们将无机物转化为有机物，供更高级的生物如动物等消费者享用。而当有机物死去时，又会被细菌、昆虫等分解者转化为无机物，归还给生态系统，从而保持整个生态系统的正常运转。这个循环过程一旦被打破，就会引发一系列连锁反应，造成生态系统出现异常状况甚至瘫痪，进而危及生态系统所有生命的存在。

除了生命循环以外，还有水循环和生物地理化学循环。所有这些循环的共同特征就是，它们都依靠太阳能驱动，它们创造、使用和维持地球各种生命所需的物质，之后再循环或分解物质得到再利用。健康的生态系统可以高效地循环各种物质和能量，对于它而言没有所谓的废物，所有的有机物和无机物都有其独特的地位和作用。

四、复杂性、多样性和稳定性原则

就生态系统而言，内部的生物和非生物及其相互联系越复杂多样，生态系统一般就越稳定。假使在某个特定的生态环境中，物种彼此之间的生存关系是一对一的关系，那么一个物种的毁灭就会引发整个生态系统的崩溃。复杂性和多样性，也是生态系统维护自身健康和保持动态平衡的主要手段。生态系统各个物种之间不是简单的线性关系，而是高度复杂的网络关系。在人类出现之后，随着农业生产方式的改变，土地特别是农田的原有生态系统遭到了破坏，单一种植的经济作物取代了生物多样性，使得生态系统由复杂多样变为简单唯一，失去了原始的保护屏障，因此更容易受到各种灾害的侵袭。

长期的进化，使得生态系统形成了复杂微妙的平衡体系，在现有的气候和地质条件下，生态系统和生存于其中的各物种构成了一种近乎完美的匹配关系，这也是人类为何不能随意干预生态系统的根本原因。

五、有限性原则

对于生态系统而言，生态系统各种资源特别是不可再生资源的数量是有限的，而且在一段时期内，可再生资源也是有限的。与此同时，生态系统吸收各种有机体产生的废物能力是有限的。有机体的存在，因为获取物质和能量的需要，不可避免地会打破生态系统的原有平衡。只要没有超出生态系统自我修复、自我调节的限度，就不会对生态系统造成不可逆转的损害。在长期的进化过程中，生态系统与生存其中的各个物种之间形成了复杂微妙的平衡关系，即使偶有失衡，生态系统最终也能重新恢复自我平衡状态，但这往往要耗费相当长的时间，甚至需要以地质年代来计算。损害程度越深，生态系统修复所需的时间就越长。

人类及人类社会的诞生，一方面大量消耗各种不可再生资源和可再生资源，而往往没有有意识地对生态系统作出相应的补偿，也没有留给生态系统足够长的时间进行自我恢复。而且人类永久地改变了某个区域的地理面貌，从根本上破坏了当地生态系统自我调节的能力。另一方面，人类及人类社会带给生态系统各种各样的合成化学物品，生态系统或者根本不具备分解这些物质的能力，或者还没有进化出相应的能力。进入生态系统的这些人造废物的数量和速度如果超过了生态系统所能承受的极限，就会阻碍甚至破坏生态系统的自然循环。原有的平衡状态被打破，而新的平衡尚未建立，最终可能会引发生态系统的彻底崩溃。

第四节　提高运用生态思维实现绿色发展的能力

绿色发展，又称生态经济，它是相对于传统的主流经济学而言的。传统主流经济学以增长和规模为核心目标，发展理念就是无限制地扩大经济规模，所以又称为增长经济学、规模经济学。虽然传统主流经济学普遍承认资源稀缺，但人类的智慧和技术进步使得经济学家们相信，相对于人类活动的范围而言，世界足够大，天然的资源足够多，环境的净化能力足够强，可以支撑更多的人口和更大的经济规模。从这个角度上讲，经济学就只需考虑人的物质需要的满足而无须考虑自然资源的有限性，从而把经济发展与生态环境割裂开来，增长和规模成为经济学唯一需要关心的问题。随着经济的不断增长和经济规模的不断扩大，人与自然之间对立与冲突也不断加深，全球变暖趋势不减，极端天气频发，物种灭绝速度加快，空气、水、土壤污染加剧等逐渐成为高悬在人类头顶的利剑。

这一切都向我们提出了必须从根本上转变发展理念，缓解人类与生态环境之间越来越紧张的关系，努力实现人与自然的最终和解。绿色发展强调自然资源的有限性，将人与自然之间的基本矛盾定位为人的需要的无限性与自然资源有限性之间的矛盾，而解决这一矛盾的关键就是在生态思维的指导下，按照生态思维的方法论要求，综合运用生态思维的方法论原则，将保护生态环境既作为标准也作为目标纳入经济社会发展框架之内。

与传统发展理念相比，绿色发展理念具有这样几个特点：一是将自然资源和保护环境作为经济社会发展的内在要素，而非外在要素；二是把实现经济、社会和环境的可持续发展有机地统一起来，反对将三者对立起来，反对无限地攫取自然资源或者以破坏环境为代价换取一时的经济社会发展；三是把"绿色"、"生态"作为绿色发展的主要途径和衡量标准，而非片面地追求GDP的增长。

一、坚持"整体性"的生态思维方法，善于做"加减法"

坚持"整体性"的生态思维方法，就是在保护和利用自然的问题上，将人类长远利益和自然环境整体利益整合起来，将人类及其社会看成生态系统这一整体的子系统，强调整体优先。经济最优规模的设定要坚持整体与部分之间的辩证原理，强调整体至上，整体制约部分，部分不能破坏整体等原则。从人类经济系统是生态系统的子系统这一角度出发，立足生态系统的承载能力和根据有限的自然资源，而非人的物质需求来思考经济发展的规模问题。如果相对独立地考量经济系统，片面强调人的物质需要，因为人的物质需要是无限的和多变的，这必然得出经济规模应该无限扩大的结论，最终会超出生态系统的承载能力而使得经济发展不可持续。

习近平总书记指出："在生态环境保护建设上，一定要树立大局观、长远观、整体观，坚持保护优先，坚持节约资源和保护生态环境的基本国策，像保护眼睛一样保护生态环境，像对待生命一样对待生态环境，推动形成绿色发展方式和生活方式。"[①] 对此，我们可以从整体论的高度，从大写的人和

---

① 《习近平关于全面建成小康社会论述摘编》，中央文献出版社2016年版，第183页。

小写的人两个角度出发，对总书记的这段精辟论述进行解读。

作为大写的人，我们要把生态环境视作自己身体的一部分，从生态环境构成我们作为大写的人的一部分，从生态环境是生命源泉的角度保护和尊重它。习近平总书记说："我们要认识到，山水林田湖是一个生命共同体，人的命脉在田，田的命脉在水，水的命脉在山，山的命脉在土，土的命脉在树。"① 这段话以非常形象的话语深刻阐述了生态环境作为一个环环相扣的整体，各组成部分之间存在的内在联系，共同构成了对生命的支撑。与西方那种偏重抽象分析的思维方法相比，整体论是中国传统哲学最具代表性的思维方式。儒家以人与"天地万物一体"为说，道家以"天地与我并生，而万物与我为一"为宗，佛家以"法界缘起"、"依正不二"为旨，都不约而同地将人与天地万物视为一个整体。中国古代整体论的哲学思想，是以直接的生存体验为基础，通过对自然规律和万物有机秩序的体悟，具体真切地把握了人与自然界的内在联系，不仅把先于人存在的天地万物当作可资利用的生活资源，而且当作一体相关的生命根源。② 在中国传统的整体论思想看来，天地万物的秩序和人类社会的秩序虽然不同，但就本质而言，二者可以圆融无碍，相互兼顾而自相协调。现代西方生态伦理思想也有人与自然和谐共生的思想，并对人和自然关系进行了深刻阐述，但它仍然单纯地以近现代科学那种理性分析整合为依据，无法摆脱主客二分的西方哲学传统。③ 而缺乏对自然环境的具体经验感受和生命统一的感悟体验，就无法完整深刻地把握人与自然相互依存的和谐关系。

作为小写的人，我们同其他所有物种一样，无论从空间上还是从时间

① 《习近平谈治国理政》第一卷，外文出版社 2018 年版，第 85 页。

② 参见任俊华、刘晓华：《环境伦理的文化阐释》，湖南师范大学出版社 2004 年版，第 250 页。

③ 参见余正荣：《中国生态伦理传统的诠释与重建》，人民出版社 2002 年版，第 242—243 页。

上，我们的生存和繁衍都有赖于生态环境，因此保护生态环境就是保护人类自身。生态系统赋予了人类特定的生态位，传统经济学崇尚的经济增长理论使得现有经济规模大大超出了这一生态位，它单方面地满足了人类不断增长的各种需求，却破坏了生态环境，引发了生态危机，严重削弱了可持续发展的能力。习近平总书记说："生态环境问题，归根到底是资源过度开发、粗放利用、奢侈消费造成的。"① 因此，人类的需求不应该被无限放大，必须抛弃通过经济不断增长和经济规模无限扩大来满足人类无限欲望的幻想。无论是经济规模还是人类需求都应该受到生态系统的严格制约。因为自然环境所受的各种损害最终会以各种方式转嫁给人类自身，人类既是生态危机的始作俑者，也是这场危机的受害者。只有走绿色发展之路，才能彻底打破这一恶性循环的魔咒。

绿色发展就是将经济规模严格限定于自然环境赋予人类的生态位之中，这个生态位既是经济增长和经济规模的可能空间，也是二者不应突破的极限。坚持整体性的生态思维方式，就是主张经济规模的设定不仅要考虑人类自身发展的需要，而且要兼顾生态系统的承载能力。在这个生态位划定的界限内，经济发展仍然可以"有所作为"。只要不跨越这一红线，经济可以继续增长，规模可以继续扩大，它不会破坏生态系统的整体性，也不会破坏经济发展的持续性。但一些地区的经济规模已经超出了自然环境所能容纳的极限，要么表现为自然资源枯竭，无论是可再生资源还是不可再生资源都无法继续支撑未来经济社会发展的需要；要么表现为排放的废物种类和总量超出了自然环境吸收能力，从而给空气、水、土壤等造成严重污染，这些污染或者需要极其漫长的时间修复，或者修复成本高昂，这反过来会吞噬已取得的经济社会发展成果，变成"零和游戏"。因此，在经济发展规模问题上，我们不仅要会做加法，更要学会做减法。必须改变片面追求 GDP 的政绩观，从重经济规模、轻经济质量转变为重经济质量、轻经济规模，多在有限的资

---

① 《习近平谈治国理政》第二卷，外文出版社 2017 年版，第 396 页。

源和空间上"做文章"，减轻生态环境背负的压力。

二、坚持"补偿"和"循环"的生态思维方法，拓展发展新空间

作为自然环境的一分子，人和人类社会都参与了生态环境的物质和能量循环。弗雷德里克·索迪认为，能量而非"资本"才是最基本的生产资料，"资本"并不能代表财富的累积与储藏。正如一袋小麦，一部机器或一座楼房，若要维系其价值，能量就必须不断地被加以消耗。因此传统经济学那种认为财富可以作为金融资本储存起来，而且其价值会因复利增加的观点，实际上是完全错误的。① 也就是说，生态系统的能量循环是由劳动所创造的价值的最根本物质基础，而且这种能量循环并非由人类创造，人类只是参与了这一能量循环，并日益成为这一循环中举足轻重的环节。

而生态危机的产生，根源就在于人类社会经济系统不断地攫取环境中所有可以利用的资源，而没有或者很少对生态系统进行有效补偿。在正常情况下，生态系统长期进化形成的动态平衡机制会协调好各物种之间的关系，使各种有机物和无机物"各居其位，各安其所"。随着人类改造自然活动的加剧和规模的不断扩大，再加上人口数量大幅增长，在很大程度上打破了生态系统原有的物质和能量循环。也就是说，在复杂的生态网络中，原有物质和能量循环在人类这一环节发生了脱节，而无法进行有效循环。与此同时，生态系统又无法及时生成相应的调节机制，或者说只能以极端的方式作出反馈，结果就是自然环境通常会把在人类经济活动中受到的损害以各种方式加倍还给人类。习近平总书记说："我们在生态环境方面欠账太多了，如果不从现在起就把这项工作紧紧抓起来，将来会付出更大的代价。"②

---

① 参见［英］戴维·佩珀：《现代环境主义导论》，上海人民出版社 2011 年版，第 283 页。

② 《习近平关于全面建成小康社会论述摘编》，中央文献出版社 2016 年版，第 164 页。

借助生态系统自身的循环，采取主动补偿，甚至牺牲一些短期利益，才有可能扭转当前生态危机不断恶化的局面。对于可再生资源，我们需要制定长远规划，一方面留给自然环境足够的时间和空间进行动态调整和恢复，充分让生态系统"休养生息"；另一方面有步骤地主动对以往开发利用的资源和破坏的环境进行积极补偿和修复，对生态系统加大力度进行"反哺"，促进自然环境恢复原有的物质和能量循环秩序，并在这种循环中寻找创造新价值的空间。必须看到，对于空气、水体、土壤等的污染，整治越早，成本相对越低，修复的可能性越高，损害程度也可以降到最小。无论是因为人为原因还是时间关系，一旦对自然环境造成不可逆转的损害，或者让可再生资源变成不可再生资源，其结果就可能是永久性的，如物种灭绝。因此，习近平总书记指出，"坚决制止和惩处破坏生态环境行为。不能手软，不能下不为例"[1]，"在生态环境保护问题上，就是要不能越雷池一步，否则就应该受到惩罚"[2]。对于不可再生资源，必须本着节约的原则，科学合理地利用并充分发挥其中蕴含的价值。科学技术的发展可以解决一部分不可再生资源的替代问题，这种替代可以分为两种情况，一是某种不可再生资源被人工产品取代，这是最为理想的情况。二是某种不可再生资源被新发现的另一种不可再生资源暂时取代，但这实际上并没有改变不可再生资源逐渐耗竭的事实。而且相当一部分不可再生资源因为各种原因，如技术难度和成本原因，而不具有可替代的选项。对于这些不可再生资源，我们在开发利用方面要抱更为谨慎的态度。

"所谓有效补偿，是指某一或一些经济主体在开发利用环境、发展过程中对所造成的环境破坏和可再生资源损耗采取适当的补偿或修复措施，以减轻或者消除这种损害和损耗对生态系统其他有机体造成的危害。这就要求我们需要综合运用法律、经济、道德等多种手段，使社会的各个子系统

---

[1] 《习近平谈治国理政》第二卷，外文出版社 2017 年版，第 210 页。

[2] 《习近平谈治国理政》第一卷，外文出版社 2018 年版，第 209 页。

（各种经济主体）承担其在利用自然环境中所产生的全部成本。具体到实践中，如果某一经济主体或一些经济主体破坏或污染了环境，那么就要进行相应补偿。"① 补偿可以采用这样的方式：一是如果有其他经济主体受到了利益损害，那么参照受害者受损情况，由造成破坏或损害的经济主体直接向受害者支付损害"补偿费"，并对破坏或污染了的环境按照制定的标准进行生态修复。如果无法明确受害利益主体，则由相应主管部门依照有关规定进行处罚，处罚必须起到惩戒和警示其他从事类似活动的经济主体的作用，同时责令和监督造成破坏的经济主体对生态受损部分进行相应修复。二是通过积极采取有效措施（如安装污染物回收和处理设施，开发生态技术产品和循环经济产品等）消除已知的环境危害，让生态恢复平衡和健康。对于向生态系统排放的废弃物，特别是人工产品，必须逐步形成有效的循环机制和手段，实现对环境的无害化。暂时不能参与生态系统的物理化学循环机制的人工废弃物，特别是对生态系统具有损害性的，要妥善加以处置，并积极发展相应技术，减少乃至最终消除其危害。②

习近平总书记说："良好生态环境是最公平的公共产品，是最普惠的民生福祉。"③ 保护环境，对生态系统进行适当有效地补偿也是促进社会公平正义的一种重要手段。假如某一经济主体大量消耗了各种资源，污染了环境，那么它不仅要对同时代的其他主体和社会进行补偿，而且应该通过适当的方式，如建立生态发展基金，对子孙后代加以合理补偿。④ 习近平总书记指出："资源开发利用既要支撑当代人过上幸福生活，也要为子孙后代留下生存根基。"⑤ 也就是说，要保障同代人能够平等地共享各种发展成果，同时也要确保子孙后代具有足够的资源基础，从而拥有与前代人同等的发展机会。

---

① 向玉乔：《生态经济伦理研究》，湖南师范大学出版社 2004 年版，第 129 页。

② 参见向玉乔：《生态经济伦理研究》，湖南师范大学出版社 2004 年版，第 129 页。

③ 《习近平关于全面深化改革论述摘编》，中央文献出版社 2014 年版，第 107 页。

④ 参见向玉乔：《生态经济伦理研究》，湖南师范大学出版社 2004 年版，第 129 页。

⑤ 《习近平谈治国理政》第二卷，外文出版社 2017 年版，第 396 页。

通过这些补偿方式，我们能够在一定程度上减少当代人在经济活动中对资源的过度使用，以及对环境造成的污染和破坏。进行补偿，不仅可以让整个社会与各种经济主体之间的环境利益矛盾能够得到协调，促进公平正义，而且可以让经济、社会和环境三者之间的关系实现平衡，从而有利于实现一个社会、一个国家乃至一个民族可持续发展的长远目标。①

三、坚持"节约"和"适度"的生态思维方法，提倡"绿色消费"

马克思说："人从出现在地球舞台上的第一天起，每天都要消费，不管在他开始生产以前和在生产期间都是一样。"② 作为个体，为了满足自身的物质和文化需要，我们每天都要消耗一定的生活资料。在个人生活消费中，不管消费的是农产品还是人工产品，实际上我们消费的都是自然资源和能源。这种自然资源和能源的消费就是生产消费，因此个人生活消费是以生产消费为前提和基础的。个人生活消费与生产消费二者是一种相互依赖的关系。一方面，生产消费和个人生活消费互为动力，相互促进。另一方面，生产消费和个人生活消费，又可能因为其中一方的过度膨胀而陷入恶性循环。如生产消费过度扩张，特别是过度使用自然资源可能会将个人生活消费引向奢侈和浪费的深渊；反之，个人生活消费的无节制也会造成生产对自然资源的过度消耗，加剧对环境的污染和破坏。过往，我们往往只关注两者相互促进、相互拉动的方面，很少关注或者忽略了二者对环境的消极影响，也很少关注生产消费和个人生活消费的"度"的问题。实际上，生产消费和个人生活消费都受到生态系统的承载能力，自然资源的有限性等客观条件的限制，这些都构成了二者不可逾越的极限。③

高消费社会是个人生活消费不受任何限制的一种社会形式，其中奢靡是

---

① 参见向玉乔：《生态经济伦理研究》，湖南师范大学出版社2004年版，第129页。

② 《马克思恩格斯文集》第5卷，人民出版社2009年版，第196页。

③ 参见向玉乔：《生态经济伦理研究》，湖南师范大学出版社2004年版，第151页。

其极端表现形式之一。现代工业经济体系的确立，使得高消费生活方式不仅成为可能，而且成为这种经济体系得以存在和发展的内在动力。它一方面创造出以前所有时代无法想象的物质财富，从而为高消费的生活方式提供了物质基础，另一方面高消费的生活方法也成为拉动经济和生产增长的重要手段。现代经济学家通常将消费称为拉动经济增长的"三驾马车"之一，各国政府无不将促进消费视为推高经济增长的"灵丹妙药"。然而高消费的生活方式一方面会滋生经济主义、享乐主义、拜金主义和利己主义等不良社会倾向，另一方面则会加剧人类对自然资源的索取和掠夺，并会向环境排放大量生态系统无法化解和循环的各种废物，从而不断激化人与自然环境之间的矛盾。因此，我们必须将个人生活消费和生产消费置于生态环境的视野下进行审视，二者之间的相互依赖关系既体现了人的社会性和人与人之间的经济关系，也反映了人与自然环境之间的关系。自然环境是生产消费和个人生活消费共有的基础。因此，在人口日益膨胀的背景下，提倡节约，将生产消费和个人生活消费保持在一个适度的范围内，对于缓解人和自然的紧张关系、促进经济与环境的协同发展具有非常重要的意义。

绿色消费是近些年来提出的一种新的生活消费方式，它以"崇尚自然，保护环境"为主题，并建立在人们对个人生活消费的"量"、"质"、"度"的正确观念基础之上。[1]"量"指的是消费的种类和数量，"质"指的是生活消费质量。消费的种类和数量对于高质量的生活固然重要，但就个人消费而言，更值得关注是从消费中获得的幸福感和满足感，而不仅仅是消费的种类和数量，因为消费的种类和数量与人们的幸福感和满足感并不总是呈现一种正相关关系。而且在满足基本的温饱问题的前提下，当消费的种类和数量达到一定程度，它带给人们的幸福感和满足感就会出现边际递减的现象。也就是说，消费的种类和数量实际上存在一个"度"的问题，超过这个限度的消费量并不会成比例地带给我们更多的幸福和快乐。幸福更多地来自精神层

---

[1]　参见向玉乔：《生态经济伦理研究》，湖南师范大学出版社 2004 年版，第 162 页。

面，来自个人所处状况的改善以及与他人的对比，因此很多时候平等相对于人们的福祉而言更为重要。因此，绿色消费提倡在消费的种类和数量问题上，应该引导人们结合个人合理需求和实际经济状况，确定符合自身境况的最优"量"。而且，高质量的生活消费应该是物质、精神和生态环境需求等多层面的综合与协调。物质消费对于高质量的生活而言虽然必要，但并不能取代人们对公平正义、安全稳定等精神层面的需求和优美生态环境的需求。因此，党的十九大报告提出，我们要建设的现代化是人与自然和谐共生的现代化，既要创造更多物质财富和精神财富以满足人民日益增长的美好生活需要，也要提供更多优质生态产品以满足人民日益增长的优美生态环境需要。

第十四章　制度思维与社会治理能力

中国共产党人对中国特色社会主义制度的优越性有充分的制度自信，同时，对中国特色社会主义制度需要不断地自我完善和发展有高度清醒的自觉。党的十八大以来，我们致力于推动党和国家各领域的制度建设，"四梁八柱"已经基本搭建起米，以"完善和发展中国特色社会主义制度，推进国家治理体系和治理能力现代化"为总目标的全面深化改革稳步推进，以"用制度约束权力、用制度保护权利、用制度保证社会主义各项事业顺利进行"为基本理念的全面依法治国深度展开。很多学者把中国共产党人开创国家制度建设的新时代定位为中国的"第二次转型"[①]，而中国共产党人发力制度建设，通过制度的方式治国理政的制度思维已极为坚定。

第一节　制度思维的历史唯物论基础

关于制度不同的学者给出了许多有代表性的定义，作为基本的共识，他们认为"制度是一个社会的游戏规则，更规范地说，它们是为决定人们的相

---

① 1999 年"国家制度建设研究"课题组成立，胡鞍钢、王绍光、郑永年等学者将开创国家制度建设的新时代称作中国的"第二次转型"。第二次转型是对应第一次转型而来，第一次转型指的是 1978 年党的十一届三中全会作出了党的中心工作以阶级斗争为纲转移到社会主义现代化建设上来的决定，开创了"经济建设时代"。

互关系而人为设定的一些制约"①。概言之，制度就是社会规则。制度作为人与人、人与社会之间的中介，以一种强制性的方式调整相互之间的关系，影响人与社会的发展。制度调节具有强制性、规范性、程序性、确定性和形式化等特征，法律是较为典型的制度形态。

人类文明伴随着对人们行为的明文规定、限制而来，人类文化、文明产生的历史也就是人们的习俗、惯例、道德和社会制度形成的历史，也是人们用制度、规则调整和维系社会关系的历史。人是一种社会存在物，是一切社会关系的总和。在社会关系中，最根本的是利益关系。正如恩格斯所言，"微不足道的单个的个人的财富，这就是文明时代唯一的、具有决定意义的目的"②。人们之间的利益矛盾和冲突往往给社会组织带来威胁，人类社会要想存在下来并获得发展必须依赖一整套社会规范体系，用以调节私人利益的冲突以及私人利益与公共利益的矛盾，从而确保社会的有序和正常运转。

恩格斯在《家庭、私有制和国家的起源》中谈到国家的产生时说："确切地说，国家是社会在一定发展阶段上的产物；国家是承认：这个社会陷入了不可解决的自我矛盾，分裂为不可调和的对立面而又无力摆脱这些对立面。而为了使这些对立面，这些经济利益互相冲突的阶级，不致在无谓的斗争中把自己和社会消灭，就需要有一种表面上凌驾于社会之上的力量，这种力量应当缓和冲突，把冲突保持在'秩序'的范围以内；这种从社会中产生但又自居于社会之上并且日益同社会相异化的力量，就是国家。"③恩格斯对国家这一特殊制度产生的历史唯物主义解释也适用于一般制度的产生。

在人类文明发展的进程中，产生了两种社会规范体系——制度和伦理道德。

---

① ［美］诺斯：《制度、制度变迁与经济绩效》，上海三联书店 1994 年版，第 3 页。

② 《马克思恩格斯选集》第 4 卷，人民出版社 2012 年版，第 194 页。

③ 《马克思恩格斯选集》第 4 卷，人民出版社 2012 年版，第 186—187 页。

在中国传统社会，血缘关系的稳定性、农业经济的封闭性、熟人社会的狭隘性和宗法制度的压制性相互强化，使伦理道德的力量异常强大，成为伦理本位的社会。其表现是政治与道德的密而不分，因此也抑制了宗教、法律等社会规范作用的发挥。在这种社会形态下，一方面，道德被作为强制性的规范和要求，人们为了免于惩罚而被迫遵守道德原则，道德就易流于"伪善"；另一方面，法律等社会制度则被作为工具用以实现道德的目的和要求，中国古代法非常简单，表现为"刑"，因此在严刑之下道德原则也变得野蛮和残酷，"以礼杀人"表征了中国古代法律制度的异化。

在西方文明发展史上，早期古希腊、罗马社会也存在政治与道德不分的历史阶段，中世纪长达一千多年的基督教共同体也是一种政治制度与伦理道德一体不分的社会形态。但是近代以来，伴随着文艺复兴和资本主义萌芽，政治与道德逐渐分离开来，最终，制度成为公共政治领域和社会领域主要的社会规范，伦理道德则更多地在私人领域发挥作用，不再是以政治力量为后盾的强制性要求。可以说，现代民主政治是制度的力量不断凸显出来，社会关系不断制度化、规则化的过程。

今天，中国社会正在经历由传统向现代的转变，现代化和工业化的进程不可逆转。人们之间的相互关系早已突破了熟人社会的局限，社会成为一个陌生化的社会，人与人的了解十分有限，使得道德力量的约束效力弱化，因而需要一种强有力的社会制裁和平衡机制发挥主导作用，法律等制度可以有效地补充或在更大范围内替代伦理道德的作用。尤其是现代社会的法治秩序，有着伦理道德规范不可比拟的优势，更能满足人们对公平正义的期待和要求。我们看到，这一变化对中国现代社会发展而言同样是不可逆转的历史事实，我们要做的是尽快接纳并培养起现代社会的制度思维和制度意识。①

---

① 参见董冰：《同一、分立与互补——历史视域中制度与伦理关系探析》，广西人民出版社 2017 年版，第 155 页。

第二节　制度思维的方法论内涵

制度思维，就是以制度为视角来发现问题、思考问题，以制度的方式处理问题、解决问题。最先将制度与经济社会发展联系起来的是一个称作制度经济学派的现代西方经济学流派，他们提出，制度的设置就是为了降低交易成本，产权界定越清晰，节省的交易成本可能会越多。制度对社会发展的影响通过制度的功能表现出来，制度的功能确立了制度思维的方法论内涵。

一、通过良好的制度能约束人们的不利行为

制度经济学中常常引用"和尚分粥"的案例来说明制度的约束功能。在一个僧多粥少的庙里，人们发现掌勺和尚分粥有多有少，因人而异，很不公平，于是掌勺和尚由大家推选。但一段时间后，大家发现这种方法也行不通，即使是推选的掌勺和尚也有私心，也亲疏有别，难以公平。经商量，决定轮流掌勺，一人分一顿，情况虽一时有好转，但时间一长，发现问题更多，因为个别和尚不仅分亲疏贵贱，轮到分自己时还又吃又藏。经过反复讨论，大家决定在轮流掌勺的基础上再加上一条规矩：分粥的和尚必须最后拿剩下的那一份。这样，问题得到了很好的解决。

一般认为，西方社会的制度设计基于"人性恶"的假设。18世纪，英国思想家休谟提出了"无赖假设"，即每个人都有局限性，都可能犯错误；每个人都有私欲，都可能以权谋私。所以，任何政府在制定制约和监控机制的时候，都必须把每一个成员想成是无赖，按照最差情况来设计机制。因此，由于行为主体存在人性的弱点、行为的差异以及行为环境的不断变化，对于社会发展的不利行为需要加以约束和规范。

制度的行为约束功能就在于，它通过制定规则对人们的行为加以限制。规则的限制为人们的行为划定了一条明确的边界，它清楚地规定人们能够做

什么、不能做什么，该怎样去做、不该怎样去做，而且"这条边界标志社会共同体认可的行为规则，在界线以内活动，得到社会许可、赞赏、鼓励，超越界线活动，则受到社会排斥、舆论谴责和权威部门（如警察、法庭等）的打击"①。

因此，制度思维要牢固树立用规则约束行为、制度底线不可逾越的观念，树立规矩意识，尊重制度权威。习近平总书记多次强调，"领导干部要牢记法律红线不可逾越、法律底线不可触碰，带头遵守法律、执行法律，带头营造办事依法、遇事找法、解决问题用法、化解矛盾靠法的法治环境。谋划工作要运用法治思维，处理问题要运用法治方式，说话做事要先考虑一下是不是合法"。② 在推进制度建设的进程中，工作中经常出现的问题要从制度上找原因，反复出现的问题要尝试用制度的方式解决，坚持走科学化、规范化的道路，这是对制度思维和制度功能的深层次把握和运用。

二、通过制度为实现合作创造条件

1950 年美国兰德公司的梅里尔·弗勒德和梅尔文·德雷希尔拟定出困境理论，后由顾问艾伯特·塔克以囚徒方式阐述，并命名为"囚徒困境"。两个共谋犯罪的人被关入监狱，不能互相沟通情况。如果两个人都不揭发对方，则由于证据不确定，每个人都坐牢一年；若一人揭发，而另一人沉默，则揭发者因为立功而立即获释，沉默者因不合作而入狱五年；若互相揭发，则证据确实，二者都判刑两年。由于囚徒无法信任对方，因此倾向于互相揭发，而不是同守沉默。

这个假设模型说明，在没有明确的规则和约定的前提下，个人理性的最佳选择并不带来集体的最佳选择。明明合作对双方都是有利的，但是在对方

---

① 鲁鹏：《制度与发展关系研究》，人民出版社 2002 年版，第 127 页。

② 《习近平谈治国理政》第二卷，外文出版社 2017 年版，第 127 页。

互不了解的前提下，合作却无法达成。这就需要制度通过设立行为边界，建立相应的酬赏——惩戒机制，为行为主体提供一整套借以预测行为过程和结果的信息，从而最大程度地减少社会行为过程的不确定因素，为日益广泛的社会分工合作提供有利的信息环境。

制度通过规则规定人们能做什么、不能做什么，该怎样做、不该怎样做，也就告诉了人们行动的信息。所以，规则不仅是限制，而且是信息，限制本身就是信息。[①] 借助制度提供的信息，人们可以确定自己的行动，哪怕他要完成的是自己从来没有做过的，只要借助社会共同体提供的共识性的程序、规则，人们就会顺利地完成自己的任务。同时，借助制度提供的信息，人们也可以预期他人的行为，相应地，就可以根据对他人行为的预测调整自己的行动，选择最有利的时机达成与他人的合作。制度经济学者弗农·拉坦和速水佑次郎说："制度提供了对别人行动的保证，并在经济关系这一复杂和不确定的世界中给予预期以秩序和稳定。"[②]

现代社会高速发展，人们面对越来越多难以预料的新情况、新问题、新挑战，使得人与人交往的场景类似于"囚徒困境"。一成不变的根据传统和经验解决问题已不可能，人们需要不断地判断、选择和决定，甚至花费巨大的精力事先谋划策略和手段。但是，如果制度尽可能多地提供安排和规则设定，人们就可能稳定地、确定地预期别人的行为，以达成最优合作状态。

因此，制度思维需要确立一种规范的信息传达机制，即通过严格的程序和明确的规则告诉社会大众一种稳定的生活方式和行为方式，让大家知晓，按照规定和要求去做会带来最大的确定性，付出最小的交易成本。如果朝令夕改，不仅会增加人们获得信息的难度，而且最终导致社会的无序和"小道消息"的流行。习近平总书记曾经指出："大国政贵有恒，不能朝令夕改，不要折腾。今天喊这个口号，明天换那个口号。这不叫新思想，而叫不稳

---

① 参见鲁鹏：《制度与发展关系研究》，人民出版社 2002 年版，第 128—130 页。

② 转引自鲁鹏：《制度与发展关系研究》，人民出版社 2002 年版，第 129 页。

当。"① 当前，我们国家的制度建设仍然需要建立更完备、更稳固、更管用的制度体系，防止在一些领域、一些问题上出现制度虚置、制度缺位，我们应当致力于弥补制度短板和制度漏洞，为国家发展和民族复兴提供有利的制度支撑。

三、通过制度保证社会收益最大化

在实际生活中，人们总是希望得到最大化的收益，但是如何才能获得最大化的收益？制度学者认为，制度的激励功能能够激发人们的最大化努力，使人们专注于发挥潜能从而获得最好的结果。"制度的激励功能，指称其对社会成员某种行为的鼓励和促进。它通过提倡什么或反对什么、鼓励什么或压抑什么的信息传达出来，借助奖励或惩罚的强制力量得以监督执行。制度的激励，可以规定人们行为的方向，改变人们的偏好，影响人们的选择。"② 例如，18 世纪末，英国宣布对澳大利亚的占有后开始了对澳洲的开发。1788 年 1 月，英国第一次将犯人运到澳大利亚，既解决了英国监狱人满为患的问题，也为澳洲送去了丰富的劳动力。但是，运送犯人的工作由私人船主承包，私人船主提供的条件很差，船上拥挤不堪，营养和卫生条件极差，死亡率极高，有的船主甚至在半途中把犯人推下海去。英国历史学家查理·巴特森在《犯人船》中记载，1790—1792 年间，私人船主运送到欧洲的 26 艘船共 4080 人，死亡 498 人，平均死亡率 20%。其中"海神号"船420 人死了 158 人，死亡率高达 37%。不仅经济损失巨大，而且在道义上引起社会强烈谴责，但一时找不到解决的方法。通过道德说教让私人船主良心发现显然不可能；进行政府干预强迫私人船主提供好的生活条件，并由政府派人上船监督，不仅成本高而且存在贿赂的可能。最后，通过改变制度的奖

---

① 转引自文秀：《习近平的执政理念》，《学习时报》2014 年 3 月 3 日。

② 鲁鹏：《制度与发展关系研究》，人民出版社 2002 年版，第 131 页。

惩方式问题得到了解决：政府不再按上船时的人数付费，而是按实际到达时的人数付费。按下船时人数计费，船主会想方设法让更多的人活下来，为此他们提供更好的食物、药品，随船带医生，甚至有船主将自己的食物留给犯人。1793 年新制度实行后的三艘船到达澳洲，422 人只有 1 人死于途中。

设置一个好的制度和规则居然把万恶的船主变成了好人，把激励功能最大限度地发挥出来。在社会组织中，共同体成员的积极性、创造性和潜能主要是靠制度激发和保持的，譬如产权制度，使人们对自己的财富的结果有明确的预期，才能最大限度地激发人们创造财富的热情。这样，凭借激励，制度可以有效地促进个人有理性的行为选择，并形成集体行动的理性化，使社会的整体收益最大化。

因此，制度思维应强化制度的正向激励机制。习近平总书记多次强调，要充分调动广大干部积极性，不断提升工作精气神。在全面从严治党大背景下，构建推动干部勤勉干事、担当干事、激情干事的动力机制，是摆在全党面前的大事。通过制度建立正向激励机制，可以提升职业的吸引力，疏导干部的畏难情绪、激发干事激情，增加价值认同和团队归属感。领导干部在工作中也要善于运用正向激励机制，增强人本意识，健全激励机制，一旦制定了相关的制度法规，就要坚决执行，充分激发社会活力、凝聚力和创造力。

四、通过制度消除"公地悲剧"和"搭便车"行为

1968 年，英国学者哈丁在《科学》杂志上发表了一篇文章《公地的悲剧》。作为理性人，每个牧羊人都希望自己的收益最大化。在公共草地上，每增加一只羊会有两种结果：一是获得增加一只羊的收入；二是加重了草地的负担，并有可能使草地过度贫瘠。在个人利益最大化的权衡下，牧羊人会不顾草地的承受能力而增加羊群的数量，他的收益的确会增多。其他牧羊人看到有利可图也纷纷这样做，由于羊群进入不受限制，公共牧场被过度使用，草地状况迅速恶化，公地的悲剧就发生了。

"公地悲剧"源于公共产品的私人利用方式，即公共物品因产权难以界定而被竞争性地过度使用和侵占。那么，如何防止"公地悲剧"的发生？哈丁提出的对策是共同赞同的相互强制，甚至政府强制。政府用直接或间接管制的手段规定被管制对象的行为，防止对公共利益无成本的侵害和"搭便车"甚至"白搭车"行为的发生。直接管制可采取的手段有制定标准、公布禁令、发放许可证等，间接管制的手段是政府借助市场的力量通过征税、收费、押金—返还制度等。可见，制度的调节方式是最优的，即通过以强制为后盾的制度、规则对人们的行为加以硬约束，使得人们的行为规范化，防止社会成员对公共利益或他人劳动成果无成本地占用。

充分发挥制度的制裁、惩罚和监督作用是制度思维的重要内涵。党的十八大以来，以习近平同志为核心的党中央全面推进依法治国，推进国家治理体系和治理能力的现代化，不断完善治国理政的顶层设计，为各个领域搭建制度的"四梁八柱"。譬如对生态环境保护，习总书记指出，用最严格制度最严密法治保护生态环境，加快制度创新，强化制度执行，让制度成为刚性的约束和不可触碰的高压线。让制度长出"钢牙利齿"，形成在"生态环境保护问题上不可越雷池一步"的刚性约束，着力解决大气、水、土壤污染等突出环境问题，为人民群众提供清新的空气、干净的饮水、安全的食品。同时，习近平总书记提出，要减少制度执行的自由裁量空间，严格按规章制度和相应的程序办事，不允许打着自由裁量的幌子将个人置于制度之上，为所欲为。认真执行各项制度，按制度办事，是对党员干部执政能力的新要求，也是党的各项事业不断发展的重要保证。

第三节　制度思维的方法论要求

制度思维确立以制度的视角发现问题、思考问题，以制度的方式处理问题、解决问题，但是，在制定制度、执行制度的过程中需要遵循一些基本的原则。这些原则决定着制度的成熟程度和制度运行的效率，是制度思维最基本的方法论要求。

康德曾经说过："我们不能指望一部由品德优良的人士制定的宪法必定是一部好宪法，反之，因为有了一部好的宪法，我们才能指望实现一个由品德良好的人士组成的社会。"[1] 什么样的制度可以称为"好的"？理想的制度模式有什么样的特征呢？一般对制度的评价有两个标准：一是实质正义，二是程序正义。实质正义是指制度确保善的和正义的目标一定能实现。程序正义被称作"看得见的正义"，其源于一句人所共知的格言："正义不仅应得到实现，而且要以人们看得见的方式加以实现。"换言之，制度运行不仅要求结果的公正、合理、合法，还要求运行过程符合公正、正义的要求。

社会主义制度有明确的价值追求，始终将人的解放和每个人自由而全面发展作为奋斗目标，消除两极分化，走向共同富裕，这是社会主义制度最大的实质正义。但是我们必须清楚，制度仅仅停留于实质正义是不够的，制度正义的实现必须同时重视和依靠程序正义。既通过正义的手段，又能达到善的目标才是最好的制度设计和安排。制度思维的最基本的方法论原则就是通过程序正义走向实质正义。

一、制度思维的形式化要求

形式化是现代社会制度的基本特征。制度的形式化不是指制度的形式主义，形式化是指制度必须获得独立的存在和发展，它的形成过程是："最初是社会承认的物质强制力的获得，随后是专门的文本以及逻辑性、普遍性、连续性与可预见性的享有；接下来是'行为'边界的确立，以及程序化、技术化与系统化、自治化程度的不断提高……"[2] 以法律形式化为例，法律形

---

① ［美］富勒：《法律的道德性》，商务印书馆 2005 年版，第 176 页。

② 胡旭晟：《法的道德历程——法律史的伦理解释（论纲）》，法律出版社 2006 年版，第136 页。

式化的要求包括法律规范的严谨性、法律体系的完整和谐性、司法程序的合理性、法律调整结果的有序性，也包括对法律权威、法律至上原则的确认。

制度思维的形式化要求客观平等地对待那些在身份、地位、品格、偏好、利益上存在差异的人；主张制度高于人，法大于权，公正的法律必须得到平等的遵守和适用。制度思维的形式化有两个重要特征：抽象性和否定性。

第一，抽象性。西方法律思想家哈耶克曾经说过："法律若想不成为专断，还需要满足一项条件，即这种'法律'乃是指平等适用于人人的一般性规则。这种一般性（generality），很可能是法律所具有的特性（亦即我们所称之为的'抽象性'）的一个最为重要的方面。由于真正的法律不应当指涉任何特定者，所以它尤其不应当指向任何具体的个人或若干人。"[1] 首先，抽象的规则是纯形式的，不指涉具体的内容，而是指所有的个人都必须遵循某些明确的规则或者他们的行动都必须被限定在一定的范围内。人们遵循同一规则不意味着所有的人在相似情况下做同样的事情，仅仅是因为他们都必须遵从相同的规则，所以他们的行为具有形式的相似性，即守法性。其次，抽象的规则不预设特定的目的，也不服从特定的利益和要求。抽象的规则只是指向人们的行为约束，确定人们的行为边界，对边界内的合法行为进行保护，对越界行为进行惩罚。一旦超出规则的范围，即使是善良的动机和愿望也不能对越界行为免责。抽象规则的意义在于，只要不违反规则，人们可以获得最大的自由度选择自己的发展方式和计划，设定自己的预期和目标，同时个人也必须承担自己行动的后果和责任。

第二，否定性。否定性意味着限制，这种否定性是指规则是以禁令或禁止的形式对行为作出规定，它不需要以肯定的方式列举所有允许做的事情，而只是明令哪些行为是禁止的、违法的。因为，对于一个自由、开放、多元的现代社会而言，人们行为方式和行为选择的多样性是难以限定的，我们不

---

① 〔英〕哈耶克：《自由秩序原理》（上），生活·读书·新知三联书店1997年版，第191页。

可能穷尽所有的可能性，但是，我们可以清楚地指出哪些是坚决不能的。否定性规则就对个人的行为约束而言，遵循"法无明文规定不为罪不为罚"、"法无明文规定即自由"的原则，从而为个人行动提供了最大的选择性和社会空间。

中国传统社会的结构是以家族和血缘为基础的差序格局，人们依血缘的亲疏和远近确立行为原则，因而每个人在不同时间和不同地点处理的社会关系是不一样的，所遵从的规则也不同，一定问清楚了对象是谁、和自己是什么关系后才能拿出标准来。因而，行为原则千差万别，没有形式上的普遍性。

对现代社会而言，我们更需要形式化的制度思维。交往的普遍性和交往主体的平等性要求人们之间的合作和竞争都要遵从具有一致性的、稳定性的规则，面对不同的主体、处理不同的事情，规则的多变会导致交往的无序，最终使交往变得不可能。同时，现代社会关系具有以"物"为中介的特征，物的交换活动要求更多的客观性、平等性和对等性，这也是形式化的制度所拥有的功能的优越性。再者，如上所言，形式化的制度为人们的行动提供最大的自由度和活动空间，这种制度虽然并不承诺一定保证每个人的行为有所收获，但是激发了人们通过自己的努力实现自己目标的主动性和积极性。主观上是每个人积极的自我谋划，客观上却有助于社会整体活力的提升和社会效益的提高，现代社会的自由性和开放性由此表征出来。

二、制度思维的程序化要求

程序指事情办理的先后次序。制度的程序性指制度运行的每一个环节都与最终目标有密切的关系，其中一个环节出现问题，会影响整体目标的实现，因而要求人们的行为严格按次序进行。我们都知道电脑的软件就是程序，程序坏了，电脑就无法使用。制度也是如此，如果程序坏了，制度也就成了摆设。古希腊神话"正义女神的蒙眼布"典故引出一句格言："程序是正义的蒙眼布"。《十二铜表法》在体例安排上是程序法在先，实体法在后，并不是一种偶然的历史现象。在西方的法治传统中，对法律程序的重视并不是一种偶然的历史现象，而恰恰说明了程序对于法治的重要性。马克思也曾经说过，审判程序和法律应该有同样的精神，因为审判也是法律的生命形式，是法律的内部生命。

程序性是现代制度的一个基本特征，它决定了法治和恣意的人治的基本区别。程序性要求任何人不能做自己的法官；同等情况要求同等对待、同等关注；权力必须在监督中行使；执法者不能从当事人那里牟利。借助程序这个可操作、可实践的"杠杆"，在公平和正义的规程上，人情、关系、偏见、恣意才会被消除，最后也会得到公平和正义的结果。所以，程序正义作为过程性正义不仅要求正义必须实现，而且要以人们看得到的方式实现。程序性有以下三个重要原则：

一是机会公平。机会公平主要是指起点公平、过程公平，这符合人们的理性要求。先来先得、抓阄决定胜负是机会公平的经典例子。制度思维不仅要考虑结果的是非对错，更要确定一套开放、公平、透明的程序规则。在既定的程序下做事，对每个人而言都是相同的，严格按程序办事，即使最终结果不尽如人意，但是由于在过程中人们体验到公平、正义，也会对结果表示尊重和接受。程序优先就是从制度上最大限度地维护人们在起点和过程上的公平和公正。

二是中立公正。有这样一个故事，古罗马皇帝康德茂喜欢决斗，而且从没有输过。原因竟然是，格斗规则都是由他来确定的，他上场时可以手持利刃，而对方只能按照他的要求拿木质器具或徒手。这种既是运动员又是裁判员的方式违背了程序中立公正的原理。正如马克思所说，当规则制定人利己和偏私的时候，公正就没有任何意义了。执法权和司法权如果不能中立公正地行使，就会出现"暗门"，导致腐败和权力寻租，制度和公权力机关都会丧失公信力。

三是权利救济。任何人受到权利侵害，都应当通过平等机会和公正程序得到救济。无救济则无权利，权利救济是制度程序设定的重要一环。首先，有侵害必有救济，权利救济渠道是维护公平正义的重要承诺，是维护和修复社会关系的重要保证，对维护社会秩序作用重大。其次，权利必须得到及时救济，迟到的正义根本就不是正义。权利被侵害后如果得不到及时救济，就会导致秩序链条的断裂，随时可能导致更大的程序破坏。最后，权利必须得到充分的救济。权利救济不充分意味着侵害行为没有受到公正的惩罚，对社会关系的修复就是有限的，并对其他侵害事件带来不好的示范效应。

我国传统文化中长期存在"重实体轻程序"的落后观念，程序意识较为淡薄。人们更关注法律、道德等实体内容的实现，甚至认为只要目的正当，可以不考虑手段。因此，往往缺乏对法律程序的尊重，对"合法程序"的考虑较少，是随时可变的政策而不是稳定的制度在社会管理中占优势。这样，社会规则由于缺少有效的监督而难以履行，而人们对社会规则的遵守也掺入了"理性的狡计"，我只需在众人面前高唱道德，假装道德，至于在人后如何去做，哪怕是恶贯满盈也对我的形象毫发无损。

现代社会，程序是社会制度化和制度现代化的基石。在现代交往中，人们之间互不熟悉，而且很多情况下是单次或一次性交往，这就要求对个人进行最严格的要求和最明确的强制，尤其是对交往过程的规则进行明晰，当过程是确定的，一般交往的结果也更可预期和更加确定。而且，这种过程性规则并未限制交往主体的活动自由，反而为主体之间的广泛交往和频繁互动提供了最佳保障。同时，程序化的设计在过程中对交往主体进行最低限度、最一般、最起码的限制和要求，从而以最小的强制确保交往的有序化和结果的公正性，为个体行动提供最大的机会空间和活动空间。

三、制度思维的理性化要求

制度是理性的结晶。党的十八届四中全会提出，要引导和支持人们理性表达诉求，依法维护权益，树立法律权威，形成全民守法的精神，要有真诚的"法律信仰"。这是制度思维和法律思维对人们的理性化要求，即不仅要在行为上遵守规范、规则，更要在信念上认可制度承载的价值理念。

首先，树立制度和法律的权威。美国法律界有一句谚语："美国联邦法院不会因为正确才有权威，而是因为有权威才正确。"所以，只要是联邦法院的终审判决，就是"判例法"，在司法实践中就要受到一致的遵照和执行。这就是法律、规则的权威，也是一般制度的权威性之所在。走法律程序、按法律规定判案、服从法律判决，是法律制度的理性精神。习近平总书记指出："法律要发挥作用，需要全社会信仰法律。卢梭说，一切法律中最重要的法律，既不是刻在大理石上，也不是刻在铜表上，而是铭刻在公民的内心里。我国是个人情社会，人们的社会联系广泛，上下级、亲戚朋友、老战友、老同事、老同学关系比较融洽，逢事喜欢讲个熟门熟道，但如果人情介入了法律和权力领域，就会带来问题，甚至带来严重问题。"① 只有在全社会树立制度、法律的权威，才能形成办事依规、遇事找法、靠制度解决问题的社会氛围，改变遇事找关系、走后门，僭越法律程序的"人治"观念。

其次，依法依规办事。由于社会关系极其复杂，人们的价值观倾向于多元化，要在纷繁复杂的事务中拿捏好分寸是非常难的。但是，制度通过规则的形式明确了权利义务、确立了利益关系，并且平等地对待各方利益主体。这样，制度、规则就为处理问题定好了尺度，这就是我们行为的参照。习近平总书记深刻指出："要引导全体人民遵守法律，有问题依靠法律来解决，决不能让那种大闹大解决、小闹小解决、不闹不解决现象蔓延开来，否则还有什么法治可言呢？要坚决改变违法成本低、守法成本高的现象，谁违法就要付出比守法更大的代价，甚至是几倍、十几倍、几十倍的代价。当然，这是一个过程，要逐步在广大干部群众中树立法律的权威，使大家都相信，只要是合理合法的诉求，通过法律程序就能得到合理合法的结果。"② 有问题依

---

① 《习近平关于全面依法治国论述摘编》，中央文献出版社 2015 年版，第 88—89 页。

② 《习近平关于全面依法治国论述摘编》，中央文献出版社 2015 年版，第 88 页。

靠制度、法律解决应当成为全社会的共识，当全体公民自觉运用法律武器捍卫自己权利、履行自己义务时，社会尊崇制度的理性精神就会蔚然成风，维护公平正义的制度思维得以形成。

四、制度思维的非人格化要求

制度思维是规则之治，是一种非人格化的治理。制度的一般性和普遍性特征决定了规则的制定不能与特定的人和利益相联系，如果制度的规定与特定的人和利益挂钩，就会导致公器私用、以权谋私，使更多人的权利受到侵害。

从人类社会发展的进程来看，人格化的权威与非人格化的权威始终存在并发挥着各自的作用。在中国的传统社会，国家是由许多相互封闭的"熟人社会"构成，每个小社会群体自成一统，有最适合本族群的治理之人和治理之则，人格化的权威与非人格化的权威相得益彰，而且，非人格化权威的有效性更大程度上依赖于人格化权威的魅力和影响力。这种对人格化权威的崇尚至今仍有根深蒂固的影响，表现在，我们对规则的遵守只有尽量转化为人格化的权威才能被接受，否则，其效力就会大打折扣。比如，红灯停、绿灯行是一种非人格化的权威和制约，但是如果交警不在现场，对这一规则的遵守就会出现问题，"法不责众"、"中国式过马路"就是对非人格化权威的漠视。

人们进入现代社会，交往规则发生了巨大的变化，"对事不对人"的原则更适合开放复杂的陌生人社会，"契约"代替"身份"和"血缘"对调节人们相互之间的关系日益起着主要作用。人们遵守共同的法律规定、规则，而不是遵从哪一个统治者的个人意志，最大限度地保护了个人的主体地位和人格尊严；人们承认的是法律、制度的权威，而不是执法者的权力，一切对权力的恣意使用都变得不可能；所有人都平等地适用于各项规则，没有哪个人超出规则和秩序的约束范围，社会秩序更加井然。人们遵从法律等制度，就像遵守自然规律一样，丝毫不会感到被强制、被奴役，反而有更大的自由度去选择自己的行为目的，对自己的预期有所创造，人的价值性和主体性获得了制度上的支撑。因而，制度思维的非人格化要求提供了最大限度的社会自由，降低了社会治理的成本和不确定性。自觉运用制度思维，恪守非人格化权威，接受非人格化权威制约，用制度、规则推动各项工作、解决问题是现代制度文明的根本内涵。

五、制度思维的民主化要求

自从进入现代社会，民主与自由就成为现代制度的核心特征。但是，这两大特征孰轻孰重？对这一问题的回答还是应当联系制度制定的原初目的来看。我们知道，维系社会关系稳定、形成社会秩序是制度的首要价值，因而，这一问题似乎可以转化为：一个承诺自由的现代社会如何形成稳固的社会秩序？结论是：民主。近代以来，民主一直被认为是现代社会兑现自由承诺的最佳制度方案和制度思维。

在政治学中，自由从来就没有在随心所欲、为所欲为的意义上给予肯定；相反，自由意味着限制，意味着人们的行为有不可逾越的边界，没有约束的自由最终导致社会混乱。所以，民主作为一种制度安排首先体现为一种协商和对话机制，民主以宽容的态度尊重人的利益的多样性，关注每个人的实际需求。协商和对话、达成一致要求当事双方都作出让步和妥协，每个利益主体都要付出一定的代价。所以，民主制并不承诺每个社会成员时时处处都能得到好处，有时候个体所承受的损失极其巨大。但是，从根本上说，在协商和对话机制内，现实社会中每个人都有权利平等地参与对话、协商和讨论，并将这种对话模式确立为一种长期有效的制度机制稳定下来，提供人们表达自己见解、宣称自己利益、提出自己建议和主张的渠道，即使是和别人相左的观点也能得到理解和尊重。这样，人们的长远利益、根本利益和社会整体利益都将得到保障和实现，自由也才成为可能。

其次，民主制度确立以人民利益为中心，赋予人民当家作主的权利。在现代社会，民主已经超出西方政治文化传统成为世界大多数国家的共识，普遍做法是将民主原则载入宪法，把赋予人民当家作主的权利制度化。生活在社会中的人都有被国家尊重的需要，有获得自由的强烈愿望，而不希望处于一种被奴役和任人摆布的状态。民主制度就是公开承认个人自由、独立人格、尊严和价值为前提，承诺保护每个社会成员公开的和公平的个人权利，使人们享有从言论到行动、从经济到政治领域的各项权利。在民主制度下，个人自由和权利才成为现实。

最后，民主制度有效地实现了对国家和政府权力的监督和制约。民主制度解除了一个既定的统治者、一个既定的特权阶层对权力的垄断，人们成为最强大最有力的监督者。在人民监督下，领导者丧失了按照自己的意图为所欲为地发号施令、希望自己一个人说了算以及为私人谋利的任何机会和条件。人民积极主动地把国家政治生活、经济生活、社会生活等领域的事情当作自己的事来关心，努力推进和维持社会的繁荣、发展和稳定。可见，在民主制度下，人们的自由得到保障和维护；同时，人们也积极地创造自由、不断地扩大自由。

第四节　制度思维的方法论运用

在党的十八大以来的治国理政实践中，制度思维得到了很好的贯彻和运用。党的十八届三中全会把完善和发展中国特色社会主义制度，推进国家治理体系和治理能力现代化作为全面深化改革的总目标，在各个领域和部门深化体制改革、加强制度建设、推进顶层设计，制度体系的"四梁八柱"已基本搭建起来，制度的执行力和有效度也得到了很大提升。尤其是党的十八大以来，习近平总书记提出要"扎紧制度的笼子"，将制度作为从严管党、治党的根本方略和长效机制，制度思维在管党、治党的实践中得到了有效地贯彻和运用。习近平总书记指出："铲除不良作风和腐败现象滋生蔓延的土壤，根本上要靠法规制度。"①

一、从严管党、治党的制度思维体现在加紧制度建设上

制度具有根本性、全局性、稳定性和长期性，从严治党的规范化、长期化，靠的就是完善的法规制度。立规矩、严纪律是从严管党、治党的关键。党的十八届六中全会提出，纪律严明是全党统一意志、统一行动、步调一致前进的重要保障，是党内政治生活的重要内容。必须严明党的纪律，把纪律挺在前面，用铁的纪律从严治党。习近平总书记多次强调建章立制、立规矩、严纪律的重要性，"要建立健全相关制度，用制度管权管事管人"②，"要坚持有令必行，有禁必止。坚决查处各种违反纪律的行为，使各项纪律规矩真正成为'带电的高压线'，防止出现'破窗效应'"③。"把纪律挺在前面，坚持纪严于法、纪在法前，才能克服'违纪只是小节、违法才去处理'的不正常状况，用纪律管住全体党员。"④

党的十九大报告将过去五年党的制度建设总结为：党的建设制度改革深入推进，党内法规制度体系不断完善。建章立制就是扎好、扎紧制度的笼子。2013 年 5 月，《中国共产党党内法规制定条例》和《中国共产党党内法规和规范性文件备案规定》发布。随后，中央对新中国成立以来的党内法规和规范性文件进行了系统清理。2013 年 11 月，中央又颁布《中央党内法规制定工作五年规划纲要（2013—2017 年）》，对之后五年中央党内法规制定工作进行统筹规划，推动党内法规制度体系建设。2015 年 8 月，中共中央印发了修订后的《中国共产党巡视工作条例》。2015 年 10 月，中共中央印发了修订后的《中国共产党纪律处分条例》和《中国共产党廉洁自律准则》。2016 年 6 月，中央

---

① 《习近平关于全面从严治党论述摘编》，中央文献出版社 2016 年版，第 187 页。

② 《习近平关于全面从严治党论述摘编》，中央文献出版社 2016 年版，第 110 页。

③ 《习近平谈治国理政》第二卷，外文出版社 2017 年版，第 181 页。

④ 《习近平关于全面从严治党论述摘编》，中央文献出版社 2016 年版，第 114 页。

政治局审议通过《中国共产党问责条例》。同年 10 月，党的十八届六中全会审议通过《关于新形势下党内政治生活的若干准则》和《中国共产党党内监督条例》，以加强和规范党内政治生活、加强党内监督。五年来，中央把全面深化改革和制度创新有机结合起来，以党章为根本遵循，共修订颁布了 90 余部党内法规。有学者认为，党的十八大以来关于制定和修订党内法规制度的任务已经基本完成，科学的党内法规制度体系初步形成。

二、从严管党、治党的制度思维体现在狠抓落实和严格监督执纪上

制度的生命力在于执行，不能停留于文件、挂在墙上。有制度而不执行，制度就被虚置、成为摆设，就会形成"破窗效应"。习近平总书记曾经指出："我们的制度不少，可以说基本形成，但不要让它们形同虚设，成为'稻草人'，形成'破窗效应'。"①"要狠抓制度执行，扎牢制度篱笆，真正让铁规发力、让禁令生威。"② 为提高制度落实的成效，习近平总书记着重提出了两方面的要求。一方面，加大落实制度的力度，提出要"九分落实"，"制定制度很重要，更重要的是抓落实，九分气力要花在这上面"。③ 另一方面，要保证制度执行一视同仁。他要求"要坚持制度面前人人平等、执行制度没有例外，不留'暗门'、不开'天窗'，坚决维护制度的严肃性和权威性，坚决纠正有令不行、有禁不止的行为，使制度成为硬约束而不是'橡皮筋'"④。

扎紧的制度笼子已经形成反腐败的高压态势和压倒性态势，我们始终坚持以零容忍的态度惩治腐败。2012 年 12 月，中央政治局会议审议通过了改

---

① 《习近平关于严明党的纪律和规矩论述摘编》，中央文献出版社 2016 年版，第 81 页。

② 《习近平关于党风廉政建设和反腐败斗争论述摘编》，中国方正出版社 2015 年版，第 127 页。

③ 《习近平关于党风廉政建设和反腐败斗争论述摘编》，中国方正出版社 2015 年版，第 129 页。

④ 《十八大以来重要文献选编》（中），中央文献出版社 2016 年版，第 95 页。

进工作作风、密切联系群众的八项规定。"上百份文件管不住一张嘴"的局面得到了纠正，被认为难以刹住的歪风邪气得到有效遏制。中央八项规定紧盯年节假期，抓早抓小、串点成线，遏制"舌尖上的浪费"、刹住"车轮上的腐败"、整治"会所里的歪风"。到今天，我们惊喜地发现，违反规定的增量在不断减少，百姓身边的腐败现象也少了，社会风气实现了根本好转。

党的十八大以来，我们始终坚持"打虎"无禁区，"拍蝇"零容忍，"猎狐"撒天网，利剑高悬，愈显锋芒，巡视监督的震慑效应不断扩大。主要动作有：查处腐败大案要案毫不手软，形成强大震慑效应；探索实践监督执纪"四种形态"，有效遏制腐败蔓延势头；狠抓国际追逃追赃，让腐败分子无藏身之地；推动正风反腐向基层延伸，着力解决群众身边的腐败问题；等等。①

用制度管党才能真正实现从严治党，只有完善体制机制，才能构建不敢腐、不能腐的"铜墙铁壁"，才能引导不想腐的价值信念；只有用制度的强制约束和刚性约束彻底解决管党、治党"宽松软"的问题，才能营造良好的政治文化和风清气正的政治生态；只有切实做到制度制定与制度执行并重，严格执纪，敢于动真碰硬，不放过每一件小事，做到执行制度没有例外、没有禁区，让违纪必查、违规必究成为常态，才能实现管党、治党的"严实硬"，从根本上、从长远上不断推进从严管党、治党的实践。

第五节　提高运用制度思维进行社会治理的能力

党的十八届三中全会将国家治理体系和治理能力的现代化作为全面深化改革的总目标，其基本理念是运用国家制度管理社会各方面的事务。国家治理体系和治理能力现代化是一个国家制度和制度执行能力的集中体现，党的

---

① 参见温红彦等：《坚决打赢反腐败斗争这场正义之战——党的十八大以来反腐败斗争成就述评》，《人民日报》2017 年 9 月 18 日。

十九大报告进一步提出了加强社会治理制度建设的任务和要求。

一、运用制度思维构建公平正义的社会制度环境

近年来，人民群众的公平意识、民主意识、权利意识不断增强，对社会不公问题的反映越来越强烈。习近平总书记指出："这个问题不抓紧解决，不仅会影响人民群众对改革开放的信心，而且会影响社会稳定。"[1]"如果不能给老百姓带来实实在在的利益，如果不能创造更加公平的社会环境，甚至导致更多不公，改革就失去意义，也不可能持续。"[2]公平正义是中国特色社会主义制度的内在要求，我们必须加紧建设对保障社会公平正义具有重大作用的制度，建立以权利公平、机会公平、规则公平为主要内容的社会公平保障体系，要把促进社会公平正义、增进人民福祉作为一面镜子，审视我们各方面的体制机制和政策规定，哪里有不符合促进公平正义的问题，哪里就要改革，哪个领域哪个环节突出，就是我们改革的重点。同时，要通过创新制度安排，努力克服人为因素造成的有违公平正义的现象，构建公平正义的社会制度环境。

二、运用制度思维创新和完善社会保障制度

社会保障的作用在于保障全社会成员基本生存与生活需求，特别是保障公民在年老、疾病、伤残、失业、生育、死亡、遭遇灾害、面临生活困难时的特殊需要，因而是一个社会的"安全阀"和公民生活的"保护伞"，是社会公平正义的集中体现。如何让改革发展成果更多惠及全体人民，提高人民的幸福感、获得感、安全感是社会治理能力提升的核心指标。党的十九大报告

---

[1] 《十八大以来重要文献选编》（上），中央文献出版社 2014 年版，第 552 页。

[2] 《十八大以来重要文献选编》（上），中央文献出版社 2014 年版，第 552—553 页。

对加强社会保障体系建设作了系统部署：按照兜底线、织密网、建机制的要求，全面建成覆盖全民、城乡统筹、权责清晰、保障适度、可持续的多层次社会保障体系。报告提出全面实施全民参保计划，完善城镇职工基本养老保险和城乡居民基本养老保险制度，尽快实现养老保险全国统筹；完善统一的城乡居民基本医疗保险制度和大病保险制度，完善失业、工伤保险制度；建立全国统筹城乡社会救助体系，完善最低生活保障制度；完善社会救助、社会福利、慈善事业、优抚安置等制度，健全农村留守儿童和妇女、老年人关爱服务体系；坚持房子是用来住的、不是用来炒的定位，加快建立多主体供给、多渠道保障、租购并举的住房制度，让全体人民住有所居；等等。学有所教、劳有所得、病有所医、老有所养、幼有所育、弱有所扶、住有所居的社会治理和服务体系初步形成，从而有利于实现社会关系的和谐和社会的长治久安。

三、运用制度思维加强预防和化解社会矛盾机制建设

预防和化解社会矛盾是社会治理的重要内容。当前，随着经济社会快速发展，人们的利益多元化、多样化、多层次化，社会矛盾凸显，给社会治理带来诸多难题。寻求矛盾预防和化解的制度解决之道，做到有预警、有处理、有跟踪，把社会矛盾的发生、发展和解决控制在有序的范围内，对社会稳定和发展至关重要。因此，对应这几个环节，主要做好以下三个方面：第一，搭建基础平台，畅通利益诉求渠道，建立社会矛盾预警机制。矛盾不可能一日发生，矛盾的累积和激化是在利益不断博弈的过程中发生的，长期得不到回应的利益诉求往往会导致事件的"井喷"而难以控制。建立社会矛盾产生、发展的全过程动态监测机制和排查机制，信息收集和反馈机制，及时发现矛盾，能早处理则把矛盾消灭在萌芽状态；不能处理，则实时跟踪矛盾的发展，寻找解决矛盾的时机，防止滑向无法解决的"失控"状态。第二，健全矛盾调节机制。社会矛盾纠纷涉及方方面面，需要各职能部门整合资源、联动解决，现实中很多矛盾是在部门之间的推诿中被激化的。党的十九

大报告指出，要完善党委领导、政府负责、社会协同、公众参与、法治保障的社会治理体制，提高社会治理社会化、法治化、智能化、专业化水平。在社会实践中要探索多元化的社会矛盾调节组织，以基层组织为中心，推进专业性行业性调解组织建设以及第三方主体参与的调解平台建设。积极整合社会内部资源，引导自治组织健康成长，形成基层自主化解机制。第三，构建矛盾解决评估机制和利益受损者救助救济机制。矛盾解决后要及时评估事件的处理程度和社会影响，提高社会矛盾处理的满意度和有效度，不留隐患，不留盲点，防止死灰复燃。对于在矛盾和冲突中已经受到伤害的一方则及时提供司法救助、物质和精神救助，赏善罚恶，使社会的公平正义得到最大限度的体现。

四、运用制度思维打造共建共治共享的社会治理结构

党的十九大报告提出，加强社区治理体系建设，推动社会治理重心向基层下移，发挥社会组织作用，实现政府治理和社会调节、居民自治良性互动。制度思维不是制定出制度来让大家被动地遵守，而是通过规则的制定和引导，形成自我管理、自我发展、自我服务的充满活力的社会氛围。共建共治即共同参与社会建设，共同参与社会的治理。在政府主导和一系列政策安排下，鼓励社会主体和各种社会力量参与教育、医疗、卫生、就业、社保和社会服务的相关领域，为社会不同主体平等协商对话创造机制和平台，引导社会各界和广大人民群众有序参与社会规则的制定和落实，促进社会组织在公益慈善、社会救助等领域参与社会建设的能力和活力。今天，广大群众对民主、自由、法治、公平正义和社会公共事务的关注度空前高涨，有强烈的参与意识和责任意识，党和政府对此要积极引导，为人民群众参与社会治理创造宽松的制度环境，从而使人民群众的获得感、满足感、幸福感更加充实、更可持续、更有保障。

第十五章　开放思维与融合发展能力

　　人类的思维本身是多元多维的，开放性是思维本身的内在要求，从人类诞生之初到现在，直到遥远的未来，人类的思维意识中都不能缺少开放思维。没有开放思维，人类将依然沉浸在循环封闭的思维怪圈里难以自拔。没有开放思维，就不会实现人类认识的飞跃，也不会有社会实践的跃迁，更不会有对思维方式本身的反思。问题在于基于不同的社会历史条件，开放思维的具体表现形式不同、所代表的意义不同，进而在社会实践中的地位和作用也不同。社会历史进入到更加开放的 21 世纪，人类对于开放思维的呼唤比以往任何时代都更加强烈，这既契合了当今社会融合发展的趋势，反过来也是融合发展的具体表征。对于广大领导干部而言，有没有开放思维、在多大程度上开放思维，是考验领导干部顺应时代发展趋势，紧跟社会发展潮流，实现思维能力现代化的重要指标。而作为开放时代必须具备的一种思维能力，这又与领导融合发展的能力紧密联系在一起，直接关系和影响到融合发展的广度、深度、速度和效度，体现为所在地区部门落实开放发展战略的责任担当和能力水平。因此，树立开放思维，提升融合发展能力是领导干部胜任建设社会主义现代化强国、实现中华民族伟大复兴中国梦的必然要求。

第一节　开放思维的形成和确立

　　人类的任何一种思维方式都有其形成和发展的过程，开放思维是在漫长的人类社会实践过程中逐步形成和确立起来的，是基于自然生物的开放性特征，在物质交换、政治交往、文化交流、生态交融基础上逐渐形成的。进入信息时代，随着互联网技术的发展，网络虚拟社会更为开放思维提供了全新的实践背景和舞台。

一、开放思维的生物学前提

现代系统论告诉我们，世界是由相互作用、相互依赖的若干部分结合而成的有机整体，任何一个系统都要通过与环境进行物质、能量和信息的交换，保持开放性来维系系统自身的生存和发展。这种能够进行交换的能力或属性被称为系统的开放性。与其相反，当系统阻止自身与环境进行交换时，则是封闭性的系统。一般来说，只要是真实的系统就或多或少地存在着与环境的交换，因而都是开放的。生物之所以能够进化正是由于它同周围环境不断进行物质、能量和信息的交换，并且朝着有序程度放大的方向发展。作为自然肉体存在物的人也是一个系统，人自身存在的二重性特征决定人每时每刻都要与外界发生物质、能量和信息的交换。马克思说："人双重地存在着：从主体上说作为他自身而存在着，从客体上说又存在于自己生存的这些自然无机条件之中。"[①] 人只有开放自身，通过各种感觉器官与外界进行交换才能维持生命过程，如果闭目塞听，没有空气、能量等的摄入和输出、生命系统就会因陷入封闭而走向终结。这是生物肉体存续的客观必然性对人的制约，同时也提供了人类思维具有外向性、开放性的生物学基础，人恰恰是在这个过程中通过现实的实践活动，在与自然的互动中，不断更新自身对世界的认识，确立认识的来源、性质和途径，继而实现对思维过程的反思，拓展思维的向度。应当认识到，人自身生存的开放性从一开始就与动物的本能性生存状态有质的区别，当人的行为和意识通过劳动、使用语言和符号进行能动的

---

① 《马克思恩格斯选集》第 2 卷，人民出版社 2012 年版，第 744 页。

创造性活动时，人类的思维就开始在生物性基础上，在逐渐走向开放的过程中展现出社会历史性的要求，即在满足生存需要的每一次实践活动中不断增加开放度，不断推进思维向开放性发展。

二、开放思维的历史唯物论基础

唯物史观告诉我们，社会存在决定社会意识，社会意识是社会存在的反映。思维方式归根结底是一定时代的实践的产物，社会生活的实践内容决定了思维内容、思维方式和思维指向，而思维特征反映了人类生存环境的特征。有什么样的生存条件就会产生什么样的思维方式。开放思维的形成与人类社会实践的每一次发展密切相关，社会实践领域、范围的不断扩大也推进了开放思维的深化和拓展。人类的思维活动可以影响生产生活，思维自身的发展也必然受到自然界和整个社会环境的不断影响。

在人类社会的早期，人们生活在相对隔绝的不同区域内，以先天的物质生产条件为基础，从事着各不相同的生产活动。自然资源的差异性就像人类个体先天禀赋的差异性一样是普遍并且客观存在的，它直接影响和决定着不同区域生产的水平、形式和内容。生产力发展水平低下，制约着不同区域人们彼此之间的相互往来，有限的物质资源不足以支撑大规模和大范围的交换。当生产力的发展带来剩余产品时，基于互通有无的目的，简单的物物交换才开始形成。

生产力在几千年的历史中缓慢发展着，以 15 世纪新航路的开辟为标志，世界近代史正式发端，快速增长的生产力及其"不断扩大产品销路的需要，驱使资产阶级奔走于全球各地。它必须到处落户，到处开发，到处建立联系"[①]。资产阶级通过大工业，不仅打破了原先的民族的地域的狭隘历史限制，而且扩大了人们之间的交往和联系。经济活动的全球联系和空间布展使

[①] 《马克思恩格斯选集》第 1 卷，人民出版社 2012 年版，第 404 页。

世界开始形成为统一的整体。各民族由过去相对孤立的发展、走向全面的彼此影响、彼此渗透、彼此对抗的历史状态和趋势。马克思指出："资产阶级，由于开拓了世界市场，使一切国家的生产和消费都成为世界性的了。"①

英国经济学家大卫·李嘉图适时而出，他在 1817 年出版的《政治经济学及赋税原理》中，针对日益频繁的国际贸易，提出了比较优势原理，为自由贸易政策提供了理论基础。这是一项重要的、至今仍然没有受到挑战的经济学的普遍原理，具有很强的实用价值和经济解释力。李嘉图认为两个国家在进行国际贸易时，每个国家按照自身的比较优势从事专业化的分工生产，同时出口商品，进口该国处于比较劣势的商品，这样，在参与自由贸易的国家中，它们不仅能够出口自己的商品，而且也能够通过贸易往来获得自己所需要而自己国内生产产量不足或处于劣势的商品，使自由贸易双方都能从贸易中得到自己的利益需求，进而提升福利水平。比较优势理论从劳动生产率差异的角度不仅解释了国际贸易发生的重要原因，而且也在促使英国工业资产阶级不断地将自由贸易政策推广到其他国家，逐渐形成以英国为中心的国际分工的新格局。它极大地推动了当时的资本积累和生产力的发展，并为本就已经存在并联系日益紧密的国家间的商品交流提供了理论支撑，为国家之间在物质交往基础上进行更为全面和丰富的开放提供了具有说服力的理论解释。

1848 年马克思、恩格斯合著的《共产党宣言》发表，在这篇闪耀着唯物史观原理光芒的著作中，马克思、恩格斯分析了由于生产力的巨大发展，资本主义方式和交往方式迅速在全世界范围内扩张蔓延的历史趋势，揭示出资本主义最终被共产主义所取代的历史命运。可以说，历史向世界历史的转变是生产力与生产关系矛盾运动的必然结果。在这一过程中，伴随着生产力发展而来的是与之相适应的交往方式的普遍化。随着交往的普遍化的发展，不仅使生产力与交往形式的矛盾跨越了民族和地域的局限，而且也伴随着世

---

① 《马克思恩格斯选集》第 1 卷，人民出版社 2012 年版，第 404 页。

界市场的不断开拓，在此基础上，推动了各个国家、各个民族之间的相互联系、相互影响、相互渗透的整体性运动和整体性发展，导致了历史向世界历史的转变。换言之，生产力与交往形式之间的矛盾运动不再局限于民族或国家，而是突破了民族性和地域性的限制形成为一个复杂的矛盾运动体系。正是在这种运动中，"过去那种地方的和民族的自给自足和闭关自守状态，被各民族的各方面的相互往来和各方面的互相依赖所代替了。物质的生产是如此，精神的生产也是如此"①。"资产阶级日甚一日地消灭生产资料、财产和人口的分散状态。它使人口密集起来，使生产资料集中起来，使财产聚集在少数人的手里。由此必然产生的结果就是政治的集中。各自独立的、几乎只有同盟关系的、各有不同利益、不同法律、不同政府、不同关税的各个地区，现在已经结合为一个拥有统一的政府、统一的法律、统一的民族阶级利益和统一的关税的统一的民族。"②

三、开放思维的自然科学基础

1886年恩格斯在《路德维希·费尔巴哈和德国古典哲学的终结》中指出："随着自然科学领域中每一个划时代的发现，唯物主义也必然要改变自己的形式。"③自然科学的划时代的发现，必然带来新的认知启迪。原子能技术、电子计算机技术、空间技术、激光技术、生物技术、新材料技术等高新技术蓬勃兴起，人类接触的对象不断复杂化，经常会遇到大范围、高参量和超微、超宏的问题。这时，传统的思维范式已经无法有效地认识事物与解决问题，这在客观上推动着人们不断探索认识复杂事物的方法。自然科学进入了大综合、大整理阶段，边缘学科和交叉学科普遍兴起，跨学科研究成为一种趋势，开放思维也成为一种必然要求。

---

① 《马克思恩格斯选集》第1卷，人民出版社2012年版，第404页。
② 《马克思恩格斯选集》第1卷，人民出版社2012年版，第405页。
③ 《马克思恩格斯全集》第28卷，人民出版社2018年版，第335页。

　　科学技术的重大变革，特别是互联网的出现，使开放思维的确立成为必需和必然。开放性和共享性是开放思维方式在网络空间维度上的本质特征，是由网络的开放性和分布式结构决定的。最早从理论上提出网络共享思想的是加拿大学者麦克卢汉，他在互联网诞生之前就宣告网络将给人类带来一种超越分工个体的生命智慧。他认为，传统工业世界的特点是分工，创新不能由制度内在生成，而共享则是内生的融合润滑剂，是创新的助产婆。这种网络智慧意义上的知识，是在人们的互动中产生的，而对于人们的共同创造物，最合理的分配方式不是产权分割，而是共享。开放思维方式彻底打破了传统思维方式的封闭性的等级式结构，而形成一种全方位开放的、实时互动的分布式结构。

第二节　开放思维的内涵和要求

　　如前所述，开放思维的形成和确立，不仅具有生物学前提和自然科学基础，而且更重要的具有历史唯物论的理论基础。这种分析，对于正确把握和揭示开放思维的丰富内涵无疑是必要的，但对于开放思维的分析，显然还必须在此基础上，进一步深入到对于其内涵和要求的深刻揭示上。

一、开放思维的内涵

　　开放思维作为一种科学思维的方法，指的是思维主体以积极主动的姿态，在一个全新的视角、方位和领域寻求对问题解决的一种思考方式。与传统片面的、孤立的、封闭的、被动的、消极的思维不同，这种思维是一种全面的、联系的、敞开的、多维的、主动的、积极的思维，是人类思维得以发展和进化的内在活力和内在根据。人类思维本身具有概括性和超越性两个基本特征。所谓概括性是指在大量感性材料的基础上，运用分析、综合、比较等方法把一类事物共同的、本质的属性或特征抽取出来，人们往往利用概念对这些属性或特征加以归纳。概括是思维活动灵活度和速度的重要表征，概括性越高，知识的系统性越强、迁移越灵活，人的思维越具有开放性。所谓超越性是指超越时间空间和具体的人事物，换句话说，就是不局限于一时一地对思维的束缚，能够以外在于事物的特性实现认知。现代人类思维进入一个新阶段的显著特征和标志就是开放性，即开放思维。

马克思早在19世纪40年代，就对由于资本的扩张而引发的世界各国之间的密切联系和普遍交往的趋势进行了揭示，并提出了"世界历史"的重要思想。马克思指出："由于机器和蒸汽的应用，分工的规模已使脱离了本国基地的大工业完全依赖于世界市场、国际交换和国际分工"①，在这种情况下，资产阶级资本利润的贪婪，不断地迫使自己在全球范围内开拓市场，"使一切国家的生产和消费都成为世界性的了。使反动派大为惋惜的是，资产阶级挖掉了工业脚下的民族基础。古老的民族工业被消灭了，并且每天都还在被消灭。它们被新的工业排挤掉了，新的工业的建立已经成为一切文明民族的生命攸关的问题；这些工业所加工的，已经不是本地的原料，而是来自极其遥远的地区的原料；它们的产品不仅供本国消费，而且同时供世界各地消费。旧的、靠本国产品来满足的需要，被新的、要靠极其遥远的国家和地带的产品来满足的需要所代替了"。② 恩格斯也指出："大工业便把世界各国人民互相联系起来，把所有地方性的小市场联合成为一个世界市场，到处为文明和进步做好了准备，使各文明国家里发生的一切必然影响到其余各国。"③ 很显然，在这样一个开放的世界中，以往那种局部的、地域性的、民族性的思维已经不合时宜，代之而起的便是与这种开放世界的开放要求相适应的开放思维。

---

① 《马克思恩格斯选集》第1卷，人民出版社2012年版，第246页。

② 《马克思恩格斯选集》第1卷，人民出版社2012年版，第404页。

③ 《马克思恩格斯选集》第1卷，人民出版社2012年版，第299页。

二、开放思维的要求

开放思维既然指的不是局限于一时、一地、一事、一族的思维，那么，理解和把握这种思维，就需要按照开放的要求来进行思维，按照开放思维的内在要求来进行思维。

（一）从实体转向关系

现代以来人类实践和科学成果所表现出来的重大变化，必然要求人的思维适应这种变化发生变化。如果说传统的思维仅仅局限于以"实体"为中心的实体思维的话，那么现代思维必然是一种以"关系"为中心的关系思维。马克思指出："当我们深思熟虑地考察自然界或人类历史或我们的精神活动的时候，首先呈现在我们面前的，是一幅由种种联系和相互作用无穷无尽交织起来的画面。"[①]

"实体"概念是由古希腊哲学家亚里士多德首次提出的。在这之后，这一概念就被西方哲学史上许多哲学家所使用并延续了下来。"实体"的基本含义是指它不受任何事物所决定，但能够成为世界万事万物的本原。正因为如此，亚里士多德将"实体"不仅视为一切属性的承担者，而且赋予其语言和逻辑意义上的"主词"的地位，并用来说明其他表示数量、性质的范畴。实体范畴起源于古希腊哲学对万物本原的探讨。实体思维在哲学中就表现为以本体论为代表的认知思维。人们相信尽管世界上事物是多种多样的，但是在其本源上都从属于一个最终的、可靠的实体这一基础和本原，因此，要解释万事万物的生成变化，就需要从某个实体中找到解释。泰勒斯被公认为是西方历史上第一位哲学家，是基于泰勒斯说了"水是世界的本原"这样的话，这个已经被证伪的命题具有极为重要、不朽的开拓性价值。从泰勒斯的"水"开始、阿那克西米尼的"气"、赫拉克里特的"火"直至毕达格拉斯的

---

① 《马克思恩格斯选集》第 3 卷，人民出版社 2012 年版，第 539 页。

"数"、德谟克利特的"原子",都在试图找到构成世界的本原和根据以及世界运动背后的规律和原因,本原代表着人类思维超越表象的渴望,实体思维表达了人类追求确定性的要求。马克思主义哲学吸取了以往哲学中实体范畴的合理因素,将对实体的理解凝结为"物质"概念。马克思主义哲学的实体观认为,世界的本原是物质的,物质不仅不依赖于意识而存在,还以自己的客观实在性作用于人的意识并且为的人的意识所反映。物质是客观的,可以被认识的,物质是一切属性的承担者,是多样性统一的基础;物质按其自身固有的辩证规律发展并包含着运动和发展的源泉,必须用辩证法研究物质世界。这是人类对自然界认识发展过程中的重要阶段。

伴随着人类对于实体认知的不断深化,从实体过渡到关系而形成的思维,是开放思维拓展的重要维度。关系是反映事物及其特性之间相互作用、相互影响的重要哲学范畴,是不同事物、特性的具体统一形式,是事物相互联系的必要因素。世界上的任何事物都不是孤立的,它不仅以自己所固有的特性存在着,而且也与其他事物形成一个个相互联系的链条,并处于与其他事物的一定复杂关系中。事物之间的这种联系性,不仅意味着事物之间具有彼此存在的同一性,而且这种联系也表明它们彼此存在着一致性或共同性,不同事物之间会形成一种统一形式。

关系不同则事物及其特性之间的联系方式不同,事物只有在同其他事物的关系中才能存在和发展,其特性才能表现出来。事物之间的关系是复杂多样的。有我们熟知的时空关系、因果关系、整体与部分的关系、内容与形式的关系以及遗传关系、函数关系、内部关系与外部关系,等等。除此之外,在社会实践中,人们不但建立了与客观事物的相互关系,而且建立了人和人之间的相互联系,形成各种社会关系。日益精细的现代分工和科学发展的整体化趋势,深刻揭示着事物的联系和关系的辩证性质。

通过揭示事物之间的相互关系,进而发现事物的本质和规律性成为现代科学的重要任务。经典物理学的重点在于探索物质实体的成分、种类、结构等,但是,从"老三论"开始,伴随着现代科学的发展,物理科学研究的日的已不再是描述其本身就是实体的自然，而是描述尽其所能地再现的各种相互关系的图式。如人类生活的世界是如何存在的？组成它的万事万物之间的关系是怎样的？在组成世界的多重关系中，到底是线性的还是非线性的、分型的还是混沌的？等等。简言之，现代物理学已经在转向对于关系、功能和结构等问题的探索和研究。

科学对关系、功能和解构等的研究，体现在哲学上，要求人们将对"存在"的理解，提升到动词的议题上来理解，去研究一切事物是如何存在的问题，这就突出了研究关系、理解关系的重要意义。举例来说，"矛盾"并不是一个实体概念，而是一个关系范畴。矛盾是指事物内部的诸方面间发生关系时，存在着差别与统一、排斥与联系的辩证关系。但是，这种基于差别、排斥之上的统一和联系，我们很长一段时间将其概括为"一分为二"，这就给人们对它们之间关系的理解产生了一种错觉，似乎世界上的任何事物都可以用"一分为二"来简单进行划分。实际上，这是把一个关系范畴当作了实体范畴，而其背后是以实体思维为主导，取代或消解了关系思维。把关系范畴理解成实体范畴就会导致思考方向的偏颇，而开放思维就是要从对实体的执着走向对关系的把握。在开放性的思维中，被关注和作为分析对象的是事物的关系，而不是某种存在物本身。这里所说的关系是指事物与周围世界和关系，以及人与事物的关系。这种关系不是抽象的，而是具体的，与人直接联系在一起的。人的卷入是这种关系存在的必要条件，也就是说，每一存在的事物都是从它与观察者的关系中去分析。当然，这种对关系的关注除了追问关系本身是什么，更重要的还要回答这些关系在什么程度上有意义和能够被有意义地描述或掌握。

（二）从还原转向生成

与实体思维相关联的是还原思维，这是人类在寻根探源的基础上形成的一种思维方式，是基于对事物的分析，将其恢复至最原始的状态，化整体为部分，由连续到离散，化复杂为简单的一种思维方式，其实质是把事物返回到其所在的整体系统与原初状态中去进行考察，以获得对事物的把握。这种寻根探源在人类文化创造的早期曾经累积出丰富的文化成果，表现在科学研究、艺术创造及人类生活的方方面面。它基于固定的因果关系，相信有其因必有其果，有其果必有其因，原因和结果之间是线性的单向联系，因此，既能把"原子"的性质和规律加和起来推导出总体的性质，也能通过把事物还原为原子从而得到对事物本质的认识和理解。还原思维认为运动过程是可逆的，过去和将来在时间上是完全对称的，在历史观上秉持循环论或命定论，只表面地看到事物发展过程中某些特征的重复现象，不懂得这不是简单重复，而是在对旧质"扬弃"的更高级基础上的重复；不是单纯的循环运动，而是由低级到高级、由简单到复杂的前进发展过程。它否定了发展的前进性质，把发展变成了毫无实际内容的空洞过程。在对人的认识上，要么把人还原成原子式的物质个人，要么把人还原为精神性的自我意识。

从生成性思维特征看，任何事物以及人本身从来都没有一成不变的永固本质，一切都处于永恒的变化之中，一切都在生成和未完成之中，事物及其本质是在其发展过程中生成的而不是在发展之前就已经存在的，只有从现实生活实践中才能把握事物本质的动态生成性、多样性和开放性。"世界不是既成事物的集合体，而是过程的集合体。"① 人类对于外界的认识在回答认识对象"是什么"的基础上，越来越追求"怎么样"和"可能会怎样"。这种追问方式的变化意味着人类认识视角和态度的根本性变化，更是思维方式的重大变化。"是什么"假定事物是先定的、已经完成了的存在；而探询"可能会怎样"则承认事物的多样性、丰富性和未完成性，它只是一定条件下、一定关系中的可能性状态，向未来敞开无限的可能性。所以，马克思指出："我们不是从人们所说的、所设想的、所想象的东西出发，也不是从口头说的、思考出来的、设想出来的、想象出来的人出发，去理解有血有肉的人。

---

① 《马克思恩格斯选集》第4卷，人民出版社2012年版，第244页。

我们的出发点是从事实际活动的人。"① 可见，重视事物的发展过程，而不是追求它们是什么，是生成性思维的重要特点。也只有保持使思维从还原走向生成，才能解开事物矛盾性、变化性的特质。

大数据时代的现代复杂性科学更是在数据采集、存储、传输、处理和使用的基础上，将一切对象都看作是有生命的、会演化的系统，最简单的几个要素通过非线性的相互作用，也有可能涌现出复杂的行为，因此，人不能根据简单的因果关系推导系统的行为。大数据时代对复杂性科学起到极大的推进作用，也给人类的思维方式带来复杂性的变化趋势。大数据时代的相关关系研究恰恰就是通过数据之间的关系来研究事物之间的非线性的相互作用，人们眼中的世界将不再是简单的、可以被还原的一个个单独的个体，而是时刻处于动态变化和生成过程中的复杂系统。过去的数据是某个时间采集到的静态数据，大数据时代的数据都是不断动态变化、随时随地都可以采集到的动态数据，可以直接反映当前的动态和行为。在人们的思维领域中，"现在"的概念将被放大，"现在"就是说话的此时此刻，事物的变化维度更精细，这使人们认知到世界上没有什么是一成不变的，要学会用生成性的眼光看待世界。

（三）从预定转向创造

"旧的研究方法和思维方法，黑格尔称之为'形而上学的'方法，主要是把事物当作一成不变的东西去研究，……必须先研究事物，尔后才能研究过程。必须先知道一个事物是什么，尔后才能觉察这个事物所发生的变化。"② 人类对于知识、科学、真理的思想体系的追求体现了预定思维的指向性要求，知识、科学、真理是人们力求正确地、深入地、系统地把握对象而形成的思想观念和方法系统。科学必须坚持尊重对象、尊重事实，不

---

① 《马克思恩格斯选集》第 1 卷，人民出版社 2012 年版，第 73 页。
② 《马克思恩格斯选集》第 4 卷，人民出版社 2012 年版，第 244 页。

能加入自己的主观意向，才能如实地把握世界的本来面目、把握它的规律，才能成为知识、真理和科学。而事实上，人类精神生活的全部内容不仅仅要追求真理，还要诉诸于价值，追求真理是创造价值和实现价值的基础。既要尊重和服从对象本身的存在和规律，还要以人的生存和发展为目的，完成创造性的实践活动。对于人来说，透过现象寻找本质，预先设计并等待未来固然重要，但通过人的劳动创造过程不断产生人本身及人生活于其中的现实世界才是人类实践的本质。在马克思看来，"整个所谓世界历史不外是人通过人的劳动而诞生的过程，是自然界对人来说的生成过程，所以关于他通过自身而诞生、关于他的形成过程，所以关于他通过自身而诞生、关于他的形成过程，他有直观的、无可辩驳的证明"①。人的劳动创造过程不断产生人本身及人的现实生活世界，也赋予多样性、偶然性等不确定性因素在人及其生活中所应有的价值和地位。尊重事物发生发展的多样性、偶然性和不确定性与把现实世界和人看作是一个过程是完全一致的。由于过程本身的复杂性、随机性，因此偶然性、多样性等就必然成为人类认知和思维的重要方面。过去在理解人和世界的关系时，往往认为人面对自己的对象时，就是一个反映关系，人的头脑、眼睛、思维都是为了正确地、准确地、深入地把握对象本身。而现在人和世界、主体和客体、人和自己对象之间的相互关系，展开了它的多面性、多维性、多元性。从整体上看，人类自我发展完善的多样性、丰富性问题，特别是生活本身多样性的问题呼唤从开放性的角度重新审视生产与生活之间的关系，成为和造就全面完整的人，实现从工具型的人到目的型的人、从能够创造财富到能够占有和支配财富的人，既能干活又能生活的主客体统一的、完整的人的转变，都离不开创造性。尊重、重视人在生活实践中自己选择创造的权利和责任，充分理解、尊重人的需要、能力及人的发展的多样性、多面性和多维性。

---

① 《马克思恩格斯文集》第 1 卷，人民出版社 2009 年版，第 196 页。

第三节　开放思维的实践运用

当今世界的发展，不仅证明了马克思、恩格斯关于世界历史预言的科学价值，而且也在越来越广泛、越来越深入、越来越频繁、越来越紧密的意义上推进着人类命运共同体的形成。在这样一个世界里，任何一个国家和民族要想实现自己的发展就不能拒绝这个世界，万物并育而不相害，道并行而不相悖。为此，就必须在实践中树立开放思维，应用好开放思维，在开放中推进世界现代化发展的历史进程。

一、世界历史在当代的实践形成

开放实践是人类社会发展的重要推动力量，科学技术的每一次重大变革都使世界的开放进入了一个新的阶段。地理大发现拉开了现代世界开放的序幕。全球化是世界历史深入发展的结果，是世界历史发展的新阶段。全球化要求各个国家和民族在超越空间、制度和文化障碍的意义上，实现全球范围内的经济、政治、文化的全方位交流和深度的沟通和融合，以达成越来越多的共同利益、共同价值认同以及实践上的协同互动的过程。

产业革命与世界开放出现的国际商品交换、工业国与原料国的分工、第二次科技革命与世界开放的全面形成、第三次科技革命与世界开放的新发展，资源的供应、科学技术的交流与合作、生产的过程、产品的流通和销售、劳动力的国际流动、跨国公司的发展……所有这一切基于社会生产力的发展而建构起来，现代世界就是一个开放的世界。从历史的角度看，经济全球化大致经历了三个阶段。第一个阶段是在第一次世界大战之前，西方国家靠殖民扩张和巧取豪夺瓜分世界的时期；第二个阶段是第二次世界大战结束后，社会主义和资本主义两大阵营的形成，在经济上出现了两个平行市场的冷战时期；第三个阶段是冷战结束后全球经济发展真正相互融合、相互依存，经济联系大大加强的时期。

二、中国改革开放的实践发展

开放是经济全球化条件下实现发展繁荣的必由之路，体现了经济发展的内在逻辑和普遍规律。在经济全球化和区域经济一体化深入发展的今天，没有哪个国家和地区能在一个自我封闭的空间里发展。纵观世界大国崛起历程以及发达地区的发展繁荣之路，一个共同特征就是善于利用外部市场和资源，加快自身发展。

早在 1984 年邓小平同志就指出："现在的世界是开放的世界。……关起门来搞建设是不行的，发展不起来。关起门有两种：一种是对国外；一种是对国内，就是一个地区对另外一个地区，一个部门对另外一个部门。两种关门都不行。"① 不改革开放就不能摆脱贫穷，不改革开放就只能死路一条。关于"改革开放"，在党的十七大报告中也做了精辟概括："从农村到城市、从经济领域到其他各个领域，全面改革的进程势不可当地展开了；从沿海到沿江沿边，从东部到中西部，对外开放的大门毅然决然地打开了。这场历史上从未有过的大改革大开放，极大地调动了亿万人民的积极性，使我国成功实现了从高度集中的计划经济体制到充满活力的社会主义市场经济体制、从封闭半封闭到全方位开放的伟大历史转折。今天，一个面向现代化、面向世界、面向未来的社会主义中国巍然屹立在世界东方。"②

"过去 40 年中国经济发展是在开放条件下取得的，未来中国经济实现高质量发展也必须在更加开放条件下进行。这是中国基于发展需要作出的战略抉择，同时也是在以实际行动推动经济全球化造福世界各国人民。"③ 面对世

---

① 《邓小平文选》第三卷，人民出版社 2001 年版，第 64—65 页。

② 《十七大以来重要文献选编》（上），中央文献出版社 2009 年版，第 7 页。

③ 习近平：《开放共创繁荣，创新引领未来：在博鳌亚洲论坛 2018 年年会开幕式上的主旨演讲》，人民出版社 2018 年版，第 10—11 页。

界经济格局的深刻变化和战略调整，中国的态度是坚决、明确的。党的十八大以来，中国通过一次次实际行动和具体举措彰显了一个大国参与经济全球化的担当。2014年北京亚太经合组织峰会，推动区域经济一体化，中国提出可行的建议。2015年气候变化巴黎大会上，应对全球气候变化，中国作出积极的承诺。2016年G20杭州峰会，中国提出推动全球治理体系变革。2017年达沃斯论坛，直面"逆全球化"思潮，中国发出响亮的声音。2017年金砖厦门会晤，习近平主席指出，我们应该推动建设开放型世界经济，使之惠及各国人民。2017年北京"一带一路"国际合作高峰论坛，中国在构建人类命运共同体的愿景。2018年4月13日，在庆祝海南建省办经济特区30周年大会上，习近平总书记郑重宣布支持海南全岛建设自由贸易试验区。建设自由贸易试验区，标志着中国对外开放迈入新的历史阶段。2013年9月29日上海自贸区成为先行者，随后11个自贸区勾画出中国升级版的开放版图，形成了多领域、复合型综合改革的态势。

实行开放发展既是总结国内外历史经验的必然结果，也是生产社会化和经济全球化的客观要求，更是加快我国现代化建设的必然选择。在开放发展的实践中，中国坚持主动开放，把开放作为发展的内在要求；坚持双向开放，实行"引进来"和"走出去"并重；坚持公平开放，构建公平竞争的发展环境；坚持全面开放，打造内外陆海联动、东西双向开放的新格局；坚持共赢开放，推动全球化向着互惠共赢的方向发展。

第四节　提高运用开放思维实现融合发展的能力

任何思维方式都有它赖以滋生的物质基础和社会基础，只有从根本上改变旧的经济、政治和文化体制，使人们真切地感受到旧思维方式对他们自身的危害和新的思维方式在现实中的回报，才可能使人们放弃旧的观念框架，接受新的观念框架。不通过实践批判，铲除旧观念框架赖以滋生的物质基础和社会基础，建立新观念框架赖以生长的社会条件，人们在社会实践中就不会深切地感受到新的思维方式的好处，旧的思维方式不会在民众心理深处自行消除，新的思维方式也不会在民众心理深处自觉地扎根。基于开放思维的基本要求和现实实践，实现融合发展是领导必须具备的基本能力。

一、把握融合发展的实质

在建设社会主义现代化强国的现实背景下，融合发展在各个领域中有表现已不再是简单的物理叠加，而是复合的化学反应，它表现出三个方面的典型特征。首先，融合发展是一种趋势。现代社会的发展表明，各个事物之间的界限变得越来越模糊，以前看似清晰明确的界限越来越不确定。一个个边界被打开，一处处篱笆在撤除，彼此之间相互交叉，相互渗透，相互融合、跨界发展成为新常态和大趋势。进入互联网经济时代，跨界更加明显和广泛，创造出很多崭新的发展劲势的经济元素。在全球经济一体化的今天，任何一个国家或地区都不可避免地融入相互渗透和交往的大潮之中。谁积极主动开放，谁的发展就充满活力，就先进和强大；反之，谁封闭自守，谁的发展就停滞不前，就落后和被动。这是运用开放思维把握融合发展趋势得出的必然结论。

其次，融合发展是一个过程。融合发展是发展趋势中的典型表现，在不同的发展阶段上融合发展也呈现出各自独立但又彼此连接的过程。融合发展是基于两个以上的事物之间的相互影响和交融，起初彼此之间只是表面形式上的融合，还是处于分化状态的独立个体，可以用"你是你，我是我"来加以概括。随着融合深度的不断推进，表面形式上的融合有了更加实质性的变化，彼此之间的界限变得模糊，融合发展进入第二阶段，即"你中有我，我中有你"。真正彻底的融合实质是不分彼此的第三个阶段，即"你就是我，我就是你"。融合发展的这三个阶段随着融合双方彼此互动的程度深浅而持续长短有别。

再次，融合发展遍布各个领域。在现代经济条件下，融合作为趋势和过程已经遍布社会生产生活的各个领域。具体说来，一是产业融合，既指不同产业之间的融合，也指同一产业不同行业之间的融合。不过，产业融合并不仅仅局限于不同产业或者不同行业之间的简单拼组，而要通过产业渗透、产业交叉和产业重组等方式，形成一种新的增长点，在此基础上逐渐发展为一种新兴产业的动态发展过程。产业融合在当前已经不仅是一种发展趋势，更是产业发展的现实选择。比如，高新技术及其相关产业向其他产业渗透、融合，并形成新的产业，如生物芯片、纳米电子；信息技术产业以及农业高新技术化、生物和信息技术对传统工业的改造；等等。二是城乡融合，指的是城市与乡村之间的一体化。但是，这种城市与乡村之间的一体化，既要有助于城乡生产要素的合理流动和优化组合，也要有利于城乡经济和社会生活紧密结合与协调发展，以及城乡之间基本差别的缩小。三是线上线下融合，即O2O，全称Online To Offline，又被称为线上线下电子商务，在互联网时代，网上的虚拟经济和线下的实体经济紧密地联系在一起，形成良性的互动关系。这种融合既能够通过将线上的消费者带到商店中去，实现在线支付线下商品、服务、享受服务，也能够通过线下服务线上揽客，实现为消费者线上筛选提供服务，在线结算成交。此外，还有人们熟知的军民融合、民族融合、工信融合，等等。基于融合发展，互联网＋应运而生，这个"＋"可以是要素相加，如文化与科技，文化与金融；可以是行业相加，如旅游＋与现代农业、度假养生、生态养老、文化民俗体验相融合，融媒体的出现；还可以是平台相加，如众创、众包、众扶、众筹。

二、提升融合发展的本领

既然融合发展已经成为当今之中国的发展趋势，那么，坚持开放思维，就需要各级领导干部围绕着融合发展，不断提升自己做好融合发展的能力和水平。

首先，找到融合的切入点。把握融合双方的相同相异之处，尊重发展各方选择发展道路的权利，以民主平等的精神推动不同文明之间的交流和对话。相互取长补短，坚持从共同利益出发，努力扩大利益的汇合点，在沟通中增进了解，在了解中加强合作，在合作中实现共赢，在此基础上才能促进融合双方的相互借鉴、兼容并蓄，形成共同繁荣的局面。增强融合双方的相互信任，积极推动融合发展的自由化和便利度，减少限制，消除摩擦，在互惠、互利、互补的原则基础上，在更大范围、更广领域、更高层次上参与进行合作和交流。

其次，创造良好的内外环境。习近平主席在博鳌亚洲论坛 2018 年年会开幕式上宣布了我国扩大开放新的重大举措，提出创造更好的投资环境吸引更多外资。改革开放 40 多年来，我国基础设施等投资硬环境发生了巨变，特别是交通、物流的便捷性显著提高，投资软环境方面，也形成了行之有效的做法。相形之下，制度政策环境已成为国际跨国公司选择投资目的地的重要考虑因素，吸引外资从过去主要靠政策优惠，转变到更多靠国际化法治化的投资环境上来。改善投资环境，既是吸引外资，也是推动经济转向高质量发展的内在要求。

再次，防止消极因素的加入。凡事利弊相伴而生，在打开国门，扩大开放，融合发展的过程中，不可避免地会有"苍蝇蚊子"飞进来，如何趋利避害，考验着领导干部的智慧和能力。对外开放是有风险的，会带来一些资本主义的消极因素，但这并不可怕，改革开放 40 多年的经验证明，开放过程中的消极因素是可以克服的。"中国改革开放必然成功"，"中国开放的大门不会关闭，只会越开越大！"[①] 这是基于制度自信、道路自信、理论自信和文化自信基础上得到的必然结论。对外开放是强国之路，要防止和克服开放所带来的资本主义消极因素影响必须坚持社会主义根本制度，牢牢把握党对意

①　习近平：《开放共创繁荣，创新引领未来：在博鳌亚洲论坛 2018 年年会开幕式上的主旨演讲》，人民出版社 2018 年版，第 5、10 页。

识形态的领导权，对资本主义的影响进行坚决的抵制和斗争，树立总体国家安全观，全面依法治国，采用法律和教育两种手段来防止和克服资本主义的影响。

三、具备融合发展的胸怀

领导干部不仅要具有提升融合发展的本领，还要具备融合发展所要求的博大胸怀。

首先，要有大局意识。融合发展关涉到双方在融合过程中主动与被动、付出与给予、妥协与退让等诸多关系的处理，推动融合发展离不开大局意识。领导干部一定要从全局、长远、宏观的角度分析和解决问题，不能囿于一时一地的利益和情感，错失了融合发展的大好时机。在机遇与挑战同在、发展与风险并存的严峻形势面前要正确认识大局；在涉及局部与全局、个人与整体、当前与长远的利益时作出正确选择，自觉服从大局；在完成治理国家的重要目标，贯彻落实依法治国的方针时要坚决维护大局。

其次，要有担当精神，2013年6月28日，习近平总书记在全国组织工作会议上提出了好干部标准，"敢于担当"是其中的重要内容。习近平总书记指出："担当就是责任，好干部必须有责任重于泰山的意识，坚持党的原则第一、党的事业第一、人民利益第一，敢于旗帜鲜明，敢于较真碰硬，对工作任劳任怨、尽心竭力、善始善终、善作善成。"① 在推动融合发展过程中，不可避免地要遇到各种困难险阻，要遇到利益的取舍，这都需要担当精神的支撑。

最后，要有包容观念。树立国际视野和全球意识，以包容对话的姿态向人类所有优秀文化成果和先进的实践经验开放，既要从本地区本部门本行业的视野去透视世界问题，更要学会以世界的眼光、从全球化的视角去审视自

---

① 《习近平谈治国理政》第一卷，外文出版社2018年版，第416页。

身的问题。在当今世界，这种在全球视野中开放包容和积极对话的思维方式显得越来越重要，无论是对于各个层次的实践创新和观念创新，还是对于通过对话和交流增强自身的文化软实力都具有重要的意义。显而易见，只有在这种开放包容、尊重差异的开放的视野中，普遍的思想解放和创新才有可能。兼收并蓄，兼容并包，吸收一切文化先进成果，增强自身的活力和文化自觉，从而为融合发展打下坚实的基础。

第十六章　价值思维与共享发展能力

　　价值思维是把握人与世界最基本关系的实践关系的最关键方式。价值思维是人们以一种目的性要素的形式，渗透于人的实践和认识活动中的"关系思维"，即价值思维是从价值维度对人们以何种目的来改造世界的"效用性"思考。具体到领导干部而言，就是运用价值思维方式来分析和判断当前社会经济改革与发展的目的的一种思维能力。2016年10月21日，习近平总书记在纪念红军长征胜利80周年大会上的讲话中指出："要坚持学而信、学而思、学而行，把学习成果转化为不可撼动的理想信念，转化为正确的世界观、人生观、价值观，用理想之光照亮奋斗之路，用信仰之力开创美好未来。"① 新时代，社会利益结构分层日趋明显、价值观多元化日益泛滥，这对领导干部坚持正确的价值思维造成了很大的冲击，领导干部必须坚定马克思主义执政党的基本立场，加强价值思维锤炼，坚决制止价值观不坚定甚至价值观扭曲等问题，树立"以人为本"的价值思维理念，以共享发展理念为具体指导，致力于实现社会发展成果"全民共享、全面共享"，为推进社会主义现代化强国建设，夺取新时代中国特色社会主义伟大胜利，为实现中华民族伟大复兴的中国梦而贡献自己的力量。

---

　　① 《习近平谈治国理政》第二卷，外文出版社2017年版，第50页。

第一节　价值思维的历史价值论基础

理解价值思维的前提与关键在于把握"价值"概念。价值是基于人的一定的思维感官之上而作出的认知、判断或抉择观念。从辞源上讲，"价值"一词最初的意思是"掩盖、保护、加固"，后来又演化为"起掩盖作用的"、"可珍贵的"、"有意义的"等等。作为一个哲学范畴，价值指主客体之间存在的一种关系，即客体能够满足主体需要的效益关系。比如，说"某个东西有价值"，实际上讲的就是这个东西对于人来说是"有意义的、可珍贵的"。具体到现实生活中，利、美、正义、自由也可以称为价值，他们为什么也被称为价值？这些价值的共同点是什么？或者承载不同具体含义的"价值"的内涵是什么呢？人们对于这些问题有各种各样的回答，上升到哲学层面的反思总结，便逐渐形成了人们关于基本价值的信念、信仰、理想等的总和，即价值观，俗称价值说、价值论。人类思想史上形成了各种各样的价值学说，比如，"抽象说"认为，价值是抽象的信念、理想、爱好、选择等；"本性说"认为，真、善、美以及快乐、正义等价值都是人类本性固有的一种生物性本能；"情感说"，认为价值源于情感，是通过感觉经验或感知领会帮助人类感知世界和辨认价值；"属性说"认为价值是指客观事物的一种有用属性；"劳动量说"认为价值就是劳动价值，是由劳动者所付出的劳动量来决定的；"态度说"认为价值是主体基于自身需要而赋予的客体属性；等等。之所以出现上述"理念说"、"情感说"、"本性说"、"属性说"等各种各样的价值理论，之所以产生如此多的价值理论，是因为价值问题是伴随每个人实践和现实生活而思考的一个基本问题，是人们在处理人与自然关系、人与人关系以及人与自身关系中必须面对的一个问题。

人们关于价值的不同认识形成了上述所列的理论观点，它们或者把价值设定为某种抽象的理念、信念、规范、标准或理念王国，或者把价值视为隐藏在人类情感深处的自然取向，或者把价值看作是某种超自然的现象。

这些价值理论一个共性就是把价值神秘化、形而上学化，造成这一现象的原因在于它们找不到价值产生的现实物质基础，割裂了价值这一观念与其存在的现实基础的关系，进而导致其价值观的片面化、绝对化。这种价值观片面化、绝对化的特点具体表现为两个方面：第一，意识性。传统的价值的唯心主义集中表现在坚持"意识"第一性，即在物质与意识的关系上认为意识是第一性的，世界是一个意识现象，价值是意识现象的一个要素。这里的意识不仅是人的意识，纵观西方思想史，其更多所指的是神的意识或宇宙的绝对"理念"。基于意识第一性的思维方式确立的价值往往都是缺乏现实内容的抽象的概念。第二，神秘性。把人自身存在但又无法确证的自然属性或思维属性当成宇宙中存在的绝对的价值对象。比如，著名的价值逻辑学家文德尔班认为逻辑价值不是被评价对象的特性，而应该是主体的普遍正当性规范。它与心灵（主体）辩证统一，主体的情感和意志决定了价值观念和价值存在。从现实应用来看，这些价值观无法实现价值概念的普遍性和概括性，没有把握到人类专属的"价值"观念与客观世界的联系和关系，即忽略了人的这些属性只有在人的历史活动和社会交往中才能实现出来，从而造成其在价值判断与选择的迷茫，最终导致造成生活意义的迷失。

与上述价值观念不同，马克思主义价值观不是简单地从形而上的理念、人的需要、物的属性出发，而是立足于人的能动性的实践活动和活生生的社会历史，从主客体之间的辩证关系角度出发来认知价值。关于马克思主义价值观的确立，可追溯到其马克思主义哲学的两个判断：第一个判断："物质与意识"何为第一性？马克思主义哲学辨析了哲学的唯物主义和唯心主义，确立了物质是第一性的、意识是第二性的唯物主义基本观点和立场。第二个判断：哲学家的使命？马克思指出，哲学家只是在用不同的方式解释世界，而问题的关键在于改造世界。基于这两个最基本判断，马克思主义哲学解释了价值的"来源"问题。关于马克思主义的价值概念，可以从认识论和实践论两个层面来展示：第一个层面是认识论层面的"价值"，即马克思在《资本论》

中所说的商品的"使用价值"，即商品的"有用性"，体现了的是物对人的效应（效用），这里的"价值"是"主体需要的满足"或"客体对主体的效应"。第二个是实践论层面的价值，实践是人的最基本的生存活动，价值是在人类实践活动中产生，也是在人类实践活动中实现的"特定目的"。这是以人为中心的"价值"观，"是人从自己的存在出发，对事物与人自身的关系的确认和认可，是人的活动的规范，是人对自身需要的满足和对意义的追求"①。

概述而言，在唯物史观视野中，"价值这个范畴所涉及的内容是指主客体之间的一种关系，即客体是否能满足主体的需要，在何种程度上满足主体的需要"②。价值体现的关系范畴，是客体的某种属性对于主体需要的一种满足关系，不单是人的意识活动对象，而是在人的实践的客观活动中，在人与人、人与社会的相互交往中，为了实现主体的需要，经验地建构起来的目的性判断。一个客体的某种属性是否能够满足主体的某种需要，决定了其主体是否有价值，如此，能够满足主体需要的属性越多，对主体的价值也就越大。

具体到现实形态，价值具有多种表现形式，比如审美价值、道德价值、社会价值、生态价值等等。具体来说，可分为三类：第一，人类共同追求的最高价值、绝对价值：如真、善、美、自由、幸福、民主、正义、快乐，等等；第二，作为实现那些最高价值的途径和手段来谈的价值，如马克斯·韦伯所言的工具价值、实践价值、相对价值，等等；第三，呈现出不同表现形式的价值，如审美价值、道德价值、生态价值、政治价值、企业价值、教育价值，等等。单就作为社会主体的人而言，根据价值具备的主体与客体属性，人既可以成为价值主体又可以是价值客体，这样，包括领导干部在内的所有人，均具有了自我价值（狭义的个人价值）和社会价值两个属性。人的自我价值，指的是人对自己作为人的存在的一种肯定关

---

① 杨权利、赵润琦：《马克思主义哲学专题研究》，厦门大学出版社 2016 年版，第 80 页。

② 杜利英：《马克思主义哲学原理与方法论：以实践为基础》，人民出版社 2013 年版，第 261 页。

系；人的社会价值，指的是个人对满足社会的物质需要和精神需要所做的贡献以及承担的责任。就上述二者的辩证关系而言，唯物史观的价值观认为，既要肯定人的自我价值，更要重视社会价值。人的自我价值与社会价值二者是统一的，一个人的价值的衡量，首先要看其是否实现了自我价值，但最根本的还在于其社会价值，即人的自我价值的衡量是以个人的社会价值为标准的，是以对社会是否做过贡献和是否满足过社会的需要为标准，由社会来裁判。普通的个人如此，对于领导干部这一特殊群体而言，更为重要。

第二节　价值思维的方法论内涵

价值思维不仅具有马克思主义历史价值论的理论基础，而且具有方法论的丰富内涵。这种方法论的丰富内涵既包括对基本含义的分析，也有对价值思维方法论构成要素的分析，更有价值思维方法论的特征的揭示。

一、价值思维的方法论意蕴

从逻辑学角度，思维有广义和狭义两种，广义的思维指的是人的意识、思想；狭义的思维则指理性，包括人的形象思维和逻辑思维。价值思维是从广义的思维概念而言的，是将价值作为人的意识的一种思维判断。具体到价值思维，基于思维的概念可以得出两种：第一种是关于价值观念的思维；第二种是以"价值"为原则的思维。首先，关于价值观念的思维，最为著名的莫过于康德为研究理性的界限，将其划分为著名的"纯粹理性"和"实践理性"，现代社会学奠基人马克斯·韦伯将理性划分为"工具理性"和"价值理性"。现代哲学家在研究价值时候都无法回避"实践理性"与"价值理性"这两个重要概念，但大多混淆了一个基本的事实，即价值从来不应属于形式逻辑研究的范围，不能从形式逻辑范畴论证价值的客观物质基础。尽管大卫·休谟提出了著名的"事实与应该"的问题，随后的逻辑学对其进行了大量研究，但只是扩展了逻辑学思考的问题，迄今仍无法证明作为"应该"的价值与"事实"真假之间的逻辑必然性，而之前在逻辑学上的尝试也无助于价值的理解。在此意义上，价值理性、实践理性都不能作为逻辑学的术语来使用，而应该从哲学的层面使用。关于价值思维的准确内涵应是以"价值"为原则的思维判断，是以坚持马克思主义的价值观为基本原则的。这是因为，马克思主义价值论坚持理论与实践相统一的原则，以主客体之间的辩证关系为基本方法，从人类的实践生活出发，按照价值的本来面目及其产生情况来理解价值问题，用经验的事实来讨论和论证价值与评价的相关问题，才真正解决了以往各种哲学理论片面化、神秘化的问题，真正科学地回答了价值及其科学价值思维的问题。

从唯物史观的视野来考察价值思维，其所使用的思维方式从严格意义上来讲并不是形式逻辑的思维方式，不能从概念的属性与关系角度进行形式逻辑上的分析，因为这种分析方法的结果便是各种唯心主义的"价值观念"。唯有历史唯物主义确立以后才为"价值"提供了正确的分析方法，即基于人的实践活动，把实践界定为人与世界关系这一最基本的形式，其中追求真理和创造价值是人类实践活动的两大原则，人类遵循真理原则去追求真理，运用真理完全是为了创造和获得价值。具体来说，历史唯物主义用实践确立了人与人、人与社会和人与自然的之间的辩证关系，论证了价值观念的物质基础，赋予了价值是"关系"范畴的本质属性。从这点来说，关于"价值"概念的思维方式虽然具有形式逻辑的基础，但主体是以辩证唯物主义和历史唯物主义为基本方法，所以，人与世界的关系决定了价值的产生与创造、人与社会的关系决定了价值存在和实现的根据、人的需要与发展决定了价值的评价标准。就此而言，价值是一种关系范畴，是从科学的、彻底的唯物主义的实践观点出发，从主体对于客体属性的满足而作出的一种"效用"判断。

二、价值思维的方法论构成

就本质而言，价值是基于主体需要而确立的主体与客体之间的一种关系范畴。就"关系"范畴而言，价值具有以下特征：第一，价值作为一种关系范畴，涉及两个方面：主体的需要与客体的属性。正如马克思所言："'价值'这个普遍的概念是从人们对待满足他们需要的外界物的关系中产生的"①，其中，客体的属性是价值的基础和载体；主体的需要是价值的重要构成要素，它赋予客体的属性以价值形态。第二，主体与客体在价值关系中的地位是不一样的，其中，主体的需要具有决定性意义，是第一性的，它决定着主客体之间价值关系的形成和实现，即客体是否对主体具有价值；也决定着主客体之间价值关系的形式和类型，即客体具有何种价值。第三，主客体的关系总是在具体的、历史的社会实践活动中形成、发展与实现的。主体的需要是基于人的实践活动而产生的需要，随着人类实践的不断发展，人类的需要重现历史性、差异性和不断丰富性的特征。比如，金丝楠木最早被用来制作成简单的劳动工具甚至作为柴火做饭用，后来逐渐成为皇室贵族专用家具木材，用来建房造家具，现在又作为一种重要的装饰木材，用于制作精美的艺术品。

三、价值思维的方法论特征

基于上述判断，唯物史观视域下的价值思维方式，具有以下三个方面的特征：主体性、客观性、社会历史性。

第一，主体性，是指价值思维是主观的，是基于主体需要而确立的属"人"的属性。价值思维的主体性表现为两个方面，一方面，价值思维是人类特有的对象性活动，而不是外在于人类物质生产活动之外的某种先验的、超验的神秘现象；另一方面，价值思维是以主体为中心而不是以客体为中心的

---

① 《马克思恩格斯全集》第19卷，人民出版社1964年版，第406页。

思维。它关注世界对于人的价值，客体对于主体的意义，以及人的自我幸福，始终坚持的是"人本质上是目的而不是手段"理念的一种思维方式。具体到领导干部的价值思维而言，就是要坚持历史唯物主义的立场和方法，在政策制定、实践工作中要始终坚持以"人民幸福"作为最终价值思维的合法性基础。

第二，客观性，是指价值关系的各个环节都是客观的，包括人的需要、用来满足人的需要的对象以及满足人的需要的过程和结果都具有客观性。人们的社会存在是客观的，比如人们的社会关系、客观利益和需要、现实能力等都是在特定时代背景下通过社会生产活动确立的，这也决定了人的价值的客观性。价值具有主观性，受到包括人的愿望、兴趣、态度在内的社会意识影响，但价值中不以人的意识为转移的客观属性，同时也决定了价值思维的客观性。坚持价值思维的客观性，就必须按照唯物主义的基本原理和方法论去分析价值问题，才能够奠定价值论研究的科学性基础，而避免主观主义、相对主义等各种唯心主义的倾向性。

第三，社会历史性，是指人的需要、实践以及需要满足的形式都表现出了社会性和历史性。价值的本质是客体属性对人的意义；但人在本质上是一切社会关系的总和，在其内涵上是具体的、现实的，是立足于对人类对象性实践活动的，实践的社会性和历时性决定了人的存在方式，也决定了人们的价值思维方式。具体而言，价值产生于人类认识世界和改造世界的社会产生活动之中。人们对价值的本质和来源的理解，就同人类社会生产活动的客观实际过程相联系，同确认人在改造世界方面的权利和责任相联系。具体到工作中，要求领导干部在任何政策制定和决策执行中，都要与特定历史区域的社会经济发展程度相适应，切勿超前或滞后。

第三节　价值思维的方法论要求

价值思维是"以人为本"为核心价值理念而作出的思维判断，以人为本所强调的便是一种尊重人、依靠人、解放人和塑造人的价值理念。具体到价值思维就是要始终以马克思主义的价值观为基础，坚持以人为本作为自己的方法论，在进行思维判断时，既坚持运用历史的尺度，又要确立人的尺度，把人的需要和发展作为目的，关注人的生活世界，关注人的生存和发展。具体到工作实践中，要求我们社会主义事业要以最广大人民群众为本，在价值目标上坚持人民是目的，把人民利益作为一切工作的出发点和落脚点，全心全意为人民服务。

一、坚持"实践第一"的价值创造与价值实现原则

"价值"是对主客体之间价值关系的规定，是一个关系范畴，而确立主客体之间"价值关系"的载体便是以物质生产为基础形式的各种实践活动。实践是人的存在方式，也是人和世界的关系或主体与客体之间关系的基本内容。实践第一的价值取向就来自于实践在人类行动中具有决定性作用，其理由来自于三方面：第一，一切价值都是作为主体的人所创造的，人的实践活动是价值的基础。生产劳动创造了人，创造了价值。劳动既创造了人作为主体的价值，也创造了人作为客体的价值。作为主体，人的价值在于他是一切价值的创造者。人不仅创造了物的价值和精神的价值，而且在这个过程中，也创造了自身的价值；作为客体，人的价值表现在作为客体的人的劳动和创造对于作为主体的人的需要的满足。第二，只有通过实践，主体和客体之间才能产生相互影响和相互作用的关系。离开了劳动实践，就无所谓主客体关系。价值的实现，内在于人的劳动实践中，是实践活动所要达到的主要目的。第三，实践是认识真理和检验真理的标准。实践不仅使人能够认识事物的表面现象，而且能够透过现象进一步发现隐藏在其中的本质联系，即规律性。当前中国任何新的价值能否成为社会主流价值甚至主导价值，都要通过当代中国人的具体实践，也只有从实践出发，才能对各种价值观念和价值问题作出正确的回答。因此，马克思的实践价值观是进行价值思维的首要思想资源。

二、坚持"以人的需要为中心"的价值判断标准

所谓评价标准，是指检验或衡量事物有无价值、价值高低的思维。坚持"以人的需要为中心"，就是坚持以生产力标准作为评价社会发展与进步的基本价值标准；坚持有利于满足人的需要和人的全面发展的最高价值标准。人的需要与人的发展最终依赖于社会生产力的发展，但是需要把生产力标准提升到衡量社会发展的最根本的价值评判标准。价值由人的劳动创造，最终又由人的实践能力决定，即生产力标准决定。但是，生产力受到一定社会关系所制约，实际上总是受到特定阶级和社会集团掌控，因此，在特定历史领域，生产力是可以被选择的，而这种选择就不仅仅是效用选择，从根本上它体现为一种基本的价值选择。对于社会主义国家而言，由于需要的主体是人民，因此在作出价值选择的过程中，就必须将"人的需要"价值诉求与生产力的发展标准统一起来，充分调动一切能为全体人民共同富裕而谋福利的生产力，积极创造社会财富。其中最为关键的就是致力于推动市场化，实现生产要素的充分地自由分配，发挥生产力和生产资料的最大价值。

三、坚持"以人的自由全面发展"为价值取向与价值理想

马克思和恩格斯在《共产党宣言》中指出："代替那存在着阶级和阶级对立的资产阶级旧社会的，将是这样一个联合体，在那里，每个人的自由发展是一切人的自由发展的条件。"① 人是价值的主体，人的社会实践活动决定了价值的最终取向。人的自由发展，意味着人的实践活动的真正自主性，摆脱了人对人、人对物的依赖，将发展自身的本质能力作为最高目的；人的全面发展，意味着自由的全面性，是人的自主性活动的最高境界，也是实现价

---

① 《马克思恩格斯选集》第 4 卷，人民出版社 2012 年版，第 647 页。

值的最高阶段。具体而言，就是要树立一种尊重人、依靠人、解放人和塑造人为目标的价值思维方式。尊重人，就是尊重人的独立人格、需求和能力差异、人的平等、创造个性和权利，尊重人性发展的要求；依靠人，就是把人当作主体，当作推动社会发展的根本力量；解放人，就是不断冲破一切束缚人的潜能和能力充分发挥的体制和机制障碍；塑造人，就是要把人塑造成权利主体，也要把人塑造成责任主体。

在实现人的自由全面发展的价值取向方面，有两个方面尤其值得重视。一方面，要深刻把握人的自由全面发展的科学内涵。人的自由全面发展实质上就是人的社会关系的全面发展，它体现为两个层面：人的社会化发展和个性化发展。人的社会化发展即指作为"类"的社会发展程度，即人类社会在政治、经济、文化、生态等方面的协调发展；人的个性化发展是人在物质生活和精神生活方面的全面发展，包括身体素质和心理素质，人格、智力、体力和能力等方面的全面发展。另一方面，实现人的自由全面发展的途径。人的全面发展与社会经济发展是辩证统一的，人的自由全面发展不是空洞的想象，而是最终取决于特定的社会发展条件。比如，马克思指出："个人的全面性不是想象的或设想的全面性，而是他的现实联系和观念联系的全面性。"① 坚持这一价值思维方式，要立足于人的具体实践活动，坚持发展社会生产力。因为，人的自由与发展是受到现实的社会生产力的发展水平所决定的，"实际上，事情是这样的：人们每次都不是在他们关于人的理想所决定和所容许的范围之内，而是在现有的生产力所决定和所容许的范围之内取得自由的"②。人的自由发展是以社会的发展为前提，社会的发展归根结底是由经济基础所决定的，是由生产力所推动的。因此，要推动"人的自由全面发展"，落脚点还是在于社会生产力的发展，必须通过现实的人的实践活动来推动社会生产力的发展，以创造高度发达的物质财富和精神财富。

---

① 《马克思恩格斯文集》第8卷，人民出版社2009年版，第172页。
② 《马克思恩格斯全集》第3卷，人民出版社1960年版，第507页。

第四节　价值思维的方法论运用

人类思想史上有很多种价值思维方式，它们之中存在先进与落后、正确与错误之分。是否坚持先进的价值思维方式，是衡量一个国家是先进还是落后的重要方面。中国共产党是为了消灭剥削制度，实现共产主义而奋斗的政党，是以全心全意为人民服务为宗旨的政党。坚持"以人为本"价值思维，就是要求领导干部要始终坚持党的全心全意为人民服务的宗旨，坚持做到立党为公、执政为民，为人民的美好生活执着追求、奋斗不止。这就要求领导干部要始终坚持正确的政治方向，在胜利和顺境的时候也保持头脑清醒，正确理解和掌握价值思维的基本方法。

一、坚持以"合理性"的价值评价

人们都是通过评价来揭示和把握事物的价值的。所谓价值评价，是人们对对象是否能够满足以及在何种程度上能够满足自身需要，亦即主客体之间价值关系的反映、评估和揭示，它以人们对对象的认识为基础，其结果表现为对象有无价值及其价值大小的一种判定。一个完整的评价活动受到评价主体、客体、标准和结果等要素的影响，这决定了价值评价的多重性。比如，根据评价主体的不同，可以将评价区分为个体评价、群体评价和人类评价；根据评价客体的不同，可以分为功利评价、道德评价、审美评价和学术评价等；根据评价结果的不同，又可以分为肯定评价和消极评价；等等。没有评价标准，人们就无法判断事物的价值。而依据不同的评价标准，人们对同一事物的价值会作出很不相同甚至完全相反的评价。那么，以何种评价标准评价，才是合理的呢？这需要注意以下三个方面。

第一，必须正确地把握客体的属性。任何评价都以对客体的认识为基础，只有正确地认识客体各个方面的属性特别是客体的本质和规律，评价才能有坚实的立足点和可靠的评价标准，评价才日趋合理。就领导干部而言，就要时刻关注国家的大政方针政策，精准把握理论政策，同时还要深入调研，全面了解所辖地区的综合情况。只有对政策面、基本面甚至技术面都有全面深刻的认识，才能使评价趋于合理。

第二，必须正确地把握主体的需要。主体的需要是评价的出发点和首要标准，主体的需要是多方面、多层次的，为此需要对主体的需要作出合理的区分。大致说来，至少要作出三方面的区分：合理与不合理的需要，高层次与低层次的需要，当前、现实与未来、长远的需要。作为领导干部而言，尤其是要客观正确地分析自我价值和社会价值。唯物史观认为，人的社会价值是个人对社会需要的满足，人的自我价值是个体对自己需要的满足，二者是相辅相成、不可分割的，人的自我价值通过个人履行社会的义务或责任并获得认可为前提。就个体尤其是领导干部而言，一方面作为价值主体要正视并努力实现自己的合理的需求，实现自己的人生价值；另一方面作为价值客体即作为"党的事业的骨干、人民的公仆"，要把全心全意为人民服务作为全部工作的出发点和落脚点。

第三，必须运用正确的评价标准。正确的评价标准不单是要同时依据主体的需要或客体的属性，还要考虑到评价的类型选择和运用适当的评价标准。价值观属于上层建筑，由经济基础所决定。目前，无论是个体价值观还是群体价值观都呈现了多元的态势，这与全球经济一体化和改革开放的整体大环境有必然联系，与西方文化价值观的渗透有关，但从根本上是由所有制结构的多元主体转变所决定的。以公有制为主体、多种所有制共同发展的格局，决定了以集体主义为核心的社会主义价值观之外，也存在功利主义、享乐主义、个人主义和拜金主义等个体主义价值观。当人们处于不同的所有制结构中进行价值取向时，极易造成困惑，甚至出现"无所适从""价值虚无""价值迷失""价值扭曲"的现象。正确地选择评价标准，首先要基于客观存在的事实：尽管改革开放以来所有制结构发生了转变，但公有制的主体地位没有变，社会主义核心价值观的主导作用也没有变。正确地选择评价标准，还要以历史唯物主义的价值观为指导，即坚持以代表绝大多数人民群众利益，适应社会发展总方向和未来趋势为标准来选取价值观。新时代，凝聚全国人民共同价值追求的"最大公约数"便是社会主义核心价值观，是领导干部和人民群众应该选择的正确的评价标准。

二、坚持"实践第一"的价值创造观点

价值创造，指的是主体通过实践活动使某一客体能够满足自身的特定需要，即在主客体之间建立起一定的价值关系。一切价值都是由人创造的，人是价值创造的主体，实践是价值创造的基本途径。因此，价值创造，无论是物质价值还是精神价值，都不是随心所欲创造的，更不是无中生有的，都受到具体实践活动条件的制约。因此，在价值创造时必须遵循事物发展的基本规律：第一，价值创造必须遵循客观事物存在和发展的基本规律。比如，物质价值创造集中体现在人类对自然界的改造，但必须遵循自然界的客观规律，否则就会受到自然界的报复，这点突出表现在当前大范围内的生态危机，气候变暖、环境污染、生物链断裂、食品药物残留等等，这给社会发展和人的健康生存带来巨大的负面效应。第二，价值创造要建立在人的主体能力之上。一般来说，主体有什么样的需要就会产生什么样的价值追求，而价值追求能否转化为价值创造，这就要看主体的能力。如果不具备相应的能力，即使主体产生了需要，也不可能实现真正的价值创造。比如，民间歌手唱功了得，但是如果想写出一部高水平的音乐鉴赏著作，就非常困难；领导干部如擅长行政性工作，就要把他安排在行政性部门，即便其提出要求进入政策制定部门，也应该慎重考虑。第三，价值创造要与特定的历史条件相适应。社会生产力的发展程度、科学技术的发展状况、人们的文化知识水平等，都是制约价值创造的重要因素。领导干部在制定当地社会发展规划时候一定要全面综合考虑上述因素，不能为响应号召简单复制，更不能超前规划。比如响应乡村振兴战略，推进特色小镇建设，但小镇建设必须突出"特

色"，忽略了这一点，简单地复制建设只会造成资源浪费；再比如，共享单车和绿色单车解决的是城市轨交建设未覆盖的从站牌到小区的最后 3 公里的出行问题，它适合在公共交通较为发达的大城市，一些经济相对落后的县域城市则不太适合，盲目的上马虽然提升了城市配套档次，但往往造成巨大的浪费。

三、坚持"以人为本"的价值选择

价值选择，是指主体在分析和比较自身需要和客体属性的基础上，按照一定的价值目标对主客体之间的价值关系作出的选择。价值选择说到底就是基于有无价值、正负价值和大小价值的判断，并对特定的价值目标作出选择。人们每时每刻都在进行着价值选择，价值选择是现实生活中是普遍存在的。这是因为，客体及其属性是多种多样的，不同的客体对主体具有不同的价值；主体的需要也是多方面的，因此也需要选择。价值选择应该遵循以下基本原则。

第一，合规律性和合目的性相统一。这是价值选择最基本的原则。价值选择必须以正确的价值目标为依据、以合理的价值评价为基础，这便是对合规律性与合目的性相统一的尊重。因为，只有体现了客体尺度与主体尺度的统一，亦即合规律性与合目的性的统一的价值目标才能是正确的价值目标，也只有体现了合规律性与合目的性的统一的价值评价才可能是合理的价值评价。同时，在具体的价值选择过程中，面对主客体的复杂情况和多样化的外部环境，如主体自身的多重需要，客体的不同方面和不同性质的属性、有利的或不利的自然环境和社会文化环境等，主体也必须努力求得合规律性与合目的性的统一。尤其是当必须在不同的价值关系之间作出比较和选择时，主体更是应该遵循这一原则。

第二，个人选择与社会选择相统一。个人选择与社会选择的关系问题，实质上就是社会需要与个人需要及其满足之间的关系问题。"全部人类历史的第一个前提无疑是有生命的个人的存在。因此，第一个需要确认的事实就是这些个人的肉体组织以及由此产生的个人对其他自然的关系。"① 人总是以个体的形式存在的，因而人的需要首先表现为个人的需要，用马斯洛的理论来说包括生存需要、归属需要和成长需要等，其中以生理需要和安全需要为主的生存需要是人最基本的需要。同时，任何个人都是生活在社会关系中的，个人的需要也是通过社会形态来得到满足。但是，个人需要和社会需要及其满足之间有时会出现不相一致甚至相互冲突的情况。在这种情况下，人们在进行价值选择时，就应该在个人需要的满足与社会的需要之间找到一个最佳的平衡点，使得个人选择与社会选择相统一起来。

第三，代价最小与价值最大相统一。价值选择意味着在众多的可能性中选择其中的一种，而放弃其他所有选项，这就不得不涉及价值选择中最重要的考量：价值的"得"与"失"，即在作出某一选择时，究竟得到的多还是失去的多、利大还是小，或"值得"还是"不值得"。在现实社会中，面临这些问题，作出合理的价值选择往往是很困难的，人们在进行价值选择时应该对得与失、利与弊进行全面综合的权衡，努力做到代价最小与价值最大相统一。在进行得失判断时，尤为重要的一点就是价值大小的判断依据和标准。就领导干部而言，在判断价值大小时，自然不能以是否有利于自身价值为出发点，而应该以全体人民群众的利益诉求为出发点，尤其是要以全体人民群众的长远的利益为参考点，坚持做到对人民群众是有利的便是价值最大的。

第五节 提高运用价值思维实现共享发展的能力

共享发展是我们党运用马克思主义价值观及价值思维对中国特色社会主

① 《马克思恩格斯选集》第 1 卷，人民出版社 2012 年版，第 146 页。

义建设发展作出的新的战略布局，是为实现好维护好发展好最广大人民根本利益提出的指导方略。所谓共享发展，是指"必须坚持发展为了人民、发展依靠人民、发展成果由人民共享，使全体人民在共建共享发展中有更多的获得感，增强发展动力，增进人民团结，朝着共同富裕方向稳步前进"①。共享发展的理念指明了社会主义发展的根本价值取向，深化了社会主义的根本目的和价值追求。共享发展理念等围绕马克思主义价值思维的实质，并以此阐释了发展的根本目的、依靠力量、最终归宿。坚持以共享发展理念为指导思想的领导干部，要坚持"民本"价值观念，基础是紧紧依靠人民的力量创造更多社会财富，关键是要处理好分配问题，实现发展成果全民全面共享。

一、充分调动人民群众的主动性、创造性，把"蛋糕"做大

劳动创造价值，世界上一切价值都是人在改造世界的活动中创造的，共享的"社会财富"都是来自于人的劳动和实践过程。习近平总书记指出，要"充分调动人民群众的积极性、主动性、创造性，举全民之力推进中国特色社会主义事业，不断把'蛋糕'做大"②。共享的基础和前提是共建，高质量的共享取决于高质量的共建。要始终坚持历史唯物主义关于人民群众是历史创造者的原理，坚持发挥人民群众的主动性、创造性，充分发挥人民群众的合力，才能建设好社会主义事业。因此，坚持以价值思维为指导推动共享发展的前提和基础便是充分调动人民群众的主动性、创造性，把"蛋糕"做大。

第一，始终坚持人民群众的主体地位，尊重人民群众的首创精神，充分依靠和发挥广大人民群众的力量和智慧，调动广大人民群众的积极性，为全

---

① 《十八大以来重要文献选编》（中），中央文献出版社 2016 年版，第 793 页。

② 《习近平谈治国理政》第二卷，外文出版社 2017 年版，第 216 页。

社会创造更多更好的物质财富和精神财富。从马克思主义哲学层面看，人的实践活动是一切价值的根本源泉，人类的一切创造价值的过程都是在人的实践过程中实现的。从政治经济学角度看来，生产力是创造财富的源泉，而人是生产力的第一要素，是生产力诸因素中的决定性因素。价值主要通过社会生活的过程，即物质生产、精神生产、社会关系的生产和人的生产等形式创造和生产的，这些形式都离不开实践，离不开人的实践活动。习近平总书记指出："共建才能共享，共建的过程也是共享的过程。要充分发扬民主，广泛汇聚民智，最大激发民力，形成人人参与、人人尽力、人人都有成就感的生动局面。"①

第二，坚持把生产力标准作为衡量全社会发展的最重要价值尺度。生产力是一切社会经济形态进步性的最高尺度，"各种经济时代的区别，不在于生产什么，而在于怎样生产，用什么劳动资料生产。劳动资料不仅是人类劳动力发展的测量器，而且是劳动借以进行的社会关系的指示器"②。同时，也是衡量社会"为谁发展"的最重要的价值尺度。生产力总是受到一定社会关系所制约，被特定阶级和社会集团掌控，它又是一种价值选择，带有鲜明的主观性。只有那种在利益上同生产力发展相一致者，才会自觉地选择生产力作为社会历史发展与基本的标准与尺度。作为社会主义国家，必须将"人的全面自由发展"价值诉求与生产力的发展标准统一起来，充分调动一切生产力，积极创造社会财富，提高社会发展水平生产力。

二、坚持全民共享、全面共享，把"蛋糕"分好

从价值维度来看，实现共享发展，就是通过建立和完善普惠的利益均衡机制，把效率与公平有机结合起来，让全体人民共享改革发展成果，满足人

---

① 《习近平谈治国理政》第二卷，外文出版社 2017 年版，第 215—216 页。

② 《马克思恩格斯选集》第 2 卷，人民出版社 2012 年版，第 172 页。

民对美好生活的向往。习近平总书记指出，全面深化改革必须着眼于创造更加公平正义的社会环境，不断克服各种有违公平正义的现象，使改革发展成果更多更公平惠及全体人民。如果不能给老百姓带来实实在在的利益，如果不能创造更加公平的社会环境，甚至导致更多不公平，改革就失去意义，也不可能持续。共享发展的关键在于解决社会公平正义问题，就具体要求而言，从共享发展的主体旨向看，需要人人享有，做到全民共享；从共享发展的客体内容看，需要人人均衡，做到全面共享；从共享发展的实现途径看，需要人人参与，做到共建共享；从共享发展的推进过程看，需要人人尽力，做到渐进共享。

共享作为发展的出发点和落脚点，指明了社会主义发展的根本价值取向，深化了社会主义的根本目的和价值追求。价值思维的基础是价值的创造问题，关键是人民创造价值的共享问题，即分配要更加趋向于公正合理，形象地说，就是"做大蛋糕"的同时要"分好蛋糕"的问题。"分好蛋糕"的关键在于要作出更有效的制度安排，习近平总书记指出："不论处在什么发展水平上，制度都是社会公平正义的重要保证。我们要通过创新制度安排，努力克服人为因素造成的有违公平正义的现象，保证人民平等参与、平等发展权利。要把促进社会公平正义、增进人民福祉作为一面镜子，审视我们各方面体制机制和政策规定，哪里有不符合促进社会公平正义的问题，哪里就需要改革；哪个领域哪个环节问题突出，哪个领域哪个环节就是改革的重点。对由于制度安排不健全造成的有违公平正义的问题要抓紧解决，使我们的制度安排更好体现社会主义公平正义原则，更加有利于实现好、维护好、发展好最广大人民根本利益。"① 坚持以价值思维理念为指导，贯彻共享发展理念，尤其要重视以下三个方面的制度安排。

第一，实现机会共享，保障社会成员公平享有获取社会资源和利益的机会。机会共享，即机会对社会主义国家所有成员平等地开放，让社会主义国

_____

① 习近平：《切实把思想统一到党的十八届三中全会精神上来》，《求是》2014 年第 1 期。

家的每一个公民都平等地享有创造价值的机会，并致力于实现人生价值。就本质而言，机会共享就是为所有社会成员创造一个公平的发展机会和生存环境，让所有社会成员都有成就辉煌的条件和可能。习近平总书记指出："生活在我们伟大祖国和伟大时代的中国人民，共同享有人生出彩的机会，共同享有梦想成真的机会，共同享有同祖国和时代一起成长与进步的机会。"① 坚持机会共享，一方面，要赋予社会全体成员平等地享有参与获取社会资源和社会价值的资格。比如，制定政策时要致力于促进社会阶层的合理流动，积极推动户籍制度改革，防止阶层固化。另一方面，要确保所有社会成员对社会资源和社会价值的获取。社会主义制度从制度上保障了每一个公民在经济、政治、文化和社会生活中平等地参与各种活动，以及公平享有竞争与发展的机会。但是公共资源在城乡、区域的不均衡以及诸如户籍、身份等制度的滞后，在一定程度上导致了社会成员机会不公平的现象，不利于全民共享机会，这在一定程度上也抑制了部分社会群体的积极性、主动性和创造性。另一方面，制定关注弱势群体的补偿机制或措施，致力于实现"差异化"的实际平等地享有机会。当前，由于自身原因、所处区域差异以及政策性的差异，在一定程度上导致了就业机会不公、受教育机会不公、社会保障不公、特殊化甚至特权化问题依然存在，这削减了社会弱势群体的许多机会，也背离了社会主义国家人人平等的宗旨。为此，要对特权现象进行有效规制，通过合理的制度安排致力于实现社会公平、享有机会，同时还应该制定差异化补偿措施，尽力为那些因不可抗拒因素而被限制或剥夺了机会的群体提供更多力所能及的选择空间，防止他们被进一步弱化和边缘化，继而造成更大的社会差别。

第二，实现利益共享，实现社会成员公平享有社会发展成果。马克思指出："人们为之奋斗的一切，都同他们的利益有关。"② 人类的一切实践活动

---

① 《习近平谈治国理政》第一卷，外文出版社 2018 年版，第 40 页。
② 《马克思恩格斯全集》第 1 卷，人民出版社 1995 年版，第 187 页。

都是与价值紧密相连的，可以说，人类社会对物质生活资料的追求是最为天然的、朴素的和正当的需要，也是社会进步和人类发展的最原初的动力。从这种意义上说，共享发展的首要点，就是实现社会成员对物质经济利益的共享。当前随着改革开放的深入，中国社会正呈现出利益分化加剧的格局。面对复杂的价值观多元化的冲击，价值分配充满了各种矛盾，有些矛盾甚至长期得不到有效解决或处理不当，直接影响着价值创造的效率，造成价值实现的困难，为此要十分关注社会分配问题。习近平总书记指出："要坚持社会主义基本经济制度和分配制度，调整收入分配格局，完善以税收、社会保障、转移支付等为主要手段的再分配调节机制，维护社会公平正义，解决好收入差距问题，使发展成果更多更公平惠及全体人民。"① 首先，要深化收入分配制度改革，扩大中等收入阶层，切实缩小贫富两极分化。其次，要健全以税收、社会保障、转移支付为主要手段的再分配机制，矫正市场分配的不公平，形成缩小收入分配差距的长效机制。比如，完善个人所得税、财产税等政策，加大税收征管力度，加强个人信用体系建设，抑制灰色收入，等等。

第三，实现成果共享，保障社会成员公平享有均等的基本公共服务。共享发展还体现在为全体社会成员提供均等化的基本公共服务，这既是政府应当履行的最低限度的职责，也是维护社会公平正义的重要保障，是建设服务型政府的基本执政要求。基本公共服务作为党和政府为满足人民群众共同需求而提供的使社会成员共同受益的各种服务，包括公共教育、劳动就业、社会保障、医疗卫生、社会保障、人口计生、文化体育、环境保护、基础设施、公共安全等领域。所谓的"均等"指的是基本公共服务应当而且必须面向全体社会成员，不分性别、老幼、贫富、地位等等，都享有平等获取的权利。当前，受发展水平制约，我国东中西部之间、城市与农村之间基本公共服务水平差距较大，公共服务也存在明显的差异性，在革命老区、民族

---

① 《习近平谈治国理政》第二卷，外文出版社 2017 年版，第 214 页。

地区、边疆地区、贫困地区财力相对有限，基本公共服务水平还较低，这都影响了人民群众共享改革发展成果。促进共享发展，就要着眼全体人民，从解决人民群众最关心最直接最现实的利益问题入手，增加财政转移支付，紧盯薄弱地区和困难群体补短板，完善基本公共服务体系，让全国各地基本均等、全体人民普遍受惠。政府应当按照服务对象的需要，无差别地、公平地对服务资源进行配置，为全体社会成员提供一定数量和质量的、符合实际需要、公平易得的基本公共服务。在此，需要注意两点。其一，均等是有条件的、相对的，不是公共服务简单的平均化和无差别化，而是强调获得公共服务的机会均等，使得社会成员不会因为收入、地位、民族等差异而被区别对待。其二，均等是结果大体的均等，不是绝对的平均或平等。即要保障基本公共服务覆盖面的广度和普遍程度，又要允许合理的差异和区别存在，实现平等与差异的统一，但是这种差异应该是致力于实现所有成员真正获得"可及"的成果，而非助长不平等。

习近平总书记强调："面对人民过上更好生活的新期待，我们不能有丝毫自满和懈怠，必须再接再厉，使发展成果更多更公平惠及全体人民，朝着共同富裕方向稳步前进。"① 共享发展的目标是实现共同富裕，但也应认识到，从共享走向共同富裕是一个长期过程，是渐进的。共享任重而道远，不可能一蹴而就。今天，我们促进共享发展，既要明确方向和目标，也要把握好阶段性特征，脚踏实地、一步一个脚印走向共同富裕。

---

① 《十八大以来重要文献选编》（上），中央文献出版社 2014 年版，第 698 页。

第十七章　文化思维与文化自信能力

社会在变化发展的过程中，逐渐生成了"文明"与"文化"，人类的发展进步产生了文明，在文明中成就了文化，在众多文化构成中包含了人们的思维方式。因此，文化思维是极为广泛的一个概念。又因为文化思维是人类在自身发展过程中逐步形成的，所以，文化思维具有客观性和自身独立性。不可否认，文化思维虽然是人类文明不断进步的产物，但是文化思维对社会发展有着极大的影响，二者关系极为密切。尤其是当文化思维和人的实践活动相互作用时，对社会经济、政治、科技等各个领域的发展都会产生巨大影响。因此，文化思维不仅可以作为思维方式来看待，也可以作为方法论看待，具有方法论的意义。

第一节　文化思维形成的历史性和民族性基础

文化从来不是单独发展变化的，它和人类历史紧密相关，是人类创造的一切文明成果。文化思维是一种思维方式，它是人类在与自然互动过程中所形成的思考方式，是对自身文明发展的反思。因此，文化思维会反过来引导人们的行为。对于长时间浸润在一种文化的人们来说，他的思维方式是这一文化内容决定的。虽然文化内容是这一民族的历史积淀，但是会对这一民族具有思维形成的巨大作用。带有民族文化特点的思维方式是历史形成的，我们必须反思这种形象，形成具有历史观的文化思维。

一、文化与文化思维

什么是文化？文化和人是密不可分的。我国古代所谓文化是"人文化成"之义。《周易·贲卦》云："观乎天文，以察时变；观乎人文，以化成天下。"观察天文以判正四时，考察社会人文，以教化百姓。天文就是指自然，也就是由阴阳、刚柔、雌雄、否泰等两极的力量交互作用而形成的丰富多彩的自然世界。而人文，就是指自然现象经过人的认识、感受和思考活动，从而形成的世界观、价值观和人生观，这些精神性的活动或者成果称为人文。这一点从"文"的发展就可看出。所谓"文"，本义是鸟兽皮毛之纹理，后来指交错的笔画，以此引申，成为文字的代称。随着人类文明的发展，文字所表达的内容逐渐增多，有礼乐典章制度等等。那么文就代表了这些文字多表达的内容。文化，就是人经过人类文明，比如礼乐教化等过程而成为社会人的过程，也即"以文化人"的过程。所以，文化与人类的物质文明和精神文明紧密相关。

在西方，"文化"一词的拉丁文是 cultura，指农耕和对植物的培育。随着人类文明的开展，人类逐步把自然，包括土地、植物、环境化为人类所用的粮食、房屋等生产生活资料，文化的内容逐步丰富。随着人类文明的发展，文化逐渐变为与人类社会密不可分的概念。从目前来看，文化是人类创造形成的各种凝结着精神内容的产物。同时，人类的文化成果慢慢积累，具有了客观性，在时间的河流中具有了独立的形态，反过来作为生产生活的方式影响着物质世界。因此，文化是人类和物质共同作用的结果。从这个角度看，文化是与物质有关，而又游离于物质之外的，能够被传承的、具有精神特质的国家或民族的历史、地理、风土人情、传统习俗、生活方式、文学艺术、行为规范、思维方式、价值观念等的综合。它是人类相互之间进行交流的、具有普遍性的、能够被传承的意识形态，是客观世界在感性上所形成的经验知识，也是主观世界在理性上的逻辑分析。

人们对文化的理解、分析、判断，以及对文化发展走向的把握等所形成的思维构成文化思维。文化思维是关于文化的反思和认识，是宏观看待文化并对文化的性质进行系统化描述的思维方式。严格地说，文化思维也包括在文化之中，每一历史时期所形成的文化思维是文化构成中的元素，但是，这是对自我文化在当时历史阶段的反思，对文化的发展具有调整和指导作用。这可以看作文化对人类历史发展的反作用。

文化思维是文化建设的重要基础。在当今世界，衡量一个国家实力的强弱不仅要看物质财富的多寡和社会发展速度的快慢，而且要看文化事业发展的水平和精神文明建设的成就，要看这个国家的人才建设和人力资源的结构。随着社会的发展，社会产业结构由劳动密集型逐步向知识密集型转化，因此，决定一个国家综合国力的关键因素是文化建设的水平和人的素质提高的程度。从这个意义上说，文化建设是现代化事业长足发展的决定性因素。而进行文化建设，首先需要建立文化思维，明白文化如何与经济政治相结合。社会主义现代化不仅要有繁荣的经济，也要有繁荣的文化。"文化兴国运兴，文化强民族强。没有高度的文化自信，没有文化的繁荣兴盛，就没有中华民族伟大复兴。"[1] 中国现代化建设的进程，在很大程度上取决于国民素质的提高和人才资源的开发。党的十九大报告指出："要提高人民思想觉悟、道德水准、文明素养，提高全社会文明程度。广泛开展理想信念教育，深化中国特色社会主义和中国梦宣传教育，弘扬民族精神和时代精神，加强爱国主义、集体主义、社会主义教育，引导人们树立正确的历史观、民族观、国家观、文化观。深入实施公民道德建设工程，推进社会公德、职业道德、家庭美德、个人品德建设，激励人们向上向善、孝老爱亲，忠于祖国、忠于人民。加强和改进思想政治工作，深化群众性精神文明创建活动。弘扬科学精神，普及科学知识，开展移风易俗、弘扬时代新风行动，抵制腐朽落后文化侵蚀。"[2] 中国的社会主义现代化，是社会主义物质文明和精神文明协调发展

---

① 习近平：《决胜全面建成小康社会　夺取新时代中国特色社会主义伟大胜利——在中国共产党第十九次全国代表大会上的报告》，人民出版社 2017 年版，第 40—41 页。

② 习近平：《决胜全面建成小康社会　夺取新时代中国特色社会主义伟大胜利——在中国共产党第十九次全国代表大会上的报告》，人民出版社 2017 年版，第 42—43 页。

的现代化。从这一要求出发，党的十九大报告指出，"我们要不断坚持中国特色社会主义文化发展道路，激发全民族文化创新创造活力，建设社会主义文化强国。""发展面向现代化、面向世界、面向未来的，民族的科学的大众的社会主义文化，推动社会主义精神文明和物质文明协调发展。"① 这是根据时代要求提出的文化建设的要求，也是对文化建设的定位。

二、文化思维与历史性和民族性的关系

每个时代对文化的态度是不同的。对文化的态度也构成文化的内容，从而成为与人类发展的历史紧密相关的内容。可以说没有人类就没有文化，当然也就没有文化思维。因为，没有人类的历史，就没有文化自身的丰富和发展。同时，文化的发展也必然与民族性有关联。文化的历史性体现在民族性之中，毕竟历史是由不同民族的发展组成的，同时也是由不同民族的文化构成的。每个民族都有自己经验的客观世界，产生的文化必然存在差别，所以文化往往具有民族特色。每个民族所产生的文化思维并不相同，都带有各自民族深深的文化印记。每一个民族的文化都是历史的传承，相对其他民族往往具有自己的文化精神，所以，文化思维所表达的民族精神也不尽相同。因此，文化的历史性和民族性是一致的。文化的历史性需要民族性作为支撑，文化的民族性需要历史性作为背景。谈文化，离不开历史性和民族性，文化思维也是如此。

民族文化的发展历史是文化思维形成的重要因素。文化是一个民族在历史中创造的。如中华民族生生不息、永续发展，创造了灿烂的中华文明，产生了优秀的文化，伴随产生了相应的文化思维。在中国人的文化思维中，文化是民族发展的历史产物，也代表着民族的精神，这种精神由我们的文化思

---

① 习近平：《决胜全面建成小康社会　夺取新时代中国特色社会主义伟大胜利——在中国共产党第十九次全国代表大会上的报告》，人民出版社 2017 年版，第 41 页。

维体现出来。党的十七届六中全会决定明确指出：文化是民族的血脉，是人民的精神家园。说文化是"血脉"，是在说文化是动态发展的，是具有历史传承的。文化承继于祖先，又要传递于后世的，是整个民族得以繁衍和发展的必要条件。文化是人民的精神家园，是说文化是这个民族的精神标识，是这个民族生产、生活等活动的价值出发点和最终依归。

历史观是一个民族文化的重要组成，也是文化思维的重要组成。一个民族有没有生命力，是看这个民族的文化构成中有没有历史观。同时，民族的发展需要舍生忘死、大义凛然的民族精神，而这种精神产生的土壤则是民族文化。中华民族不乏英雄精神，也不断产生英雄人物。在中国历史上，有历尽苦难而大节不改的苏武；有抗金名将岳飞；有从容就义的文天祥；等等。这些英雄们慷慨大义，视死如归，具有刚健不屈的民族精神。根据《史书》记载，在文天祥就义后，人们发现他的衣带中有一张纸条，上面写着："孔曰成仁，孟曰取义，惟其义尽，所以仁至。读圣贤书，所学何事？而今而后，庶几无愧。"可见，是中华民族的优秀文化滋养了文天祥等英雄人物舍生取义的精神，给予了他们不屈的力量和英勇就义的勇气。在这样的历史观之下，我们对舍生取义、大义凛然的内容会大力弘扬。文化内容会作为标准，用来评判自己的文化和异族的文化，并指导我们的文化发展，成为文化思维的内容。比如，历史上我们对言而无信的厌恶，对不讲仁爱、一味崇尚武力的否定，都体现在我们的文化思维中。文化内容和文化思维是一致的。

第二节　文化思维的方法论内涵

文化思维作为方法论，其内涵的核心由文化与历史的关系确定，即文化是文明的载体。同时，优秀文化是人类文明进步的促进力量，而落后腐朽的文化则阻碍人类文明进步甚至使人类文明倒退。其他具体方法围绕这一核心认识而展开。文化思维在方法论上表现在以下两个方面。

一、文化是有机的生命体

众所周知，文化属于精神内容，是人们精神生命的具体表现。虽然我们承认，文化有物质的载体，但是，载体所展现的内容一定是精神的。人的精神总是在不断发展变化的，因此，文化也就具有了变化的特点。回溯历史，我们会发现，任何民族的文化都是有一个生成、发展、壮大和衰落的过程的。同时，文化也是有根的，这也意味着文化的发展变化不是无源之水。从而说，文化是有生命的。文化生命的成长和历史有紧密的关系，同时，文化又具有自己的个性，即民族性。事实也证明，世界上不存在两种完全相同的文化，也不存在永恒不变的文化，纯粹原生态的文化其实是不存在的。所谓原生态的文化不过是学者们忽视了不同文化之间的内在差异，只是从形态上描绘出文化的共性而产生的纯粹理性的考察。

随着社会生产与交换方式的改进与进步，社会的文化也会发生相应的变化。但是，文化在其历史演进的过程中，会有自己的特点，它不会和历史的发展同步。正如历史有停滞和发展，文化也有相对停滞的时期和大发展的时期。比如在春秋战国时期，新思想层出不穷，文化发展呈现繁荣景象。而在社会发展的良好状态下，文化有时候也会停滞不前。总的说来，文化的发展和社会历史的发展大趋势是一致的。

二、文化是历史的、流动的和发展的

习近平总书记在党的十九大报告中指出："文化是一个国家、一个民族的灵魂。文化兴国运兴，文化强民族强。"[1] 这说明，文化能够为人民提供坚强的思想保证、强大的精神力量和丰富的道德滋养。任何文化的生成与存活

---

[1]　习近平：《决胜全面建成小康社会　夺取新时代中国特色社会主义伟大胜利——在中国共产党第十九次全国代表大会上的报告》，人民出版社 2017 年版，第 40—41 页。

都有其民族和国家的土壤，因此，对文化的审视与评价应与某一历史时期一个国家的社会历史条件相联系。分析文化，需要在其生成与存在的特定历史条件下和环境中进行，而不应对历史文化采取历史虚无主义和文化虚无主义的态度。用历史发展的眼光看，儒家文化应该是中华民族文化的重要组成部分。儒家文化不仅始终在发展而且长期处于中国文化的主导地位。儒家文化地位的形成不是偶然的，而是有其深刻的历史必然性。农耕文明中，秩序非常重要，以等级制为核心的观念是需要文化来反映的。儒家文化中有中国历代王朝统治者们所需要的意识形态，符合当时社会的需要。文化从来不是单纯的精神活动，它一定和社会现实紧密关联。

同时，文化是不断生成的、变化的。人类的实践活动永不停止，以人的实践活动中心的文化发展也是不断进行的。

第三节　文化思维的方法论要求

文化思维的方法论要求体现在对文化的看法和发展文化的措施上。可以说，关于文化功能和运用是文化思维方法论内在要求。如何定位文化，如何运用文化？

首先，对文化的定位要求。文化的形式是观念形态，属于精神领域。但文化的内涵并不限于观念与精神领域。人们几乎所有的伦理与社会的活动都具有一定的文化内涵。凡是有人的地方，凡属人的活动范围，文化都存在着并发挥着一定的作用。《易经·贲卦》说："观乎天文，以察时变；观乎人文，以化成天下。"文化的特殊作用和独特功能就是对个人和社会有一种"教化"功能，同时文化也承载了个人或者集体的思想和价值观。

其次，对文化的规范性要求。文化具有规范人的行为的作用。人之初所呈现的人性是自然性，文化的作用是以社会文化来规范人、培养人。每一种文化中都有自己的规定性。每个社会都会通过家庭、学校的教育以及社会的示范、公众的舆论等手段，将一个自然人教化为社会人。从这个意义上说，文化就是历史中不断积淀下来的，并被特定社会群体所共同认可并遵循的行为规范。

最后，对文化凝聚力的要求。作为价值体系和行为规范，文化提供着是与非、善与恶、美与丑、好与坏等的社会标准，并可以通过家庭、社会教育而内化为个人的是非感、正义感、羞耻感、审美感、责任感等等，从而提高人们的道德情操、认识水平和人生境界。文化的这种功能可以提高社会凝聚力。因为，大家共同遵守一样的规范，认可一样的价值观，并在相同的行为方式中生活，内心可以产生强烈的认同感。文化是民族的血脉，能够使整个社会凝聚起来。

高度重视文化的教化作用，离不开对待传统文化的正确态度。所谓传统文化，是指在历史中形成的、在现实生活中仍然起作用的那些思维方式、价值观念、行为规范和风俗习惯。在历史中形成，但在现实生活中已经不起作用的不应该再看作是文化，而是"文物"。所以，传统文化并不等于历史所传承下来的文化典籍。文化典籍是文化的承载者，其中的文化是当时历史时代的文化。只有被当代社会认可或接受的文化典籍中的文化，才可以说是传统文化。也就是说，传统文化本身就具有二重性：既有精华，又有糟粕。中国传统文化同样具有这种二重性，同样具有双重作用。我们的传统文化创造过让世界到今天还叹为观止的伟大文明，中华民族的文明成果是中华文化作用的产物。

每个民族、每个国家在不同的历史时期都面临着不同的实际。当代中国的最大实际在于社会主义初级阶段的基本国情，我们要在这样一个初级阶段的社会主义国家致力于通过社会主义的改革，迈向现代化强国的发展之路。在这一特殊而复杂的社会变迁中，问题层出不穷。所出现的问题其解决的方式离不开中国的方式，否则，就很容易脱离实际。而要做到这一点就不能脱离中国传统文化。现代化本质上就是农业文明在科技革命的条件下向工业文明的社会转型，而以儒家学说为核心的中国传统文化恰恰发生在以农业生产方式、自然经济为基础农耕社会，但这并不意味着儒家学说中蕴含的内在精神不具有对现代社会的借鉴价值。实际上，儒家学说中的诸多价值观念，比如自强不息、厚德载物、艰苦奋斗的精神，以及忧患意识、底线思维等思维方式都会对现代社会的发展产生积极的影响。

继承和弘扬优秀传统文化，不是一味地文化复古，而是以当代中国社会实践为基础，以时代精神为导向的一种创造、创新和发展。历史已经充分证明，脱离社会实践和时代精神的传统文化无法延续，最终会失去生命力，沦为文人雅士的爱好。中国传统文化发展几千年，其中的确存在着与现代化相对立的一些不契合的地方，需要进行变革。但是，离开传统文化，我们的精神命脉就会失去，何谈现代化建设。为此，我们必须以当代中国的改革开放和现代化建设为基础和标准，判断什么是传统文化中优秀的东西、精华的东西，什么是陈旧的东西、糟粕的东西，并结合时代条件赋予其新的时代内涵。习近平总书记指出："要坚持古为今用、以古鉴今，坚持有鉴别的对待、有扬弃的继承，而不能搞厚古薄今、以古非今，努力实现传统文化的创造性转化、创新性发展，使之与现实文化相融相通，共同服务以文化人的时代任务。"①

第四节　文化思维的方法论运用

文化思维是对文化的反思和判断，具有方法论的意义。一个国家、一个民族的发展程度，是与其文化思维的发展水平紧密相关的。当今世界，国家与国家间的发展差距，不仅体现在经济和军事实力上，更体现在文化发展水平上。文化的发展又取决于文化思维的水平。全面认识和发挥好文化思维的方法，对于提升国家文化软实力，建设社会主义和谐社会，实现中华民族伟

---

① 《习近平谈治国理政》第二卷，外文出版社 2017 年版，第 313 页。

大复兴有着深远的意义。

文化思维引领社会文化发展。文化思维作为人类在社会实践过程中所创造的思维方式，不仅直接反映社会发展进程和社会现实，更重要的是其具有引领社会、为社会发展导航和指引方向的功能，体现在对人类社会的思想启迪、精神引导与道德提升。

文化思维的应用，能够营造良好的社会风尚和理性平和的社会心态，为社会发展树立目标、凝聚力量、提供动力。目的在于增强人们对民族文化的认同感和归属感，增强民族向心力、凝聚力，弘扬民族精神，形成共同理想和价值观念。文化思维中的重要部分是重视信仰。习近平总书记指出，人民有信仰，民族有希望，国家有力量。实现中华民族伟大复兴的中国梦，物质财富要极大丰富，精神财富也要极大丰富。我们需要锲而不舍、一以贯之地加强文化建设。

文化思维发挥着文化引领社会的功能。一方面要通过加快发展文化事业和文化产业，建设社会主义先进文化，更好地反映和满足人民群众不断增长的精神文化需要；另一方面，要加强社会主义核心价值体系建设，加强建设中国特色社会主义共同理想教育，弘扬科学精神，倡导爱国守法和敬业诚信精神，通过激励和约束手段，促进社会心态、社会氛围和社会风气的健康发展。

文化思维发挥着文化对人民的教育功能。文化的功能在于"化人"。国无德不兴，人无德不立。一个民族、一个人能不能把握自己，不被外力所左右，很大程度上取决于自我的道德和价值原则；一个民族、一个人能不能在文化上强大起来，很大程度上也取决于道德价值。习近平总书记指出，核心价值观"是一个国家共同的思想道德基础"①，"核心价值观，其实就是一种德，既是个人的德，也是一种大德，就是国家的德、社会的德"②。在

①　《十八大以来重要文献选编》（中），中央文献出版社 2016 年版，第 133 页。
②　《习近平谈治国理政》第一卷，外文出版社 2018 年版，第 168 页。

更好构筑中国价值的过程中，必须持续深化社会主义思想道德建设，弘扬中华传统美德和社会主义先进道德，引导人们明大德、守公德、严私德，重品行、正操守、养心性，为中国特色社会主义事业和民族复兴提供源源不断的道德滋养。文化对人民的教育功能主要通过两个途径实现：一是发展教育事业，提高人民的文化水平和综合素质。我国是人口大国，文化教育尤其重要。我们需要充分发挥文化教育功能，通过多种教育形式，提升国民综合素质。坚持教育优先发展，给人民提供健康向上的文化。二是通过加强思想道德教育，提升人们的思想道德水平，引导人们树立正确的世界观、人生观、价值观。同时，在推进社会公德以及个人道德建设方面，引导人们树立开放包容的国民心态、积极向上的处世态度，追求崇高的精神境界，提升人民的素质。

文化思维还发挥着为社会发展提供不竭的文化动力的功能。实现文化对社会发展的推动功能，需要发挥文化的功能，让人们认识社会发展的基本规律和内在动力，按照规律办事。同时，通过思想道德建设提高人的素质，可为社会的发展提供思想动力和智力支持。在当代，经济发展与社会进步以及综合国力的提升，都有赖于文化发展。文化在人类社会发展中的作用日益突出。

第五节　提高文化思维增强文化自信的能力

党的十八大以来，习近平总书记高度重视文化建设，多次强调我们要坚定文化自信，并提出了许多新思想和新观点。在党的十八届中央政治局第十三次集体学习时提出，要"增强文化自信和价值观自信"①。在全国文艺工作座谈会上讲话时指出，"增强文化自觉和文化自信，是坚定道路自信、理

----

① 《习近平谈治国理政》第一卷，外文出版社 2018 年版，第 164 页。

论自信、制度自信的题中应有之义"①。在哲学社会科学工作座谈会上讲话时指出，"我们说要坚定中国特色社会主义道路自信、理论自信、制度自信，说到底是要坚定文化自信。文化自信是更基本更深沉更持久的力量"②。在庆祝中国共产党成立 95 周年大会上强调，"文化自信，是更基础、更广泛、更深厚的自信"③。习近平总书记的重要论述，把文化自信提到了前所未有的高度，表明我们对文化自信有了新的更高要求。

一、文化思维与文化自信能力提升

我们为什么需要文化自信？文化是一个民族的血脉，是人民的精神家园。一个民族的强盛，总是以文化兴盛为支撑。中华民族有 5000 多年文明发展中孕育出的中华优秀传统文化，有在中国共产党和人民伟大斗争中孕育的革命文化，有在社会主义改造和全面建设、改革发展以及现代化建设过程中形成的社会主义先进文化，这三种文化共同体现了以爱国主义为核心的民族精神和以改革创新为核心的时代精神，积淀着中华民族最深层的精神追求，代表着中华民族独特的精神标识。历史不断证明：一个民族的觉醒，首先是文化的觉醒；一个政党所表现出来的力量，很大程度上来自于对本民族的文化自信。所以说，一个民族是否具有高度的文化自信，不仅关系到文化自身的振兴和繁荣，而且决定着这个民族、这个政党的前途。恩格斯曾经说过，"文化上的每一个进步，都是迈向自由的一步"④。我们必须从文化与社会历史发展的关系中，来看待文化思维与文化自信的关系。

首先，文化思维肯定文化与社会经济、政治的发展相统一，这一思维对于文化自信能力的提升具有关键作用。文化的产生和发展自始以来离不开社

---

① 习近平：《在文艺工作座谈会上的讲话》，人民出版社 2015 年版，第 25 页。
② 《习近平谈治国理政》第二卷，外文出版社 2017 年版，第 339 页。
③ 《习近平谈治国理政》第二卷，外文出版社 2017 年版，第 349 页。
④ 《马克思恩格斯选集》第 3 卷，人民出版社 2012 年版，第 492 页。

会的进步和发展，同时，文化也对社会经济和政治产生巨大的影响，这是文化自身的特点，也是文化思维内容中的重要组成部分。由于文化的这一特点，文化就不是社会发展中孤立的一极，而是与整个社会发展协调一致的重要因素。中国特色社会主义道路、理论、制度与中国特色社会主义的文化是水乳交融、有机统一的。同时，文化推动科学技术的应用、思想观念的转化、道德素质的提升，对实现经济发展、政治文明以及社会进步具有非常重要的意义。我国社会主义文化发展的同时，中国当代文化软实力也会相应增强。弘扬中国特色社会主义先进文化，实现文化事业的发展，能够展现中国特色社会主义理论的巨大指导作用、社会主义制度的巨大优越性。不仅中国文化有足够的底蕴培育我们的民族精神，同时，我们也会因为中国经济、政治的发展成就而树立我们坚定的文化自信。

其次，文化思维认为文化是一个民族、一个国家以及一个政党对自身所传承和拥有的价值的充分肯定和积极践行，这是文化自信能力提升的坚强后盾。文化的生命力在于一个民族对自我的价值保持坚定的信心，同时，文化自身也能让一个民族培育坚定的自信。这种自信包括对自己民族文化的自信。所以，确立科学的文化思维，充分认识历史文化是自己民族精神的滋养，对于我们文化自信提升具有巨大意义。在中国特色社会主义伟大实践中，需要深刻把握和顺应时代潮流，对中华传统价值予以充分肯定，只有这样，社会主义先进文化才能得到丰厚的滋养。我们知道，中华民族文化承载着中国优秀传统文化、革命文化、社会主义先进文化，含有凝聚人心的理想信念，具有崇高的价值追求。我们的文化自信是源于"古"而成就于"今"。正如习近平总书记所指出："要认真汲取中华优秀传统文化的思想精华和道德精髓，深入挖掘和阐发中华优秀传统文化讲仁爱、重民本、守诚信、崇正义、尚和合、求大同的时代价值。"[1] 显然，在继承和发扬传统文化精神的基础上，我们不能忽略革命文化和社会主义先进文化。革命文化是近代中国无

---

① 《习近平谈治国理政》第一卷，外文出版社 2018 年版，第 164 页。

数仁人志士理想追求的精神成果，是我们党的宝贵精神财富，映射出红色中国精神感召的新时代光芒。社会主义先进文化是当代中国价值追求的历史延续与创新发展，三种文化形态共同提升了我们文化自信的能力。

最后，应用文化思维得出的必然推论是，中华民族的伟大复兴为文化的发展提供了巨大的精神力量，这是新时代我们文化自信的直接原因。2014年，习近平总书记在文艺工作座谈会上指出，"没有中华文化繁荣兴盛，就没有中华民族伟大复兴。一个民族的复兴需要强大的物质力量，也需要强大的精神力量。没有先进文化的积极引领，没有人民精神世界的极大丰富，没有民族精神力量的不断增强，一个国家、一个民族不可能屹立于世界民族之林。"① 这段论述深刻说明了文化与中华民族伟大复兴的关系。文化是一个民族伟大复兴的动力和标志，文化兴、国家兴，反过来，国家昌盛，文化也繁荣。近代以来，中国人民认清了中国在政治上、经济上不能接受西方殖民者的统治和控制这一历史真理，同时找到了切实的政治道路和经济战略，来摆脱殖民者的统治和控制。同时，中华民族在反抗侵略、谋求民族独立的整个历史进程中，表现出独特的政治智慧、经济智慧、文化智慧。中国人民经过一系列革命和斗争建立了新中国，建立了独立完整的工业体系，为中国经济的腾飞和民族复兴打下了坚实的基础。中国的综合国力一步一步提高成为国人今天谈论中国梦的前提，也是我们最后能够实现中国梦的基础动力。不仅如此，因为我们有自己深厚的文化底蕴，所以总是有批判有选择地吸收西方文化观念。中国古人崇尚天下为公、世界大同，希望老有所安、少有所养，共同富裕。自古以来，中国人民崇尚正义，无法容忍社会不公；以廉洁为美德，痛恨统治者腐败。在历史上，中国人畏天理，不畏权贵，表现出正直、勇敢、顽强的精神品质，这些都是中国人民在自强不息、拼搏奋斗的历史中形成的。中国有足够的文化力量和精神勇气做自己的"中国梦"，有了这个底气，中国人的文化自信力就会大大提升。

---

① 《十八大以来重要文献选编》（中），中央文献出版社 2016 年版，第 121 页。

二、增强文化自信，离不开文化思维的创新发展

中华民族创造了博大精深的灿烂文化，形成了富有特色的思想体系，也形成了中华民族特有的文化思维。我们一直以来把文化看作是民族的精神支柱及精神家园。在中华民族涅槃新生的革命过程中，文化起到了重要的作用。在中国共产党所领导的革命中，我们创造了鲜明独特、奋发向上的革命文化，这种文化形态也是中国人民面对新的历史使命，发扬民族精神而创造的时代文化。中国文化向来富有时代特征、民族特色，从而为我们在新的历史条件下推进文化建设奠定了坚实基础。立足社会主义现代化建设新实践，我们需要对自己的文化思维不断创新，只有不断创新才会产生与中国发展相适应的文化形态，才能进一步加强我们的文化自信。对于文化思维的创新，要牢牢把握当代文化与传统文化、民族文化与外来文化的关系。不仅注重传统文化的继承和创新，还要关注外来文化的优秀内容。这就需要我们对待文化有一个标准。这个标准就是现当代的价值体系。意大利历史学家克罗齐有一个观点：一切历史都是当代史。对于文化也是如此，可以说，一切文化都是当代文化。因为我们的判断历史文化的标准，都是以现代文化的价值为基础的。所以，对于文化思维的创新，我们既要反对拒绝接受新文化和任何外来文化的"守旧主义"和"封闭主义"，也要克服一味推崇外来文化，根本否定传统文化的"民族虚无主义"和"历史虚无主义"。

文化思维创新必须始终坚持马克思主义的指导。用马克思主义指导我们文化思维发展的根本原因在于：马克思主义是世界历史发展的产物，它蕴含了客观世界与主观世界的一般发展规律，包含了一切人类文明的优秀成果和无产阶级革命的经验教训，是最先进的理论成果。中国人的思维中，直觉思维是很大的特点，表现在文化上也是如此。我们之前看待文化，包括自己的传统文化，都是以一种对于文化的直觉和审美来看待的。这样思维所产生的结果就是历史是鲜活的历史事件，文化是具有生命力的历史，甚至直接把历史和文化都放在一个篮子里。比如，章学诚就认为，六经皆史。他把儒家文

化和历史内容放在一起看，就是因为把文化作为了在时间点上的事件，把历史作为了不同事件的组成。这是一种直觉的而非分析的思维。钱穆的《中国文化精神》也是运用这种思维的产物。他在书中谈到很多中国文化的现象，但是，没有分析中国文化呈现自我特点的原因。近代以来，有些中国人接触到外来文化，文化思维也在悄然变化。他们不再只是以直觉来看待文化，而是学会了理性分析的方法。比如梁漱溟的《东西文化及其哲学》中，就开始分析、比较文化的差异和形成差异的原因。在中国长期革命和社会主义建设实践中，马克思主义的世界观和方法论为我国人民的世界观、人生观、价值观和思维方法等形成起到了重大的作用。因此，文化思维创新是马克思主义文化观与当前中国文化发展实际相适应的文化理论的创新方式。坚持文化思维创新，就必须要坚持马克思主义的主体地位，辩证地对待古今中外的文化。此外，要结合传统文化思维中的有效内容，加强我国人民对自我传统文化的认同和自觉。我们必须要将马克思主义的方法论和我们传统的文化思维相结合，推进文化思维的发展。

首先，文化思维的创新和中华优秀传统文化的创新发展是一致的。文化创新不是在没有资源的情况下创新，中华优秀传统文化是创新发展先进文化的重要资源。中华文明是中国人民在几千年的实践中发展起来的，文化创新一定离不开传统文化。习近平总书记指出，"抛弃传统、丢掉根本，就等于割断了自己的精神命脉。"[1] 要使中华民族的文化基因与当代文化相适应、与现代社会相协调，就需要让传统文化在实践中不断进行创造性转化、创新性发展。中华优秀传统文化需要承前启后的发展性。中华文化的发展从来没有间断过，延续性是文化血脉的基本特征之一。我们党也是传统文化的重要传承者，习近平总书记指出："中国共产党从成立之日起，既是中华优秀传统文化的忠实传承者和弘扬者，又是中国先进文化的积极倡导者和发展者。"[2]

---

[1] 《习近平谈治国理政》第一卷，外文出版社 2018 年版，第 164 页。

[2] 习近平：《决胜全面建成小康社会　夺取新时代中国特色社会主义伟大胜利——在中国共产党第十九次全国代表大会上的报告》，人民出版社 2017 年版，第 44 页。

这就明确宣示了当代中国人传承文化血脉的历史责任。但是，传承并不是一件容易的事情。所谓传承，包括两个方面：一是传，二是承。"传"是传递，指向的是时间上的连续性。"承"是继承，指向的是文化内容的统一。同时需要强调的是，继承不是原封不动地接受，而是根据现当代社会的实际情况，有取舍，有发展地继承。因此，传承和弘扬是相辅相成的。弘扬，首先需要在传统文化中汲取丰富的营养，让社会主义先进文化之根深深植入民族传统文化的土壤之中。其次是立足当代，回顾过去，放眼未来，让文化成为立体的、有生命力的精神实体。优秀传统文化凝聚着中华民族自强不息的精神追求和历久弥新的精神财富，是发展社会主义先进文化的深厚基础，是建设中华民族共有精神家园的重要支撑。在这样的认识中，文化已经成为一种民族精神。它不再被看作是一种故去的没有灵魂的东西，而是随时和现代文化接续的文化传统。这种观点本身也是文化思维的内容。可见，文化的创新和文化思维的创新是一致的。文化思维的创新必须与中华传统文化的创新相一致。

文化思维的发展创新要跟上文化的发展创新。文化创新需要总结、提炼当代社会实践中的优秀文化因子，增强社会主义先进文化的时代性。一个时代的具有代表性的文化与社会实践必然相关。目前，我们的改革开放和民族复兴的伟大事业是前无古人的，取得了史无前例的社会成就。在社会主义的实践中，我们也形成了面向现代化、面向世界、面向未来的，民族的、科学的、大众的社会主义新文化。这种文化和相伴产生的文化思维在改革开放40多年里，指导中国人民取得了令世界瞩目的辉煌成就，理应成为构建具有中国特色的社会主义先进文化的核心内容。为此，我们必须具有高度的政治自觉和理论自信，坚持文化理论建设的正确方向。

其次，文化思维创新必须承认文化的融合发展。文化中一切优秀的东西都具有共通性，如果要丰富社会主义先进文化内涵，就需要融合世界各民族的优秀文化形态。这是文化思维的重要内容之一。当今世界，文化多元激荡，不同文化的交流、交锋、交融呈现出前所未有的新态势。我们面对这一形势，需要把握文化发展的基本规律，把握文化发展的大势，将挑战转化为机遇。其机遇在于，文化的激荡，给我们提供了前所未有的广阔空间。所以，我们要在明辨是非的基础上，以开放的心态，博大的胸怀，积极吸收和借鉴国外优秀文化成果。文化思维需要我们一定要正确把握和认真处理民族文化和外来文化的关系，正确处理传统文化和现代文化的关系，真正做到弘扬优秀传统，吸纳现代文明，彰显时代精神。弘扬民族精神，培育好我们民族的精神家园，树立坚定的文化自信，是文化思维的重要组成部分。

在文化思维的创新中，我们应该形成科学的文化观和文化战略以应对我们当前的文化建设。目前，我们面临的主要任务是如何对中华优秀传统文化进行创造性转化和创新性发展，这是实现文化自信的基础。目标虽然很明确，但是，如何行动是关键。因此，在对待传统文化的态度上，我们要创新文化思维，在中国特色社会主义的伟大实践中，理解人民群众不断增长的文化需求，立足历史与现实、东方与西方的文化交汇点，提出有效的文化战略。这是文化思维创新的重要结点，也是文化思维的重要内容。

第一，中华优秀传统文化需要以马克思主义为指导，并结合社会实践，在发展中转化。早在延安时期，我们党就十分注重马克思主义与优秀传统文化的结合，不断推进马克思主义中国化。毛泽东同志在《新民主主义论》中强调："中国的长期封建社会中，创造了灿烂的古代文化。清理古代文化的发展过程，剔除其封建性的糟粕，吸收其民主性的精华，是发展民族新文化提高民族自信心的必要条件。"[①] 他在《同英国记者斯坦因的谈话》中指出："中国历史遗留给我们的东西中有很多好东西，这是千真万确的。我们必须把这些遗产变成自己的东西。"[②] 特别值得提到的是，1943 年 5 月 26 日《中共中央关于共产国际执委主席团提议解散共产国际的决定》指出："中国共产党人是我们民族一切文化、思想、道德的最优秀传统的继承者，把这一切

---

① 《毛泽东选集》第二卷，人民出版社 1991 年版，第 707—708 页。
② 《毛泽东文集》第三卷，人民出版社 1996 年版，第 191 页。

优秀传统看成和自己血肉相连的东西，而且将继续加以发扬光大。中国共产党近年来所进行的反主观主义、反宗派主义、反党八股的整风运动就是要使得马克思列宁主义这一革命科学更进一步地和中国革命实践、中国历史、中国文化深相结合起来。这一运动表现了中国共产党人在思想上的创造才能，一如他们在革命实践上的创造才能。"① 在该论断中，体现出我们党对待传统文化的积极态度。我们党早在延安时期就努力实现马克思主义与中国革命、中国历史、中国文化逐步结合，并明确肯定这种结合是一种"创造才能"，可谓意义重大。

在中国共产党成立初期，党的缔造者们传承民族精神，不怕牺牲，不畏艰难，以坚定的理想信念孕育了优秀的革命精神。习近平总书记在浙江工作时曾阐释红船精神的深刻内涵，认为这是"开天辟地、敢为人先的首创精神，坚定理想、百折不挠的奋斗精神，立党为公、忠诚为民的奉献精神"②，明确把此精神提升为"中国革命精神之源"的新高度。在土地革命时期，我们党在特殊的环境下，不屈不挠，乐观向上，形成了"坚定信念、艰苦奋斗，实事求是、敢闯新路，依靠群众、勇于胜利"的井冈山精神。以及"人民利益至上，坚定理想信念，不怕牺牲，独立自主，实事求是，顾全大局，严守纪律，紧密团结，依靠人民，艰苦奋斗"的长征精神。在抗日战争时期，形成了我们党的精神高地——延安精神，它是我们党继承优秀传统文化精神的基础上，结合时代特点和现实需要所形成的，主要包括：一是无私奉献的精神，二是为人民服务的精神，三是实事求是的精神。这既是党的思想路线，是毛泽东思想的精华，同时也是传统文化的创造性发展。正是在延安精神的引领下，党赢得了人心，获取了文化领导权。在解放战争时期，形成了应对历史性考试的"西柏坡精神"。其内涵主要表现为"两个务必"，即"务必使

---

① 《建党以来重要文献选编（1921—1949）》第二十册，中央文献出版社 2011 年版，第318—319 页。

② 习近平：《干在实处　走在前列——推进浙江新发展的思考与实践》，中共中央党校出版社 2016 年版，第 456 页。

同志们继续地保持谦虚、谨慎、不骄、不躁的作风，务必使同志们继续地保持艰苦奋斗的作风"①。这是我们党即将在取得全国政权时又一次精神洗礼，体现了思想上的深谋远虑。纵观党的革命文化发展进程，它集中体现了党的优良传统和作风，是党在奋斗历程中积累的最宝贵精神财富。中国人民所表现出的文化自信源于革命文化深深扎根于、立足于中华优秀传统文化，使其精神内涵与我们民族精神相一致，这也是我们党能够青春永驻、永葆先进性的奥秘所在。

第二，中华优秀传统文化的健康发展需要坚持正确方向，在实践中不断发展。坚持什么样的文化思维，开辟什么样的文化道路，是一个政党的生命之源与精神之钙。我们党作为马克思主义政党，自成立之日起，就坚定地以马克思主义为指导思想。在不断推进马克思主义中国化进程中，诞生了毛泽东思想及中国特色社会主义理论，代表了中国革命、建设、改革各阶段的先进文化前进方向。有人担心不断推进马克思主义中国化，不仅会丢掉马克思主义的本质，也会丢掉中华文化传统。实践证明，这是不必要的担心。艾思奇曾说："马克思主义之所以能中国化，就因为马克思主义有一般的正确性，正因为它是'放之四海而皆准'，是'万能的'。倘若它没有这一般的正确性，倘若它仅仅是特殊的东西，那就完全谈不到'化'的问题了。……决不会因为要中国化而丢了马克思主义的科学理论，相反地，真正的中国化，就是要真正地能够把握着马克思主义的理论。"② 作为马克思主义的政党，中国共产党首先高举的是中国特色社会主义伟大旗帜，其性质决定了必然要努力建设顺应先进生产力发展要求、符合最广大人民根本利益的社会主义先进文化。同时，中国共产党人没有离开自己的文化土壤来建设自己的精神家园。中国共产党作为一个富有活力的政党，始终把建设社会主义先进文化作为自己的目标之一。

---

① 《十七大以来重要文献选编》（下），中央文献出版社 2013 年版，第 416 页。
② 转引自张城：《文化自信是更基础更广泛更深厚的自信》，《学习时报》2016 年 7 月 25 日。

传统文化要创新发展，必须与新时期的实践紧密联系。习近平总书记指出，一种价值观要真正发挥作用，必须融入社会生活，让人们在实践中感知它、领悟它。这就要求儒家文化不能只"活"在历史中，还要与人们日常生活紧密联系起来。在传承的同时更要重视创造性地转化、创新性地发展，要考虑到当前世界范围内思想文化交流交融交锋的新态势，考虑到社会主义市场经济条件下思想意识多元多样多变的新特点。儒家文化诞生于两千多年前，以后的各个时代都有发展，不可避免地有它时代的、阶级的局限。这就要求我们善于运用马克思主义的立场、观点、方法，运用唯物辩证的态度分析对待儒家文化，厘清哪些是应该吸取的精华，哪些是必须剔除的糟粕；同时立足新的实践，对儒家文化作出合乎逻辑的新阐释，为传统文化注入新的时代内涵。

文化的生命力在于创新。在每个时代的文化都具有时代特色。为适应时代发展的需要和解决面临新问题的时候，文化都需要与时迁移，应物而变化。可以说，文化的发展与实践的关系非常紧密。文化是人们在实践过程中创造的，也必然随着实践内容的改变而发生改变。从历史上看，以孔孟为代表的先秦儒学和董仲舒为代表的汉代儒学，以及程朱陆王为代表的宋明理学都不完全一样。虽然都是围绕儒学的基本精神而展开，但是，儒家思想都在社会发展的大潮中发生了相应的变化。因此，文化总是与时俱进并能够适应社会发展的要求。在这个过程中，文化自身也不断发展和更新。文化的生命力来源于社会发展。"两创"（推动中华传统优秀的创造性转化、创新性发展）方针是当代文化思维的重要内容，它符合文化发展的基本规律。它需要我们总结实践的精神内容，融入到文化建设中，把具有时代精神的文化发展起来，弘扬开来。同时，还需要兼收并蓄的包容精神，借鉴其他民族的优秀文明成果，通过实践的需要再造和丰富起来。在这一正确方针的指导下，文化在新时代将会焕发生机，表现出强大的生命力量，从而大力提升了我们的文化自信。

三、如何通过文化思维增强文化自信能力

既然增强文化自信离不开文化思维，那么就需要立足于文化思维的要求，不断寻求增强文化自信的能力切入点。

第一，需要认识文化自信的特点。文化自信是从文化的角度看自信。对中华文化而言，文化自信是对全球化背景下国家发展的自信，是对自身先进文化建设的自信，是对全面继承和发展马克思主义文化观的自信。我们的文化自信，其形成的基础是对中华民族文化的普遍认同。

第二，需要正确处理好"看待自己的文化"和"增强文化自信"之间的关系。中国传统文化中有一个解决这个问题的理念，即"知行合一"。"知行合一"的要义是"知"和"行"的统一，是即知即行，是体用一源的实践。这种理念在文化上所产生的意义是，我们一旦清楚了中国文化的本质是人们在实践中与自然、社会和人打交道过程中所形成的价值、思维、理念的综合，就会懂得文化自信是中国人民对中华民族在改造自然、社会与人的过程中所形成的价值、思维、理念的认同和自豪。只有首先对自己民族的文化有一个正确的认识，才会有真正意义上的文化自信。社会行为仅仅是现象，提升全社会实践的参与度才是本质。文化自信不是口号，不是对象化的知识，而是实践性的活动。即以马克思主义文化观为指导，将人们的思想、行为放置在社会实践中，从政治、经济、文化的整体要求出发，让人们为一个民族精神挺立共同付出，同时展现人们的文化自豪感。因此，文化不是社会浮萍，也不单纯是文人墨客的吟风弄月，它必须产生并运用于社会历史的伟大实践，根植于人们的日常生活。社会实践才是文化发展的基础，是文化获得生命力的唯一源泉。增强文化自信需要人们参与社会建设的伟大实践。

习近平总书记指出，中国的自信本质上是文化的自信，文化自信是更基础、更广泛、更深厚的自信。在我国政治、文化、经济需要整体提升的今天，增强文化自信是我们这一代人神圣的使命。当前社会主义建设发展进入一个崭新的阶段，政治经济建设取得世界瞩目的成就。这是中国人民的伟大

历史实践，也是文化发展的巨大契机。文化作为社会实践的产物，其产生和发展都受到一定时代和社会发展的影响，政治经济发展到较高的水平，会大力推动文化向前发展。文化不仅是社会形态的根本标志，也是发展的动力源泉。因此，文化是实践的，是和社会发展一同向前的。只有社会在人们不断实践中向前发展，并在发展过程中产生了人们的美好感受以及对未来社会的向往，文化才成为社会发展的巨大力量。

第三，需要主动在社会实践中增强文化认同。作为一种心理活动和价值体认，文化并非如物质产品一样一旦形成就永恒不变。文化如此，文化认同也如此。因此，文化认同并非一朝一夕的事情。社会总是在不断发展，人们在社会实践中会形成新的思想，各种思想因为地域和时间不同，造就了不同的文化形态。因此，各种文化形态的形成就需要一个过程，这就是文化认同。当然，文化认同不是强制的、灌输的，而是自然的和自愿的。文化认同是一种潜移默化的滋养，是一种文化对另一种文化的解读和诠释。所以，不能把文化认同作为一种文化对另一种文化的侵略。当前，我国的发展可谓日新月异，表现在精神领域，各种思潮多元激荡。同时，世界各国的文化相互影响，甚至相互对抗。在这种形势下，文化认同将受到很大的影响。要应对文化认同的这些挑战，我们必须对中华优秀传统文化、革命文化和社会主义先进文化进行有效传播，让人们能够认可这些文化，而不是把这些文化当成我们扩大影响的工具。同时，要认识到中华优秀传统文化的魅力所在，认识到优秀传统文化是我们内心世界的文化基因和精神命脉，革命文化是我们宝贵精神财富，社会主义先进文化是我们努力建设社会主义现代化过程中自然形成的主流文化。这三者构成了我们中国特色社会主义新文化。新文化是人们实践的产物，具有强大的生命力、影响力、感召力。要增进文化认同，正确处理三方面关系。

第一，处理好一元指导与多元文化发展的关系。在我们思想领域，居于指导地位的是马克思主义。习近平总书记强调，我们党是用马克思主义武装起来的政党，马克思主义是我们共产党人理想信念的灵魂。马克思主义的真理性和科学性成为我们认可它的主要原因。当然，在中国革命和建设以及改革过程中，马克思主义的指导都取得了伟大的成功，这也是我们认可它的另一个重要理由。但是，我们以马克思主义为指导，并不妨碍我们的文化建设百花齐放，不排斥多种文化并存。中国特色社会主义文化本来在内容和形式上就是多样性的，形成它的因素也是多元的。虽然我们对待文化的态度不能一味放任自流，但是，文化的多元包容是文化创新和发展的必要前提。因此，我们既要坚持马克思主义在文化上的指导地位，也要坚持文化的多样性发展。

第二，努力增强文化的生命力，处理好文化传承与文化创新的关系。习近平总书记指出，无论哪一个国家、哪一个民族，如果不珍惜自己的思想文化，丢掉了思想文化这个灵魂，这个国家、这个民族是立不起来的。中国特色社会主义文化的重要来源是中国传统文化，任何一个民族的传统文化总会成为这个民族文化发展的基调。中华民族生生不息的精神动力就是传统文化的精神内核，对其认同是我们发展本民族文化以及推动中国特色社会主义新文化的重要条件，也是我们文化自信的重要基础。因此，如果要让社会主义文化富有生命力和创造力，就需要回到我们中华民族的文化之源，深入挖掘、发现和弘扬中华优秀传统文化的价值理念，认识其价值和作用。同时又要结合我国的社会主义建设实践，结合传统，形成与时俱进的文化内容，为中华文化注入新活力、新内涵。

第三，处理好中华文化与西方文化的关系。我们在对待西方文化的态度上很容易走极端。一个极端是，我们总认为自己的文化源远流长、厚重博大，认为西方文化是蛮夷文化，缺乏内涵。另一个极端是，我们总感觉自己一无是处，事事妄自菲薄，无法正视自己，缺乏文化自信。中西文化各有优长，我们应该正视自己的短处，发现别人的长处，取长补短。我们在看待西方文化的时候，一方面要杜绝妄自尊大，另一方面更重要的是切忌将文化差异看成文化差距。在近代的现实中，我们曾经挨过打，受过欺凌，主要是由于我们的制度落后、国力不强，并不是因为文化落后。需要明白的是，原本只是中西不同文化在不同历史和社会环境中形成的差异现象，却被缺乏文化自信的人当作文化差距来看待。因此，我们不能一味把西方文化奉为更先进、更高级的文化样式而盲目学习和模仿，从而忽视了自己优良的文化传统。我们应该加强文化自觉、增强文化自信，在努力保持自身文化的独立性和自主性的同时，保持文化的开放性，以平等从容的心态积极同世界其他文化交流对话，在多元文化的和谐共生中展现我们中华文化的独特魅力。

树立科学的文化思维是增强文化自信的关键。文化自信就是增强文化在生产、生活中的作用。这种作用不是抽象的，而是具体的，不是对象化的，而是融于社会现实的。因此，我们要有正确的文化思维，发挥文化的生命力，树立正确的文化观，重视文化的力量，用社会实践不断创造与发展符合中国特色社会主义发展规律的中华优秀文化，在全社会文化自信的背景下实现最广大人民的根本利益，为实现中华民族伟大复兴的中国梦发挥更大的作用。

概括起来，文化思维的形成、发展和创新不会孤立于自己的文化传统，它既是对文化传统的反思，也是文化传统的一部分。我们的文化思维也是与中国历史文化的发展以及社会政治、经济的发展紧密相关的，是中国历史文化和社会发展在中国人思维中的反映。纵观历史，中华民族历经苦难，中国人民在艰苦卓绝的斗争中走出了自己的道路，走向了新的时代。在这个过程中，留给我们的是不断开拓、锐意进取的精神。这种精神既是中国文化精神的体现，也是中华文化精神的创新与发展。我们的文化思维也是在这个过程中发展起来，并在时代的进程中不断创新。尤其是新中国成立后，中国人民经历了一个从新民主主义文化到社会主义文化的过渡时期。随着在经济政治上全面进入社会主义，"双百"方针、"古为今用"和"洋为中用"这样的指导思想先后被提了出来。目前，我们正在进行中国特色社会主义文化建设。中国特色社会主义文化建设，源于文化思维的变革。在文化思维的变革中，我们不仅将对传统文化的创造性转化和创新性发展纳入当今文化思维的重要内容，而且将对中华优秀传统文化的继承和发扬和当代先进文化的吸收和借鉴纳入到社会主义核心价值观的培育和践行的全部过程之中，形成了以弘扬以爱国主义为核心的民族精神和以改革创新为核心的时代精神为社会主义文化建设目的的新的文化思维，从而为实现中华民族的伟大复兴提供了强大的精神动力，对提升国家的软实力，建设社会主义文化强国提供了强有力的保障。正如习近平总书记所说的，"中华文化既坚守本根又不断与时俱进，使中华民族保持了坚定的民族自信和强大的修复能力，培育了共同的情感和价值、共同的理想和精神。"① 就此而言，正确的文化思维是提升文化自信力的关键因素，同时也为文化自信的实现提供了有力的保障。

---

① 《十八大以来重要文献选编》（中），中央文献出版社 2016 年版，第 121 页。

第十八章　改革思维和自我革命能力

按照历史唯物主义的观点，生产力与生产关系的矛盾、经济基础和上层建筑的矛盾构成人类社会的基本矛盾，并推动着人类社会由低级向高级不断发展。当生产关系和上层建筑适应生产力发展的时候，就会促进社会生产力的发展。如果生产关系和上层建筑不适应生产力，就会阻碍社会生产力的发展。社会基本矛盾不仅构成社会变革的基本动力，而且也规定了改革的性质和发展方向。历史唯物主义社会基本矛盾原理，不仅构成改革思维的方法论根据，也构成我国社会发展进程中自我革命、实现自身快速高效有序发展的不竭动力。

第一节　改革思维的历史唯物论基础

我国改革开放的过程，是在实践中创造性运用历史唯物主义的过程。在改革开放进程中逐步建立的中国特色社会主义理论体系，既有实践基础，又具有历史唯物论的理论根基。

一、历史唯物主义社会基本矛盾的揭示

历史唯物主义认为，人类社会的发展是有其内在规律的，构成其内在规律的基本要素有生产力、生产关系（经济基础）、上层建筑，这三种要素又

构成了生产力与生产关系、经济基础与上层建筑这两对矛盾，人类社会的发展就是由这两对矛盾推动的，并由此构成了人类社会的基本矛盾。它们贯穿于每一种社会形态发展的始终，并且决定了社会历史的一般进程。

在《资本论》第一卷中，马克思不仅论述了构成社会的基本要素，而且也阐述了各要素之间的关系。以此为基础，论证了人类社会的基本矛盾原理。在马克思看来，社会中一定的生产力，以及与其相适应的生产关系，可以称之为社会的经济结构。这个社会的上层建筑和意识形态建立在经济结构之上。所谓上层建筑是建立在经济基础之上的法律、政治结构、社会意识。上层建筑是与经济基础相适合的。马克思用"生产关系"的概念，阐明了经济基础与上层建筑之间的关系。经济基础，即社会的经济结构，是由生产关系的总和组成的。上层建筑是社会意识、相应的法律和政治结构的组合，它们是在社会经济基础之上产生的，并由经济基础所决定。

可见，在由生产力生产关系（经济基础）、上层建筑构成的社会基本结构中，不仅生产力决定生产关系，而且一定社会关系的总和还构成一个社会的经济基础，并决定着建立在经济基础之上的法律、政治和意识形态等上层建筑。历史唯物主义正是在对社会进行这种分析中，科学地揭示了整个人类社会的基础，在此基础上阐述了人类社会发展的客观规律。

二、历史唯物主义社会基本矛盾的主要观点

历史唯物主义关于社会基本矛盾的观点不仅揭示了组成社会基本矛盾的主要方面，而且也揭示了它们之间的辩证关系。在此基础上，论述了社会基本矛盾运动是推动社会发展的动力。

（一）生产力和生产关系、经济基础和上层建筑

生产力指的是劳动者在占有劳动资料的基础上，依据对劳动资料的把握并作用于劳动对象之上过程中表现出来的对物质资料的生产能力。很显然，

劳动者、劳动资料和劳动对象三者构成了生产力的三种要素，其中劳动者是构成生产力三种要素中的最重要、最活跃、最具有能动性的要素。

生产关系指的是人与人之间结成的社会经济关系，这种关系产生于人们物质生产的活动中，并反过来构成生产力在其中得以发展的社会形式。生产关系是由生产资料的所有制关系、人们在生产中的地位和相互交换活动的关系、产品分配关系以及由它所决定的消费关系所组成。

经济基础指的是建立在一定生产力发展水平之上，并与生产力发展的一定阶段相适应生产关系的总和。上层建筑指的是在经济基础之上建立的政治、法律制度和设施，以及与之相适应的政治、法律、宗教、艺术、哲学等观点的总和。[①] 它是由政治上层建筑和思想上层建筑所构成，前者体现于人们的政治生活过程中，后者体现于人们的精神生活过程中。在构成上层建筑的各要素中，最直接反映经济基础的是政治，国家政权是核心力量。

（二）社会基本矛盾的辩证关系和规律

在生产力与生产关系的辩证关系中，首先，生产力决定了生产关系。生产力对生产关系起着决定性和主导作用，这主要表现在两个方面：生产力的本质决定了生产关系的性质；生产力的发展变化决定了生产关系的变化。其次，生产关系在两种情况下对生产力产生反作用：第一，适合生产力的本质和发展所需的先进生产关系，促进生产力的发展；第二，不适合生产力发展的落后的生产关系，只能阻碍生产力的发展。

在经济基础和上层建筑之间的辩证关系中，首先，经济基础的决定性作用是第一性的。经济基础的性质决定了上层建筑的性质，上层建筑总是为满足某一经济基础的需要而建立起来的；经济上占主导地位的阶级必然在国家权力和意识形态方面占统治地位。经济基础的变化不仅决定了上层建筑的

---

① 参见韩庆祥等：《哲学思维方式与领导工作方法》，中共中央党校出版社2014年版，第145页。

变化，而且也规定了上层建筑的发展方向。其次，上层建筑也会对经济基础产生反作用。它体现在上层建筑为经济基础提供政治保障和意识形态。这种反作用取决于上层建筑所服务的经济基础的性质。当上层建筑适应经济基础的要求时，它在巩固经济基础和促进生产力发展方面发挥着作用。当上层建筑不符合经济基础的要求时，就会阻碍生产力的发展。

上层建筑对经济基础的反作用是第二位的。经济基础的决定性作用至关重要。上层建筑的反作用是衍生和从属的。不过，构成上层建筑的各种要素，又总是通过它们之间的相互作用并对经济基础发生作用体现出来的。

从作为政治上层建筑的国家权力的反作用来看，主要表现在三种可能性上："它可以沿着同一方向起作用，在这种情况下就会发展得比较快；它可以沿着相反方向起作用，在这种情况下……它经过一定的时期都要崩溃；或者是它可以阻止经济发展沿某些方向走，而给它规定另外的方向——这种情况归根到底还是归结为前两种情况中的一种。"①

从思想上层建筑、意识形态的反作用来看，"在意识形态领域，从事这些事情的人们属于分工的特殊部门。只要他们形成社会分工之内的独立集团，他们的产物，包括他们的错误在内，就要反过来影响社会发展，甚至影响经济发展。而它们自身又处于经济发展起支配作用的影响之下"②。

生产力和生产关系、经济基础和上层建筑的矛盾，不仅构成社会的基本矛盾，而且也在促成了生产关系一定要适合生产力发展状况的规律和上层建筑必须适合经济基础发展的规律。当生产关系的发展与生产力的发展相矛盾相冲突，以至于不适应其发展的时候，它就会由促进生产力的发展变为阻碍生产力的发展；当上层建筑不适应经济基础发展要求时，它就会由促进经济基础的发展转变为通过变革上层建筑来适应经济基础的变化。马克思指出："社会的物质生产力发展到一定阶段，便同它们一直在其中运动的现存生产

---

① 《马克思恩格斯选集》第4卷，人民出版社2012年版，第610页。

② 韩庆祥等：《哲学思维方式与领导工作方法》，中共中央党校出版社2014年版，第146—147页。

关系或财产关系（这只是生产关系的法律用语）发生矛盾。于是这些关系便由生产力的发展形式变成生产力的桎梏。那时社会革命的时代就到来了。随着经济基础的变更，全部庞大的上层建筑也或快或慢地发生变革。"① 无论是生产关系的调整，还是上层建筑的变革，都必须遵循历史唯物主义社会基本矛盾观点，并建立在对社会基本矛盾观点的正确而全面的把握基础之上。

三、社会基本矛盾分析方法

社会基本矛盾既是历史唯物主义的核心观点，也是认识、分析和把握社会基本矛盾的重要方法。因此，我们在前面对社会基本矛盾的观点进行分析的基础上，还应该着力揭示社会基本矛盾这一重要的方法论。

所谓社会基本矛盾分析方法，顾名思义，指的是用社会基本矛盾原理揭示矛盾运动规律，关照人类社会发展状况，并在此基础上对社会发展进行科学预测的方法。这一方法具有重要的方法论意义。

首先，要对社会基本矛盾的状况做到熟知和掌握。生产力与生产关系之间、经济基础和上层建筑之间出现矛盾再正常不过，但是，面对矛盾，应该从哪些地方去思考呢？显然，根据社会基本矛盾的观点，需要着眼于生产力的发展水平和要求来分析生产关系会发生哪些变化，应该怎么变化，向何处变化，如何推动这种变化等问题。同样，上层建筑的变化，也要根据已经变化了的生产关系的水平和要求进行调整和变化。究竟如何去调整和变化，不能凭人的主观愿望或想象，而应该根据变化的程度来进行判定。"当生产关系基本适应生产力的发展，上层建筑基本适应经济基础发展时，只需要对不适应部分进行调整或改革；当生产关系不适应生产力发展、上层建筑不适应经济基础发展时，一般通过革命方式来解决。"② 就社会主义国家而言，社会

---

① 《马克思恩格斯选集》第2卷，人民出版社2012年版，第2—3页。

② 韩庆祥等：《哲学思维方式与领导工作方法》，中共中央党校出版社2014年版，第154页。

发展中虽然存在着生产力与生产关系之间、经济基础与上层建筑之间的矛盾，但是这种矛盾从总体上看，适应是主要的、基本的，不适应是次要的、非基本的。这就注定了所要解决的只是不适应的部分。对于这些不适应的部分，只需通过改革加以完善就可以解决。当前，中国特色社会主义进入新时代，新时代我们面临的矛盾既尖锐也复杂，在这些众多的矛盾面前，人们出现了思想上的迷茫、头脑中的困惑、精神上的乏力等问题，这就向我们提出了解决生产关系和上层建筑中不相适应的因素和环节的新任务新要求。习近平总书记指出："只有既解决好生产关系中不适应的问题，又解决好上层建筑中不适应的问题，这样才能产生综合效应。同时，只有紧紧围绕发展这个第一要务来部署各方面的改革，以解放和发展社会生产力为改革提供强大牵引，才能更好推动生产关系与生产力、上层建筑与经济基础相适应。"①

其次，要始终抓住一定历史发展阶段上主导地位的生产关系及其总和。② 在任何一个社会中，都既存在着占主导地位的生产关系，也存在着不占主导地位的多种生产关系形式。在这些不同的生产关系形式中，由于其地位的不同，所产生的影响也不一样。这就要求人们在处理这些关系过程中，不能眉毛胡子一把抓，应该抓住占主导地位的生产关系中存在的矛盾和问题。如果不能抓住占主导地位的生产关系，不仅会严重阻碍生产力的发展，而且也会制约着上层建筑的发展。如当前，在生产关系方面，就存在着公有制经济的主体地位不牢固；存在着劳动和资本关系上的不对称问题，以及由于这种劳资之间的不对称而引发的劳资关系矛盾突出；存在着收入分配不合理，差距拉大等问题；人们对美好生活的需要与供给的不平衡不充分的矛盾十分尖锐；市场机制的发育不全，公平竞争的市场环境还没有完全建立。所有这些问题，都需要站在整体上加以通盘考量，只有这样，"才能全

---

① 《推动全党学习和掌握历史唯物主义　更好认识规律更能动地推进工作》，《人民日报》2013 年 12 月 5 日。

② 参见韩庆祥等：《哲学思维方式与领导工作方法》，中共中央党校出版社 2014 年版，第 154 页。

面把握整个社会的基本面貌和发展方向。坚持和发展中国特色社会主义，必须不断适应社会生产力发展调整生产关系，不断适应经济基础发展完善上层建筑"①。

再次，着重从社会基本矛盾的基础上把握改革。生产力与生产关系的矛盾、经济基础与上层建筑的矛盾不仅是人类社会的基本矛盾，也是社会主义社会的基本矛盾。只不过，社会主义社会的基本矛盾与其他社会的基本矛盾相比，在性质和特点上完全不同。这种性质上的不同表现在，社会主义社会的基本矛盾不具有对抗性，"可以经过社会主义制度本身，不断地得到解决"②。这种特点上的不同表现在，除了生产关系和生产力发展的既相适应又相矛盾的情况以外，还有上层建筑和经济基础的相适应又相矛盾的情况。这就决定了解决这种矛盾的方法，不需要改变制度本身，而只需要通过改革，在不断完善制度的基础上解决各种矛盾和问题，让社会主义制度焕发出崭新活力。我国自党的十一届三中全会以来，高举改革开放的旗帜，在一个人口众多、经济文化落后的国家不仅解决了人们的温饱问题，而且也走上了共同富裕的康庄大道。目前中国特色社会主义事业步入了一个新时代，新时代的到来，既表明我们的社会主义的改革开放取得了举世瞩目的成就，同时也表明我们要直面新时代带给我们的新挑战、新矛盾、新斗争、新问题。对这些问题和矛盾，一些人将其归之于改革，产生了对改革的怀疑和质疑，甚至有人直接将矛头指向社会主义，向我们的社会主义制度发难。其实，根本的问题在于，改革不到位、不深入、不彻底。习近平总书记指出："面对未来，要破解发展面临的各种难题，化解来自各方面的风险和挑战，更好发挥中国特色社会主义制度优势，推动经济社会持续健康发展，除了深化改革开放，别无他途。"③ 习近平总书记还指出："我们提出进行全面深化改革，就是要

---

① 《推动全党学习和掌握历史唯物主义　更好认识规律更能动地推进工作》，《人民日报》2013 年 12 月 5 日。

② 《毛泽东文集》第七卷，人民出版社 1999 年版，第 214 页。

③ 《习近平谈治国理政》第一卷，外文出版社 2018 年版，第 86 页。

适应我国社会基本矛盾运动的变化来推进社会发展。"① 只要社会基本矛盾的变化没有停止，我们对生产关系和上层建筑的调整和改革就要继续进行下去。从这个意义上说，改革开放没有完成时，只有进行时，这是从历史唯物主义原理中给予我们的最大启示。

第二节　改革思维的方法论内涵和要求

既然社会基本矛盾构成改革的理论基础和方法论依据，那么，在社会发展实践中，就要求人们自觉地运用马克思主义社会基本矛盾观点为指导，善于从解决社会基本矛盾中寻找改革的突破口，思考改革和锐意改革，形成一种以改革为旨趣的思维，为未来社会的健康发展做好准备。

一、改革思维的方法论内涵

改革的本质是创新，要想创新，就必须在思想观念上首先实现创新。思想观念的创新从根本上要求思维方式的转变，树立起改革的新思维。所谓改革思维，实际上是从改革的角度去思维。由于改革涉及的领域广、内容多，情况复杂，就需要着眼于全局和战略，历史地、创新地、法治地进行思维，形成对改革的方法论的全面思考。

党的十八大以来，习近平总书记始终从解决我国当前经济社会发展中存在的突出矛盾出发，论述了全面深化改革的重要性，并进行了一系列的顶层设计和战略部署。无论是在理论上还是在实践中，它们都体现了具有鲜明时代特征的改革新思维。这种改革新思维综合地运用了辩证的、历史的、系统

---

① 《习近平关于协调推进"四个全面"战略布局论述摘编》，中央文献出版社 2015 年版，第 74 页。

的、战略的、底线的等方法，形成了集辩证思维、历史思维、底线思维、创新思维法治思维、战略思维、系统思维为一体的思维方法论。

第一，辩证思维作为对客观辩证法的反映，在思维方式上要求从联系的发展的观点出发去进行思维改革。这主要体现在：一方面，要有求真务实的精神，要根据国情和民情思考改革。习近平总书记指出："我国改革已进入攻坚期和深水区，需要解决的问题十分繁重。调查研究是谋事之基、成事之道。没有调查，就没有发言权，更没有决策权。研究、思考、确定全面深化改革的思路和重大举措，刻舟求剑不行，闭门造车不行，异想天开更不行，必须进行全面深入的调查研究。"① 针对社会上提出的还要不要改革的问题，习近平总书记指出："当前，在改革开放问题上，党内外、国内外都很关注，全党上下和社会各方面期待很高。改革开放到了一个新的重要关头。我们在改革开放上决不能有丝毫动摇，改革开放的旗帜必须继续高高举起，中国特色社会主义道路的正确方向必须牢牢坚持。全党要坚定改革信心，以更大的政治勇气和智慧、更有力的措施和办法推进改革。"②"要坚定不移走中国特色社会主义道路，既不走封闭僵化的老路，也不走改旗易帜的邪路。"③ 另一方面，要善于用联系的、全面的、发展的观点看待和分析问题。凡事都要从多个角度思考，着眼于各个方面、层次和要素，着力促进各个方面相互促进、良性互动，着力促进改革的协调发展。2013 年 3 月 17 日，习近平总书记在第十二届全国人民代表大会第一次会议上的讲话中认为，"全面深化改革需要加强顶层设计和整体谋划，加强各项改革的关联性、系统性、可行性研究。我们讲胆子要大、步子要稳，其中步子要稳就是要统筹考虑、全面论证、科学决策。经济、政治、文化、社会、生态文明各领域改革和党的建设改革紧密联系、相互交融，任何一个领域的改革都会牵动其他领域，同时也需要其他领域改革密切配合。如果

---

① 《习近平关于全面深化改革论述摘编》，中央文献出版社 2014 年版，第 37—38 页。

② 《习近平谈治国理政》第一卷，外文出版社 2018 年版，第 86—87 页。

③ 《习近平关于全面深化改革论述摘编》，中央文献出版社 2014 年版，第 21 页。

各领域改革不配套，各方面改革措施相互牵扯，全面深化改革就很难推进下去，即使勉强推进，效果也会大打折扣"①。"要准确推进改革。全会提出的各项改革举措都是经过精心考虑、精密设计的，要按照中央要求来推进，不要事情还没弄明白就盲目推进，不要超出中央确定的界限来推进，过犹不及，弄不好适得其反。要有序推进改革。该中央统一安排的各地不要抢跑，该尽早推进的不要拖延，该试点的不要仓促面上推开，该深入研究后再推进的不要急于求成，该先得到法律授权的不要超前推进。要避免在时机尚不成熟、条件尚不具备的情况下一哄而上，欲速而不达。要协调推进改革。全面深化改革涉及面广，对推进改革的系统性、整体性、协同性的要求大大提高，要注重改革的关联性和耦合性，把握全局，注意协调，力争最大综合效益"。②

第二，历史思维就是把对象和事物放置于历史发展的过程中进行思考，着重揭示事物发展的必然规律及其内在逻辑的思维。习近平总书记提出，在国家和社会治理中遇到的许多事情，都可以在历史上找到类似的例子。历史上发生的许多事件都可以作为我们行动的参考。他强调，中国道路"是在中华人民共和国成立60多年的持续探索中走出来的，是在对近代以来170多年中华民族发展历程的深刻总结中走出来的，是在对中华民族5000多年悠久文明的传承中走出来的，具有深厚的历史渊源和广泛的现实基础。中华民族是具有非凡创造力的民族，我们创造了伟大的中华文明，我们也能够继续拓展和走好适合中国国情的发展道路"③。

第三，底线思维是凡事"从坏处着想，做最充分的准备，争取较好的结果"④的思维。首先，底线思维体现在风险防范意识上。我们必须防范四种风险：精神懈怠，缺乏能力，脱离群众，消极腐败。其次，底线思维体现在

---

① 《习近平谈治国理政》第一卷，外文出版社2018年版，第88页。
② 《习近平关于全面深化改革论述摘编》，中央文献出版社2014年版，第49—50页。
③ 《习近平谈治国理政》第一卷，外文出版社2018年版，第39—40页。
④ 《习近平谈治国理政》第一卷，外文出版社2018年版，第111页。

坚持基本原则。习近平总书记指出："中国是一个大国，决不能在根本性问题上出现颠覆性错误，一旦出现就无法挽回、无法弥补。"① 应当敬畏法律制度，不越界，不踩红线，不触摸高压线。

第四，创新思维是指以新颖独创的方式解决问题的思维过程。主张以非常规、非传统的方式和观点思考问题，并提出一个不同的解决方案。当前我国的经济发展必须突破瓶颈，解决根深蒂固的矛盾和问题，根本出路在于创新。其关键是要依靠科技力量。我们不能继续以现有人口消耗资源的方式生产和生活，必须加快要素驱动，由投资规模驱动型发展向创新驱动型发展的转变。为此，必须强调制度创新，习近平总书记提出"促进国家治理体系和治理能力的现代化"，"使市场在资源配置中发挥决定性作用，更好地发挥政府作用"，"中国经济发展进入新常态"等新论断。②

第五，法治思维主要是指人类符合法治的精神、原则、概念，逻辑和要求的思维方式。这是一个相对理性的法治认知过程和动态过程，主要是人们在法治建设过程中，通过综合运用法律概念、法律判断、法律推理等，对法治现象进行客观理性的理解过程。由于不同历史时期的法治建设有不同的优先顺序，因此法治思维的内容也会呈现出不同的形式。在当前阶段，法治思维的核心是限制任意行使权力。它不仅要求人们具有对自由、权利、公平、正义的价值追求，而且也要求人们做到依法办事。从方法论的角度来看，法治思维侧重于逻辑推理，修辞论证和理解解释的技术手段。③

第六，战略思维是一种善于从全局视角把握事物发展的整体趋势和方向的思维方法。战略思维反映了思维问题的高度、理论研究的深度、知识视野的广度以及观察世界的时间跨度。战略思维是一种思考规划和规划战略问题的方式，其结构主要包括三个要素：思想主体的知识空间、思维方式和战略

① 《习近平谈治国理政》第一卷，外文出版社 2018 年版，第 348 页。

② 中共科学技术部党组、中共中央文献研究室：《创新引领发展，科技赢得未来——学习〈习近平关于科技创新论述〉摘编》，《人民日报》2016 年 2 月 18 日。

③ 参见《法治思维是运用法治的一种思维方式》，人民网，2015 年 4 月 1 日。

价值观。从这个层面，我们定义战略思维，是一种科学知识体系和思维方法，在整体性、规律性和长期性问题上作出重大决策。从本质上讲，战略思维作为一种思维方式，它表达的是人的一种能力和境界，是人的世界观特别是价值观的反映。

第七，系统思维指的是用系统的观点和方法认识事物的思维。马克思主义唯物辩证法认为，任何事物都不是孤立存在的，它是由不同要素、不同层次、不同内容、不同阶段、不同领域等组成的有机系统。在人类社会中，存在着多种多样的矛盾，其中生产力与生产关系的矛盾、经济基础与上层建筑的矛盾，以及由这两对矛盾构成的结构关系，形成一个社会的有机共同体系统。随着改革的不断深入，其关联性和互动性日益增强，这就要求我们注重各项改革的相互促进、良性互动，必须把推进经济、政治、文化、社会、生态等各方面改革有机衔接起来。[1] 为适应这一要求，习近平总书记论述了改革的系统思维。他指出："改革开放是一个系统工程，必须坚持全面改革，在各项改革协同配合中推进。"[2]"运用系统思维推进改革，就要把摸着石头过河与顶层设计相结合、基层探索与整体谋划相结合，自下而上与自上而下相结合，重点突破与整体推进相结合，注重改革的系统性、整体性、协同性，使各项改革在政策取向上相互配合、在实施过程中相互促进、在实际成效上相得益彰。"[3]

二、改革思维的方法论要求

用改革思维指导工作，这实际上涉及改革思维的方法论要求的问题。由于改革思维是马克思主义社会基本矛盾的方法论诉求，这就要求我们在实际

---

[1]　参见汪青松、成利平：《邓小平改革胆略与习近平改革思维》，《理论探讨》2014年第6期。

[2]　《习近平关于全面深化改革的论述摘编》，中央文献出版社2014年版，第36页。

[3]　汪青松、成利平：《邓小平改革胆略与习近平改革思维》，《理论探讨》2014年第6期。

工作中，运用矛盾分析方法，自觉地把握全面深化改革中的重要的方法论。

习近平总书记在引领全面深化改革的过程中始终高度重视改革的方法论。他要求全党更加自觉地思考和运用辩证唯物主义世界观和方法论，学会运用辩证唯物主义的方式和方法，来提高处理新旧矛盾和复杂事态的能力。实践告诉我们，科学的思维方法和工作方法，与我们事业的成败密切相关，也与我们工作的有效性有直接关系。思维方法和工作方法正确，做事很容易成功。相反，思维方法和工作方法不正确，就会给工作带来损失。全面深化改革是一项具有重大意义的伟大事业。没有科学的方法论指导，没有正确的思维方法和工作方法，就很难在工作中取得新的进展和新的突破。

首先，处理好解放思想与实事求是关系。解放思想与实事求是，是中国共产党历史经验的总结。解放思想，是我国改革开放的开端。通过解放思想才能突破不合时宜的体制机制，建立符合时代和社会发展要求的体制机制。当然，解放思想并不是随意性"解放"或无原则"解放"，只有在坚持实事求是原则的前提下才能实现真正意义上的思想解放。

其次，处理好深化改革中整体推进与关键突破之间的关系。在深化改革阶段，改革各个环节、不同领域之间存在着必然的联系，之间相互影响。每个领域的改革都是属于整体的一部分，会对整体产生影响，同样也会对其他改革领域产生影响。离开整体推进，单个领域的改革难以完成。但是，我们强调改革的整体推进，并非意味着各个方面同等重要，系统化的统筹并非意味着平均用力，而是侧重于主要矛盾和矛盾的主要方面，侧重于改革的关键环节和关键领域，以达到抓关键问题的带动效果。

再次，处理好顶层设计与基层探索的辩证关系。全面深化改革作为一项系统化工程，需要通过整体谋划，对深化改革的"四梁八柱"甚至每一步"棋"怎么走、每一项重大举措如何推进提前作出顶层设计，否则就难免会导致改革走弯路并因此付出沉重代价。但是，改革又是一场前无古人的革命，既无现成的经验可循，也没有固定的套路或模式，这就需要我们自觉遵循实事求是原则，"摸着石头过河"，在实践中大胆探索、不断开拓创新。

最后，处理好改革发展与社会稳定的辩证关系。改革是一场革命，是推进社会发展的内在动力，但是改革发展必须在一个稳定的社会环境下才能实现。邓小平同志提出"发展是硬道理"、"稳定压倒一切"。社会主义建设要依靠改革，改革也是实现社会稳定的基础；发展是改革的目的，中国解决所有问题的关键必须靠改革、靠发展，发展是实现社会稳定最有效和最可靠的保证。

第三节　提高自我革命的能力

中国特色社会主义进入新时代，中国的全面深化改革进入攻坚期和深水区，难度越来越大，风险越来越多。我们党要担负起领导全国人民顺利完成实现中华民族伟大复兴的历史使命，就需要在新的历史发展起点上继续推进思想解放，用思想的力量来引领社会革命。这就必须自我革命，继续坚持解放思想。促进全面深化改革的各项工作的展开，进一步扩大开放。

习近平总书记指出，中国共产党作为执政党最大的特色，是具备自我革新和自我革命的勇气，也是我们党的最大优势。中国共产党的伟大，不是不犯错误，而是不讳疾忌医，敢于面对问题，勇于自我革命，从而具有自我修复能力。自我革命意味着，这场革命来自于主体的自觉自发的行为。总的来说，中国共产党的自我革命是不忘初心，牢记使命，坚持一切从实际出发、实现自我警觉和反思、自我完善和进步。这是马克思主义政党性质的必然要求、也是中国共产党在过去近百年革命斗争中历史经验的结晶。

一、坚定方向，转变思维

在我国改革开放 40 多年的历程中，有的领域的改革是由国家主导的，有些领域的改革是在实际社会生活中由问题倒逼产生的。这就要求我们既要以问题为导向，促进思维方式的转变，又要以解决问题为目标，不断克服困难，实现改革效益的普惠性。把解决具体问题与解决深层问题两个层级结合起来，以全局利益为重，把局部利益放在次要地位。要具有分辨短期利益和长期目标的能力，在工作中不急功近利。

在党的第十八届中央政治局第二次集体学习时，习近平总书记强调，当前在深化改革阶段，我们必须非常清醒地认识到改革方向这个重要问题。中国共产党领导人民群众进行改革，目标是进行社会主义制度的自我完善和发展。因此，我们进行的改革活动是以坚定的社会主义道路为前提的。在新时代中国共产党将进一步推动全面深化改革。其中最重要的是坚持党的领导，贯彻党的基本路线，确保改革的前进方向。改革开放是一场深刻的社会革命，其实质是社会主义制度的自我完善和发展，并不是改变我国社会主义制度的性质。因此，在全面深化改革中，面对质疑和疑虑，我们必须始终坚持社会主义改革方向，将改革事业推向前进。

领导干部要充分认识到新的时代条件下社会形势的变化，主动地实现自身思维方式的转变。解放思想、转变观念，掌握信息化的工作和思维方式，在实践中运用科学的管理方法和新的思维方式来指导实践活动，并在新的社会环境中总结规律，把握相应规则，来应对新出现的问题，创造新的工作成果。

应该看到，任何国家任何时代的改革都绝非易事，它要面对种种艰难险阻。在改革过程中，新事物没有完全立足之前，旧的体制依然在一定时期内发挥作用。那些在实践过程中已经变得不合理以及与时代要求不适应的机制会导致效率低下。权力配置的不合理会导致不符合人民群众利益的现象出现，形成利益固化的社会现象。而利益固化状况和现行既得利益者，会成为改革的顽固阻力。这就要求我们，在全面深化改革过程中，要敢于冲破旧有思想的障碍，打破利益固化藩篱，推出一系列符合新时代发展要求的改革举措。

二、培养抓落实的意识和能力

习近平总书记一贯强调狠抓落实的重要性。在谈到改革问题时，多次明确强调，领导干部要本着实事求是、求实务实的态度实施改革，当改革的实干家。必须以真刀真枪推动改革。要以工作是否落到实处，作为检验是否真正改革的标准和是否能改革成功的试金石。他要求各级领导干部要形成抓改革落实的有效机制和良好氛围，把工作任务落到实处。只有这样，才能确保我们全面深化改革的目标能够顺利完成。

全面深化改革工作的推动，要靠迅速有效的行动力。作为全面深化改革工作执行主体，领导干部要努力培养落实工作任务的意识与能力。新时期的领导干部，只有充分认识到带领和推动改革工作的责任，担负起相应职责，才能勇于面对改革中可能出现的与已然存在的突出矛盾和问题，以新的思路与新的工作方法预防和解决可能出现以及出现的各种问题，有效地把各项工作切实引向深处。为此，一方面，加大各项具体改革方案的实施，开展试点工作，完善改革任务目标要求、责任主体、方法步骤、工作流程等，明确时间表，切实加强改革政策的可操作性；另一方面，要提高改革的透明度和监督力度，进行更严谨的改革督查，加强评估和问责机制，确保改革方案公开透明，改革进程监督有效，改革措施落地实施。

三、敢于担当，自我革新

新时代我国社会的主要矛盾，已经从人民群众日益增长的物质文化生活需要与生产力不发达的矛盾转变为人民日益增长的美好生活需要和不平衡不充分的发展之间的矛盾。这就决定了我们当前全部工作的中心任务就是要解决不平衡不充分的矛盾。在这样一个历史时期，需要大量有能力的共产党人，带头领导人民去干事业。习近平总书记多次强调，领导干部要敢于承担责任，以身作则。是否具有担当精神，是否忠诚，是检验共产党员先进性的重要标准。在社会生活中,领导干部是我们党的各项事业的支柱,是深化改革的指挥者、组织者和推动者,必须迎接时代的挑战,承担历史责任。只有敢于担当,才会有自我革新的勇气和自我创新的决心,才能勇敢地跳出条框限制,并在探索中不断实现突破,才能按照新的观念和思路,通过改革创新,破解新矛盾,解决新问题。领导干部应当积极增强工作的责任感,不能以等、靠的思想来拖延与逃避问题。要以认真的态度寻找规律,研究解决方法,并在进行决策时秉承科学的方法和态度。

在新的历史时期领导干部敢于担当、自我革新离不开解放思想。解放思想是我们改革开放取得举世瞩目的发展成就的法宝,在全面深化改革阶段依然是最重要的思想根基。这就要求每一位领导干部在思想意识上,要不断抛弃守旧观念,接受新思维,打破工作中的惯性与惰性,警惕思想固化的倾向,找到全面深化改革突破的方向和重点。

实践发展永无止境,解放思想也是无止境的。改革开放也永无止境。改革取得的实践和理论成果,有助于我们更好地面对和解决前进过程中的问题。改革开放事业越前进,新情况和新问题就越多,面临的风险和挑战就越多。要解决这些发展面临的问题,我们唯有通过全面深化改革,坚持正确的改革方向,不断增强中国特色社会主义道路自信、理论自信、制度自信、文化自信,以更大的勇气和智慧推进改革开放事业不断向前发展。

参考文献

一、著作

1.《马克思恩格斯全集》第1、2、3、3、19、25、26卷，人民出版社1995、1995、2002、1960、1963、1995、2014年版。

2.《马克思恩格斯文集》第1—10卷，人民出版社2009年版。

3.《马克思恩格斯选集》第1—4卷，人民出版社2012年版。

4.《列宁全集》第20卷，人民出版社1989年版。

5.《毛泽东选集》第一至四卷，人民出版社1991年版。

6. 中共中央文献研究室编：《毛泽东文集》第一、三、六、七卷，人民出版社1993、1996、1999、1999年版。

7. 中共中央文献研究室编：《毛泽东书信选集》，中央文献出版社2003年版。

8. 中共中央文献研究室编：《毛泽东书信选集》，人民出版社1983年版。

9. 中共中央文献研究室编：《毛泽东著作专题摘编》（上卷），中央文献出版社2003年版。

10.《邓小平文选》第一至三卷，人民出版社1994、1993年版

11.《邓小平文集（一九四九——一九七四年）》上、中、下卷，人民出版社2014年版。

12.《习近平谈治国理政》第一卷，外文出版社2018年版。

13.《习近平谈治国理政》第二卷，外文出版社2017年版。

14.《李大钊文集》第四卷，人民出版社2013年版。

15. 李瑞环：《学哲学用哲学》，中国人民大学出版社2005年版。

16. 中共中央文献研究室编：《建党以来重要文献选编（1921—1949)》第二十、二十二册，中央文献出版社 2011 年版。

17. 中共中央文献研究室编：《十七大以来重要文献选编》（上、中、下），中央文献出版社 2009、2011、2013 年版。

18. 中共中央文献研究室编：《十八大以来重要文献选编》（上、中、下），中央文献出版社 2014、2016 年版。

19. 中共中央宣传部编：《习近平总书记系列重要讲话精神》（2016 年版），学习出版社、人民出版社 2016 年版。

20. 中共中央文献研究室编：《习近平关于全面建成小康社会论述摘编》，中央文献出版社 2016 年版。

21. 中共中央文献研究室编：《习近平关于协调推进"四个全面"战略布局论述摘编》，中央文献出版社 2015 年版。

22. 中共中央文献研究室编：《习近平关于全面深化改革论述摘编》，中央文献出版社 2014 年版。

23. 中共中央文献研究室编：《习近平关于全面从严治党论述摘编》，中央文献出版社 2016 年版。

24. 中共中央文献研究室编：《习近平关于严明党的纪律和规矩论述摘编》，中央文献出版社 2016 年版。

25. 中共中央纪律委员会、中共中央文献研究室编：《习近平关于党风廉政建设和反腐败斗争论述摘编》，中国方正出版社、中央文献出版社 2015 年版。

26. 中共中央文献研究室编：《习近平关于全面依法治国论述摘编》，中央文献出版社 2015 年版。

27. 习近平：《决胜全面建成小康社会 夺取新时代中国特色社会主义伟大胜利——在中国共产党第十九次全国代表大会上的报告》，人民出版社 2017 年版。

28. 习近平：《在纪念马克思诞辰 200 周年大会上的讲话》，人民出版社 2018 年版。

29. 习近平：《在庆祝中国共产党成立 95 周年大会上的讲话》，人民出版社 2016 年版。

30. 习近平：《在纪念毛泽东同志诞辰 120 周年座谈会上的讲话》，人民出版社 2013 年版。

31. 习近平：《在纪念朱德同志诞辰 130 周年座谈会上的讲话》，人民出版社 2016

年版。

32. 习近平:《在纪念胡耀邦同志诞辰 100 周年座谈会上的讲话》,人民出版社 2015 年版。

33. 习近平:《在纪念中国人民抗日战争暨世界反法西斯战争胜利 69 周年座谈会上的讲话》,人民出版社 2014 年版。

34. 习近平:《在文艺工作座谈会上的讲话》,人民出版社 2015 年版。

35. 习近平:《深化合作伙伴关系　共建亚洲美好家园:在新加坡国立大学的演讲》,人民出版社 2015 年版。

36. 习近平:《弘扬和平共处五项原则　建设合作共赢美好世界——在和平共处五项原则发表 60 周年纪念大会上的讲话》,人民出版社 2014 年版。

37. 习近平:《在第十八届中央纪律检查委员会第六次全体会议上的讲话》,人民出版社 2016 年版。

38. 习近平:《开放共创繁荣,创新引领未来:在博鳌亚洲论坛 2018 年年会开幕式上的主旨演讲》,人民出版社 2018 年版。

39. 习近平:《在南京大屠杀死难者国家公祭仪式上的讲话》,人民出版社 2014 年版。

40. 习近平:《摆脱贫困》,福建人民出版社 1992 年版。

41. 习近平:《之江新语》,浙江人民出版社 2007 年版。

42. 习近平:《干在实处　走在前列——推进浙江新发展的思考与实践》,中共中央党校出版社 2016 年版。

43. 方勇译注:《孟子》,中华书局 2019 年版。

44. 杨伯峻:《论语译注》,中华书局 2006 年版。

45. 孔子等著,徐寒编译:《四书五经:全新校勘精注今译本》,线装书局 2017 年版。

46. 郑玄笺,孔颖达疏:《毛诗注疏》,上海古籍出版社 2013 年版。

47. 徐元诰撰,王树民等点校:《国语集解》,北京大学出版社 2002 年版。

48. 王弼注,楼宇烈校释:《老子道德经校释》,中华书局 2008 年版。

49. 黎翔凤撰,梁运华整理:《管子校注》,中华书局 2004 年版。

50. 孙诒让撰,孙启治点校:《墨子间诂》,中华书局 2001 年版。

51. 金岳霖:《论道》,中国人民大学出版社 2009 年版。

52. 钱穆:《中国文化精神》,台湾三民书局 1971 年版。

53. 钱穆：《从中国历史来看中国国民性及中国文化》，香港中文大学出版社 1982 年版。

54. 李秀林等主编：《辩证唯物主义和历史唯物主义原理》，中国人民大学出版社 2004 年版。

55. 叶秀山、王树人总主编，姚介厚著：《西方哲学史》（学术版）第二卷，人民出版社 2011 年版。

56. 赵敦华：《西方哲学简史》，北京大学出版社 2001 年版。

57. 韩庆祥：《哲学思维方式与领导工作方法》，中共中央党校出版社 2014 年版。

58. 贺来：《辩证法的生存论基础——马克思辩证法的当代阐释》，中国人民大学出版社 2004 年版。

59. 徐复观：《中国人性论史》（先秦篇），湖北人民出版社 2002 年版。

60. 孙周兴选编：《海德格尔选集》下卷，上海三联书店 1996 年版。

61. 高宣扬：《存在主义》，上海交通大学出版社 2016 年版。

62. 莫伟民：《莫伟民讲福柯》，北京大学出版社 2005 年版。

63. 毕尔格：《主体的退隐》，南京大学出版社 2004 年版。

64. 段德智：《主体生成论——对"主体死亡论"之超越》，人民出版社 2009 年版。

65. 余纪元：《亚里士多德〈形而上学〉中 being 的结构》，中国社会科学出版社 2013 年版。

66. 孙道进：《马克思主义环境哲学初探》，人民出版社 2008 年版。

67. 任俊华、刘晓华：《环境伦理的文化阐释》，湖南师范大学出版社 2004 年版。

68. 佘正荣：《中国生态伦理传统的诠释与重建》，人民出版社 2002 年版。

69. 向玉乔：《生态经济伦理研究》，湖南师范大学出版社 2004 年版。

70. 董冰：《同一、分立与互补——历史视域中制度与伦理关系探析》，广西人民出版社 2017 年版。

71. 鲁鹏：《制度与发展关系研究》，人民出版社 2002 年版。

72. 胡旭晟：《法的道德历程——法律史的伦理解释（论纲)》，法律出版社 2006 年版。

73. 杨权利、赵润琦：《马克思主义哲学专题研究》，厦门大学出版社 2016 年版。

74. 杜利英：《马克思主义哲学原理与方法论：以实践为基础》，人民出版社 2013 年版。

75. 王建铨：《马克思主义战略思维理论研究》，北京出版社 2008 年版。

76. 石国亮：《领导干部的看家本领——哲学与领导智慧》，研究出版社 2014年版。

77. ［法］帕斯卡尔：《思想录》，何兆武译，商务印书馆 1985 年版。

78. ［法］笛卡尔：《第一哲学沉思集》，庞景仁译，商务印书馆 1986 年版。

79. ［德］康德：《历史理性批判文集》，何兆武译，商务印书馆 1990 年版。

80. ［德］康德：《道德形而上学原理》，苗力田译，上海人民出版社 2005 年版。

81. ［德］康德：《实践理性批判》，韩水法译，商务印书馆 1999 年版。

82. ［德］康德：《单纯理性限度内的宗教》，李秋零译，商务印书馆 2012 年版。

83. ［德］康德：《纯粹理性批判》，蓝公武译，商务印书馆 1960 年版。

84. ［德］黑格尔：《小逻辑》，贺麟译，商务印书馆 2013 年版。

85. ［德］黑格尔：《法哲学原理》，范扬、张企泰译，商务印书馆 1961 年版。

86. ［德］黑格尔：《黑格尔历史哲学》，潘高峰译，九州出版社 2011 年版。

87. ［德］黑格尔：《哲学史讲演录》第四卷，贺麟、王太庆译，商务印书馆 1978年版。

88. ［德］海德格尔：《存在与时间》，陈嘉映、王庆节译，生活·读书·新知三联书店 1987 年版。

89. ［美］列奥·施特劳斯：《自然权利与历史》，彭刚译，生活·读书·新知三联书店 2003 年版。

90. ［英］以赛亚·伯林：《自由论》，胡传胜译，译林出版社 2011 年版。

91. ［美］爱因斯坦、英费尔德：《物理学的进化》，周肇威译，上海科学出版社 1962 年版。

92. ［古希腊］亚里士多德：《政治学》，吴寿彭译，商务印书馆 1965 年版。

93. ［英］洛克：《政府论》（下篇），瞿菊农、叶启芳译，商务印书馆 1964 年版。

94. ［美］伯尔曼：《法律与宗教》，梁治平译，生活·读书·新知三联书店出版社 1991 年版。

95. ［德］尼采：《快乐的科学》，黄明嘉译，华东师范大学 2007 年版。

96. ［德］尼采：《查拉图斯特拉如是说》，钱春绮译，生活·读书·新知三联书店 2012 年版。

97. ［德］海德格尔：《路标》，孙周兴译，商务印书馆 2000 年版。

98. ［古希腊］亚里士多德：《形而上学》，吴寿彭译，商务印书馆 1959 年版。

99. ［古希腊］亚里士多德：《尼各马可伦理学》，廖申白译注，商务印书馆 2003

年版。

100. [法] 福柯:《主体解释学》,佘碧平译,上海人民出版社 2005 年版。

101. [德] 吕迪格尔·萨弗兰斯基:《来自德国的大师——海德格尔和他的时代》,靳希平译,商务印书馆 2007 年版。

102. [美] 弗·卡普拉:《转折点》,冯禹等译,中国人民大学出版社 1989 年版。

103. [英] 戴维·佩珀:《现代环境主义导论》,宋玉波、朱丹琼译,上海人民出版社 2011 年版。

104. [美] 诺斯:《制度、制度变迁与经济绩效》,刘守英译,上海三联书店 1994 年版。

105. [美] 富勒:《法律的道德性》,郑戈译,商务印书馆 2005 年版。

106. [英] 哈耶克:《自由秩序原理》(上),邓正来译,生活·读书·新知三联书店 1997 年版。

107. [美] 贝塔朗菲:《一般系统论》,林康义、魏宏森译,清华大学出版社 1987 年版。

二、报刊文章

1. 习近平:《全面贯彻落实党的十八大精神要突出抓好六个方面工作》,《求是》2013 年第 1 期。

2. 习近平:《切实把思想统一到党的十八届三中全会精神上来》,《求是》2014 年第 1 期。

3. 习近平:《在党的十九届一中全会上的讲话》,《求是》2018 年第 1 期。

4. 习近平:《辩证唯物主义是中国共产党人的世界观和方法论》,《求是》2019 年第 1 期。

5. 习近平:《领导干部一定要讲修养讲道德讲廉耻》,《光明日报》2014 年 2 月 17 日。

6. 习近平:《推动全党学习和掌握历史唯物主义 更好认识规律 更加能动地推进工作》,《人民日报》2013 年 12 月 5 日。

7. 习近平:《在中央政治局第二十次集体学习时的讲话》,《人民日报》2015 年 1 月 24 日。

8. 习近平:《坚持实事求是的思想路线》,《学习时报》2012 年 5 月 28 日。

9. 习近平:《谈谈调查研究》,《学习时报》2011 年 11 月 21 日。

10. 习近平:《习近平指导兰考县委常委班子专题民主生活会》,《人民日报》2014 年 5 月 11 日。

11. 习近平:《在中央党校建校 80 周年庆祝大会暨 2013 年春季学期开学典礼上的讲话》,《人民日报》2013 年 3 月 3 日。

12. 习近平:《在华东 7 省市党委主要负责同志座谈会上的讲话》,《解放军报》2015 年 5 月 29 日。

13. 习近平:《致第二十二届国际历史科学大会的贺信》,《人民日报》2015 年 8 月 24 日。

14. 习近平:《在发展中国特色社会主义实践中不断发现、创造、前进》,《人民日报》2013 年 1 月 6 日。

15. 习近平:《在全国党史工作大会上的讲话》,《人民日报》2010 年 7 月 22 日。

16. 习近平:《中央外事工作会议在京举行,习近平发表重要讲话》,《人民日报》2014 年 11 月 30 日。

17. 习近平:《习近平谈国产大飞机:早日翱翔蓝天》,《人民日报》2015 年 11 月 3 日。

18. 张岱年:《中国哲学中"天人合一"思想的剖析》,《北京大学学报》1985 年第 1 期。

19. 张岱年:《漫谈和合》,《社会科学研究》1997 年第 5 期。

20. 何怀宏:《底线伦理的概念、含义与方法》,《道德与文明》2010 年第 1 期。

21. 陈泽环:《当代道德生活中的底线伦理》,《道德与文明》2010 年第 1 期。

22. 张国祚:《谈谈底线思维》,《求是》2013 年第 19 期。

23. 沈湘平:《底线思维的政治哲学解读和人生哲学启示》,《中国高校社会科学》2018 年第 3 期。

24. 汪青松、成利平:《邓小平改革胆略与习近平改革思维》,《理论探讨》2014 年第 6 期。

25. 贺祥林:《马克思开创的实践思维方式论纲》,《马克思主义研究》2009 年第 8 期。

26. 王晓丽:《中国语境中的敬畏感》,《道德与文明》2009 年第 4 期。

27. 董德福、王玖郁:《习近平底线思维改革方法的哲学意蕴和实际运用》,《江苏大学学报》2017 年第 3 期。

28. 王跃新：《遵循自然与自觉统一的创造性思维发生逻辑》，《吉林大学社会科学学报》2010 年第 6 期。

29. 尹梅红、张辉：《党员干部提高法治思维能力的路径选择》，《军事交通学院学报》2015 年第 10 期。

30. 林来梵：《谈法律思维模式》，《东南学术》2016 年第 3 期。

31. 周来祥：《现代辩证和谐论与和谐的普遍性》，《学术月刊》2006 年第 12 期。

32. 杨艳秋：《李大钊对中国马克思主义史学理论体系的构建》，《北京联合大学学报》2010 年第 3 期。

33. 李正义：《论马克思哲学的批判性维度》，《聊城大学学报》2018 年第 4 期。

34. 罗云瀚：《习近平治国理政中的历史思维》，《中国延安干部学院》2017 年第 5 期。

35. 贾英健：《历史虚无主义，错在哪》，《大众日报》2018 年 3 月 7 日。

36. 欧阳坚：《文化自信是民族复兴的强大动力》，《学习时报》2017 年 1 月 5 日。

37. 张城：《文化自信是更基础更广泛更深厚的自信》，《学习时报》2016 年 7 月 25 日。

索 引

264, 265, 266, 270, 271, 272, 273, 276, 279, 291, 293, 294, 297, 301, 306, 318, 320, 321, 325, 331, 332, 335, 336, 341, 344, 353, 354, 358, 360, 363, 366, 371, 372, 373, 377, 379, 387, 390, 391, 392, 395, 398, 399, 400, 401, 402, 404, 405, 407, 411, 412, 413, 418, 419, 421, 422, 424, 427, 428, 430, 439, 444

D

底线思维 003, 010, 052, 085, 089, 096, 183, 184, 188, 189, 190, 191, 192, 193, 194, 195, 196, 197, 198, 199, 200, 201, 202, 203, 212, 412, 438, 439

多元 012, 057, 110, 116, 121, 122, 176, 202, 218, 221, 223, 224, 225, 233, 286, 306, 307, 347, 351, 359, 360, 361, 373, 382, 394, 402, 420, 424, 426, 427, 428

调查研究 009, 031, 032, 033, 034, 035, 036, 041, 048, 080, 082, 098, 232, 438

担当 005, 008, 059, 075, 082, 083, 086, 087, 089, 110, 137, 157, 158, 161, 171, 178, 179, 180, 182, 191, 192, 193, 201, 204, 205, 212, 221, 224, 225, 227, 229, 231, 255, 285, 286, 288, 307, 344, 361, 376, 380, 445, 446

动态性 095, 096, 097, 116, 118

对立统一 040, 048, 121, 122, 129, 149, 197, 219, 304

顶层设计 048, 111, 130, 131, 245, 354, 437, 438, 441, 442

定力 006, 044, 083, 084, 109, 205, 207, 209

道德 039, 071, 077, 083, 084, 085, 089, 127, 161, 163, 168, 169, 170, 171, 172, 173, 177, 178, 180, 184, 185, 186, 187, 201, 202, 203, 204, 206, 207, 209, 210, 211, 238, 239, 246, 255, 259, 260, 261, 267, 269, 270, 272, 276,

277, 278, 279, 285, 286, 287, 288, 290, 291, 293, 298, 302, 303, 316, 317, 332, 338, 339, 343, 346, 350, 385, 393, 406, 409, 411, 413, 414, 416, 421

多样性 002, 095, 150, 218, 289, 290, 291, 296, 300, 311, 326, 347, 353, 369, 371, 373, 427

F

方法论 001, 002, 004, 007, 010, 013, 015, 016, 020, 023, 024, 025, 030, 045, 046, 052, 063, 067, 072, 074, 078, 089, 096, 097, 098, 099, 100, 101, 103, 105, 117, 118, 119, 120, 122, 135, 136, 137, 140, 141, 145, 146, 149, 155, 167, 192, 193, 194, 195, 197, 198, 200, 218, 219, 242, 243, 244, 250, 252, 255, 270, 282, 283, 295, 297, 300, 304, 306, 318, 319, 324, 328, 340, 345, 346, 354, 385, 386, 388, 389, 390, 393, 404, 408, 410, 412, 419, 430, 434, 437, 438, 440, 441, 442

发展观 012, 096, 107

法律 012, 054, 058, 072, 162, 166, 168, 171, 172, 177, 185, 186, 187, 206, 208, 236, 237, 238, 239, 240, 241, 242, 243, 244, 245, 246, 247, 248, 249, 250, 251, 252, 253, 254, 259, 260, 282, 303, 332, 338, 339, 341, 346, 347, 349, 350, 351, 352, 365, 380, 431, 432, 434, 439, 440

法治思维 012, 085, 200, 236, 238, 239, 240, 241, 242, 243, 244, 245, 246, 247, 248, 250, 251, 252, 253, 341, 438, 440

否定观 044

方针 007, 030, 032, 034, 048, 054, 072, 077, 089, 091, 097, 099, 100, 101, 106, 109, 122, 136, 140, 156, 186, 200, 205, 208, 240, 276,

166, 167, 168, 169, 171, 172, 173, 174, 175, 178, 179, 180, 181, 185, 201, 202, 203, 206, 208, 209, 210, 211, 215, 237, 238, 240, 243, 245, 246, 248, 249, 253, 255, 256, 262, 263, 265, 266, 267, 270, 271, 272, 273, 278, 279, 280, 281, 286, 287, 288, 292, 294, 301, 303, 305, 308, 320, 324, 334, 335, 336, 338, 340, 341, 344, 345, 346, 347, 348, 349, 350, 351, 352, 353, 354, 371, 380, 383, 385, 386, 391, 392, 394, 396, 397, 402, 406, 410, 411, 413, 414, 431, 436

过程 004, 008, 010, 012, 013, 016, 020, 025, 026, 029, 030, 033, 035, 039, 040, 041, 045, 046, 048, 051, 054, 056, 061, 062, 064, 065, 066, 067, 072, 073, 075, 076, 079, 085, 091, 092, 093, 094, 095, 096, 098, 100, 101, 109, 111, 114, 115, 116, 117, 118, 120, 122, 126, 128, 129, 130, 132, 135, 137, 138, 139, 140, 141, 142, 143, 144, 148, 151, 152, 154, 155, 156, 159, 164, 169, 175, 176, 179, 186, 189, 195, 196, 197, 198, 199, 201, 209, 212, 213, 214, 215, 216, 217, 218, 219, 220, 222, 224, 225, 227, 228, 230, 231, 232, 233, 238, 239, 241, 242, 244, 245, 246, 248, 249, 250, 251, 252, 257, 259, 263, 265, 266, 269, 270, 271, 273, 279, 280, 282, 284, 294, 297, 298, 299, 300, 304, 305, 308, 310, 314, 316, 319, 320, 321, 324, 325, 326, 332, 339, 342, 345, 346, 349, 350, 351, 359, 361, 362, 363, 364, 369, 371, 372, 373, 374, 377, 378, 379, 380, 389, 390, 396, 398, 399, 400, 403, 404, 405, 409, 413, 414, 415, 418, 421, 424, 425, 426, 427, 428, 429, 430, 431, 432, 435, 439, 440, 441, 442, 444, 446

改革开放 005, 010, 024, 055, 056, 059, 071, 079, 080, 088, 099, 104, 111, 129, 131, 147, 150, 152, 153, 154, 155, 156, 165, 175, 194, 204, 205, 226, 229, 231, 245, 276, 280, 309, 358, 375, 379, 394, 402, 412, 420, 430, 436, 437, 438, 441, 442, 443, 444, 446

H

合作 012, 086, 117, 181, 289, 292, 298, 304, 307, 308, 309, 310, 311, 312, 341, 342, 348, 374, 376, 378, 379

和谐 012, 015, 053, 056, 057, 085, 128, 133, 158, 162, 182, 194, 209, 255, 274, 275, 276, 279, 285, 289, 290, 291, 292, 293, 294, 295, 296, 297, 298, 299, 300, 301, 302, 303, 304, 305, 306, 307, 308, 309, 310, 311, 312, 318, 319, 329, 336, 347, 359, 412, 428

和而不同 296, 297, 299, 309

和合 133, 290, 297, 298, 299, 300, 304, 306, 319, 322, 396, 416

还原 060, 113, 114, 115, 121, 153, 217, 315, 370, 371, 372

J

价值观 003, 012, 015, 071, 072, 073, 083, 084, 089, 103, 173, 202, 209, 210, 211, 237, 238, 256, 290, 306, 308, 309, 318, 351, 382, 383, 384, 386, 387, 390, 394, 395, 397, 398, 402, 405, 410, 411, 412, 413, 414, 419, 424, 429, 441

决策 007, 017, 028, 029, 030, 031, 032, 033, 034, 035, 043, 046, 048, 051, 072, 079, 085, 086, 089, 092, 096, 097, 098, 099, 104, 105, 106, 107, 110, 113, 122, 125, 133, 181, 186, 200, 205, 215, 223, 232, 240, 242, 244, 247, 248, 250, 316, 389, 438, 441, 446

313, 315, 319, 320, 321, 322, 323, 329, 331,
334, 337, 338, 339, 341, 342, 343, 352, 354,
357, 358, 359, 361, 362, 363, 364, 365, 367,
368, 371, 372, 373, 375, 376, 379, 381, 385,
388, 389, 390, 391, 392, 393, 394, 395, 397,
398, 399, 400, 401, 402, 403, 404, 406, 407,
408, 409, 410, 413, 414, 415, 417, 418, 419,
420, 421, 422, 423, 424, 425, 426, 428, 429,
433, 434, 435, 436, 440, 442, 443, 445, 446

认识　001, 005, 007, 008, 010, 015, 016, 018,
019, 020, 021, 024, 025, 026, 027, 031, 033,
034, 038, 039, 040, 041, 042, 043, 044, 045,
046, 048, 049, 051, 054, 055, 059, 063, 064,
065, 066, 067, 071, 072, 074, 076, 078, 079,
080, 082, 083, 087, 089, 091, 093, 094, 095,
098, 105, 106, 108, 112, 113, 114, 115, 116,
118, 119, 120, 121, 123, 124, 125, 126, 127,
128, 129, 130, 135, 137, 138, 139, 144, 145,
147, 148, 154, 155, 156, 162, 163, 167, 171,
184, 190, 194, 196, 197, 198, 205, 214, 215,
216, 217, 218, 219, 220, 222, 223, 228, 231,
232, 235, 239, 240, 250, 252, 255, 257, 258,
259, 264, 268, 269, 270, 272, 273, 276, 279,
282, 283, 284, 290, 291, 292, 293, 294, 295,
301, 302, 303, 306, 310, 313, 315, 317, 319,
324, 329, 361, 362, 365, 369, 371, 380, 382,
383, 384, 389, 390, 393, 394, 403, 405, 408,
411, 412, 414, 416, 420, 425, 426, 427, 434,
435, 436, 441, 444, 445

人　001, 002, 003, 004, 005, 006, 007, 008,
009, 010, 011, 012, 013, 014, 015, 016, 017,
018, 019, 020, 021, 022, 023, 024, 025, 026,
027, 028, 029, 030, 031, 032, 033, 034, 036,
037, 038, 039, 040, 041, 042, 043, 044, 045,
046, 047, 048, 049, 050, 051, 052, 053, 054,

055, 056, 057, 058, 059, 060, 061, 062, 063,
064, 065, 066, 067, 068, 069, 070, 071, 072,
073, 074, 075, 076, 077, 078, 079, 080, 081,
082, 083, 084, 085, 086, 088, 089, 090, 091,
092, 093, 094, 095, 096, 097, 099, 101, 102,
103, 104, 107, 108, 109, 110, 111, 114, 116,
117, 118, 119, 121, 122, 123, 124, 126, 127,
128, 129, 130, 131, 132, 133, 134, 135, 136,
137, 138, 139, 140, 141, 142, 143, 144, 145,
146, 147, 148, 149, 150, 151, 152, 153, 154,
155, 156, 157, 158, 159, 160, 161, 162, 163,
164, 165, 166, 167, 168, 169, 170, 171, 172,
173, 174, 175, 176, 177, 178, 179, 180, 181,
182, 183, 184, 185, 186, 187, 188, 189, 190,
191, 192, 193, 194, 195, 198, 199, 200, 201,
202, 203, 204, 205, 206, 207, 208, 209, 210,
211, 212, 213, 214, 215, 216, 218, 219, 220,
221, 222, 223, 224, 225, 226, 227, 228, 229,
230, 231, 232, 233, 234, 235, 236, 237, 238,
239, 240, 241, 242, 243, 244, 245, 246, 247,
248, 249, 250, 252, 253, 254, 255, 256, 257,
258, 259, 260, 261, 262, 263, 264, 265, 266,
267, 268, 269, 270, 271, 272, 273, 274, 275,
276, 277, 278, 279, 280, 281, 282, 283, 284,
285, 286, 287, 288, 289, 290, 291, 292, 293,
294, 295, 296, 297, 298, 299, 300, 301, 302,
303, 304, 305, 306, 307, 308, 309, 310, 311,
312, 313, 315, 316, 317, 318, 319, 320, 321,
322, 323, 324, 325, 326, 327, 328, 329, 330,
331, 332, 333, 334, 335, 336, 337, 338, 339,
340, 341, 342, 343, 344, 345, 346, 347, 348,
349, 350, 351, 352, 353, 354, 355, 356, 357,
358, 359, 361, 362, 363, 364, 365, 366, 367,
368, 369, 370, 371, 372, 373, 374, 375, 376,
377, 379, 380, 381, 382, 383, 384, 385, 386,

后　记

　　中国特色社会主义进入新时代，作为时代精神的精华，马克思主义哲学在今天的时代也必将展现出真理的力量。马克思主义哲学作为科学的世界观和方法论，对于领导干部的思想观念、思维方式、价值准则、行为方式都产生着积极的塑造作用，并在改造人的主观世界中，改变着客观世界。正因为如此，任何一个领导干部，要想致力于胜任自己的本职工作，就必须通过学习马克思主义哲学，真正掌握哲学的智慧和思想，使马克思主义哲学这一思想的力量，转变为一种强大的物质力量。我们党的历代领导人都十分重视领导干部学哲学和用哲学，注重发挥马克思主义哲学在认识世界和改造世界中的巨大作用。习近平总书记更是将马克思主义哲学视为各级领导干部的看家本领，要求各级领导干部要不断接受马克思主义哲学智慧的滋养，坚持学以致用，更加自觉地坚持和运用辩证唯物主义世界观和方法论，增强辩证思维、战略思维能力，努力提高解决我国改革发展基本问题的本领。正是基于这样一种需要，我们组织完成了《哲学思维与领导能力提升》一书的撰写工作。

　　本书是由中共山东省委党校（山东行政学院）哲学教研部从事哲学教学研究的学术团队通力合作、共同完成的。贾英健教授负责全书的提纲和总体框架的设计，以及初稿的审阅工作，整个书稿最终由贾英健统改定稿。陈彬副教授、王超副教授为本书的提纲和框架设计贡献了许多有价值的思想，并对书稿的最终完成做了大量的工作，付出了许多心血。哲学教研部全体老师都积极参与了对本书提纲和框架的讨论，无私地贡献了各自的智慧。各章分工具体如下：贾英健（导论、第一章）、董冰（第二章，第三章第一、二、三节，第十四章）、王超（第三章第四、五节，第四章，第十六章）、陈彬（第五章、第九章）、李正义（第六章）、孙成竹（第七章、第十一章）、韩燕丽（第八章）、逄媛宁（第十章、第十八章）、冯晨（第十二章、第十七章）、王俊（第十三章）、焦丽萍（第十五章）。

　　本书试图从理论与实践的结合上阐述哲学思维对于领导干部能力提升所具有的重要意义和价值，涉及方面广泛。完成这样一项工作，既需要作者具有深厚的理论功底为支撑，也需要有对领导干部关切的问题的了解和提炼作为前提。由于我们的水平和能力有限，对于这样一个理论与实践结合十分密切的研究课题，在把握上不当之处在所难免，恳请广大读者和有关专家不吝批评和赐教。

2019 年 8 月

责任编辑：钟金铃

封面设计：石笑梦

版式设计：汪　莹

图书在版编目（CIP）数据

哲学思维与领导能力提升／贾英健 等 著 . — 北京：人民出版社，2019.12

ISBN 978 - 7 - 01 - 021530 - 3

I.①哲…　 II.①贾…　 III.①马克思主义哲学 - 应用 - 领导学　 IV.① C933

中国版本图书馆 CIP 数据核字（2019）第 258547 号

哲学思维与领导能力提升

ZHEXUE SIWEI YU LINGDAO NENGLI TISHENG

贾英健　等　著

人民出版社 出版发行

（100706　北京市东城区隆福寺街 99 号）

天津文林印务有限公司印刷　新华书店经销

2019 年 12 月第 1 版　2019 年 12 月第 1 次印刷

开本：710 毫米 ×1000 毫米 1/16　印张：30

字数：400 千字

ISBN 978 - 7 - 01 - 021530 - 3　定价：78.00 元

邮购地址 100706　北京市东城区隆福寺街 99 号

人民东方图书销售中心　电话（010）65250042　65289539